Carl Heinz Peisker

Evangelien-Synopse der Einheitsübersetzung

Oncken Verlag Wuppertal und Kassel
Verlag Katholisches Bibelwerk Stuttgart

Der Umschlag zeigt die vier schreibenden Evangelisten mit ihren Symbolen Engel, Löwe, Stier und Adler nach Illustrationen der Koberger-Bibel, Nürnberg 1483, der ersten gedruckten Bibel in nicht-dialekt-gebundener deutscher Sprache.

1. Auflage 1983

ISBN 3-7893-7155-6 (Oncken Verlag)
ISBN 3-460-32121-0 (Katholisches Bibelwerk)

VORWORT

Dem aufmerksamen Leser der Evangelien fällt auf, daß diese in vielerlei Hinsicht – auch wörtlich – übereinstimmen. Dies gilt vor allem für die ersten drei. Bereits die Alte Kirche wußte um diesen Sachverhalt und suchte ihn u.a. dadurch zu erklären, daß sie sagte, die Verfasser der ersten drei Evangelien hätten diese Schriften wechselseitig benutzt. Aus diesem Grunde gab man ihnen später den Namen ›synoptische Evangelien‹ (griechisch: Synopsis = Zusammenschau).

Es ist daher angemessen, die ersten drei Evangelien nebeneinander in Spalten abzudrucken, um die jeweilige Eigenart besser zu verstehen.

Eine gute Zusammenschau wird dadurch erreicht, daß in dieser Synopse jedem Evangelium eine eigene, gleichbleibend breite Spalte zugewiesen ist. Man findet in der ersten Spalte immer Matthäus, in der zweiten Markus, in der dritten Lukas und in der vierten (mit wenigen Ausnahmen; vgl. z.B. Nr. 15, Seite 24) die Parallelen aus dem Johannesevangelium (vgl. Anm. 1), die hier voll ausgedruckt sind.

Da die drei Evangelisten (Synoptiker) die Ereignisse nicht in der gleichen Reihenfolge bringen, erreicht man noch keine Zusammenschau, indem man die Texte einfach nebeneinanderstellt. In unserer Synopse soll jedes der drei ersten Evangelien fortlaufend gelesen werden können. Darum sind manche Abschnitte mehrmals abgedruckt worden. Diese Abschnitte, die dann nicht in der Ordnung des betreffenden Evangeliums stehen, sind *kursiv* gedruckt. Der Kursivdruck zeigt dem Leser deutlich, daß die Synoptiker oft, obwohl sie das gleiche berichten, die Ereignisse verschieden anordnen.

Als Beispiel dafür sei das ›Vaterunser‹ (Nr. 29; 143) genannt: Bei Matthäus steht es in der Bergpredigt bei den Worten vom Beten (Nr. 28), während es bei Lukas im Reisebericht (»Auf dem Weg nach Jerusalem«: Nr. 134–183) und *nicht* in der Feldrede (Nr. 71–76) steht. Es muß deshalb zweimal gedruckt werden:

1. im Zusammenhang von Matthäus (Nr. 29).
   Dort steht in der ersten Spalte die Matthäus-Fassung in normalem Druck, in der dritten Spalte die Lukas-Fassung in *kursivem* Druck, weil es doch dort aus dem normalen Zusammenhang des Lukasevangeliums herausfällt.
2. Im Zusammenhang von Lukas (Nr. 143).
   Dort steht in der dritten Spalte die Lukas-Fassung in normalem Druck, in der ersten Spalte die Matthäus-Fassung in *kursivem* Druck, weil es doch dort aus dem normalen Zusammenhang des Matthäusevangeliums herausfällt.

Als Regel gilt: Beim fortlaufenden Lesen des Matthäusevangeliums läßt man die kursiv gedruckten Abschnitte der ersten Spalte aus. Beim fortlaufenden Lesen des Markusevangeliums läßt man die kursiv gedruckten Abschnitte der zweiten, bei Lukas die der dritten Spalte aus.

Am oberen Rand jeder Seite sind Stellenangaben in zweifacher Form vermerkt.

1. Halbfetter Druck: Diese Stellenangabe bezieht sich auf die fortlaufende Lesung derselben Spalte. Vgl. S. 23: **Mk 1,26–37** gibt den fortlaufenden Text des Markusevangeliums an.
2. Halbfette Angabe in Klammern: Fehlt die fortlaufende Lesung auf einer Seite ganz, so wird das in der betreffenden Spalte durch eine eingeklammerte Stellenangabe angezeigt; diese nennt jeweils den letzten Vers des vorausgehenden Stückes der fortlaufenden Lesung. Auf Seite 23 steht z.B. über der ersten Spalte **(Mt 4,22)**. Der Leser weiß also, daß auf dieser Seite in der Matthäusspalte der fortlaufende Text aussetzt. Liest man das Matthäusevangelium fortlaufend, so kann man diese Seite überblättern.

Als Regel gilt also: Beim fortlaufenden Lesen des Matthäusevangeliums überblättere ich jede Seite, bei der in der obersten Zeile über der Matthäusspalte eine eingeklammerte Versangabe steht. Beim fortlaufenden Lesen des Markus- oder Lukasevangeliums gilt das Entsprechende.

Bibelstellen lassen sich leicht durch das Parallelen- oder ›Inhalts‹-Verzeichnis (nach S. 182) finden. Dieses veranschaulicht dem Leser außerdem eindringlich die sogenannte ›synoptische Frage‹. Ein Register der Abschnittsüberschriften schließt sich an, so daß sich Texte leicht finden lassen, auch wenn man nicht weiß, in welchem Evangelium oder Kapitel sie stehen.

Zur Arbeitserleichterung für Lehrende, Studenten und Schüler sind außerkanonische Parallelen jeweils unter den Abschnitten beigefügt (vgl. Anm. 2).

Wörtliche Zitate aus dem Alten Testament sind im fortlaufenden Text eines Evangeliums durch Großbuchstaben kenntlich gemacht, in den Parallelenstellen außerhalb des Zusammenhanges durch Anführungszeichen. Ein G in der zugehörigen Stellenangabe (vgl. z.B. Nr. 1 Mt 1,3: Jes 40,3 G) weist darauf hin, daß das Zitat auf der griechischen Übersetzung des Alten Testaments fußt, der Septuaginta, die zwischen ca. 250 und 100 v.Chr. entstanden ist.

Ein besonderer Vorzug dieser Synopse liegt außerdem darin, daß sie die hilfreichen Anmerkungen der Einheitsübersetzung in vollständigem Wortlaut bringt.

Der Verfasser der bewährten Zürcher- und der Luther-Evangeliensynopse, Carl Heinz Peisker, ist 1980 verstorben. Daß auch diese neue Ausgabe – mit freundlicher Genehmigung von Frau Mechtild Peisker – seinen Namen trägt, ist mehr als eine Dankespflicht. Denn Idee und Durchführung dieser speziellen Art von Synopse gehen auf ihn zurück.

Herrn Waldemar Brenner, Neukirchen-Vluyn, danken wir für die gewissenhafte Umstellung auf den Text der Einheitsübersetzung, Herrn Eugen Sitarz, Tübingen, für die Durchsicht des gesamten Werkes.

Anm. 1: Das ganze Johannesevangelium in der biblischen Ordnung aber in den Rahmen dieser Synopse einzuspannen (oder umgekehrt: die Synoptiker in den Rahmen des Johannesevangeliums), ist völlig unmöglich, wie ein Blick in das Parallelenverzeichnis am Schluß dieser Synopse schnell bestätigt.

Anm. 2: Die außerkanonischen Parallelen wurden unter Berücksichtigung der Hinweise von E. Hennecke (Neutestamentliche Apokryphen, 3. Aufl. hrsg. v. W. Schneemelcher, 1. Band Evangelien, Tübingen 1959) ausgewählt. Die folgenden Hinweise sollen nur einer ersten vorläufigen Orientierung dienen. Näheres und Literatur bei E. Hennecke a.a.O.

1. Papyrus Oxyrhynchos
Die antike Stadt Oxyrhynchos lag am Westrand des Niltales in Mittelägypten. Heute heißt sie el Behnesa. Dort wurden seit Ende des 19. Jahrhunderts große Mengen von Papyrus-Urkunden gefunden. Die hier zitierten Papyri sind verschiedenen Alters und Inhalts, auch verschiedener Herkunft. Alle stammen aber aus frühen nachchristlichen Jahrhunderten. Vgl. 19.34.58.105.131 u.ö.

2. Fajjumfragment
Der Fajjum ist eine Landschaft Oberägyptens. Dort wurden nahe dem heutigen Medinet el Fajjum Papyri gefunden, die zumeist nach Wien in die Sammlung Rainers, Erzherzog von Österreich, gingen. Das hier zitierte sogenannte Fajjumfragment (3. Jahrhundert) erregte großes Aufsehen, weil man glaubte, in ihm eine Vorstufe der synoptischen Evangelien gefunden zu haben. Vgl. Nr. 233.

3. Papyrus Egerton 2
Der Verfasser dieses Papyrus aus dem 2. Jahrhundert kannte wahrscheinlich die vier kanonischen Evangelien, benutzte sie aber nicht als Vorlage. Vgl. Nr. 43. 203.

4. Ebionäerevangelium
Dieses Evangelium der judenchristlichen Sekte der Ebionäer (Ebjoniten) entstand in Anlehnung an Matthäus in der ersten Hälfte des 2. Jahrhunderts. Im Sinne dieser Sekte bekämpft es den Opferdienst, den Fleischgenuß beim Pascha und bestreitet die Jungfrauengeburt Jesu. Vgl. Nr. 1.6.11.20.56. u.ö.

5. Hebräerevangelium
Es war wohl das Evangelium der ägyptischen Judenchristen und entstand wahrscheinlich auch dort in der ersten Hälfte des 2. Jahrhunderts. Seinen Namen hat es daher, daß die griechisch sprechenden Judenchristen von den Heidenchristen auch ›Hebräer‹ genannt werden konnten. In diesem Evangelium

wird Jakobus, der »Bruder des Herrn« (Mk 6,3), besonders hervorgehoben. Vgl. Nr. 6.21.36.66.170 u.ö.

6. Nazaräerevangelium

Das Nazaräerevangelium ist eine Weiterbildung des Matthäusevangeliums, die in der 1. Hälfte des 2. Jahrhunderts (in Aleppo?) entstand. Dieses Evangelium wurde von den syrischen Judenchristen (Nazaräer) gebraucht, die offensichtlich zur Großkirche gehörten. Vgl. Nr. 6.29.68.186.192 u.ö.

7. Ägypterevangelium

Von ihm ist nur wenig überliefert. Doch schon das wenige zeigt starken gnostischen Einschlag. Es wird im 2. Jahrhundert entstanden sein und war in gnostisch-christlichen Kreisen Ägyptens sehr beliebt. Vgl. Nr. 184.

8. Petrusevangelium

Ende des vorigen Jahrhunderts fand man bei Akhmim in Oberägypten ein größeres Fragment dieses Evangeliums. Sein Verfasser, der nicht der Apostel Petrus ist, schrieb es in Syrien in der Mitte des 2. Jahrhunderts. Er kannte die vier kanonischen Evangelien. Es steht noch in deren Nähe, tendiert aber doch schon zu den gnostischen Evangelien hin.

Bischof Serapion von Antiochien (um 200) urteilt, vieles stimme mit der rechten Lehre überein, einiges sei an Irrlehre hinzugefügt. Vgl. Nr. 242.247.243.245.246. u.ö.

9. Thomasevangelium

Bei Nag Hammadi wurde 1945 der vollständige Text gefunden. Diese gnostische Schrift aus dem 4. oder 5. Jahrhundert ist kein Evangelium im eigentlichen Sinne, sondern eine Sammlung von Sprüchen. Vgl. Nr. 10.18.19.119.167. u.ö.

10. Kindheitsevangelium des Thomas

Es ist eine Sammlung von Anekdoten über das Jesuskind aus dem 2. Jhdt., diktiert von frommer Neugier. Hippolyt vermutete eine Verbindung mit dem Thomasevangelium (9.) Damit hat es aber nichts zu tun. Vgl. S. 14.

11. Protevangelium des Jakobus

Dieses älteste Kindheitsevangelium stammt aus der zweiten Hälfte des 2. Jhdts. Es bringt eine zusammenhängende Darstellung des Lebens der Maria und mündet in die synoptischen Vorgeschichten ein. Es will vor allem die Jungfräulichkeit Mariens nachweisen. Vgl. S. 4.5.8.9.

12. Oden Salomos

Die aus Zitierungen lange bekannten Oden wurden erst zu Anfang des 20. Jahrhunderts im vollständigen Text gefunden (nicht zu verwechseln mit den Salomo-Psalmen!). Sie sind eindeutig gnostisch-christlich und stammen etwa aus der ersten Hälfte des 2. nachchristlichen Jhdts. Vgl. Nr. 6.

13. 1. Clemensbrief

Um 96 n. Chr. schrieb ein Episkopos Roms im Auftrage seiner Gemeinde diesen Brief nach Korinth, um den dortigen Gemeindewirren zu steuern. Vgl. Nr. 35.

14. 2. Clemensbrief

Dieses Schreiben ist kein eigentlicher Brief, sondern eine Predigt aus der Mitte des 2. Jahrhunderts. Sie hat mit dem 1. Clemensbrief überhaupt nichts zu tun. Vgl. Nr. 26.33.40.51. u.ö.

15. Didache (Zwölfapostellehre)

Sieht man von den Pastoralbriefen ab, so ist sie die älteste erhaltene christliche Kirchenordnung. Sie entstand Anfang des 2. Jahrhunderts (in Syrien?). Ihr erster Teil ist eine Art Katechismus des rechten Lebenswandels. Im zweiten Teil stehen Anweisungen für Gottesdienst und Gemeindeleben. Vgl. Nr. 25.29.37.38.73. u.ö.

Frühe Zeugnisse über die Evangelisten

Papias, Bischof von Hieropolis, schrieb um 130/40 (Eusebius h. e. III, 39, 15f): »Markus, der der Dolmetscher des Petrus geworden war, schrieb die Worte und Taten des Herrn, deren er sich erinnerte, gewissenhaft auf, nur nicht in der richtigen Reihenfolge. Denn er hatte den Herrn weder gehört, noch war er ihm nachgefolgt, aber – wie gesagt – später dem Petrus. Dieser hielt seine Lehrvorträge nach den Gegebenheiten, aber nicht um die Herrnworte (fortlaufend) zusammenzustellen. Daher beging Markus keinen Fehler, wenn er einiges so schrieb, wie er es in Erinnerung hatte. Denn nur auf eines war er bedacht: von dem, was er (von Petrus) gehört hatte, nichts auszulassen oder darin etwas zu verfälschen . . . Matthäus stellte die Sprüche (logia) in aramäischer Sprache zusammen. Es übersetzte sie jeder, so gut er konnte.«

(Mit ›Matthäus‹ könnte die Logienquelle [Q] gemeint sein.)

Im Canon Muratori, der um oder gar vor 200 in Rom geschrieben wurde, finden wir (Zeile 3–8) eine Bemerkung zu Lukas: »Dieser Arzt Lukas hat es (sc. das Lukas-Evangelium) nach der Himmelfahrt Christi – als Paulus ihn als Gesetzes- (oder besser Reise-) kundigen zu sich genommen hatte – unter seinem Namen und nach (des Paulus) Meinung verfaßt. Den Herrn hat er jedoch im Fleische nicht gesehen. Und deshalb beginnt er – soweit ihm Stoffe erreichbar waren – von der Geburt des Johannes an zu berichten.«

I. VORGESCHICHTEN

A. Die Vorgeschichte nach Matthäus (Mt 1–2)

Der Stammbaum Jesu

Mt 1,1–17

[1] Stammbaum Jesu Christi, des Sohnes Da-
vids, des Sohnes Abrahams:
[2] Abraham war der Vater von Isaak, / Isaak
von Jakob, / Jakob von Juda und seinen Brü-
dern.
[3] Juda war der Vater von Perez und Serach;
ihre Mutter war Tamar. / Perez war der Va-
ter von Hezron, / Hezron von Aram,
[4] Aram von Amminadab, / Amminadab von
Nachschon, / Nachschon von Salmon.
[5] Salmon war der Vater von Boas; dessen
Mutter war Rahab. / Boas war der Vater von
Obed; dessen Mutter war Rut. / Obed war
der Vater von Isai,
[6] Isai der Vater des Königs David. / David
war der Vater von Salomo, dessen Mutter die
Frau des Urija war.
[7] Salomo war der Vater von Rehabeam, /
Rehabeam von Abija, / Abija von Asa,
[8] Asa von Joschafat, / Joschafat von Joram, /
Joram von Usija.
[9] Usija war der Vater von Jotam, / Jotam von
Ahas, / Ahas von Hiskija,
[10] Hiskija von Manasse, / Manasse von
Amos, / Amos von Joschija.
[11] Joschija war der Vater von Jojachin und
seinen Brüdern; das war zur Zeit der Baby-
lonischen Gefangenschaft.
[12] Nach der Babylonischen Gefangenschaft
war Jojachin der Vater von Schealtiël, Scheal-
tiël von Serubbabel,
[13] Serubbabel von Abihud, / Abihud von El-
jakim, / Eljakim von Azor.
[14] Azor war der Vater von Zadok, / Zadok
von Achim, / Achim von Eliud,
[15] Eliud von Eleasar, / Eleasar von Mattan, /
Mattan von Jakob.
[16] Jakob war der Vater von Josef, dem Mann
Marias; / von ihr wurde Jesus geboren, / der
der Christus (der Messias) genannt wird.
[17] Im ganzen sind es also von Abraham bis
David vierzehn Generationen, von David bis
zur Babylonischen Gefangenschaft vierzehn
Generationen und von der Babylonischen
Gefangenschaft bis zu Christus vierzehn Ge-
nerationen.

(Lk 3,23–34 in rückläufiger Anordnung)

[34] Abraham, Isaak,
Jakob, [33] Juda,
Perez,
Hezron, Arni, Admin,
Amminadab,
[32] Nachschon, Salmon,
Boas,
Obed,
Isai,
[31] David,
Natan, Mattata,
Menna, Melea,
[30] Eljakim, Jonam,
Josef, Juda,
Simeon, [29] Levi,
Mattat, Jorim,
Eliëser, Joschua,
[28] Er, Elmadam,
Kosam, Addi,
Melchi, [27] Neri,
Schealtiël,
Serubbabel,
Resa, Johanan, [26] Joda,
Josech, Schimi, Mattitja,
Mahat, [25] Naggai, Hesli,
Nahum, Amos, Mattitja,
[24] Josef, Jannai, Melchi,
Levi, Mattat, [23] Eli,
Josef,
Jesus.

Lk 3,23–38 (vgl. Nr. 7)

23 *Jesus war etwa dreißig Jahre alt, als er zum*
erstenmal öffentlich auftrat. Man hielt ihn für
den Sohn Josefs. Die Vorfahren Josefs waren:
Eli, 24 *Mattat, Levi, Melchi, Jannai, Josef,*
25 *Mattitja, Amos, Nahum, Hesli, Naggai,*
26 *Mahat, Mattitja, Schimi, Josech, Joda,*
27 *Johanan, Resa, Serubbabel, Schealtiël,*
Neri, 28 *Melchi, Addi, Kosam, Elmadam, Er,*
29 *Joschua, Eliëser, Jorim, Mattat, Levi,*
30 *Simeon, Juda, Josef, Jonam, Eljakim,*
31 *Melea, Menna, Mattata, Natan, David,*
32 *Isai, Obed, Boas, Salmon, Nachschon,*
33 *Amminadab, Admin, Arni, Hezron, Perez,*
Juda, 34 *Jakob, Isaak, Abraham, Terach, Na-*
hor, 35 *Serug, Regu, Peleg, Eber, Schelach,*
36 *Kenan, Arpachschad, Sem, Noach, La-*
mech, 37 *Metuschelach, Henoch, Jered, Ma-*
halalel, Kenan, 38 *Enosch, Set, Adam; (der*
stammte von) Gott.

3,23–28 Anders als bei Matthäus beginnt der Stammbaum des Lukas mit Adam. Für die Unterschiede in den Namensangaben der beiden Evangelisten gibt es keine befriedigende Erklärung.

Parallelstellen und Anmerkungen zu Mt 1,1–17

2: Gen 21,2f; 25,26; 29,32–30,24 / 3: Gen 38,29f / 3–6: Rut 4,18–22 / 6: 2Sam 12,24 / 7–12: 1Chr 3,10–19 / 16: Lk 1,27.

1,1–17 Der Stammbaum dient dem Nachweis, daß Jesus der Erbe der Verheißungen ist, die an Abraham und David ergingen. Die Namen des ersten Abschnitts (Abraham–David) sind Rut 4,18–22, die des zweiten (David bis Exil) 1Chr 3,10–19 entnommen. An Eigentümlichkeiten finden sich: Zwischen Joram und Usija fehlen drei Könige: Ahasja, Joasch und Amazja (vgl. 2Kön 8,25; 14,21; 1Chr 3,11f). Statt Amos (1,10) steht 1Chr 3,14 Amon. Im dritten Abschnitt fehlt ein Name (nur 13 Generationen statt 14). Auffällig ist die Nennung von vier Frauen (1,3.5.6), die Heidinnen waren (Rahab, Rut) oder als Sünderinnen galten (Tamar, Frau des Urija).

1,16 Es wird vorausgesetzt, daß Jesus durch Adoption in das Geschlecht Davids eingegliedert wurde (vgl. 1,24).

1,17 In dem Stammbaum mit den 3mal 14 Generationen verbirgt sich eine Zahlensymbolik: Die Buchstaben dienen im Hebräischen zugleich als Ziffern; zählt man die Buchstaben des Namens David zusammen, so ergibt sich die Zahl 14. Die Generationenfolge soll veranschaulichen, daß sich in Jesus die an David ergangene messianische Verheißung erfüllt hat (2Sam 7,12–16; vgl. Jes 11,1).

Die Geburt Jesu

Mt 1,18–25

18 Mit der Geburt Jesu Christi war es so: Ma-
ria, seine Mutter, war mit Josef verlobt; noch
bevor sie zusammengekommen waren,
zeigte sich, daß sie ein Kind erwartete –
durch das Wirken des Heiligen Geistes. 19 Jo-
sef, ihr Mann, der gerecht war und sie nicht
bloßstellen wollte, beschloß, sich in aller
Stille von ihr zu trennen. 20 Während er noch
darüber nachdachte, erschien ihm ein Engel
des Herrn im Traum und sagte: Josef, Sohn
Davids, fürchte dich nicht, Maria als deine
Frau zu dir zu nehmen; denn das Kind, das
sie erwartet, ist vom Heiligen Geist. 21 Sie
wird einen Sohn gebären; ihm sollst du den
Namen Jesus geben; denn er wird sein Volk
von seinen Sünden erlösen.
22 Dies alles ist geschehen, damit sich erfüllte,
was der Herr durch den Propheten gesagt
hat:
23 SEHT, DIE JUNGFRAU WIRD EIN KIND EMP-
FANGEN, / EINEN SOHN WIRD SIE GEBÄREN, /
UND MAN WIRD IHM DEN NAMEN IMMANUEL
GEBEN, / das heißt übersetzt: Gott ist mit uns.
24 Als Josef erwachte, tat er, was der Engel
des Herrn ihm befohlen hatte, und nahm
seine Frau zu sich. 25 Er erkannte sie aber
nicht, bis sie ihren Sohn gebar. Und er gab
ihm den Namen Jesus.

18–20: Lk 1,35 / 21: Lk 1,31; 2,21 / 23: Jes 7,14 G.

1,18 Die jüdische »Verlobung« stellte ein rechtsverbindliches Eheversprechen dar; die eheliche Gemeinschaft wurde aber erst nach der Heimholung der Braut durch den Ehegatten, meist ein oder eineinhalb Jahre später, aufgenommen. Die jüdischen Mädchen heirateten gewöhnlich nach Eintritt der Geschlechtsreife mit 13 bis 14 Jahren. Vgl. noch Lk 1,26–38; 2,5.

1,21 Der Name Jesus (Jeschua) wird hier als »Retter«, »Erlöser« gedeutet.

1,25 »Erkennen« wird im Alten Orient auch als Umschreibung des ehelichen Verkehrs gebraucht.

Die Huldigung der Sterndeuter

Mt 2,1–12

1 Als Jesus zur Zeit des Königs Herodes in
Betlehem in Judäa geboren worden war, ka-

Lk 2,1–7 (vgl. S. 11)

1 *In jenen Tagen erließ Kaiser Augustus den*
Befehl, alle Bewohner des Reiches in Steuerli-
sten einzutragen. 2 *Dies geschah zum ersten-*
mal; damals war Quirinius Statthalter von Sy-
rien. 3 *Da ging jeder in seine Stadt, um sich*
eintragen zu lassen.
4 *So zog auch Josef von der Stadt Nazaret in*
Galiläa hinauf nach Judäa in die Stadt Da-
vids, die Betlehem heißt; denn er war aus dem
Haus und Geschlecht Davids. 5 *Er wollte sich*
eintragen lassen mit Maria, seiner Verlobten,
die ein Kind erwartete. 6 *Als sie dort waren,*
kam für Maria die Zeit ihrer Niederkunft,
7 *und sie gebar ihren Sohn, den Erstgebore-*
nen. Sie wickelte ihn in Windeln und legte ihn
in eine Krippe, weil in der Herberge kein Platz
für sie war.

Lk 2,8–20 (vgl. S. 11f)

8 *In jener Gegend lagerten Hirten auf freiem*
Feld und hielten Nachtwache bei ihrer Herde.

Joh 7,41–42

men Sterndeuter aus dem Osten nach Jerusa-
lem [2] und fragten: Wo ist der neugeborene
König der Juden? Wir haben seinen Stern
aufgehen sehen und sind gekommen, um ihm
zu huldigen. [3] Als König Herodes das hörte,
erschrak er und mit ihm ganz Jerusalem. [4] Er
ließ alle Hohenpriester und Schriftgelehrten
des Volkes zusammenkommen und erkun-
digte sich bei ihnen, wo der Messias geboren
werden solle. [5] Sie antworteten ihm: In Bet-
lehem in Judäa; denn so steht es bei dem
Propheten:
[6] DU, BETLEHEM im Gebiet von Juda, / bist
keineswegs DIE UNBEDEUTENDSTE / UNTER
DEN FÜHRENDEN STÄDTEN VON JUDA; / DENN
AUS DIR WIRD EIN FÜRST HERVORGEHEN, / DER
HIRT MEINES VOLKES ISRAEL.
[7] Danach rief Herodes die Sterndeuter heim-
lich zu sich und ließ sich von ihnen genau sa-
gen, wann der Stern erschienen war. [8] Dann
schickte er sie nach Betlehem und sagte:
Geht und forscht sorgfältig nach, wo das
Kind ist; und wenn ihr es gefunden habt, be-
richtet mir, damit auch ich hingehe und ihm
huldige. [9] Nach diesen Worten des Königs
machten sie sich auf den Weg. Und der Stern,
den sie hatten aufgehen sehen, zog vor ihnen
her bis zu dem Ort, wo das Kind war; dort
blieb er stehen. [10] Als sie den Stern sahen,
wurden sie von sehr großer Freude erfüllt.
[11] Sie gingen in das Haus und sahen das Kind
und Maria, seine Mutter; da fielen sie nieder
und huldigten ihm. Dann holten sie ihre
Schätze hervor und brachten ihm Gold,
Weihrauch und Myrrhe als Gaben dar.
[12] Weil ihnen aber im Traum geboten wurde,
nicht zu Herodes zurückzukehren, zogen sie
auf einem anderen Weg heim in ihr Land.

1: Lk 2,4–7 / 2: Num 24,17 / 6: Mi 5,1.3; 2Sam 5,2.

2,1 Das mit »Sterndeuter« übersetzte griechische Wort (mágoi) bezeichnete zunächst die Mitglieder einer persischen Priesterkaste, die sich mit Sternkunde und Astrologie befaßten, sodann allgemein babylonische und sonstige Astrologen. Sie wirkten oft als Berater von Königen, Fürsten und reichen Leuten.

2,2 Andere Übersetzungsmöglichkeit: Wir haben seinen Stern im Osten gesehen. Entsprechend in Vers 9.

Zu Mt 2,1–12 Protevangelium des Jakobus 21,1–4: In Betlehem in Judäa entstand eine große Erregung, denn Magier kamen und fragten: Wo ist der neugeborene König der Juden? Wir haben nämlich seinen Stern im Morgenland gesehen und sind gekommen, ihm zu huldigen. Herodes erschrak, als er das hörte, sandte Diener und ließ die Magier und die Hohenpriester kommen und fragte sie aus: Was steht in der Schrift über den Christus? Wo wird er geboren? Sie antworteten: Zu Betlehem in Judäa! So steht es nämlich geschrieben! Darauf entließ er sie und fragte die Magier: Was für ein Zeichen habt ihr über den neugebornen König gesehen? Die Magier antworteten: Wir sahen einen riesigen Stern, der die anderen überstrahlte, daß man sie nicht mehr sah. Daran erkannten wir, daß Israel ein König geboren ward. Wir sind nun gekommen, ihm zu huldigen. Herodes trug ihnen auf: Ziehet und forschet genau. Wenn ihr ihn gefunden habt, so meldet es mir, damit auch ich komme und ihm huldige. Da zogen die Magier dahin. Und der Stern, den sie im Morgenland gesehen hatten, ging vor ihnen her, bis sie zur Höhle kamen. Und er stand still zu Häupten des Kindleins.

[9] Da trat der Engel des Herrn zu ihnen, und
der Glanz des Herrn umstrahlte sie. Sie fürch-
teten sich sehr, [10] der Engel aber sagte zu ih-
nen: Fürchtet euch nicht, denn ich verkünde
euch eine große Freude, die dem ganzen Volk
zuteil werden soll: [11] Heute ist euch in der
Stadt Davids der Retter geboren; er ist der
Messias, der Herr. [12] Und das soll euch als
Zeichen dienen: Ihr werdet ein Kind finden,
das, in Windeln gewickelt, in einer Krippe
liegt. [13] Und plötzlich war bei dem Engel ein
großes himmlisches Heer, das Gott lobte und
sprach:
[14] Verherrlicht ist Gott in der Höhe, / und auf
Erden ist Friede / bei den Menschen seiner
Gnade.
[15] Als die Engel sie verlassen hatten und in den
Himmel zurückgekehrt waren, sagten die Hir-
ten zueinander: Kommt, wir gehen nach Bet-
lehem, um das Ereignis zu sehen, das uns der
Herr verkünden ließ. [16] So eilten sie hin und
fanden Maria und Josef und das Kind, das in
der Krippe lag. [17] Als sie es sahen, erzählten
sie, was ihnen über dieses Kind gesagt worden
war. [18] Und alle, die es hörten, staunten über
die Worte der Hirten. [19] Maria aber bewahrte
alles, was geschehen war, in ihrem Herzen
und dachte darüber nach. [20] Die Hirten kehr-
ten zurück, rühmten Gott und priesen ihn für
das, was sie gehört und gesehen hatten; denn
alles war so gewesen, wie es ihnen gesagt wor-
den war.

[41] Andere sagten: Er ist der Messias. Wieder
andere sagten: Kommt denn der Messias aus
Galiläa? [42] Sagt nicht die Schrift: Der Messias
»kommt aus« dem Geschlecht Davids und
aus dem Dorf »Betlehem«, wo David lebte?

Die Flucht nach Ägypten. Der Kindermord in Betlehem. Die Rückkehr aus Ägypten

Mt 2,13–23

13 Als die Sterndeuter wieder gegangen wa-
ren, erschien dem Josef im Traum ein Engel
des Herrn und sagte: Steh auf, nimm das
Kind und seine Mutter, und flieh nach Ägyp-
ten; dort bleibe, bis ich dir etwas anderes auf-
trage; denn Herodes wird das Kind suchen,
um es zu töten. 14 Da stand Josef in der Nacht
auf und floh mit dem Kind und dessen Mutter
nach Ägypten. 15 Dort blieb er bis zum Tod
des Herodes. Denn es sollte sich erfüllen, was
der Herr durch den Propheten gesagt hat:
AUS ÄGYPTEN HABE ICH MEINEN SOHN GERU-
FEN.
16 Als Herodes merkte, daß ihn die Sterndeu-
ter getäuscht hatten, wurde er sehr zornig,
und er ließ in Betlehem und der ganzen Um-
gebung alle Knaben bis zum Alter von zwei
Jahren töten, genau der Zeit entsprechend,
die er von den Sterndeutern erfahren hatte.
17 Damals erfüllte sich, was durch den Pro-
pheten Jeremia gesagt worden ist:
18 EIN GESCHREI WAR IN RAMA ZU HÖREN, /
lautes WEINEN UND KLAGEN: / RAHEL WEINTE
UM IHRE KINDER / UND WOLLTE SICH NICHT
TRÖSTEN LASSEN, / DENN SIE WAREN DAHIN.
19 Als Herodes gestorben war, erschien dem
Josef in Ägypten ein Engel des Herrn im
Traum 20 und sagte: Steh auf, nimm das Kind
und seine Mutter, und zieh in das Land Isra-
el; denn die Leute, die dem Kind nach dem
Leben getrachtet haben, sind tot. 21 Da stand
er auf und zog mit dem Kind und dessen Mut-
ter in das Land Israel. 22 Als er aber hörte,
daß in Judäa Archelaus an Stelle seines Va-
ters Herodes regierte, fürchtete er sich, dort-
hin zu gehen. Und weil er im Traum einen
Befehl erhalten hatte, zog er in das Gebiet
von Galiläa 23 und ließ sich in einer Stadt na-
mens Nazaret nieder. Denn es sollte sich er-
füllen, was durch die Propheten gesagt wor-
den ist: Er wird Nazoräer genannt werden.

15: Hos 11,1 / 18: Jer 31,15 / 23: Lk 1,26; 2,39.51; Joh 1,46; Ri 13,5.7 G.

2,18 Rahel, die Mutter der Stämme Benjamin und Efraim – nicht aber Juda –, wurde bei Rama, etwa 8 Kilometer nördlich von Jerusalem begraben (vgl. 1Sam 10,2). Zur Zeit Jesu vermutete man dieses Grab am Weg von Jerusalem nach Betlehem (vgl. Gen 35,19; 48,7). Noch heute steht dort eine Gedenkstätte.

Zu Mt 2,23 Das Prophetenwort steht in dieser Form nicht im Alten Testament; vielleicht liegt eine Anspielung auf Jes 11,1 vor, wo vom »Sproß« (hebräisch: nezer) die Rede ist.

Zu Mt 2,13–23 Protevangelium des Jakobus 22,1f: Als darauf Herodes sah, daß er von den Magiern getäuscht worden war, wurde er sehr zornig, sandte seine Mörder aus mit dem Befehl, alle Kinder zu töten, die zweijährig und darunter waren. Als Maria hörte, daß die Kinder getötet werden sollten, erschrak sie, nahm das Kind, wickelte es in Windeln und legte es in eine Ochsenkrippe (vgl. Lk 2,7. – Weil die Krippe als Versteck verstanden wird, fehlt der Bericht über die Flucht nach Ägypten. Statt dessen findet sich eine breite Erzählung über die Flucht und wundersame Errettung der Elisabet und des Johannes und über das Martyrium des Zacharias).

(Mt 2,23)

B. Die Vorgeschichte nach Lukas (Lk 1–2)

Das Vorwort

Die Verheißung der Geburt Johannes' des Täufers

Lk 1,1–4

1 Schon viele haben es unternommen, einen
Bericht über all das abzufassen, was sich un-
ter uns ereignet und erfüllt hat. 2 Dabei hiel-
ten sie sich an die Überlieferung derer, die
von Anfang an Augenzeugen und Diener des
Wortes waren. 3 Nun habe auch ich mich ent-
schlossen, allem von Grund auf sorgfältig
nachzugehen, um es für dich, hochverehrter
Theophilus, der Reihe nach aufzuschreiben.
4 So kannst du dich von der Zuverlässigkeit
der Lehre überzeugen, in der du unterwiesen
wurdest.

1,3 Der »hochverehrte Theophilus«, ein vornehmer Heidenchrist, wird nur hier und Apg 1,1 erwähnt.

Lk 1,5–25

5 Zur Zeit des Herodes, des Königs von Ju-
däa, lebte ein Priester namens Zacharias, der
zur Priesterklasse Abija gehörte. Seine Frau
stammte aus dem Geschlecht Aarons; sie
hieß Elisabet. 6 Beide lebten so, wie es in den
Augen Gottes recht ist, und hielten sich in al-
lem streng an die Gebote und Vorschriften
des Herrn. 7 Sie hatten keine Kinder, denn
Elisabet war unfruchtbar, und beide waren
schon in vorgerücktem Alter.
8 Eines Tages, als seine Priesterklasse wieder
an der Reihe war und er beim Gottesdienst
mitzuwirken hatte, 9 wurde, wie nach der
Priesterordnung üblich, das Los geworfen,
und Zacharias fiel die Aufgabe zu, im Tem-
pel des Herrn das Rauchopfer darzubringen.
10 Während er nun zur festgelegten Zeit das
Opfer darbrachte, stand das ganze Volk
draußen und betete. 11 Da erschien dem Za-
charias ein Engel des Herrn; er stand auf der
rechten Seite des Rauchopferaltars. 12 Als
Zacharias ihn sah, erschrak er, und es befiel
ihn Furcht. 13 Der Engel aber sagte zu ihm:
Fürchte dich nicht, Zacharias! Dein Gebet
IST ERHÖRT WORDEN. DEINE FRAU Elisabet
WIRD DIR EINEN SOHN GEBÄREN: DEM SOLLST

(Mt 2,23)

DU DEN NAMEN Johannes GEBEN. 14 Große
Freude wird dich erfüllen, und auch viele an-
dere werden sich über seine Geburt freuen.
15 Denn er wird groß sein vor dem Herrn.
WEIN UND ANDERE BERAUSCHENDE GE-
TRÄNKE WIRD ER NICHT TRINKEN, und schon
im Mutterleib wird er vom Heiligen Geist er-
füllt sein. 16 Viele Israeliten wird er zum
Herrn, ihrem Gott, bekehren. 17 Er wird mit
dem Geist und mit der Kraft des Elija dem
Herrn vorangehen, um DAS HERZ DER VÄTER
WIEDER DEN KINDERN ZUZUWENDEN und die
Ungehorsamen zur Gerechtigkeit zu führen
und so das Volk für den Herrn bereit zu ma-
chen. 18 Zacharias sagte zu dem Engel:
Woran soll ich erkennen, daß das wahr ist?
Ich bin ein alter Mann, und auch meine Frau
ist in vorgerücktem Alter. 19 Der Engel erwi-
derte ihm: Ich bin Gabriel, der vor Gott
steht, und ich bin gesandt worden, um mit dir
zu reden und dir diese frohe Botschaft zu
bringen. 20 Aber weil du meinen Worten
nicht geglaubt hast, die in Erfüllung gehen,
wenn die Zeit dafür da ist, sollst du stumm
sein und nicht mehr reden können, bis zu
dem Tag, an dem all das eintrifft. 21 Inzwi-
schen wartete das Volk auf Zacharias und
wunderte sich, daß er so lange im Tempel
blieb. 22 Als er dann herauskam, konnte er
nicht mit ihnen sprechen. Da merkten sie,
daß er im Tempel eine Erscheinung gehabt
hatte. Er gab ihnen nur Zeichen mit der
Hand und blieb stumm.
23 Als die Tage seines Dienstes (im Tempel)
zu Ende waren, kehrte er nach Hause zurück.
24 Bald darauf empfing seine Frau Elisabet
einen Sohn und lebte fünf Monate lang zu-
rückgezogen. Sie sagte: 25 Der Herr hat mir
geholfen; er hat in diesen Tagen gnädig auf
mich geschaut und mich von der Schande be-
freit, mit der ich in den Augen der Menschen
beladen war.

5: 1Chr 24,10 / 9: Ex 30,7f / 13: Gen 17,19; Lk 1,60 / 15: Num 6,3; Ri 13,4; Lk 7,33 / 17: Mt 17,10–13; Mal 3,23f.

1,5 – 2,52 In den beiden ersten Kapiteln hat Lukas neben alten christlichen Überlieferungen auch Traditionen der Johannesjünger übernommen. Johannes dem Täufer stellt er Jesus als den Größeren, den Messias, den Sohn des Allerhöchsten gegenüber. – Die Hymnen enthalten altes liturgisches Überlieferungsgut (1,46–55; 1,68–79; 2,29–32).

1,5 Herodes der Große herrschte als Vasallenkönig der Römer von 40 bis 4 v.Chr. über Palästina.
Die Gruppe Abija war die achte Dienstklasse oder Wochenabteilung der 24 priesterlichen Dienstordnungen (vgl. 1Chr 24,10), die zwei- bis dreimal jährlich je eine Woche im Tempel Dienst taten. Die einzelnen Dienste bestimmte das Los.

1,9 Das Rauchopfer im Heiligtum eröffnete den Opferdienst am Morgen; das Brandopfer am Nachmittag (gegen 3 Uhr) schloß ihn ab.

1,22 Am Schluß des Opferdienstes wurde das Volk vom Priester gesegnet.

(Mt 2,23)

Die Verheißung der Geburt Jesu

Zu Lk 1,26–38: Das Protevangelium des Jakobus berichtet von einem neuen Tempelvorhang, den die Priester von sieben ›unbefleckten Jungfrauen aus dem Stamme David‹ anfertigen ließen. Maria als eine von den sieben sollte Purpur und Scharlach spinnen. Darauf heißt es 11,1–3: Und Maria nahm den Krug und ging hinaus, um Wasser zu holen. Da sprach eine Stimme zu ihr: Sei gegrüßt, du Begnadete. Der Herr ist mit dir, du gesegnete unter den Frauen. Sie schaute nach rechts und links, woher die Stimme käme und begann zu zittern. Darauf ging sie ins Haus zurück, stellte den Krug ab, setzte sich auf ihren Stuhl, nahm den Purpur und begann zu spinnen. Da trat ein Engel vor sie hin: Fürchte dich nicht, Maria; denn du hast Gnade bei dem Allmächtigen gefunden und sollst aus seinem Wort empfangen! Als sie das hörte, bekam sie Bedenken: Soll ich vom lebendigen Gott her empfangen und dennoch gebären, wie jede Frau gebiert? Und der Engel des Herrn antwortete: So nicht, Maria; denn die Kraft des Herrn wird dich überschatten; daher wird auch das Heilige, das gezeugt wird, Sohn des Höchsten genannt werden. Und du sollst ihm den Namen Jesus geben, denn er wird sein Volk erretten von ihren Sünden. Maria erwiderte: Siehe, ich bin des Herrn Magd vor ihm: mir geschehe nach deinem Wort!

Der Besuch Marias bei Elisabet

Lk 1,26–38

[26] Im sechsten Monat wurde der Engel Gabriel von Gott in eine Stadt in Galiläa namens Nazaret [27] zu einer Jungfrau gesandt. Sie war mit einem Mann namens Josef verlobt, der aus dem Haus David stammte. Der Name der Jungfrau war Maria. [28] Der Engel trat bei ihr ein und sagte: Sei gegrüßt, du Begnadete, der Herr ist mit dir. [29] Sie erschrak über die Anrede und überlegte, was dieser Gruß zu bedeuten habe. [30] Da sagte der Engel zu ihr: Fürchte dich nicht, Maria; denn du hast bei Gott Gnade gefunden. [31] DU WIRST EIN KIND EMPFANGEN, EINEN SOHN WIRST DU GEBÄREN: DEM SOLLST DU DEN NAMEN Jesus GEBEN. [32] Er wird groß sein und Sohn des Höchsten genannt werden. Gott, der Herr, wird ihm DEN THRON seines Vaters DAVID geben. [33] Er wird über das Haus Jakob IN EWIGKEIT herrschen, und SEINE HERRSCHAFT wird kein Ende haben. [34] Maria sagte zu dem Engel: Wie soll das geschehen, da ich keinen Mann erkenne? [35] Der Engel antwortete ihr: Der Heilige Geist wird über dich kommen, und die Kraft des Höchsten wird dich überschatten. Deshalb wird auch das Kind heilig und Sohn Gottes genannt werden. [36] Auch Elisabet, deine Verwandte, hat noch in ihrem Alter einen Sohn empfangen; obwohl sie als unfruchtbar galt, ist sie jetzt schon im sechsten Monat. [37] Denn FÜR GOTT IST NICHTS UNMÖGLICH. [38] Da sagte Maria: Ich bin die Magd des Herrn; mir geschehe, wie du es gesagt hast. Danach verließ sie der Engel.

27: Mt 1,16 / 31: Jes 7,14; Gen 17,19; Mt 1,21–23 / 32f: 2Sam 7,13; Jes 9,6 / 35: Mt 1,18–20 / 37: Gen 18,14; Ijob 42,2; Mt 19,26; Mk 10,27; Lk 18,27.

1,34 Zu »erkennen« vgl. die Anmerkung zu Mt 1,25.

1,35 Andere Übersetzungsmöglichkeit: Deshalb wird auch das Heilige, das geboren wird, Sohn Gottes genannt werden.

Lk 1,39–56

[39] Nach einigen Tagen machte sich Maria auf den Weg und eilte in eine Stadt im Bergland von Judäa. [40] Sie ging in das Haus des Zacharias und begrüßte Elisabet. [41] Als Elisabet den Gruß Marias hörte, hüpfte das Kind in ihrem Leib. Da wurde Elisabet vom Heiligen

Zu Lk 1,39–56 Protevangelium des Jakobus 12,1–3: Maria machte den Purpur- und Scharlachstoff fertig und lieferte ihn dem Priester ab. Der Priester nahm ihn und segnete Maria: Maria, groß hat der Herr Gott deinen Namen gemacht, und gesegnet bist du unter allen Geschlechtern der Erde. Da kam Freude über Maria und sie ging zu Elisabet, ihrer Verwandten. Sie klopfte an die Tür. Als Elisabet das hörte, legte sie den Scharlachstoff beiseite, eilte zur Tür, öffnete sie, segnete Maria und fragte: Woher wird mir dies zuteil, daß die Mutter meines Herrn zu mir kommt? Denn siehe, das Kind hüpfte in meinem Leibe und grüßte dich. Maria aber hatte die Geheimnisse, die der Erzengel Gabriel ihr mitgeteilt hatte, längst vergessen. Sie blickte zum Himmel und fragte: Wer bin ich, Herr, daß alle Geschlechter der Erde mich segnen? – Drei Monate blieb sie bei Elisabet. Der Leib wurde Tag für Tag stärker. Und sie ging heim und verbarg sich vor den Kindern Israels. Maria war sechzehnjährig, als alle diese Geheimnisse geschahen.

Geist erfüllt [42] und rief mit lauter Stimme:
Gesegnet bist du mehr als alle anderen Frau-
en, und gesegnet ist die Frucht deines Leibes.
[43] Wer bin ich, daß die Mutter meines Herrn
zu mir kommt? [44] In dem Augenblick, als ich
deinen Gruß hörte, hüpfte das Kind vor
Freude in meinem Leib. [45] Selig ist die, die
geglaubt hat, daß sich erfüllt, was der Herr
ihr sagen ließ. [46] Da sagte Maria:
MEINE SEELE preist die Größe DES HERRN, /
[47] und mein Geist JUBELT ÜBER GOTT, MEINEN
RETTER.
[48] Denn AUF DIE NIEDRIGKEIT SEINER MAGD
HAT ER GESCHAUT. / Siehe, von nun an PREI-
SEN MICH SELIG alle Geschlechter.
[49] Denn der Mächtige HAT GROSSES an mir
GETAN, / und SEIN NAME IST HEILIG.
[50] ER ERBARMT SICH von Geschlecht zu Ge-
schlecht / ÜBER ALLE, DIE IHN FÜRCHTEN.
[51] Er vollbringt MIT SEINEM ARM machtvolle
Taten: / ER ZERSTREUT, DIE im Herzen VOLL
HOCHMUT SIND;
[52] ER STÜRZT DIE MÄCHTIGEN vom Thron /
und ERHÖHT DIE NIEDRIGEN.
[53] DIE HUNGERNDEN BESCHENKT ER MIT SEI-
NEN GABEN / und läßt die Reichen leer ausge-
hen.
[54] ER NIMMT SICH SEINES KNECHTES ISRAEL AN /
UND DENKT AN SEIN ERBARMEN,
[55] DAS ER UNSERN VÄTERN verheißen hat, /
ABRAHAM UND SEINEN NACHKOMMEN auf
ewig.
[56] Und Maria blieb etwa drei Monate bei ihr;
dann kehrte sie nach Hause zurück.

46–55: 1Sam 2,1–10 / 47: Hab 3,18 / 48: 1Sam 1,11; Gen 30,13 / 49: Dtn 10,21; Ps 111,9 / 50: Ps 103,13.17 / 51: Ps 89,11 / 52: Ez 21,31; Ps 147,6; Ijob 5,11; 12,19 / 53: Ps 107,9; 34,11 / 54: Jes 41,8f; Ps 98,3 / 55: Mi 7,20; 2Sam 22,51; Gen 17,7.

1,46–55 Die obige Fassung ist für die Liturgie vorgesehen. Daneben hat die ökumenische Kommission auch den folgenden Text erarbeitet:
46 Meine Seele preist voll Freude den Herrn,
47 mein Geist ist voll Jubel über Gott, meinen Retter.
48 Denn er hat gnädig auf seine arme Magd geschaut.
Von nun an preisen alle Geschlechter mich glücklich.
49 Denn der Mächtige hat an mir Großes getan;
sein Name ist heilig.
50 Er schenkt sein Erbarmen von Geschlecht zu Geschlecht
allen, die ihn fürchten und ehren.
51 Sein starker Arm vollbringt gewaltige Taten:
Er macht die Pläne der Stolzen zunichte;
52 er stürzt die Mächtigen vom Thron
und bringt die Armen zu Ehren;
53 er beschenkt mit seinen Gaben die Hungrigen,
die Reichen aber schickt er mit leeren Händen fort.
54/55 Er nimmt sich gnädig seines Knechtes Israel an,
denn er denkt an das Erbarmen, das er unseren Vätern verheißen hat,
Abraham und seinen Nachkommen, für ewige Zeiten.

(Mt 2,23)

Die Geburt Johannes' des Täufers

Der Lobgesang des Zacharias

Lk 1,57–66

57 Für Elisabet kam die Zeit der Niederkunft,
und sie brachte einen Sohn zur Welt. 58 Ihre
Nachbarn und Verwandten hörten, welch
großes Erbarmen der Herr ihr erwiesen hat-
te, und freuten sich mit ihr. 59 Am achten Tag
kamen sie zur Beschneidung des Kindes und
wollten ihm den Namen seines Vaters Za-
charias geben. 60 Seine Mutter aber wider-
sprach ihnen und sagte: Nein, er soll Johan-
nes heißen. 61 Sie antworteten ihr: Es gibt
doch niemand in deiner Verwandtschaft, der
so heißt. 62 Da fragten sie seinen Vater durch
Zeichen, welchen Namen das Kind haben
solle. 63 Er verlangte ein Schreibtäfelchen
und schrieb zum Erstaunen aller darauf: Sein
Name ist Johannes. 64 Im gleichen Augen-
blick konnte er Mund und Zunge wieder ge-
brauchen, und er redete und pries Gott.
65 Und alle, die in jener Gegend wohnten, er-
schraken, und man sprach von all diesen
Dingen im ganzen Bergland von Judäa.
66 Alle, die davon hörten, machten sich Ge-
danken darüber und sagten: Was wird wohl
aus diesem Kind werden? Denn es war deut-
lich, daß die Hand des Herrn mit ihm war.

59: Gen 17,12 / 60: 1,13.

Lk 1,67–80

67 Sein Vater Zacharias wurde vom Heiligen
Geist erfüllt und begann prophetisch zu re-
den:
68 GEPRIESEN SEI DER HERR, DER GOTT ISRA-
ELS! / Denn er hat SEIN VOLK besucht und IHM
ERLÖSUNG GESCHAFFEN;
69 er hat uns EINEN STARKEN RETTER erweckt /
im Hause seines Knechtes DAVID.
70 So hat er verheißen von alters her / durch
den Mund seiner heiligen Propheten.
71 Er hat uns ERRETTET VOR UNSEREN FEIN-
DEN / UND AUS DER HAND aller, DIE UNS HAS-
SEN;
72 er hat DAS ERBARMEN MIT DEN VÄTERN an
uns vollendet / und AN SEINEN heiligen Bund
GEDACHT,
73 AN DEN EID, DEN ER unserm Vater ABRA-

HAM GESCHWOREN HAT; / [74]er hat uns ge-
schenkt, daß wir, aus Feindeshand befreit, /
ihm furchtlos dienen [75]in Heiligkeit und Ge-
rechtigkeit / vor seinem Angesicht all unsre
Tage.
[76]Und du, Kind, wirst Prophet des Höchsten
heißen; / denn du wirst DEM HERRN vorange-
hen und ihm DEN WEG BEREITEN.
[77]Du wirst sein Volk mit der Erfahrung des
Heils beschenken / in der Vergebung der
Sünden.
[78]Durch die barmherzige Liebe unseres Got-
tes / wird uns besuchen das aufstrahlende
Licht aus der Höhe,
[79]um ALLEN zu leuchten, DIE IN FINSTERNIS
SITZEN UND IM SCHATTEN DES TODES, / und
unsre Schritte zu lenken AUF DEN WEG DES
FRIEDENS.
[80]Das Kind wuchs heran, und sein Geist
wurde stark. Und Johannes lebte in der Wü-
ste bis zu dem Tag, an dem er den Auftrag
erhielt, in Israel aufzutreten.

68: Ps 41,14; 72,18; 106,48; Lk 7,16; 24,21; Ps 111,9 / 69: 1Sam 2,10; Ps 18,3; 132,17 / 70: Röm 1,2; Offb 10,7 / 71: Ps 106,10 / 72: Ps 105,8; 106,45; Ex 2,24; Lev 26,42 / 73: Gen 22,16f; Jer 11,5; Mi 7,20 / 76: 7,27; Mt 11,10; Mk 1,2; Mal 3,1; Ex 23,20 / 78: Jes 60,1f; Sach 6,12 G; Mal 3,20 / 79: Jes 9,1; 42,7; Ps 107,10; Mt 4,16; Jes 59,8; Röm 3,17.

1,68–79 Die obige Fassung ist für die Liturgie vorgesehen. Daneben hat die ökumenische Kommission auch den folgenden Text erarbeitet:
68 Gepriesen sei der Herr, der Gott Israels! / Denn in seiner Gnade ist er gekommen, um sein Volk zu erlösen.
69 Er hat uns einen mächtigen Retter gesandt / aus dem Haus seines Knechtes David.
70 So hat er durch seine heiligen Propheten verheißen / schon seit uralten Zeiten:
71 Er werde uns vor unseren Feinden retten / und vor allen, die uns mit ihrem Haß verfolgen;
72 er werde sich unserer Väter erbarmen / und sich an seinen heiligen Bund erinnern,
73 an den Eid, den er unserem Vater Abraham geschworen hat:
74 er werde uns aus der Gewalt unserer Feinde befreien, / damit wir ihm furchtlos dienen,
75 und heilig und gerecht vor ihm leben all unsre Tage.
76 Du aber, Kind, wirst ein Prophet des Höchsten sein, / denn du wirst dem Herrn vorangehen und ihm den Weg bereiten.
77 Du wirst seinem Volk die Einsicht schenken, / daß es gerettet wird durch die Vergebung der Sünden;
78 denn unser Gott ist reich an Erbarmen, / darum kommt zu uns das strahlende Licht aus der Höhe.
79 Es wird allen leuchten, die in Finsternis sitzen und im Dunkel des Todes; / es wird unsere Schritte auf den Weg des Friedens lenken.

1,78 Statt »wird uns besuchen« haben einige Textzeugen: hat uns besucht. – Das aufstrahlende Licht, wörtlich: der Aufgang.

(Mt 2,23)

Die Geburt Jesu

Mt 1,18–25 (vgl. S. 2)

18 *Mit der Geburt Jesu Christi war es so: Ma-*
ria, seine Mutter, war mit Josef verlobt; noch
bevor sie zusammengekommen waren, zeigte
sich, daß sie ein Kind erwartete – durch das
Wirken des Heiligen Geistes. 19 *Josef, ihr*
Mann, der gerecht war und sie nicht bloßstel-
len wollte, beschloß, sich in aller Stille von ihr
zu trennen. 20 *Während er noch darüber*
nachdachte, erschien ihm ein Engel des Herrn
im Traum und sagte: Josef, Sohn Davids,
fürchte dich nicht, Maria als deine Frau zu dir
zu nehmen; denn das Kind, das sie erwartet,
ist vom Heiligen Geist. 21 *Sie wird einen Sohn*
gebären; ihm sollst du den Namen Jesus ge-
ben; denn er wird sein Volk von seinen Sün-
den erlösen.
22 *Dies alles ist geschehen, damit sich erfüllte,*
was der Herr durch den Propheten gesagt hat:
23 *»Seht, die Jungfrau wird ein Kind empfan-*
gen, / einen Sohn wird sie gebären, / und man
wird ihm den Namen Immanuel geben«, / das
heißt übersetzt: Gott ist mit uns.
24 *Als Josef erwachte, tat er, was der Engel des*
Herrn ihm befohlen hatte, und nahm seine
Frau zu sich. 25 *Er erkannte sie aber nicht, bis*
sie ihren Sohn gebar. Und er gab ihm den
Namen Jesus.

Die Verkündigung der Geburt an die Hirten

Mt 2,1–12 (vgl. S. 2f)

1 *Als Jesus zur Zeit des Königs Herodes in*
Betlehem in Judäa geboren worden war, ka-
men Sterndeuter aus dem Osten nach Jerusa-
lem 2 *und fragten: Wo ist der neugeborene*
König der Juden? Wir haben seinen Stern
aufgehen sehen und sind gekommen, um ihm
zu huldigen. 3 *Als König Herodes das hörte,*
erschrak er und mit ihm ganz Jerusalem. 4 *Er*
ließ alle Hohenpriester und Schriftgelehrten
des Volkes zusammenkommen und erkun-
digte sich bei ihnen, wo der Messias geboren
werden solle. 5 *Sie antworteten ihm: In Betle-*
hem in Judäa; denn so steht es bei dem Pro-
pheten:
6 *»Du, Betlehem« im Gebiet von Juda, / bist*

Lk 2,1–7

[1] In jenen Tagen erließ Kaiser Augustus den
Befehl, alle Bewohner des Reiches in Steuer-
listen einzutragen. [2] Dies geschah zum er-
stenmal; damals war Quirinius Statthalter
von Syrien. [3] Da ging jeder in seine Stadt, um
sich eintragen zu lassen.
[4] So zog auch Josef von der Stadt Nazaret in
Galiläa hinauf nach Judäa in die Stadt Da-
vids, die Betlehem heißt; denn er war aus
dem Haus und Geschlecht Davids. [5] Er
wollte sich eintragen lassen mit Maria, seiner
Verlobten, die ein Kind erwartete. [6] Als sie
dort waren, kam für Maria die Zeit ihrer
Niederkunft, [7] und sie gebar ihren Sohn, den
Erstgeborenen. Sie wickelte ihn in Windeln
und legte ihn in eine Krippe, weil in der Her-
berge kein Platz für sie war.

4: Joh 7,42.

2,1–3 Quirinius hat als Statthalter von Syrien 6/7 n.Chr. eine Steuerfeststellung, einen sog. Zensus, durchführen lassen. Dies kann jedoch nicht der Zensus gewesen sein, zu dem Josef nach Betlehem zog; denn die Geburt Jesu fällt nach Mt 2 in die Zeit vor dem Tod des Herodes (4 v.Chr.). Der Mönch Dionysius Exiguus (ca. 497–540), auf den die christliche Zeitrechnung zurückgeht, hat sich demnach um etwa 4 bis 5 Jahre verrechnet. Kaiser Augustus herrschte von 31 v.Chr. bis 14 n.Chr.

2,5 Nach jüdischem Recht gilt die Verlobte bereits als Ehefrau (vgl. die Anmerkung zu Mt 1,18).

Lk 2,8–20

[8] In jener Gegend lagerten Hirten auf freiem
Feld und hielten Nachtwache bei ihrer Her-
de. [9] Da trat der Engel des Herrn zu ihnen,
und der Glanz des Herrn umstrahlte sie. Sie
fürchteten sich sehr, [10] der Engel aber sagte
zu ihnen: Fürchtet euch nicht, denn ich ver-
künde euch eine große Freude, die dem gan-
zen Volk zuteil werden soll: [11] Heute ist euch
in der Stadt Davids der Retter geboren; er ist
der Messias, der Herr. [12] Und das soll euch
als Zeichen dienen: Ihr werdet ein Kind fin-
den, das, in Windeln gewickelt, in einer
Krippe liegt. [13] Und plötzlich war bei dem
Engel ein großes himmlisches Heer, das Gott
lobte und sprach:

Joh 7,41–42

[41] Andere sagten: Er ist der Messias. Wieder
andere sagten: Kommt denn der Messias aus
Galiläa? [42] Sagt nicht die Schrift: Der Messias
»kommt aus« dem Geschlecht Davids und
aus dem Dorf »Betlehem«, wo David lebte?

(Mt 2,23)

keineswegs »die unbedeutendste / unter den führenden Städten von Juda; / denn aus dir wird ein Fürst hervorgehen, / der Hirt meines Volkes Israel«.
7 *Danach rief Herodes die Sterndeuter heimlich zu sich und ließ sich von ihnen genau sagen, wann der Stern erschienen war.* 8 *Dann
schickte er sie nach Betlehem und sagte: Geht und forscht sorgfältig nach, wo das Kind ist; und wenn ihr es gefunden habt, berichtet mir, damit auch ich hingehe und ihm huldige.*
9 *Nach diesen Worten des Königs machten sie sich auf den Weg. Und der Stern, den sie hatten aufgehen sehen, zog vor ihnen her bis zu dem Ort, wo das Kind war; dort blieb er ste-*
hen. 10 *Als sie den Stern sahen, wurden sie von*
sehr großer Freude erfüllt. 11 *Sie gingen in das*
Haus und sahen das Kind und Maria, seine Mutter; da fielen sie nieder und huldigten ihm. Dann holten sie ihre Schätze hervor und brachten ihm Gold, Weihrauch und Myrrhe
als Gaben dar. 12 *Weil ihnen aber im Traum*
geboten wurde, nicht zu Herodes zurückzukehren, zogen sie auf einem anderen Weg heim in ihr Land.

Das Zeugnis des Simeon und der Hanna über Jesus

14 Verherrlicht ist Gott in der Höhe, / und auf
Erden ist Friede / bei den Menschen seiner
Gnade.
15 Als die Engel sie verlassen hatten und in
den Himmel zurückgekehrt waren, sagten
die Hirten zueinander: Kommt, wir gehen
nach Betlehem, um das Ereignis zu sehen,
das uns der Herr verkünden ließ. 16 So eilten
sie hin und fanden Maria und Josef und das
Kind, das in der Krippe lag. 17 Als sie es sa-
hen, erzählten sie, was ihnen über dieses
Kind gesagt worden war. 18 Und alle, die es
hörten, staunten über die Worte der Hirten.
19 Maria aber bewahrte alles, was geschehen
war, in ihrem Herzen und dachte darüber
nach. 20 Die Hirten kehrten zurück, rühmten
Gott und priesen ihn für das, was sie gehört
und gesehen hatten; denn alles war so gewe-
sen, wie es ihnen gesagt worden war.

13: Mt 26,53 / 14: 19,38; Jes 57,19; Eph 2,17 / 19: 2,51.

2,11 Die drei Titel »Retter«, »Messias« (= Christus), »Herr« weisen auf die Heilsbedeutung Christi hin. »Retter« und »Herr« waren auch Hoheitstitel der römischen Kaiser.

2,14 Wörtlich: Herrlichkeit Gott in der Höhe und auf Erden Friede bei den Menschen des Wohlgefallens. – Die ökumenische liturgische Fassung lautet: Ehre sei Gott in der Höhe und Friede auf Erden den Menschen seiner Gnade.

Lk 2,21–40

21 Als acht Tage vorüber waren und das Kind
beschnitten werden sollte, gab man ihm den
Namen Jesus, den der Engel genannt hatte,
noch ehe das Kind im Schoß seiner Mutter
empfangen wurde.
22 Dann kam für sie der Tag der vom Gesetz
des Mose vorgeschriebenen Reinigung. Sie
brachten das Kind nach Jerusalem hinauf,
um es dem Herrn zu weihen, 23 gemäß dem
Gesetz des Herrn, in dem es heißt: JEDE
MÄNNLICHE ERSTGEBURT SOLL DEM HERRN
GEWEIHT SEIN. 24 Auch wollten sie ihr Opfer
darbringen, wie es das Gesetz des Herrn vor-
schreibt: EIN PAAR TURTELTAUBEN ODER
ZWEI JUNGE TAUBEN.
25 In Jerusalem lebte damals ein Mann na-
mens Simeon. Er war gerecht und fromm und
wartete auf die Rettung Israels, und der Hei-
lige Geist ruhte auf ihm. 26 Vom Heiligen
Geist war ihm offenbart worden, er werde

(Mt 2,23)

den Tod nicht schauen, ehe er den Messias
des Herrn gesehen habe. 27 Jetzt wurde er
vom Geist in den Tempel geführt; und als die
Eltern Jesus hereinbrachten, um zu erfüllen,
was nach dem Gesetz üblich war, 28 nahm
Simeon das Kind in seine Arme und pries
Gott mit den Worten:
29 Nun läßt du, Herr, deinen Knecht, / wie du
gesagt hast, in Frieden scheiden.
30 Denn meine Augen haben DAS HEIL GESE-
HEN, / 31 das du VOR ALLEN VÖLKERN bereitet
hast,
32 EIN LICHT, das DIE HEIDEN erleuchtet, / und
HERRLICHKEIT für dein Volk ISRAEL.
33 Sein Vater und seine Mutter staunten über
die Worte, die über Jesus gesagt wurden.
34 Und Simeon segnete sie und sagte zu Ma-
ria, der Mutter Jesu: Dieser ist dazu be-
stimmt, daß in Israel viele durch ihn zu Fall
kommen und viele aufgerichtet werden, und
er wird ein Zeichen sein, dem widersprochen
wird. 35 Dadurch sollen die Gedanken vieler
Menschen offenbar werden. Dir selbst aber
wird ein Schwert durch die Seele dringen.
36 Damals lebte auch eine Prophetin namens
Hanna, eine Tochter Penuëls, aus dem
Stamm Ascher. Sie war schon hochbetagt.
Als junges Mädchen hatte sie geheiratet und
sieben Jahre mit ihrem Mann gelebt; 37 nun
war sie eine Witwe von vierundachtzig Jah-
ren. Sie hielt sich ständig im Tempel auf und
diente Gott Tag und Nacht mit Fasten und
Beten. 38 In diesem Augenblick nun trat sie
hinzu, pries Gott und sprach über das Kind
zu allen, die auf die Erlösung Jerusalems
warteten.
39 Als seine Eltern alles getan hatten, was das
Gesetz des Herrn vorschreibt, kehrten sie
nach Galiläa in ihre Stadt Nazaret zurück.
40 Das Kind wuchs heran und wurde kräftig;
Gott erfüllte es mit Weisheit, und seine
Gnade ruhte auf ihm.

21: 1,31 / 22: Lev 12; Num 18,15f / 23: Ex 13,2.12 / 24: Lev 12,8 / 30: Jes 40,5 G / 31: Jes 52,10 / 32: Jes 49,6; 42,6; 46,13 / 34: Jes 8,14.

2,25 die Rettung, wörtlich: den Trost.

2,29–32 Die obige Fassung ist für die Liturgie vorgesehen. Daneben hat die ökumenische Kommission auch den folgenden Text erarbeitet:
29 Nun läßt du, Herr, deinen Knecht in Frieden scheiden, / wie dein Wort es verheißen hat.
30 Denn meine Augen haben das Heil geschaut,
31 das du geschaffen hast, damit alle Völker es sehen:
32 ein Licht, das die Heiden erleuchtet,
und eine Verherrlichung deines Volkes Israel.

2,37 Andere Übersetzungsmöglichkeit: seit vierundachtzig Jahren aber war sie Witwe.

(Mt 2,23)

Der zwölfjährige Jesus im Tempel

Lk 2,41–52

41 Die Eltern Jesu gingen jedes Jahr zum
Paschafest nach Jerusalem. 42 Als er zwölf
Jahre alt geworden war, zogen sie wieder
hinauf, wie es dem Festbrauch entsprach.
43 Nachdem die Festtage zu Ende waren,
machten sie sich auf den Heimweg. Der
junge Jesus aber blieb in Jerusalem, ohne
daß seine Eltern es merkten. 44 Sie meinten,
er sei irgendwo in der Pilgergruppe, und rei-
sten eine Tagesstrecke weit; dann suchten sie
ihn bei den Verwandten und Bekannten.
45 Als sie ihn nicht fanden, kehrten sie nach
Jerusalem zurück und suchten ihn dort.
46 Nach drei Tagen fanden sie ihn im Tempel;
er saß mitten unter den Lehrern, hörte ihnen
zu und stellte Fragen. 47 Alle, die ihn hörten,
waren erstaunt über sein Verständnis und
über seine Antworten. 48 Als seine Eltern ihn
sahen, waren sie sehr betroffen, und seine
Mutter sagte zu ihm: Kind, wie konntest du
uns das antun? Dein Vater und ich haben
dich voll Angst gesucht. 49 Da sagte er zu ih-
nen: Warum habt ihr mich gesucht? Wußtet
ihr nicht, daß ich in dem sein muß, was mei-
nem Vater gehört? 50 Doch sie verstanden
nicht, was er damit sagen wollte. 51 Dann
kehrte er mit ihnen nach Nazaret zurück und
war ihnen gehorsam. Seine Mutter bewahrte
alles, was geschehen war, in ihrem Herzen.
52 Jesus aber wuchs heran, und seine Weis-
heit nahm zu, und ER FAND GEFALLEN BEI
GOTT UND DEN MENSCHEN.

41: Ex 23,14–17 / 42: Ex 12,15.18 / 51: 2,19 / 52: 1Sam 2,26.

2,41–51 Vom 13. Lebensjahr an ist ein jüdischer Junge verpflichtet, die Gebote und Vorschriften des jüdischen Gesetzes zu beachten. Nach Ex 23,14–17; 24,23f; Dtn 16,16f hatten alle jüdischen Männer, ausgenommen Greise und Kranke, zu den drei Hauptfesten des jüdischen Jahres, Pascha, Pfingsten und Laubhüttenfest, im Tempel zu erscheinen. Dies war aber nur für jene streng verpflichtend, die nicht mehr als eine Tagereise weit vom Tempel entfernt wohnten. Zu Fuß brauchte man von Galiläa mindestens drei Tage nach Jerusalem.

Zu Lk 2,41–52 Kindheitsevangelium des Thomas 19,1–5: Als er zwölf Jahre alt geworden war, gingen seine Eltern nach der Gewohnheit nach Jerusalem zum Passafest mit der Reisegesellschaft. Nach dem Pascha kehrten sie nach Hause zurück. Auf dem Heimweg aber ging der kleine Jesus nach Jerusalem zurück. Seine Eltern aber meinten, er sei unter der Reisegesellschaft. Als sie eine Tagereise weit gezogen waren, suchten sie ihn unter ihren Verwandten. Und da sie ihn nicht fanden, kehrten sie nach der Stadt zurück und suchten ihn. Nach drei Tagen fanden sie ihn im Tempel, wie er mitten unter den Lehrern saß, das Gesetz anhörte und sie fragte. Es achteten aber alle auf ihn und erstaunten, wie ein so junger Knabe die Ältesten und Lehrer des Volkes zum Schweigen brachte, indem er ihnen die Hauptpunkte des Gesetzes und die Prophetensprüche auslegte. Seine Mutter trat zu ihm und sprach: Kind, warum hast du uns das angetan? Wir haben dich mit Schmerzen gesucht. Jesus sprach zu ihnen: Warum habt ihr mich gesucht? Wußtet ihr nicht, daß ich sein muß in dem, was meines Vaters ist? Die Schriftgelehrten und Pharisäer fragten: Bist du die Mutter dieses Kindes? Sie antwortete: Ich bin es! Da segneten sie Maria: Selig bist du unter den Frauen, denn Gott hat die Frucht deines Leibes gesegnet. Solche Herrlichkeit, Tugend und Weisheit haben wir noch nie gesehen oder gehört. Jesus stand auf, folgte seiner Mutter und war seinen Eltern untertan. Seine Mutter behielt alles Geschehene bei sich. Und Jesus nahm zu an Weisheit und Alter und Gnade.

II. HAUPTTEIL

A. Die Vorbereitung des Wirkens Jesu

(Mt 3,1–4,11; Mk 1,1–13; Lk 3,1–4,13)

1. Johannes der Täufer und sein Ruf zur Umkehr

Mt 3,1–6

[1]In jenen Tagen

trat Johannes der Täufer auf und verkündete in der Wüste von Judäa:

[2]Kehrt um! Denn das Himmelreich ist nahe.

[3]Er war es, von dem der Prophet Jesaja gesagt hat:

EINE STIMME RUFT IN DER WÜSTE: / BEREITET DEM HERRN DEN WEG! / EBNET ihm DIE STRASSEN!

[4]Johannes trug ein Gewand aus Kamelhaaren und einen ledernen Gürtel um seine Hüften; Heuschrecken und wilder Honig waren seine Nahrung. [5]Die Leute von Jerusalem und ganz Judäa und aus der ganzen Jordangegend zogen zu ihm hinaus; [6]sie bekannten ihre Sünden und ließen sich im Jordan von ihm taufen.

1–6: Joh 1,19–23 / 2: Apg 13,24; 19,4 / 3: Jes 40,3 G / 4: 2Kön 1,8.

3,4 Nahrung und Kleidung weisen auf den Prophetenberuf und auf die asketische Lebensweise des Täufers hin. Er wird nach dem Vorbild des Propheten Elija gezeichnet, der ebenfalls am Unterlauf des Jordan wirkte (vgl. 2Kön 1,8; 2,1–18).

Mk 1,1–6

[1]Anfang des Evangeliums von Jesus Christus, dem Sohn Gottes:

[2]Es begann, wie es bei dem Propheten Jesaja steht:

ICH SENDE MEINEN BOTEN VOR DIR HER; / ER SOLL DEN WEG für dich BAHNEN.

[3]EINE STIMME RUFT IN DER WÜSTE: / BEREITET DEM HERRN DEN WEG! / EBNET ihm DIE STRASSEN!

[4]So trat Johannes der Täufer in der Wüste auf und verkündigte Umkehr und Taufe zur Vergebung der Sünden. [5]Ganz Judäa und alle Einwohner Jerusalems zogen zu ihm hinaus; sie bekannten ihre Sünden und ließen sich im Jordan von ihm taufen. [6]Johannes trug ein Gewand aus Kamelhaaren und einen ledernen Gürtel um seine Hüften, und er lebte von Heuschrecken und wildem Honig.

1–8: Joh 1,19–28 / 1: 15,39 / 2: Mal 3,1; Ex 23,20; Mt 11,10; Lk 1,76; 7,27 / 3: Jes 40,3 G / 4: Apg 13,24; 19,4.

1,1–8 Die ältesten Christengemeinden waren vor allem am öffentlichen Wirken Jesu interessiert (vgl. Apg 10,37–41). Darum bringt Markus, anders als Matthäus und Lukas, keine Vorgeschichte, sondern beginnt sein Evangelium sofort mit dem Auftreten des Täufers und der Taufe Jesu.
1,1 »dem Sohn Gottes« fehlt bei einigen alten Textzeugen.
1,4 Umkehr und Taufe, wörtlich: Taufe der Umkehr.

Lk 3,1–6

[1]Es war im fünfzehnten Jahr der Regierung des Kaisers Tiberius; Pontius Pilatus war Statthalter von Judäa, Herodes Tetrarch von Galiläa, sein Bruder Philippus Tetrarch von Ituräa und Trachonitis, Lysanias Tetrarch von Abilene; [2]Hohepriester waren Hannas und Kajaphas. Da erging in der Wüste das Wort Gottes an Johannes, den Sohn des Zacharias. [3]Und er zog in die Gegend am Jordan und verkündigte dort überall Umkehr und Taufe zur Vergebung der Sünden. [4](So erfüllte sich,) was im Buch der Reden des Propheten Jesaja steht:

EINE STIMME RUFT IN DER WÜSTE: / BEREITET DEM HERRN DEN WEG! / EBNET ihm DIE STRASSEN!
[5]JEDE SCHLUCHT SOLL AUFGEFÜLLT WERDEN, / JEDER BERG UND HÜGEL SICH SENKEN.
WAS KRUMM IST, SOLL GERADE WERDEN, / WAS UNEBEN IST, SOLL ZUM EBENEN WEG WERDEN.
[6]UND ALLE MENSCHEN WERDEN DAS HEIL SEHEN, DAS VON GOTT KOMMT.

3: Joh 1,19–23; Apg 13,24; 19,4 / 4f: Jes 40,3–5 G.

Joh 1,6.23

[6]*Es trat ein Mensch auf, der von Gott gesandt war; sein Name war Johannes.*

[23]*Er sagte: Ich bin »die Stimme, die in der Wüste ruft: Ebnet den Weg für den Herrn!«, wie der Prophet Jesaja gesagt hat.*

Zu Lk 3,1f Durch die Verknüpfung der Geschichte Jesu mit der Weltgeschichte weist Lukas auf die umfassende Bedeutung Jesu hin. Tiberius war Kaiser von 14 bis 37 n.Chr.; Pontius Pilatus Statthalter (Präfekt) über die römische Provinz Judäa von 26 bis 36 n.Chr.; Herodes Antipas Tetrarch von Galiläa und Peräa von 4 v.Chr. bis 39 n.Chr. (vgl. die Anmerkung zu Mt 14,1), sein Halbbruder Philippus Tetrarch der vorwiegend heidnischen Gebiete Nordtransjordaniens von 4 v.Chr. bis 34 n.Chr. Die Regierungszeit des Lysanias ist nicht genau festzustellen. Hannas war Hoherpriester von 6 bis 15 n.Chr. und blieb auch danach sehr einflußreich. Seine fünf Söhne und sein Schwiegersohn Kajaphas kamen nacheinander in den Besitz der Hohenpriesterwürde. Kajaphas amtierte von 18 bis 37 n.Chr.

Zu Lk 3,3 Umkehr und Taufe, wörtlich: die Taufe der Umkehr.

Zu Mt 3,1 par. Ebionäerevangelium (Epiphanius, Haer. 30,13,4ff): Es geschah in den Tagen des Herodes, des Königs Judäas, zur Zeit des Hohenpriesters Kajafas, da kam einer, Johannes genannt, und taufte mit der Taufe zur Buße im Flusse Jordan. Es hieß, er sei aus dem Geschlecht des Priesters Aaron, ein Sohn des Zacharias und Elisabets. Und alle zogen zu ihm hinaus.

Zu Mt 3,4–5 par.: Es geschah, daß Johannes taufte. Und es zogen zu ihm Pharisäer hinaus und wurden getauft und ganz Jerusalem. Und Johannes hatte ein Kleid aus Kamelhaar und um seine Hüfte einen Gürtel aus Leder. Und seine Speise war wilder Honig, der wie Manna schmeckte, wie Kuchen in Öl. – So wollten sie das Wort der Wahrheit in Lüge verkehren und an Stelle der Heuschrecken ›Kuchen‹ setzen.

2. Von den Früchten der Umkehr

Mt 3,7–10

[7] Als Johannes sah, daß viele Pharisäer und Sadduzäer zur Taufe kamen, sagte er zu ihnen: Ihr Schlangenbrut, wer hat euch denn gelehrt, daß ihr dem kommenden Gericht entrinnen könnt? [8] Bringt Frucht hervor, die eure Umkehr zeigt, [9] und meint nicht, ihr könntet sagen: Wir haben ja Abraham zum Vater. Denn ich sage euch: Gott kann aus diesen Steinen Kinder Abrahams machen. [10] Schon ist die Axt an die Wurzel der Bäume gelegt; jeder Baum, der keine gute Frucht hervorbringt, wird umgehauen und ins Feuer geworfen.

7: 12,34; 23,33 / 9: Joh 8,39; Röm 4,12 / 10: 7,19.

3,7 Gericht, wörtlich: Zorn.

3. Von den Folgen der Umkehr im Alltag

4. Die Ankündigung des Kommenden (des Messias) durch Johannes den Täufer

Mt 3,11–12

[11] Ich taufe euch nur mit Wasser (zum Zeichen) der Umkehr. Der aber, der nach mir kommt, ist stärker als ich, und ich bin es nicht wert, ihm die Schuhe auszuziehen. Er wird

Mk 1,7–8

[7] Er verkündete: Nach mir kommt einer, der ist stärker als ich; ich bin es nicht wert, mich zu bücken, um ihm die Schuhe aufzuschnüren. [8] Ich habe euch nur mit Wasser getauft,

Lk 3,7–9

[7] Das Volk zog in Scharen zu ihm hinaus, um sich von ihm taufen zu lassen. Er sagte zu ihnen: Ihr Schlangenbrut, wer hat euch denn gelehrt, daß ihr dem kommenden Gericht entrinnen könnt? [8] Bringt Früchte hervor, die eure Umkehr zeigen, und fangt nicht an zu sagen: Wir haben ja Abraham zum Vater. Denn ich sage euch: Gott kann aus diesen Steinen Kinder Abrahams machen. [9] Schon ist die Axt an die Wurzel der Bäume gelegt; jeder Baum, der keine gute Frucht hervorbringt, wird umgehauen und ins Feuer geworfen.

9: Mt 7,19.

3,7 Gericht, wörtlich: Zorn.

Lk 3,10–14

[10] Da fragten ihn die Leute: Was sollen wir also tun? [11] Er antwortete ihnen: Wer zwei Gewänder hat, der gebe eines davon dem, der keines hat, und wer zu essen hat, der handle ebenso. [12] Es kamen auch Zöllner zu ihm, um sich taufen zu lassen, und fragten: Meister, was sollen wir tun? [13] Er sagte zu ihnen: Verlangt nicht mehr, als festgesetzt ist. [14] Auch Soldaten fragten ihn: Was sollen denn wir tun? Und er sagte zu ihnen: Mißhandelt niemand, erpreßt niemand, begnügt euch mit eurem Sold!

Lk 3,15–18

[15] Das Volk war voll Erwartung, und alle überlegten im stillen, ob Johannes nicht vielleicht selbst der Messias sei. [16] Doch Johannes gab ihnen allen zur Antwort: Ich taufe euch nur mit Wasser. Es kommt aber einer, der stärker ist als ich, und ich bin es nicht wert, ihm die Schuhe aufzuschnüren. Er wird

Joh 1,24–28

[24] *Unter den Abgesandten waren auch Pharisäer.* [25] *Sie fragten Johannes: Warum taufst du dann, wenn du nicht der Messias bist, nicht Elija und nicht der Prophet?* [26] *Er antwortete ihnen: Ich taufe mit Wasser. Mitten unter euch steht der, den ihr nicht kennt* [27] *und der nach mir kommt; ich bin es nicht wert, ihm die*

euch mit dem Heiligen Geist und mit Feuer taufen. [12]Schon hält er die Schaufel in der Hand; er wird die Spreu vom Weizen trennen und den Weizen in seine Scheune bringen; die Spreu aber wird er in nie erlöschendem Feuer verbrennen.

er aber wird euch mit dem Heiligen Geist taufen.

11: Joh 1,15.30f.33; Apg 13,25; 1,5; 11,16 / 12: 13,30.

5. Die Gefangennahme Johannes' des Täufers

Mt 14,3–4 (vgl. Nr. 108)

[3]*Herodes hatte nämlich Johannes festnehmen und in Ketten ins Gefängnis werfen lassen. Schuld daran war Herodias, die Frau seines Bruders Philippus.* [4]*Denn Johannes hatte zu Herodes gesagt: Du hattest nicht das Recht, sie zur Frau zu nehmen.*

Mk 6,17–18 (vgl. Nr. 108)

[17]*Herodes hatte nämlich Johannes festnehmen und ins Gefängnis werfen lassen. Schuld daran war Herodias, die Frau seines Bruders Philippus, die er geheiratet hatte.* [18]*Denn Johannes hatte zu Herodes gesagt: Du hattest nicht das Recht, die Frau deines Bruders zur Frau zu nehmen.*

6. Die Taufe Jesu

Mt 3,13–17

[13]Zu dieser Zeit kam Jesus von Galiläa an den Jordan zu Johannes, um sich von ihm taufen zu lassen. [14]Johannes aber wollte es nicht zulassen und sagte zu ihm: Ich müßte von dir getauft werden, und du kommst zu mir? [15]Jesus antwortete ihm: Laß es nur zu! Denn nur so können wir die Gerechtigkeit (die Gott fordert) ganz erfüllen. Da gab Johannes nach. [16]Kaum war Jesus getauft und aus dem Wasser gestiegen, da öffnete sich der Himmel, und er sah den Geist Gottes wie eine Taube auf sich herabkommen. [17]Und eine Stimme aus dem Himmel sprach: DAS IST MEIN GELIEBTER SOHN, AN DEM ICH GEFALLEN GEFUNDEN HABE.

17: Gen 22,2; Ps 2,7; Jes 42,1; Mt 12,18; 17,5; Mk 1,11; 9,7; Lk 3,22; 9,35.

Mk 1,9–11

[9]In jenen Tagen kam Jesus aus Nazaret in Galiläa und ließ sich von Johannes im Jordan taufen. [10]Und als er aus dem Wasser stieg, sah er, daß der Himmel sich öffnete und der Geist wie eine Taube auf ihn herabkam. [11]Und eine Stimme aus dem Himmel sprach: DU BIST MEIN GELIEBTER SOHN, AN DIR HABE ICH GEFALLEN GEFUNDEN.

11: Gen 22,2; Ps 2,7; Jes 42,1; Mt 3,17.

Zu Mt 3,13–17 par. Ebionäerevangelium (Epiphanius, Haer. 30,13,7–8): Und nachdem es (sc. das Ebionäerevangelium) vieles berichtet hat, fährt es fort: Als das Volk getauft war, kam auch Jesus und wurde von Johannes getauft. Und wie er aus dem Wasser emporstieg, öffneten sich die Himmel, und er sah den Heiligen Geist in Gestalt einer Taube, die herabkam und in ihn einging. Und eine Stimme aus dem Himmel sprach: Du bist mein geliebter Sohn, an dir habe ich Wohlgefallen gefunden. Und wiederum: Heute habe ich

euch mit dem Heiligen Geist und mit Feuer
taufen. [17]Schon hält er die Schaufel in der
Hand, um die Spreu vom Weizen zu trennen
und den Weizen in seine Scheune zu bringen;
die Spreu aber wird er in nie erlöschendem
Feuer verbrennen. [18]Mit diesen und vielen
anderen Worten ermahnte er das Volk in
seiner Predigt.

15: Joh 1,19–23 / 16: Apg 13,25.

Schuhe aufzuschnüren. [28]Dies geschah in Betanien, auf der anderen Seite des Jordan, wo Johannes taufte.

Lk 3,19–20

[19]Johannes tadelte auch den Tetrarchen Herodes wegen (der Sache mit) Herodias, der Frau seines Bruders, und wegen all der anderen Schandtaten, die er verübt hatte.
[20]Deshalb ließ Herodes Johannes ins Gefängnis werfen und lud so noch mehr Schuld auf sich.

3,19 Vgl. die Anmerkung zu Mt 14,3–12.

Lk 3,21–22

[21]Zusammen mit dem ganzen Volk

ließ auch Jesus sich taufen. Und während er betete, öffnete sich der Himmel, [22]und der Heilige Geist kam sichtbar in Gestalt einer Taube auf ihn herab,
und eine Stimme aus dem Himmel sprach:
DU BIST MEIN GELIEBTER SOHN, AN DIR HABE ICH GEFALLEN GEFUNDEN.

22: Gen 22,2; Ps 2,7; Jes 42,1; Mt 3,17.

Joh 1,29–34

[29]Am Tag darauf sah er Jesus auf sich zukommen und sagte: Seht, das Lamm Gottes, das die Sünde der Welt hinwegnimmt. [30]Er ist
es, von dem ich gesagt habe: Nach mir kommt ein Mann, der mir voraus ist, weil er vor mir war. [31]Auch ich kannte ihn nicht; aber ich bin gekommen und taufe mit Wasser, um Israel mit ihm bekanntzumachen. [32]Und Johannes bezeugte: Ich sah, daß der Geist vom Himmel herabkam wie eine Taube und auf ihm blieb.
[33]Auch ich kannte ihn nicht; aber er, der mich gesandt hat, mit Wasser zu taufen, er hat mir gesagt: Auf wen du den Geist herabkommen siehst und auf wem er bleibt, der ist es, der mit dem Heiligen Geist tauft. [34]Das habe ich gesehen, und ich bezeuge: Er ist der Sohn Gottes.

dich gezeugt. Und sogleich umstrahlte den Ort ein großes Licht. Als Johannes das sah, heißt es, spricht er zu ihm: Wer bist du, Herr? Und wiederum (ertönte) eine Stimme aus dem Himmel zu ihm: Dies ist mein geliebter Sohn, an dem ich Wohlgefallen gefunden habe. Und da, heißt es, fiel Johannes vor ihm nieder und sprach: Herr, ich bitte dich, taufe du mich. Er aber wehrte ihm und sprach: Laß es zu, denn so gebührt es sich, daß alles erfüllt werde.

Zu Mt 3,13–17 par. Nazaräerevangelium (Hieronymus, Pelag. III,2): Siehe da, die Mutter des Herrn und seine Brüder sagten zu ihm: Johannes der Täufer tauft zur Vergebung der Sünden: Laßt uns hingehen und uns von ihm taufen lassen. Er dagegen sagte zu ihnen: Was habe ich gesündigt, daß ich hingehe und mich von ihm taufen lasse? Es müßte denn das, was ich gesagt habe, Unkenntnis sein.

7. Die Vorfahren Jesu

Mt 1,1–16 (vgl. S. 1)

1 *Stammbaum Jesu Christi, des Sohnes Davids, des Sohnes Abrahams:*
2 *Abraham war der Vater von Isaak, / Isaak von Jakob, / Jakob von Juda und seinen Brüdern.*
3 *Juda war der Vater von Perez und Serach; ihre Mutter war Tamar. / Perez war der Vater von Hezron, / Hezron von Aram,*
4 *Aram von Amminadab, / Amminadab von Nachschon, / Nachschon von Salmon.*
5 *Salmon war der Vater von Boas; dessen Mutter war Rahab. / Boas war der Vater von Obed; dessen Mutter war Rut. / Obed war der Vater von Isai,*
6 *Isai der Vater des Königs David. / David war der Vater von Salomo, dessen Mutter die Frau des Urija war.*
7 *Salomo war der Vater von Rehabeam, / Rehabeam von Abija, / Abija von Asa,*
8 *Asa von Joschafat, / Joschafat von Joram, / Joram von Usija.*
9 *Usija war der Vater von Jotam, / Jotam von Ahas, / Ahas von Hiskija,*
10 *Hiskija von Manasse, / Manasse von Amos, / Amos von Joschija.*
11 *Joschija war der Vater von Jojachin und seinen Brüdern; das war zur Zeit der Babylonischen Gefangenschaft.*
12 *Nach der Babylonischen Gefangenschaft war Jojachin der Vater von Schealtiël, / Schealtiël von Serubbabel,*
13 *Serubbabel von Abihud, / Abihud von Eljakim, / Eljakim von Azor.*
14 *Azor war der Vater von Zadok, / Zadok von Achim, / Achim von Eliud,*
15 *Eliud von Eleasar, / Eleasar von Mattan, / Mattan von Jakob.*
16 *Jakob war der Vater von Josef, dem Mann Marias; / von ihr wurde Jesus geboren, / der der Christus (der Messias) genannt wird.*

Zu Mt 3,16–17 par. Hebräerevangelium (Hieronymus, Kom. zu Jes 11,2): Ferner finden wir in dem Evangelium, das wir eben erwähnt haben (sc. das Hebräerevangelium), folgendes geschrieben: Es geschah aber, als der Herr aus dem Wasser herausgestiegen war, da stieg die ganze Quelle des Heiligen Geistes auf ihn herab und ruhte auf ihm und sprach zu ihm: Mein Sohn, in allen Propheten erwartete ich dich, daß du kämest, und ich in dir ruhte. Denn du bist meine Ruhe, du bist mein erstgeborener Sohn, der du in Ewigkeit herrschest.

Zu Mt 3,16–17 par. Ode Salomos 24,1: Die Taube schwebte auf den Christus herab, weil er ihr Fürst war. Sie sang über ihn, und ihre Stimme erschallte.

Lk 3,23–38

23 Jesus war etwa dreißig Jahre alt, als er zum
erstenmal öffentlich auftrat. Man hielt ihn
für den Sohn Josefs. Die Vorfahren Josefs
waren: Eli, 24 Mattat, Levi, Melchi, Jannai,
Josef, 25 Mattitja, Amos, Nahum, Hesli,
Naggai, 26 Mahat, Mattitja, Schimi, Josech,
Joda, 27 Johanan, Resa, Serubbabel, Scheal-
tiël, Neri, 28 Melchi, Addi, Kosam, Elmadam,
Er, 29 Joschua, Eliëser, Jorim, Mattat, Levi,
30 Simeon, Juda, Josef, Jonam, Eljakim,
31 Melea, Menna, Mattata, Natan, David,
32 Isai, Obed, Boas, Salmon, Nachschon,
33 Amminadab, Admin, Arni, Hezron, Perez,
Juda, 34 Jakob, Isaak, Abraham, Terach, Na-
hor, 35 Serug, Regu, Peleg, Eber, Schelach,
36 Kenan, Arpachschad, Sem, Noach, La-
mech, 37 Metuschelach, Henoch, Jered, Ma-
halalel, Kenan, 38 Enosch, Set, Adam; (der
stammte von) Gott.

31–33: Rut 4,18–22 / 34–35: Gen 11,10–26 / 36–38: Gen 5.

3,23 Aus den verschiedenen Zeitangaben der Evangelien ergibt sich, daß Jesus sein öffentliches Wirken wohl im Jahr 28 begann (vgl. die Anmerkung zu 2,1–3).

3,23–28 Anders als bei Matthäus beginnt der Stammbaum des Lukas mit Adam. Für die Unterschiede in den Namensangaben der beiden Evangelisten gibt es keine befriedigende Erklärung.

Zu Lk 2,23 Ebionäerevangelium (Epiphanius, Haer. 30,13,2): Es trat ein gewisser Mann auf, mit Namen Jesus, etwa 30 Jahre alt, . . *(Fortsetzung vgl. Nr. 11).*

8. Die Versuchung Jesu

Mt 4,1–11

1 Dann wurde Jesus vom Geist in die Wüste
geführt; dort sollte er vom Teufel in Versu-
chung geführt werden. 2 Als er vierzig Tage
und vierzig Nächte gefastet hatte, bekam er
Hunger. 3 Da trat der Versucher an ihn heran
und sagte: Wenn du Gottes Sohn bist, so be-
fiehl, daß aus diesen Steinen Brot wird. 4 Er
aber antwortete: In der Schrift heißt es: DER
MENSCH LEBT NICHT NUR VON BROT, SONDERN
VON JEDEM WORT, DAS AUS GOTTES MUND
KOMMT. 5 Darauf nahm ihn der Teufel mit
sich in die Heilige Stadt, stellte ihn oben auf
den Tempel 6 und sagte zu ihm: Wenn du
Gottes Sohn bist, so stürz dich hinab; denn es
heißt in der Schrift:
SEINEN ENGELN BEFIEHLT ER, / DICH AUF IH-
REN HÄNDEN ZU TRAGEN, / DAMIT DEIN FUSS
NICHT AN EINEN STEIN STÖSST.
7 Jesus antwortete ihm: In der Schrift heißt es
auch: DU SOLLST DEN HERRN, DEINEN GOTT,
NICHT AUF DIE PROBE STELLEN. 8 Wieder
nahm ihn der Teufel mit sich und führte ihn
auf einen sehr hohen Berg; er zeigte ihm alle
Reiche der Welt mit ihrer Pracht 9 und sagte
zu ihm: Das alles will ich dir geben, wenn du
dich vor mir niederwirfst und mich anbetest.
10 Da sagte Jesus zu ihm: Weg mit dir, Satan!
Denn in der Schrift steht: VOR DEM HERRN,
DEINEM GOTT, SOLLST DU DICH NIEDERWER-
FEN UND IHM allein DIENEN.

11 Darauf ließ der Teufel von ihm ab, und es
kamen Engel und dienten ihm.

Mk 1,12–13

12 Danach trieb der Geist Jesus in die Wüste.
13 Dort blieb Jesus vierzig Tage lang und
wurde vom Satan in Versuchung geführt. Er
lebte bei den wilden Tieren,

und die Engel dienten ihm.

2: Ex 34,28 / 4: Dtn 8,3 / 6: Ps 91,11f / 7: Dtn 6,16 / 10: Dtn 5,9; 6,13.

4,1–11 In der Versuchungsgeschichte verwenden sowohl der Satan als auch Jesus Worte aus dem Alten Testament. Einer falschen Vorstellung vom göttlichen Auftrag stellt Jesus das rechte Verständnis gegenüber.

Lk 4,1–13

[1]Erfüllt vom Heiligen Geist, verließ Jesus die
Jordangegend. Darauf führte ihn der Geist
vierzig Tage lang in der Wüste umher, [2]und
dabei wurde Jesus vom Teufel in Versuchung
geführt. Die ganze Zeit über aß er nichts; als
aber die vierzig Tage vorüber waren, hatte er
Hunger. [3]Da sagte der Teufel zu ihm: Wenn
du Gottes Sohn bist, so befiehl diesem Stein,
zu Brot zu werden. [4]Jesus antwortete ihm: In
der Schrift heißt es: DER MENSCH LEBT NICHT
NUR VON BROT.

[5]Da führte ihn der Teufel (auf einen Berg)
hinauf und zeigte ihm in einem einzigen Au-
genblick alle Reiche der Erde. [6]Und er sagte
zu ihm: All die Macht und Herrlichkeit die-
ser Reiche will ich dir geben; denn sie sind
mir überlassen, und ich gebe sie, wem ich
will. [7]Wenn du dich vor mir niederwirfst und
mich anbetest, wird dir alles gehören. [8]Jesus
antwortete ihm: In der Schrift steht: VOR DEM
HERRN, DEINEM GOTT, SOLLST DU DICH NIE-
DERWERFEN UND IHM allein DIENEN. [9]Dar-
auf führte ihn der Teufel nach Jerusalem,
stellte ihn oben auf den Tempel und sagte zu
ihm: Wenn du Gottes Sohn bist, so stürz dich
von hier hinab; [10]denn es heißt in der Schrift:
SEINEN ENGELN BEFIEHLT ER, DICH ZU BEHÜ-
TEN; [11]und: SIE WERDEN DICH AUF IHREN
HÄNDEN TRAGEN, / DAMIT DEIN FUSS NICHT AN
EINEN STEIN STÖSST.
[12]Da antwortete ihm Jesus: Die Schrift sagt:
DU SOLLST DEN HERRN, DEINEN GOTT, NICHT
AUF DIE PROBE STELLEN. [13]Nach diesen Ver-
suchungen ließ der Teufel für eine gewisse
Zeit von ihm ab.

4: Dtn 8,3 / 8: Dtn 5,9; 6,13 / 10: Ps 91,11f / 12: Dtn 6,16.

Joh 1,51

[51]Und er sprach zu ihm: Amen, amen, ich sage euch: Ihr werdet den Himmel geöffnet und die Engel Gottes auf- und niedersteigen sehen über dem Menschensohn.

B. Das Wirken Jesu in Galiläa (Mt 4,12–18,35; Mk 1,14–8,26; Lk 4,14–9,50)

9. Erstes Auftreten in Galiläa

Mt 4,12–17

12 Als Jesus hörte, daß man Johannes ins Gefängnis geworfen hatte, zog er sich nach Galiläa zurück. 13 Er verließ Nazaret, um in Kafarnaum zu wohnen, das am See liegt, im Gebiet von Sebulon und Naftali. 14 Denn es sollte sich erfüllen, was durch den Propheten Jesaja gesagt worden ist:
15 DAS LAND SEBULON UND DAS LAND NAFTALI, / DIE STRASSE AM MEER, DAS GEBIET JENSEITS DES JORDAN, / DAS HEIDNISCHE GALILÄA:
16 DAS VOLK, DAS IM DUNKEL LEBTE, / HAT EIN HELLES LICHT GESEHEN; / DENEN, DIE IM SCHATTENREICH DES TODES WOHNTEN, / IST EIN LICHT ERSCHIENEN.
17 Von da an begann Jesus zu verkünden: Kehrt um! Denn das Himmelreich ist nahe.

12: 14,3; Mk 6,17; Lk 3,20; Joh 3,24 / 15: Jes 8,23; 9,1 / 16: Lk 1,79 / 17: 10,7; Lk 10,9.11.

4,13–16 Die Stämme Sebulon und Naftali waren um 722 v.Chr. von den Assyrern verschleppt worden. Daher war das Gebiet am See Gennesaret wie ganz Galiläa in der Folgezeit auch von vielen Heiden bewohnt. Im Auftreten Jesu in Galiläa sieht Matthäus einen Hinweis darauf, daß das Wirken Jesu auch den Heiden gilt.

4,17 »Himmelreich« ist gleichbedeutend mit »Reich Gottes«. »Himmel« ist eine im Judentum übliche Umschreibung für den Namen Gottes.

Mk 1,14–15

14 Nachdem man Johannes ins Gefängnis geworfen hatte, ging Jesus wieder nach Galiläa;
er verkündete das Evangelium Gottes 15 und sprach: Die Zeit ist erfüllt, das Reich Gottes ist nahe. Kehrt um, und glaubt an das Evangelium!

1,15 In diesem programmatischen Satz faßt Markus den Inhalt der Botschaft Jesu zusammen.

10. Die Ablehnung Jesu in seiner Heimat

Mt 13,54–58 (vgl. Nr. 105)

54 *Jesus kam in seine Heimatstadt*
und lehrte die Menschen dort in der Synagoge.

Mk 6,1–6a (vgl. Nr. 105)

1 *Von dort brach Jesus auf und kam in seine Heimatstadt; seine Jünger begleiteten ihn.*
2 *Am Sabbat lehrte er in der Synagoge.*

Lk 4,14–15

[14]Jesus kehrte, erfüllt von der Kraft des Geistes, nach Galiläa zurück.

Und die Kunde von ihm verbreitete sich in der ganzen Gegend. [15]Er lehrte in den Synagogen und wurde von allen gepriesen.

14: 4,37; 5,15.

Joh 4,1–3; 2,12

[1]*Jesus erfuhr, daß die Pharisäer gehört hatten, er gewinne und taufe mehr Jünger als Johannes –* [2]*allerdings taufte nicht Jesus selbst, sondern seine Jünger –;* [3]*daraufhin verließ er Judäa und ging wieder nach Galiläa.*
[2,12]*Danach zog er mit seiner Mutter, seinen Brüdern und seinen Jüngern nach Kafarnaum hinab. Dort blieben sie einige Zeit.*

Lk 4,16–30

[16]So kam er auch nach Nazaret, wo er aufgewachsen war, und ging, wie gewohnt, am Sabbat in die Synagoge. Als er aufstand, um aus der Schrift vorzulesen, [17]reichte man ihm das Buch des Propheten Jesaja. Er schlug das Buch auf und fand die Stelle, wo es heißt:

Joh 7,15; 6,42; 4,44; 10,39

Da staunten alle und sagten: Woher hat er diese Weisheit und die Kraft, Wunder zu tun?
55 *Ist das nicht der Sohn des Zimmermanns? Heißt nicht seine Mutter Maria, und sind nicht Jakobus, Josef, Simon und Judas seine Brüder?*
56 *Leben nicht alle seine Schwestern unter uns? Woher also hat er das alles?*
57 *Und sie nahmen Anstoß an ihm und lehnten ihn ab.*

Da sagte Jesus zu ihnen: Nirgends hat ein Prophet so wenig Ansehen wie in seiner Heimat und in seiner Familie.
58 *Und wegen ihres Unglaubens tat er dort nur wenige Wunder.*

Und die vielen Menschen, die ihm zuhörten, staunten und sagten: Woher hat er das alles? Was ist das für eine Weisheit, die ihm gegeben ist! Und was sind das für Wunder, die durch ihn geschehen!
3 *Ist das nicht der Zimmermann, der Sohn der Maria und der Bruder von Jakobus, Joses, Judas und Simon? Leben nicht seine Schwestern hier unter uns? Und sie nahmen Anstoß an ihm und lehnten ihn ab.*
4 *Da sagte Jesus zu ihnen: Nirgends hat ein Prophet so wenig Ansehen wie in seiner Heimat, bei seinen Verwandten und in seiner Familie.*
5 *Und er konnte dort kein Wunder tun; nur einigen Kranken legte er die Hände auf und heilte sie.*
6a *Und er wunderte sich über ihren Unglauben.*

18 DER GEIST DES HERRN RUHT AUF MIR; /
DENN DER HERR HAT MICH GESALBT.
ER HAT MICH GESANDT, / DAMIT ICH DEN AR-
MEN EINE GUTE NACHRICHT BRINGE;
DAMIT ICH DEN GEFANGENEN DIE ENTLASSUNG
VERKÜNDE / UND DEN BLINDEN DAS AUGEN-
LICHT;
DAMIT ICH DIE ZERSCHLAGENEN IN FREIHEIT
SETZE / 19 UND EIN GNADENJAHR DES HERRN
AUSRUFE.
20 Dann schloß er das Buch, gab es dem Syn-
agogendiener und setzte sich. Die Augen al-
ler in der Synagoge waren auf ihn gerichtet.
21 Da begann er, ihnen darzulegen: Heute hat
sich das Schriftwort, das ihr eben gehört
habt, erfüllt. 22 Seine Rede fand bei allen Bei-
fall; sie staunten darüber, wie begnadet er
redete, und sagten:
Ist das nicht der Sohn Josefs?

7,15 Die Juden wunderten sich und sagten: Wie kann der die Schrift verstehen, ohne dafür ausgebildet zu sein? 6,42 Und sie sagten: Ist das nicht Jesus, der Sohn Josefs, dessen Vater und Mutter wir kennen? Wie kann er jetzt sagen: Ich bin vom Himmel herabgekommen?

23 Da entgegnete er ihnen: Sicher werdet ihr
mir das Sprichwort vorhalten: Arzt, heile
dich selbst! Wenn du in Kafarnaum so große
Dinge getan hast, wie wir gehört haben, dann
tu sie auch hier in deiner Heimat! 24 Und er
setzte hinzu: Amen, das sage ich euch: Kein
Prophet wird in seiner Heimat anerkannt.

4,44 Jesus selbst hatte nämlich bestätigt: Ein Prophet wird in seiner eigenen Heimat nicht geehrt.

25 Wahrhaftig, das sage ich euch: In Israel gab
es viele Witwen in den Tagen des Elija, als
der Himmel für drei Jahre und sechs Monate
verschlossen war und eine große Hungersnot
über das ganze Land kam. 26 Aber zu keiner
von ihnen wurde Elija gesandt, nur zu einer
Witwe in Sarepta bei Sidon. 27 Und viele
Aussätzige gab es in Israel zur Zeit des Pro-
pheten Elischa. Aber keiner von ihnen
wurde geheilt, nur der Syrer Naaman. 28 Als
die Leute in der Synagoge das hörten, gerie-
ten sie alle in Wut. 29 Sie sprangen auf und
trieben Jesus zur Stadt hinaus; sie brachten
ihn an den Abhang des Berges, auf dem ihre
Stadt erbaut war, und wollten ihn hinabstür-
zen. 30 Er aber schritt mitten durch die
Menge hindurch und ging weg.

10,39 Wieder wollten sie ihn festnehmen; er aber entzog sich ihrem Zugriff.

18: Jes 61,1f; 29,18; 58,6 G / 25: 1Kön 17,1–7; Jak 5,17 / 26: 1Kön 17,8–16 / 27: 2Kön 5,1–27.

4,16–30 Im Unterschied zu Markus und Matthäus stellt Lukas das Auftreten Jesu in Nazaret programmatisch an den Anfang seines Wirkens.

Zu Lk 4,24 Thomasevangelium Logion 31: Jesus hat gesagt: Es gibt keinen Propheten, der in seinem Dorf aufgenommen wird. Ein Arzt pflegt die, die ihn kennen, nicht zu heilen.

11. Die Berufung der ersten Jünger

Mt 4,18–22

18 Als Jesus am See von Galiläa entlangging, sah er zwei Brüder, Simon, genannt Petrus, und seinen Bruder Andreas; sie warfen gerade ihr Netz in den See, denn sie waren Fischer. 19 Da sagte er zu ihnen: Kommt her, folgt mir nach! Ich werde euch zu Menschenfischern machen. 20 Sofort ließen sie ihre Netze liegen und folgten ihm. 21 Als er weiterging, sah er zwei andere Brüder, Jakobus, den Sohn des Zebedäus, und seinen Bruder Johannes; sie waren mit ihrem Vater Zebedäus im Boot und richteten ihre Netze her. Er rief sie, 22 und sogleich verließen sie das Boot und ihren Vater und folgten Jesus.

22: 8,21f.

Mk 1,16–20

16 Als Jesus am See von Galiläa entlangging, sah er Simon und Andreas, den Bruder des Simon, die auf dem See ihr Netz auswarfen; sie waren nämlich Fischer. 17 Da sagte er zu ihnen: Kommt her, folgt mir nach! Ich werde euch zu Menschenfischern machen. 18 Sogleich ließen sie ihre Netze liegen und folgten ihm. 19 Als er ein Stück weiterging, sah er Jakobus, den Sohn des Zebedäus, und seinen Bruder Johannes; sie waren im Boot und richteten ihre Netze her. 20 Sofort rief er sie, und sie ließen ihren Vater Zebedäus mit seinen Tagelöhnern im Boot zurück und folgten Jesus nach.

Zu Mt 4,18–22 par. Ebionäerevangelium (Epiphanius Haer. 30,13,2–3): Es trat ein gewisser Mann auf, mit Namen Jesus, etwa 30 Jahre alt, der uns erwählte. Und er kam nach Kafarnaum und ging in das Haus Simons, der den Beinamen Petrus hatte, öffnete seinen Mund und sprach: Ich ging am See Tiberias entlang und erwählte Johannes und Jakobus, die Söhne des Zebedäus, und Simon und Andreas und Simon den Zeloten und Judas Iskariot, und dich, Matthäus, der du am Zoll saßt, berief ich, und du folgtest mir. Ich will nun von euch, daß ihr zwölf Apostel zum Zeugnis für Israel seid.

12. Jesus in der Synagoge von Kafarnaum

Mt 7,28–29 (vgl. Nr. 42)

28 Als Jesus diese Rede beendet hatte, war die Menge sehr betroffen von seiner Lehre; 29 denn er lehrte sie wie einer, der (göttliche) Vollmacht hat, und nicht wie ihre Schriftgelehrten.

Mk 1,21–28

21 Sie kamen nach Kafarnaum. Am folgenden Sabbat ging er in die Synagoge und lehrte. 22 Und die Menschen waren sehr betroffen von seiner Lehre; denn er lehrte sie wie einer, der (göttliche) Vollmacht hat, nicht wie die Schriftgelehrten.

23 In ihrer Synagoge saß ein Mann, der von einem unreinen Geist besessen war. Der begann zu schreien: 24 Was haben wir mit dir zu tun, Jesus von Nazaret? Bist du gekommen, um uns ins Verderben zu stürzen? Ich weiß, wer du bist: der Heilige Gottes. 25 Da befahl

Lk 5,1–11 (vgl. Nr. 16)

1 *Als Jesus am Ufer des Sees Gennesaret stand,*
drängte sich das Volk um ihn und wollte das
Wort Gottes hören. 2 *Da sah er zwei Boote am*
Ufer liegen. Die Fischer waren ausgestiegen
und wuschen ihre Netze. 3 *Jesus stieg in das*
Boot, das dem Simon gehörte, und bat ihn, ein
Stück weit vom Land wegzufahren. Dann
setzte er sich und lehrte das Volk vom Boot
aus. 4 *Als er seine Rede beendet hatte, sagte er*
zu Simon: Fahr hinaus auf den See! Dort
werft eure Netze zum Fang aus! 5 *Simon ant-*
wortete ihm: Meister, wir haben die ganze
Nacht gearbeitet und nichts gefangen. Doch
wenn du es sagst, werde ich die Netze auswer-
fen. 6 *Das taten sie, und sie fingen eine so*
große Menge Fische, daß ihre Netze zu reißen
drohten. 7 *Deshalb winkten sie ihren Gefähr-*
ten im anderen Boot, sie sollten kommen und
ihnen helfen. Sie kamen, und gemeinsam füll-
ten sie beide Boote bis zum Rand, so daß sie
fast untergingen. 8 *Als Simon Petrus das sah,*
fiel er Jesus zu Füßen und sagte: Herr, geh weg
von mir; ich bin ein Sünder. 9 *Denn er und alle*
seine Begleiter waren erstaunt und erschrok-
ken, weil sie so viele Fische gefangen hatten;
10 *ebenso ging es Jakobus und Johannes, den*
Söhnen des Zebedäus, die mit Simon zusam-
menarbeiteten. Da sagte Jesus zu Simon:
Fürchte dich nicht! Von jetzt an wirst du Men-
schen fangen. 11 *Und sie zogen die Boote an*
Land, ließen alles zurück und folgten ihm
nach.

Joh 1,35–42

35 *Am Tag darauf stand Johannes wieder dort,*
und zwei seiner Jünger standen bei ihm. 36 *Als*
Jesus vorüberging, richtete Johannes seinen
Blick auf ihn und sagte: Seht, das Lamm Got-
tes! 37 *Die beiden Jünger hörten, was er sagte,*
und folgten Jesus. 38 *Jesus aber wandte sich*
um, und als er sah, daß sie ihm folgten, fragte
er sie: Was wollt ihr? Sie sagten zu ihm: Rabbi
– das heißt übersetzt: Meister –, wo wohnst
du? 39 *Er antwortete: Kommt und seht! Da*
gingen sie mit und sahen, wo er wohnte, und
blieben jenen Tag bei ihm; es war um die
zehnte Stunde. 40 *Andreas, der Bruder des Si-*
mon Petrus, war einer der beiden, die das
Wort des Johannes gehört hatten und Jesus
gefolgt waren. 41 *Dieser traf zuerst seinen*
Bruder Simon und sagte zu ihm: Wir haben
den Messias gefunden. Messias heißt über-
setzt: der Gesalbte (Christus). 42 *Er führte ihn*
zu Jesus. Jesus blickte ihn an und sagte: Du
bist Simon, der Sohn des Johannes, du sollst
Kephas heißen. Kephas bedeutet: Fels (Pe-
trus).

Lk 4,31–37

31 Jesus ging hinab nach Kafarnaum, einer
Stadt in Galiläa, und lehrte die Menschen am
Sabbat. 32 Sie waren sehr betroffen von sei-
ner Lehre, denn er redete mit (göttlicher)
Vollmacht.

33 In der Synagoge saß ein Mann, der von ei-
nem Dämon, einem unreinen Geist, besessen
war. Der begann laut zu schreien: 34 Was ha-
ben wir mit dir zu tun, Jesus von Nazaret?
Bist du gekommen, um uns ins Verderben zu
stürzen? Ich weiß, wer du bist: der Heilige

Joh 7,46

46 *Die Gerichtsdiener antworteten: Noch nie*
hat ein Mensch so gesprochen.

ihm Jesus: Schweig und verlaß ihn! [26] Der unreine Geist zerrte den Mann hin und her und verließ ihn mit lautem Geschrei. [27] Da erschraken alle, und einer fragte den andern: Was hat das zu bedeuten? Hier wird mit Vollmacht eine ganz neue Lehre verkündet. Sogar die unreinen Geister gehorchen seinem Befehl. [28] Und sein Ruf verbreitete sich rasch im ganzen Gebiet von Galiläa.

24: 5,7; Mt 8,29; Lk 8,28; Joh 2,4 / 27: Mt 7,29.

1,21–34 Mit der Beschreibung des ersten Tages des Wirkens Jesu in Kafarnaum zeigt der Evangelist beispielhaft Jesu Tätigkeit: Jesus beweist durch Wort und Tat seine Vollmacht.

1,24 Andere Übersetzungsmöglichkeit: Du bist gekommen, um uns ins Verderben zu stürzen.

13. Die Heilung der Schwiegermutter des Petrus und anderer Kranker

Mt 8,14–17 (vgl. Nr. 45.46)

[14] *Jesus ging in das Haus des Petrus und sah, daß dessen Schwiegermutter im Bett lag und Fieber hatte.* [15] *Da berührte er ihre Hand, und das Fieber wich von ihr. Und sie stand auf und sorgte für ihn.*

[16] *Am Abend brachte man viele Besessene zu ihm. Er trieb mit seinem Wort die Geister aus und heilte alle Kranken.*
[17] *Dadurch sollte sich erfüllen, was durch den Propheten Jesaja gesagt worden ist: »Er hat unsere Leiden auf sich genommen und unsere Krankheiten getragen.«*

Mk 1,29–34

[29] Sie verließen die Synagoge und gingen zusammen mit Jakobus und Johannes gleich in das Haus des Simon und Andreas. [30] Die Schwiegermutter des Simon lag mit Fieber im Bett. Sie sprachen mit Jesus über sie, [31] und er ging zu ihr, faßte sie an der Hand und richtete sie auf. Da wich das Fieber von ihr, und sie sorgte für sie.
[32] Am Abend, als die Sonne untergegangen war, brachte man alle Kranken und Besessenen zu Jesus. [33] Die ganze Stadt war vor der Haustür versammelt, [34] und er heilte viele, die an allen möglichen Krankheiten litten, und trieb viele Dämonen aus.
Und er verbot den Dämonen zu reden; denn sie wußten, wer er war.

1,32 Die Sabbatruhe dauerte vom Sonnenuntergang des Vortags bis zum Sonnenuntergang am Sabbat.

14. Aufbruch aus Kafarnaum

Mk 1,35–38

[35] In aller Frühe, als es noch dunkel war, stand er auf und ging an einen einsamen Ort, um zu beten. [36] Simon und seine Begleiter eilten ihm nach, [37] und als sie ihn fanden, sag-

Lk 4,35–42

Gottes! 35 Da befahl ihm Jesus: Schweig und
verlaß ihn! Der Dämon warf den Mann mit-
ten in der Synagoge zu Boden und verließ
ihn, ohne ihn jedoch zu verletzen. 36 Da wa-
ren alle erstaunt und erschrocken, und einer
fragte den andern: Was ist das für ein Wort?
Mit Vollmacht und Kraft befiehlt er den un-
reinen Geistern, und sie fliehen. 37 Und sein
Ruf verbreitete sich in der ganzen Gegend.

34: 8,28; Mt 8,29; Mk 5,7; Joh 2,4 / 36: Mt 7,29 / 37: 4,14; 5,15.

4,33–38 Vgl. die Anmerkungen zu Mt 9,16 und Mk 2,18.

4,34 Andere Übersetzungsmöglichkeit: Du bist gekommen, um uns ins Verderben zu stürzen.

Lk 4,38–41

38 Jesus stand auf, verließ die Synagoge und
ging in das Haus des Simon. Die Schwieger-
mutter des Simon hatte hohes Fieber, und sie
baten ihn, ihr zu helfen. 39 Er trat zu ihr hin,
beugte sich über sie und befahl dem Fieber zu
weichen. Da wich es von ihr, und sie stand so-
fort auf und sorgte für sie.

40 Als die Sonne unterging, brachten die
Leute ihre Kranken, die alle möglichen Lei-
den hatten, zu Jesus. Er legte jedem Kranken
die Hände auf und heilte alle. 41 Von vielen
fuhren auch Dämonen aus und schrien: Du
bist der Sohn Gottes!
Da fuhr er sie schroff an und ließ sie nicht re-
den; denn sie wußten, daß er der Messias
war.

41: Mt 8,29; Mk 3,11.

Lk 4,42–43

42 Bei Tagesanbruch verließ er die Stadt und
ging an einen einsamen Ort. Aber die Men-
schen suchten ihn, und als sie ihn fanden,
wollten sie ihn daran hindern wegzugehen.

ten sie zu ihm: Alle suchen dich.
[38]Er antwortete: Laßt uns anderswohin gehen, in die benachbarten Dörfer, damit ich auch dort predige; denn dazu bin ich gekommen.

35: Lk 5,16; 9,18.

15. Die Wirkung des ersten Auftretens

Mt 4,23–25

[23]Er zog in ganz Galiläa umher, lehrte in den Synagogen, verkündete das Evangelium vom Reich und heilte im Volk alle Krankheiten und Leiden.

[24]Und sein Ruf verbreitete sich in ganz Syrien. Man brachte Kranke mit den verschiedensten Gebrechen und Leiden zu ihm, Besessene, Mondsüchtige und Gelähmte, und er heilte sie alle. [25]Scharen von Menschen aus Galiläa, der Dekapolis, aus Jerusalem und Judäa und aus dem Gebiet jenseits des Jordan folgten ihm.

23: Lk 4,14f / 24: Mk 6,55f.

Mk 1,39; *3,10.7.8* (vgl. Nr. 69)

[1,39]Und er zog durch ganz Galiläa, predigte in den Synagogen und trieb die Dämonen aus.

[3,10]*Denn er heilte viele, so daß alle, die ein Leiden hatten, sich an ihn herandrängten, um ihn zu berühren.*

[7]*Jesus zog sich mit seinen Jüngern an den See zurück. Viele Menschen aus Galiläa aber folgten ihm. Auch aus Judäa,* [8]*aus Jerusalem und Idumäa, aus dem Gebiet jenseits des Jordan und aus der Gegend von Tyrus und Sidon kamen Scharen von Menschen zu ihm, als sie von all dem hörten, was er tat.*

16. Die Berufung der ersten Jünger

Mt 13,1–3; 4,18–22 (vgl. Nr. 88.11)

[13,1]*An jenem Tag verließ Jesus das Haus und setzte sich an das Ufer des Sees.* [2]*Da versammelte sich eine große Menschenmenge um ihn. Er stieg deshalb in ein Boot und setzte sich; die Leute aber standen am Ufer.* [3]*Und er sprach lange zu ihnen in Form von Gleichnissen. Er sagte . . .*

[4,18]*Als Jesus am See von Galiläa entlangging, sah er zwei Brüder, Simon, genannt Petrus, und seinen Bruder Andreas; sie warfen gerade ihr Netz in den See, denn sie waren Fischer.* [19]*Da sagte er zu ihnen: Kommt her, folgt mir nach! Ich werde euch zu Menschenfischern machen.* [20]*Sofort ließen sie ihre Netze liegen*

Mk 4,1–2; 1,16–20 (vgl. Nr. 88.11)

[4,1]*Ein andermal lehrte er wieder am Ufer des Sees, und sehr viele Menschen versammelten sich um ihn. Er stieg deshalb in ein Boot auf dem See und setzte sich; die Leute aber standen am Ufer.* [2]*Und er sprach lange zu ihnen und lehrte sie in Form von Gleichnissen.*

[1,16]*Als Jesus am See von Galiläa entlangging, sah er Simon und Andreas, den Bruder des Simon, die auf dem See ihr Netz auswarfen; sie waren nämlich Fischer.* [17]*Da sagte er zu ihnen: Kommt her, folgt mir nach! Ich werde euch zu Menschenfischern machen.* [18]*Sogleich ließen sie ihre Netze liegen und folgten*

43 Er sagte zu ihnen: Ich muß auch den ande-
ren Städten das Evangelium vom Reich Got-
tes verkünden; denn dazu bin ich gesandt
worden.

Lk 4,44; *6,18.19.17* (vgl. Nr. 69)

4,44 Und er predigte in den Synagogen Ju-
däas.

(Viele Menschen . . .) 6,18*strömten herbei. Sie*
alle wollten ihn hören und von ihren Krank-
heiten geheilt werden. Auch die von unreinen
Geistern Geplagten wurden geheilt. 19*Alle*
Leute versuchten, ihn zu berühren; denn es
ging eine Kraft von ihm aus, die alle heilte.
17*Jesus stieg mit ihnen den Berg hinab. In der*
Ebene blieb er mit einer großen Schar seiner
Jünger stehen, und viele Menschen aus ganz
Judäa und Jerusalem und dem Küstengebiet
von Tyrus und Sidon 18*strömten herbei.*
(Forts. s. oben)

(Mt 9,35) (vgl. Nr. 56)

35*Jesus zog durch alle Städte und Dörfer,*
lehrte in ihren Synagogen, verkündete das
Evangelium vom Reich und heilte alle
Krankheiten und Leiden.

Zu Lk 4,44 Bei vielen Textzeugen ist hier nach Mk 1,39 geändert: in den Synagogen Galiläas; vgl. Mt 4,23

Lk 5,1–11

1 Als Jesus am Ufer des Sees Gennesaret
stand, drängte sich das Volk um ihn und
wollte das Wort Gottes hören. 2 Da sah er
zwei Boote am Ufer liegen. Die Fischer wa-
ren ausgestiegen und wuschen ihre Netze.
3 Jesus stieg in das Boot, das dem Simon ge-
hörte, und bat ihn, ein Stück weit vom Land
wegzufahren. Dann setzte er sich und lehrte
das Volk vom Boot aus. 4 Als er seine Rede
beendet hatte, sagte er zu Simon: Fahr hin-
aus auf den See! Dort werft eure Netze zum
Fang aus! 5 Simon antwortete ihm: Meister,
wir haben die ganze Nacht gearbeitet und
nichts gefangen. Doch wenn du es sagst,
werde ich die Netze auswerfen. 6 Das taten

Joh 21,1–11

1*Danach offenbarte sich Jesus den Jüngern*
noch einmal. Es war am See von Tiberias, und
er offenbarte sich in folgender Weise. 2*Simon*
Petrus, Thomas, genannt Didymus (Zwil-
ling), Natanaël aus Kana in Galiläa, die
Söhne des Zebedäus und zwei andere von sei-
nen Jüngern waren zusammen. 3*Simon Pe-*
trus sagte zu ihnen: Ich gehe fischen. Sie sag-
ten zu ihm: Wir kommen auch mit. Sie gingen
hinaus und stiegen in das Boot. Aber in dieser
Nacht fingen sie nichts. 4*Als es schon Morgen*
wurde, stand Jesus am Ufer. Doch die Jünger
wußten nicht, daß es Jesus war. 5*Jesus sagte zu*
ihnen: Meine Kinder, habt ihr nicht etwas zu
essen? Sie antworteten ihm: Nein. 6*Er aber*

und folgten ihm. [21]*Als er weiterging, sah er zwei andere Brüder, Jakobus, den Sohn des Zebedäus, und seinen Bruder Johannes; sie waren mit ihrem Vater Zebedäus im Boot und richteten ihre Netze her. Er rief sie,* [22]*und sogleich verließen sie das Boot und ihren Vater und folgten Jesus.*

ihm. [19]*Als er ein Stück weiterging, sah er Jakobus, den Sohn des Zebedäus, und seinen Bruder Johannes; sie waren im Boot und richteten ihre Netze her.* [20]*Sofort rief er sie, und sie ließen ihren Vater Zebedäus mit seinen Tagelöhnern im Boot zurück und folgten Jesus nach.*

Die Bergpredigt: Die Rede von der wahren Gerechtigkeit (Mt 5–7)

17. Einleitung

Mt 5,1–2

[1] Als Jesus die vielen Menschen sah, stieg er auf einen Berg. Er setzte sich, und seine Jünger traten zu ihm. [2] Dann begann er zu reden und lehrte sie.

1–12 Lk 6,20–26 / 5,1–7,29: Lk 6,20–49.

5,1–7,29 Matthäus hat aus der Bergpredigtüberlieferung, die bei Lukas nur 30 Verse umfaßt (Lk 6,20–49), und aus anderen Jesusworten eine große Rede über die wahre Gerechtigkeit geschaffen. Er stellt Jesus dabei als den neuen Mose dar, der auf einem Berg die rechte Auslegung des Gesetzes lehrt (5,1f; 5,17–19). Der Berg, auf dem Jesus lehrt, entspricht dem Berg Sinai des Alten Bundes. Die Bergpredigt weist folgende Gliederung auf: Einleitung (5,1–20); die sechs Antithesen (5,21–48); die wahre Frömmigkeit (6,1–7,11); Schlußmahnungen (7,12–27). Diese Rede bildet eine Art Katechismus für das Leben als Jünger Jesu.

sie, und sie fingen eine so große Menge Fi-
sche, daß ihre Netze zu reißen drohten.
7 Deshalb winkten sie ihren Gefährten im
anderen Boot, sie sollten kommen und ihnen
helfen. Sie kamen, und gemeinsam füllten sie
beide Boote bis zum Rand, so daß sie fast un-
tergingen. 8 Als Simon Petrus das sah, fiel er
Jesus zu Füßen und sagte: Herr, geh weg von
mir; ich bin ein Sünder. 9 Denn er und alle
seine Begleiter waren erstaunt und erschrok-
ken, weil sie so viele Fische gefangen hatten;
10 ebenso ging es Jakobus und Johannes, den
Söhnen des Zebedäus, die mit Simon zu-
sammenarbeiteten. Da sagte Jesus zu Simon:
Fürchte dich nicht! Von jetzt an wirst du
Menschen fangen. 11 Und sie zogen die Boote
an Land, ließen alles zurück und folgten ihm
nach.

1–11: Joh 1,35–51.

Zu Lk 5,1–11 Ebionäerevangelium, vgl. Nr. 11.

*sagte zu ihnen: Werft das Netz auf der rechten
Seite des Bootes aus, und ihr werdet etwas
fangen. Sie warfen das Netz aus und konnten
es nicht wieder einholen, so voller Fische war
es. 7 Da sagte der Jünger, den Jesus liebte, zu
Petrus: Es ist der Herr! Als Simon Petrus hör-
te, daß es der Herr sei, gürtete er sich das
Obergewand um, weil er nackt war, und
sprang in den See. 8 Dann kamen die anderen
Jünger mit dem Boot – sie waren nämlich
nicht weit vom Land entfernt, nur etwa zwei-
hundert Ellen – und zogen das Netz mit den
Fischen hinter sich her. 9 Als sie an Land gin-
gen, sahen sie am Boden ein Kohlenfeuer und
darauf Fisch und Brot. 10 Jesus sagte zu ihnen:
Bringt von den Fischen, die ihr gerade gefan-
gen habt. 11 Da ging Simon Petrus und zog das
Netz an Land. Es war mit hundertdreiund-
fünfzig großen Fischen gefüllt, und obwohl es
so viele waren, zerriß das Netz nicht.*

Lk 6,12.20 (vgl. Nr. 70.71)

*12 In diesen Tagen ging er auf einen Berg . . .
20 Er richtete seine Augen auf seine Jünger
und sagte:*

18. Die Seligpreisungen

Mt 5,3–12

3 Er sagte:
Selig, die arm sind vor Gott; / denn ihnen gehört das Himmelreich.
4 Selig die Trauernden; / denn sie werden getröstet werden.
5 Selig, die keine Gewalt anwenden; / denn sie werden das Land erben.
6 Selig, die hungern und dürsten nach der Gerechtigkeit; / denn sie werden satt werden.
7 Selig die Barmherzigen; / denn sie werden Erbarmen finden.
8 Selig, die ein reines Herz haben; / denn sie werden Gott schauen.
9 Selig, die Frieden stiften; / denn sie werden Söhne Gottes genannt werden.
10 Selig, die um der Gerechtigkeit willen verfolgt werden; / denn ihnen gehört das Himmelreich.
11 Selig seid ihr, wenn ihr um meinetwillen beschimpft und verfolgt und auf alle mögliche Weise verleumdet werdet.

12 Freut euch und jubelt: Euer Lohn im Himmel wird groß sein. Denn so wurden schon vor euch die Propheten verfolgt.

3: Jes 61,1 / 4: Jes 61,2 / 5: Ps 37,11 / 7: 18,33 / 8: Ps 24,3f / 10: 1Petr 3,14 / 11: 10,22; Apg 5,41; 1Petr 4,14 / 12: 23,30; Hebr 11,32–38.

5,3 Wörtlich: die im Geist Armen. Gemeint sind Menschen, die wissen, daß sie vor Gott nichts vorweisen können, und die daher alles von Gott erwarten.

Zu Mt 5,5 Andere Übersetzungsmöglichkeit: die sanftmütig sind. – Das Wort ist wohl gegen das politische Messiasideal gerichtet.

19. Vom Salz der Erde und vom Licht der Welt

Mt 5,13–16

13 Ihr seid das Salz der Erde. Wenn das Salz seinen Geschmack verliert, womit kann man es wieder salzig machen? Es taugt zu nichts mehr; es wird weggeworfen und von den Leuten zertreten.

14 Ihr seid das Licht der Welt. Eine Stadt, die auf einem Berg liegt, kann nicht verborgen
bleiben. 15 Man zündet auch nicht ein Licht an und stülpt ein Gefäß darüber, sondern man stellt es auf den Leuchter; dann leuchtet

Mk 9,50; 4,21 (vgl. Nr. 129.92)

9,50 Das Salz ist etwas Gutes. Wenn das Salz die Kraft zum Salzen verliert, womit wollt ihr ihm seine Würze wiedergeben? Habt Salz in euch, und haltet Frieden untereinander!

4,21 Er sagte zu ihnen: Zündet man etwa ein Licht an und stülpt ein Gefäß darüber oder stellt es unter das Bett? Stellt man es nicht auf den Leuchter?

(Lk 5,11)

Lk 6,20–23 (vgl. Nr. 71)

[20]*Selig, ihr Armen, denn euch gehört das Reich Gottes.*
[21b]*Selig, die ihr jetzt weint, denn ihr werdet lachen.*

[21a]*Selig, die ihr jetzt hungert, denn ihr werdet satt werden.*

[22]*Selig seid ihr, wenn euch die Menschen hassen und aus ihrer Gemeinschaft ausschließen, wenn sie euch beschimpfen und euch in Verruf bringen um des Menschensohnes willen.*
[23]*Freut euch und jauchzt an jenem Tag; euer Lohn im Himmel wird groß sein. Denn ebenso haben es ihre Väter mit den Propheten gemacht.*

Zu Mt 5,10–12,6 Thomasevangelium Logion 69; 68: Selig sind, die in ihrem Herzen verfolgt wurden. Sie sind es, die den Vater erkannt haben. Selig sind, die hungern, denn man wird den Leib dessen füllen, der wünscht. – Selig seid ihr, wenn sie euch hassen und verfolgen. Sie werden keinen Platz finden an dem Ort, an dem sie euch verfolgten.

Lk 14,34–35; 11,33 (vgl. Nr. 168.150)

[14,34]*Das Salz ist etwas Gutes. Wenn aber das Salz seinen Geschmack verliert, womit kann man ihm die Würze wiedergeben?* [35]*Es taugt weder für den Acker noch für den Misthaufen, man wirft es weg. Wer Ohren hat zum Hören, der höre!*
[11,33]*Niemand zündet ein Licht an und stellt es in einen versteckten Winkel oder stülpt ein Gefäß darüber, sondern man stellt es auf einen Leuchter, damit alle, die eintreten, es leuchten sehen.*

Joh 8,12

[12]*Als Jesus ein andermal zu ihnen redete, sagte er: Ich bin das Licht der Welt. Wer mir nachfolgt, wird nicht in der Finsternis umhergehen, sondern wird das Licht des Lebens haben.*

es allen im Haus. [16] So soll euer Licht vor den
Menschen leuchten, damit sie eure guten
Werke sehen und euren Vater im Himmel
preisen.

14: Eph 5,8; 1Thess 5,5 / 15: Lk 8,16.

Zu Mt 5,15 Wörtlich: und stellt es unter einen Modios. Das griechische Wort módios bezeichnet ein Gefäß, das als Hohlmaß (»Scheffel«), aber auch zum Auslöschen von Öllampen benutzt wurde.

20. Vom Gesetz und von den Propheten

Mt 5,17–20

[17] Denkt nicht, ich sei gekommen, um das
Gesetz und die Propheten aufzuheben. Ich
bin nicht gekommen, um aufzuheben, son-
dern um zu erfüllen. [18] Amen, das sage ich
euch: Bis Himmel und Erde vergehen, wird
auch nicht der kleinste Buchstabe des Geset-
zes vergehen, bevor nicht alles geschehen ist.
[19] Wer auch nur eines von den kleinsten Ge-
boten aufhebt und die Menschen entspre-
chend lehrt, der wird im Himmelreich der
Kleinste sein. Wer sie aber hält und halten
lehrt, der wird groß sein im Himmelreich.
[20] Darum sage ich euch: Wenn eure Gerech-
tigkeit nicht weit größer ist als die der
Schriftgelehrten und der Pharisäer, werdet
ihr nicht in das Himmelreich kommen.

18: Lk 16,17.

5,18 Wörtlich: auch nicht ein Jota oder ein kleiner Strich (an einem Buchstaben).

21. Vom Töten und von der Versöhnung

Mt 5,21–26

[21] Ihr habt gehört, daß zu den Alten gesagt
worden ist: DU SOLLST NICHT TÖTEN; wer aber
jemand tötet, soll dem Gericht verfallen sein.
[22] Ich aber sage euch: Jeder, der seinem Bru-
der auch nur zürnt, soll dem Gericht verfal-
len sein; und wer zu seinem Bruder sagt: Du
Dummkopf!, soll dem Spruch des Hohen Ra-
tes verfallen sein; wer aber zu ihm sagt: Du
(gottloser) Narr!, soll dem Feuer der Hölle
verfallen sein.
[23] Wenn du deine Opfergabe zum Altar
bringst und dir dabei einfällt, daß dein Bru-
der etwas gegen dich hat, [24] so laß deine Gabe
dort vor dem Altar liegen; geh und versöhne
dich zuerst mit deinem Bruder, dann komm

Mk 11,25 (vgl. Nr. 198)

[25] *Und wenn ihr beten wollt*

und ihr habt einem anderen etwas vorzuwerfen, dann vergebt ihm, damit auch euer Vater im Himmel euch eure Verfehlungen vergibt.

(Lk 5,11)

Zu Mt 5,14 Papyrus Oxyrhynchos 1,7: Jesus spricht: Eine Stadt, die auf dem Gipfel eines hohen Berges erbaut und fest gegründet ist, kann nicht fallen und verborgen bleiben.

Zu Mt 5,15f Thomasevangelium Logion 33: Jesus hat gesagt: Was du mit deinem Ohr hören wirst, predige auf euren Dächern. Man zündet auch nicht eine Lampe an und stellt sie unter ein Gefäß oder an einen verborgenen Ort. Man stellt sie auf den Leuchter, damit alle sie sehen, alle die hinein- und hinausgehen.

Lk 16,16–17 (vgl. Nr. 173)

16 *Bis zu Johannes hatte man nur das Gesetz und die Propheten. Seitdem wird das Evangelium vom Reich Gottes verkündet, und alle drängen sich danach, hineinzukommen.*
17 *Aber eher werden Himmel und Erde vergehen, als daß auch nur der kleinste Buchstabe im Gesetz wegfällt.*

Zu Mt 5,17ff Ebionäerevangelium (Epiphanius, Haer. 30,16,5): Ich bin gekommen, die Opfer aufzulösen, und wenn ihr nicht aufhört zu opfern, wird der Zorn über euch nicht aufhören.

Zu Mt 5,17ff Ägypterevangelium (Clemens Alexandrinus Strom. III,63): Ich bin gekommen, die Werke des Weibes (der Begierde) aufzulösen.

Zu Mt 5,17ff Thomasevangelium Logion 11,27: Jesus sprach: Dieser Himmel wird vergehen, der über ihm auch. Die Toten leben nicht, die Lebenden werden nicht sterben. In den Tagen, als ihr das aßet, was tot ist, machtet ihr es lebendig. Wenn ihr im Licht seid, was werdet ihr tun? – Wenn ihr nicht der Welt gegenüber fastet, werdet ihr das Reich nicht finden. Wenn ihr nicht den Sabbat als Sabbat haltet, werdet ihr den Vater nicht sehen.

Lk 12,57–59 (vgl. Nr. 158)

57 *Warum findet ihr nicht schon von selbst das rechte Urteil?*
58 *Wenn du mit deinem Gegner vor Gericht gehst, bemüh dich noch auf dem*

und opfere deine Gabe.
25 Schließ ohne Zögern Frieden mit deinem
Gegner, solange du mit ihm noch auf dem
Weg zum Gericht bist. Sonst wird dich dein
Gegner vor den Richter bringen, und der
Richter wird dich dem Gerichtsdiener über-
geben, und du wirst ins Gefängnis geworfen.
26 Amen, das sage ich dir: Du kommst von
dort nicht heraus, bis du den letzten Pfennig
bezahlt hast.

21: Ex 20,13; Dtn 5,17 / 22: 1Joh 3,15 / 26: 18,34.

5,22 Der Hohe Rat ist der oberste jüdische Gerichtshof.

5,26 Pfennig, wörtlich: Quadrans (kleine römische Münze).

22. Vom Ehebruch

Mt 5,27–30

27 Ihr habt gehört, daß gesagt worden ist: DU
SOLLST NICHT DIE EHE BRECHEN. 28 Ich aber
sage euch: Wer eine Frau auch nur lüstern
ansieht, hat in seinem Herzen schon Ehe-
bruch mit ihr begangen.
29 Wenn dich dein rechtes Auge zum Bösen
verführt, dann reiß es aus und wirf es weg!
Denn es ist besser für dich, daß eines deiner
Glieder verlorengeht, als daß dein ganzer
Leib in die Hölle geworfen wird.

30 Und wenn dich deine rechte Hand zum Bö-
sen verführt, dann hau sie ab und wirf sie
weg! Denn es ist besser für dich, daß eines
deiner Glieder verlorengeht, als daß dein
ganzer Leib in die Hölle kommt.

27: Ex 20,14; Dtn 5,18.

Mk 9,43–48 (vgl. Nr. 128)

47 Und wenn dich dein Auge zum Bösen ver-
führt, dann reiß es aus; es ist besser für dich,
einäugig in das Reich Gottes zu kommen, als
mit zwei Augen in die Hölle geworfen zu wer-
den, 48 »Wo ihr Wurm nicht stirbt und das
Feuer nicht erlischt«.

43 Wenn dich deine Hand zum Bösen verführt,
dann hau sie ab; es ist besser für dich, ver-
stümmelt in das Leben zu gelangen, als mit
zwei Händen in die Hölle zu kommen, in das
nie erlöschende Feuer.

[44] *45 Und wenn dich dein Fuß zum Bösen*
verführt, dann hau ihn ab; es ist besser für
dich, verstümmelt in das Leben zu gelangen,
als mit zwei Füßen in die Hölle geworfen zu
werden. [46]

23. Von der Ehescheidung

Mt 5,31–32

31 Ferner ist gesagt worden: WER SEINE FRAU
AUS DER EHE ENTLÄSST, MUSS IHR EINE SCHEI-
DUNGSURKUNDE GEBEN. 32 Ich aber sage

Mk 10,11–12 (vgl. Nr. 184)

(Lk 5,11)

Weg, dich mit ihm zu einigen. Sonst wird er dich vor den Richter schleppen, und der Richter wird dich dem Gerichtsdiener übergeben, und der Gerichtsdiener wird dich ins Gefängnis werfen. [59]*Ich sage dir: Du kommst von dort nicht heraus, bis du auch den letzten Pfennig bezahlt hast.*

Zu Mt 5,22 Hebräerevangelium (Hieronymus, Kom. zu Ez 18,7): In dem Hebräerevangelium, das die Nazaräer gewöhnlich lesen, wird unter die schwersten Verbrechen gerechnet, wer den Geist seines Bruders betrübt hat.

Zu Mt 5,23f Didache 15,3: Weiset euch einander zurecht, nicht im Zorn, sondern im Frieden, wie es im Evangelium steht. Hat sich jemand gegen seinen Nächsten vergangen, sprecht nicht mit ihm, hört auf kein Wort von ihm, bis er Buße getan hat.

Zu Mt 5,23f Didache 14,2: Jeder, der einen Streit mit seinem Nächsten hat, soll nicht mit euch zusammenkommen, bis sie sich versöhnt haben, damit euer Opfer nicht entweiht werde.

Zu Mt 5,23f Hebräerevangelium (Hieronymus, Kom. zu Eph 5,4): Wie wir im hebräischen Evangelium lasen, sagt der Herr zu seinen Jüngern: Und niemals sollt ihr fröhlich sein, außer wenn ihr auf euren Bruder in Liebe schaut.

(Mt 18,8–9) (vgl. Nr. 128)

[9]*Und wenn dich dein Auge zum Bösen verführt, dann reiß es aus und wirf es weg! Es ist besser für dich, einäugig in das Leben zu gelangen, als mit zwei Augen in das Feuer der Hölle geworfen zu werden.*

[8]*Wenn dich deine Hand oder dein Fuß zum Bösen verführt, dann hau sie ab und wirf sie weg! Es ist besser für dich, verstümmelt oder lahm in das Leben zu gelangen, als mit zwei Händen und zwei Füßen in das ewige Feuer geworfen zu werden.*

Lk 16,18 (vgl. Nr. 173)

(Mt 19,9) (vgl. Nr. 184)

[9]*Ich sage euch: Wer seine Frau entläßt, obwohl kein Fall von Unzucht vorliegt, und eine andere heiratet, der begeht Ehebruch.*

euch: Wer seine Frau entläßt, obwohl kein Fall von Unzucht vorliegt, liefert sie dem Ehebruch aus; und wer eine Frau heiratet, die aus der Ehe entlassen worden ist, begeht Ehebruch.

31: Dtn 24,1; Mt 19,7; Mk 10,3f / 32: 1Kor 7,10f.

11 *Er antwortete ihnen: Wer seine Frau aus der Ehe entläßt und eine andere heiratet, begeht ihr gegenüber Ehebruch.* 12 *Auch eine Frau begeht Ehebruch, wenn sie ihren Mann aus der Ehe entläßt und einen anderen heiratet.*

24. Vom Schwören

Mt 5,33–37

33 Ihr habt gehört, daß zu den Alten gesagt worden ist: DU SOLLST KEINEN MEINEID SCHWÖREN, und: Du sollst halten, was du dem Herrn geschworen hast. 34 Ich aber sage euch: Schwört überhaupt nicht, weder beim HIMMEL, denn er IST GOTTES THRON, 35 noch bei der ERDE, denn sie IST DER SCHEMEL FÜR SEINE FÜSSE, noch bei Jerusalem, denn ES IST DIE STADT DES GROSSEN KÖNIGS. 36 Auch bei deinem Haupt sollst du nicht schwören; denn du kannst kein einziges Haar weiß oder schwarz machen. 37 Euer Ja sei ein Ja, euer Nein ein Nein; alles andere stammt vom Bösen.

33: Lev 19,12; Mt 23,16–22 / 34: Num 30,3; Jak 5,12 / 35: Jes 66,1; Apg 7,49; Ps 48,3 / 37: 2Kor 1,17; Jak 5,12.

5,37 »stammt vom Bösen« bedeutet entweder: ist böse, oder: ist vom Teufel bewirkt.

25. Von der Vergeltung

Mt 5,38–42

38 Ihr habt gehört, daß gesagt worden ist: AUGE FÜR AUGE und ZAHN FÜR ZAHN. 39 Ich aber sage euch: Leistet dem, der euch etwas Böses antut, keinen Widerstand, sondern wenn dich einer auf die rechte Wange schlägt, dann halt ihm auch die andere hin. 40 Und wenn dich einer vor Gericht bringen will, um dir das Hemd wegzunehmen, dann laß ihm auch den Mantel. 41 Und wenn dich einer zwingen will, eine Meile mit ihm zu gehen, dann geh zwei mit ihm. 42 Wer dich bittet, dem gib, und wer von dir borgen will, den weise nicht ab.

38: Ex 21,24 / 39: Spr 20,22; 24,29; 1Petr 3,9.

(Lk 5,11)

18 *Wer seine Frau aus der Ehe entläßt und eine andere heiratet, begeht Ehebruch; auch wer eine Frau heiratet, die von ihrem Mann aus der Ehe entlassen worden ist, begeht Ehebruch.*

Lk 6,29–30 (vgl. Nr. 73)

29 *Dem, der dich auf die eine Wange schlägt, halt auch die andere hin, und dem, der dir den Mantel wegnimmt, laß auch das Hemd.*

30 *Gib jedem, der dich bittet; und wenn dir jemand etwas wegnimmt, verlang es nicht zurück.*

Zu Mt 5,38–42 Didache 1,4–5: Enthalte dich von den fleischlichen und leiblichen Begierden . . . Jedem, der dich bittet, dem gib und fordere es nicht zurück; denn der Vater will, daß allen von den eigenen Gnadengaben gegeben werde. Selig ist, der nach dem Gebot gibt, denn er ist unsträflich. Wehe dem, der da nimmt! Wenn jemand aus Mangel nimmt, wird er unsträflich sein.

26. Von der Liebe zu den Feinden

Mt 5,43–48

43 Ihr habt gehört, daß gesagt worden ist: DU
SOLLST DEINEN NÄCHSTEN LIEBEN und deinen
Feind hassen. 44 Ich aber sage euch: Liebt
eure Feinde und betet für die, die euch ver-
folgen, 45 damit ihr Söhne eures Vaters im
Himmel werdet; denn er läßt seine Sonne
aufgehen über Bösen und Guten, und er läßt
regnen über Gerechte und Ungerechte.
46 Wenn ihr nämlich nur die liebt, die euch
lieben, welchen Lohn könnt ihr dafür erwar-
ten? Tun das nicht auch die Zöllner? 47 Und
wenn ihr nur eure Brüder grüßt, was tut ihr
damit Besonderes? Tun das nicht auch die
Heiden?
48 Ihr sollt also vollkommen sein, wie es auch
euer himmlischer Vater ist.

43: Lev 19,18; Mt 22,39 / 44: Röm 12,14.20 / 48: Lev 19,2.

Zu Mt 5,44 Papyrus Oxyrhynchos 1224: Und betet für eure Feinde.

Zu Mt 5,44 2. Clemens 13,4: Wenn sie von uns hören, daß Gott sagt: Wenn ihr die liebt, die euch lieben, habt ihr keine Gnade; wenn ihr die Feinde liebt, die euch hassen, habt ihr Gnade. Wenn sie das hören, bewundern sie die übermäßige Güte. Sehen sie aber, daß wir weder die lieben, die uns hassen, noch die, die uns lieben, lachen sie uns aus, und der Name wird gelästert.

27. Vom Almosen

Mt 6,1–4

1 Hütet euch, eure Gerechtigkeit vor den
Menschen zur Schau zu stellen; sonst habt ihr
keinen Lohn von eurem Vater im Himmel zu
erwarten.
2 Wenn du Almosen gibst, laß es also nicht
vor dir herposaunen, wie es die Heuchler in
den Synagogen und auf den Gassen tun, um
von den Leuten gelobt zu werden. Amen, das
sage ich euch: Sie haben ihren Lohn bereits
erhalten. 3 Wenn du Almosen gibst, soll
deine linke Hand nicht wissen, was deine
rechte tut. 4 Dein Almosen soll verborgen
bleiben, und dein Vater, der auch das Ver-
borgene sieht, wird es dir vergelten.

1: 23,5.

Zu Mt 6,1–4 Thomasevangelium Logion 62: Jesus sprach: Ich sage meine Geheimnisse denen, die meiner Geheimnisse würdig sind. Das was deine rechte Hand tun wird, soll deine linke nicht erkennen, was sie tut.

(Lk 5,11)

Lk 6,27–28.32–36 (vgl. Nr. 73)

27 *Euch, die ihr mir zuhört, sage ich: Liebt*
eure Feinde; tut denen Gutes, die euch hassen.
28 *Segnet die, die euch verfluchen; betet für*
die, die euch mißhandeln.

32 *Wenn ihr nur die liebt, die euch lieben, wel-*
chen Dank erwartet ihr dafür? Auch die Sün-
der lieben die, von denen sie geliebt werden.
33 *Und wenn ihr nur denen Gutes tut, die euch*
Gutes tun, welchen Dank erwartet ihr dafür?
Das tun auch die Sünder. 34 *Und wenn ihr nur*
denen etwas leiht, von denen ihr es zurückzu-
bekommen hofft, welchen Dank erwartet ihr
dafür? Auch die Sünder leihen Sündern in der
Hoffnung, alles zurückzubekommen. 35 *Ihr*
aber sollt eure Feinde lieben und sollt Gutes
tun und leihen, auch wo ihr nichts dafür er-
hoffen könnt. Dann wird euer Lohn groß
sein, und ihr werdet Söhne des Höchsten sein;
denn auch er ist gütig gegen die Undankbaren
und Bösen. 36 *Seid barmherzig, wie es auch*
euer Vater ist!

28. Vom Beten

Mt 6,5–8

5 Wenn ihr betet, macht es nicht wie die
Heuchler. Sie stellen sich beim Gebet gern in
die Synagogen und an die Straßenecken, da-
mit sie von den Leuten gesehen werden.
Amen, das sage ich euch: Sie haben ihren
Lohn bereits erhalten. 6 Du aber geh in deine
Kammer, wenn du betest, und schließ die Tür
zu; dann bete zu deinem Vater, der im Ver-
borgenen ist. Dein Vater, der auch das Ver-
borgene sieht, wird es dir vergelten.
7 Wenn ihr betet, sollt ihr nicht plappern wie
die Heiden, die meinen, sie werden nur er-
hört, wenn sie viele Worte machen. 8 Macht
es nicht wie sie; denn euer Vater weiß, was
ihr braucht, noch ehe ihr ihn bittet.

6: 2Kön 4,33 / 8: 6,32; Lk 12,30.

29. Das Vaterunser

Mt 6,9–15

9 So sollt ihr beten:
Unser Vater im Himmel,
dein Name werde geheiligt,
10 dein Reich komme,
dein Wille geschehe
wie im Himmel, so auf der Erde.
11 Gib uns heute das Brot, das wir brauchen.
12 Und erlaß uns unsere Schulden,
wie auch wir sie unseren Schuldnern erlassen
haben.
13 Und führe uns nicht in Versuchung,
sondern rette uns vor dem Bösen.
14 Denn wenn ihr den Menschen ihre Verfeh-
lungen vergebt, dann wird euer himmlischer
Vater auch euch vergeben. 15 Wenn ihr aber
den Menschen nicht vergebt, dann wird euch
euer Vater eure Verfehlungen auch nicht
vergeben.

12: Sir 28,2 / 13: Joh 17,15 / 14f: Lk 6,37.

6,9 in der Liturgie ist folgende ökumenische Fassung gebräuchlich: Vater unser im Himmel, geheiligt werde dein Name. Dein Reich komme. Dein Wille geschehe, wie im Himmel so auf Erden. Unser tägliches Brot gib uns heute. Und vergib uns unsere Schuld, wie auch wir vergeben unsern Schuldigern. Und führe uns nicht in Versuchung, sondern erlöse uns von dem Bösen.

Mk 11,25–26 (vgl. Nr. 198)

25 Und wenn ihr beten wollt und ihr habt ei-
nem anderen etwas vorzuwerfen, dann ver-
gebt ihm, damit auch euer Vater im Himmel
euch eure Verfehlungen vergibt. [26]

11,26 Spätere Textzeugen haben im Anschluß an Mt 6,15 hier eingefügt: Wenn ihr aber nicht vergebt, dann wird euch euer Vater im Himmel eure Verfehlungen auch nicht vergeben.

Zu Mt 6,13 Spätere Textzeugen fügen dem Gebet des Herrn noch einen Lobpreis an, der in Anlehnung an 1Chr 29,10f gestaltet ist: Denn dein ist das Reich und die Kraft und die Herrlichkeit in Ewigkeit. Amen.

Zu Mt 6,5–8 Thomasevangelium Logion 6: Seine Jünger fragten ihn: Willst du, daß wir fasten? Wie sollen wir beten und Almosen geben? Welche Speisevorschriften sollen wir halten? Jesus sprach: Sprecht keine Lüge und tut nicht, was ihr haßt. Denn vor dem Himmel ist alles offenbar. Denn es gibt nichts Verborgenes, das nicht enthüllt, und nichts Verdecktes, das nicht aufgedeckt werden wird.

Lk 11,2–4 (vgl. Nr. 143)

2 *Da sagte er zu ihnen: Wenn ihr betet, so sprecht: Vater,*
dein Name werde geheiligt.
Dein Reich komme.

3 *Gib uns täglich das Brot, das wir brauchen.*
4 *Und erlaß uns unsere Sünden;*
denn auch wir erlassen jedem, was er uns schuldig ist.
Und führe uns nicht in Versuchung.

Zu Mt 6,11 Nazaräerevangelium (Hieronymus, Kom. zu Mt 6,11): Im sog. Evangelium nach den Hebräern fand ich für ›zum Dasein notwendig‹ ein ›mahar‹, d.h. morgig, so daß der Sinn ist: ›Unser morgiges‹ – d.h. zukünftiges – ›Brot gib uns heute‹.

Zu Mt 6,9–15 Didache 8,2: Die Didache bringt als Vater-Unser die matthäische Fassung (von Einzelheiten abgesehen) und fügt als Doxologie an: Denn dein ist die Kraft und die Herrlichkeit in Ewigkeit.

30. Vom Fasten

Mt 6,16–18

16 Wenn ihr fastet, macht kein finsteres Ge-
sicht wie die Heuchler. Sie geben sich ein
trübseliges Aussehen, damit die Leute mer-
ken, daß sie fasten. Amen, das sage ich euch:
Sie haben ihren Lohn bereits erhalten. 17 Du
aber salbe dein Haar, wenn du fastest, und
wasche dein Gesicht, 18 damit die Leute nicht
merken, daß du fastest, sondern nur dein Va-
ter, der auch das Verborgene sieht; und dein
Vater, der das Verborgene sieht, wird es dir
vergelten.

6,17 dein Haar, wörtlich: deinen Kopf.

31. Vom wahren Schatz

Mt 6,19–21

19 Sammelt euch nicht Schätze hier auf der
Erde, wo Motte und Wurm sie zerstören und
wo Diebe einbrechen und sie stehlen,
20 sondern sammelt euch Schätze im Himmel,
wo weder Motte noch Wurm sie zerstören
und keine Diebe einbrechen und sie stehlen.
21 Denn wo dein Schatz ist, da ist auch dein
Herz.

19: Jak 5,2f / 20: 19,21; Mk 10,21; Lk 18,22.

32. Vom Licht und vom Auge

Mt 6,22–23

22 Das Auge gibt dem Körper Licht. Wenn
dein Auge gesund ist, dann wird dein ganzer
Körper hell sein. 23 Wenn aber dein Auge
krank ist, dann wird dein ganzer Körper fin-
ster sein. Wenn nun das Licht in dir Finster-
nis ist, wie groß muß dann die Finsternis sein!

(Lk 5,11)

Zu Mt 6,16 Thomasevangelium Logion 27: Wenn ihr nicht gegenüber der Welt fastet, werdet ihr das Reich nicht finden. Wenn ihr den Sabbat nicht als Sabbat haltet, werdet ihr den Vater nicht sehen.

Zu Mt 6,16 Thomasevangelium Logion 6: Seine Jünger fragten ihn: Willst du, daß wir fasten? Wie sollen wir beten und Almosen geben? Welche Speisevorschriften sollen wir halten? Jesus sprach: Sprecht keine Lüge und tut nicht, was ihr haßt. Denn vor dem Himmel ist alles offenbar. Denn es gibt nichts Verborgenes, das nicht enthüllt, und nichts Verdecktes, das nicht aufgedeckt werden wird.

Lk 12,33–34 (vgl. Nr. 154)

33 *Verkauft eure Habe, und gebt den Erlös den Armen!*
Macht euch Geldbeutel, die nicht zerreißen. Verschafft euch einen Schatz, der nicht abnimmt, droben im Himmel, wo kein Dieb ihn findet und keine Motte ihn frißt. 34 *Denn wo euer Schatz ist, da ist auch euer Herz.*

Lk 11,34–36 (vgl. Nr. 150)

34 *Dein Auge gibt dem Körper Licht. Wenn dein Auge gesund ist, dann wird auch dein ganzer Körper hell sein. Wenn es aber krank ist, dann wird dein Körper finster sein.*
35 *Achte also darauf, daß in dir nicht Finsternis statt Licht ist.* 36 *Wenn dein ganzer Körper von Licht erfüllt und nichts Finsteres in ihm ist, dann wird er so hell sein, wie wenn die Lampe dich mit ihrem Schein beleuchtet.*

33. Vom unmöglichen Doppeldienst

Mt 6,24

24 Niemand kann zwei Herren dienen; er wird entweder den einen hassen und den andern lieben, oder er wird zu dem einen halten und den andern verachten. Ihr könnt nicht beiden dienen, Gott und dem Mammon.

6,24 Zu »Mammon« vgl. die Anmerkung zu Lk 16,9.

Zu Mt 6,24 Thomasevangelium Logion 47: Es ist unmöglich, daß ein Mensch auf zwei Pferden reitet, zwei Bogen spannt, daß ein Diener zwei Herren dient.

34. Von der falschen und der rechten Sorge

Mt 6,25–34

25 Deswegen sage ich euch: Sorgt euch nicht
um euer Leben und darum, daß ihr etwas zu
essen habt, noch um euren Leib und darum,
daß ihr etwas anzuziehen habt. Ist nicht das
Leben wichtiger als die Nahrung und der
Leib wichtiger als die Kleidung? 26 Seht euch
die Vögel des Himmels an: Sie säen nicht, sie
ernten nicht und sammeln keine Vorräte in
Scheunen; euer himmlischer Vater ernährt
sie. Seid ihr nicht viel mehr wert als sie?
27 Wer von euch kann mit all seiner Sorge
sein Leben auch nur um eine kleine Zeit-
spanne verlängern? 28 Und was sorgt ihr euch
um eure Kleidung? Lernt von den Lilien, die
auf dem Feld wachsen: Sie arbeiten nicht und
spinnen nicht. 29 Doch ich sage euch: Selbst
Salomo war in all seiner Pracht nicht geklei-
det wie eine von ihnen. 30 Wenn aber Gott
schon das Gras so prächtig kleidet, das heute
auf dem Feld steht und morgen ins Feuer ge-
worfen wird, wieviel mehr dann euch, ihr
Kleingläubigen! 31 Macht euch also keine
Sorgen und fragt nicht: Was sollen wir essen?
Was sollen wir trinken? Was sollen wir an-
ziehen? 32 Denn um all das geht es den Hei-
den. Euer himmlischer Vater weiß, daß ihr
das alles braucht. 33 Euch aber muß es zuerst
um sein Reich und um seine Gerechtigkeit
gehen; dann wird euch alles andere dazuge-
geben.
34 Sorgt euch also nicht um morgen; denn der
morgige Tag wird für sich selbst sorgen. Je-
der Tag hat genug eigene Plage.

26: 10,29–31; Lk 12,6f / 29: 1Kön 10,5 / 31: Phil 4,6; 1Petr 5,7 / 32: 6,8.

6,27 Andere Übersetzungsmöglichkeit: kann ... seiner Körpergröße auch nur eine Elle hinzufügen?

(Lk 5,11)

Lk 16,13 (vgl. Nr. 171)

*13 Kein Sklave kann zwei Herren dienen; er
wird entweder den einen hassen und den an-
dern lieben, oder er wird zu dem einen halten
und den andern verachten. Ihr könnt nicht
beiden dienen, Gott und dem Mammon.*

Zu Mt 6,24 2. Clemens 6,1: Der Herr aber sagt: Kein Knecht kann zwei Herren dienen. Wenn wir Gott und dem Mammon dienen wollen, ist das uns nichts nütze.

Lk 12,22–32 (vgl. Nr. 154)

*22 Und er sagte zu seinen Jüngern: Deswegen
sage ich euch: Sorgt euch nicht um euer Leben
und darum, daß ihr etwas zu essen habt, noch
um euren Leib und darum, daß ihr etwas an-
zuziehen habt. 23 Das Leben ist wichtiger als
die Nahrung und der Leib wichtiger als die
Kleidung. 24 Seht auf die Raben: Sie säen nicht
und ernten nicht, sie haben keinen Speicher
und keine Scheune; denn Gott ernährt sie.
Wieviel mehr seid ihr wert als die Vögel!
25 Wer von euch kann mit all seiner Sorge sein
Leben auch nur um eine kleine Zeitspanne
verlängern? 26 Wenn ihr nicht einmal etwas so
Geringes könnt, warum macht ihr euch dann
Sorgen um all das übrige? 27 Seht euch die Li-
lien an: Sie arbeiten nicht und spinnen nicht.
Doch ich sage euch: Selbst Salomo war in all
seiner Pracht nicht gekleidet wie eine von ih-
nen. 28 Wenn aber Gott schon das Gras so
prächtig kleidet, das heute auf dem Feld steht
und morgen ins Feuer geworfen wird, wieviel
mehr dann euch, ihr Kleingläubigen!
29 Darum fragt nicht, was ihr essen und was
ihr trinken sollt, und ängstigt euch nicht!
30 Denn um all das geht es den Heiden in der
Welt. Euer Vater weiß, daß ihr das braucht.
31 Euch jedoch muß es um sein Reich gehen;
dann wird euch das andere dazugegeben.*

*32 Fürchte dich nicht, du kleine Herde! Denn
euer Vater hat beschlossen, euch das Reich zu
geben.*

Zu Mt 6,23 Clemens Alexandrinus Strom. I,24,158: Erbittet das Große, so wird euch Gott das Kleine dazutun.

Zu Mt 6,30 Papyrus Oxyrhynchos 655: Er selbst wird euch euer Kleid geben.

Zu Mt 6,25–34 Thomasevangelium Logion 27: Wenn ihr nicht gegenüber der Welt fastet, werdet ihr das Reich nicht finden. Wenn ihr den Sabbat nicht als Sabbat haltet, werdet ihr den Vater nicht sehen.

35. Vom Richten und von der Entweihung des Heiligen

Mt 7,1–6

[1] Richtet nicht, damit ihr nicht gerichtet werdet! [2] Denn wie ihr richtet, so werdet ihr gerichtet werden, und nach dem Maß, mit dem ihr meßt und zuteilt, wird euch zugeteilt werden. [3] Warum siehst du den Splitter im Auge deines Bruders, aber den Balken in deinem Auge bemerkst du nicht? [4] Wie kannst du zu deinem Bruder sagen: Laß mich den Splitter aus deinem Auge herausziehen! – und dabei steckt in deinem Auge ein Balken? [5] Du Heuchler! Zieh zuerst den Balken aus deinem Auge, dann kannst du versuchen, den Splitter aus dem Auge deines Bruders herauszuziehen. [6] Gebt das Heilige nicht den Hunden, und werft eure Perlen nicht den Schweinen vor, denn sie könnten sie mit ihren Füßen zertreten und sich umwenden und euch zerreißen.

1–2: Röm 2,1; 1Kor 4,5.

7,6 Der Ausdruck »das Heilige« bezeichnete ursprünglich wahrscheinlich Opferfleisch, dann im übertragenen Sinn bei den Juden die Tora (das Gesetz) und hier die Lehre Jesu.

Mk 4,24 (vgl. Nr. 92)

[24] Weiter sagte er: Achtet auf das, was ihr hört! Nach dem Maß, mit dem ihr meßt und zuteilt, wird euch zugeteilt werden, ja, es wird euch noch mehr gegeben.

Zu Mt 7,1 1. Clemens 13,2: Denn ER hat also gesagt: Erbarmt euch, damit ihr Erbarmen findet; vergebt, damit ihr Vergebung findet. Wie ihr tut, so wird euch getan werden. Wie ihr gebt, so wird euch gegeben werden. Wie ihr richtet, so werdet ihr gerichtet werden. Wie ihr euch liebreich erweist, so wird man sich auch gegen euch liebreich erweisen. Mit welchem Maß ihr meßt, mit dem werdet ihr gemessen werden.

36. Vom Vertrauen beim Beten

Mt 7,7–11

[7] Bittet, dann wird euch gegeben; sucht, dann werdet ihr finden; klopft an, dann wird euch geöffnet. [8] Denn wer bittet, der empfängt; wer sucht, der findet; und wer anklopft, dem wird geöffnet. [9] Oder ist einer unter euch, der seinem Sohn einen Stein gibt, wenn er um Brot bittet, [10] oder eine Schlange, wenn er um einen Fisch bittet? [11] Wenn nun schon ihr, die ihr böse seid, euren Kindern gebt, was gut ist, wieviel mehr wird euer Vater im Himmel denen Gutes geben, die ihn bitten.

7: 18,19; 21,22; Mk 11,24; Joh 14,13f; 15,7; 16,24; 1Joh 5,14f.

Zu Mt 7,7 Hebräerevangelium (Clemens Alexandrinus Strom. V,14,96): Wer sucht, wird nicht ruhen, bis er findet, wer aber gefunden hat, wird sich verwundern; wer sich aber verwundert, wird die Herrschaft antreten; wer aber die Herrschaft angetreten hat, wird ruhen.

Lk 6,37–38.41–42 (vgl. Nr. 74)

[37] *Richtet nicht, dann werdet auch ihr nicht gerichtet werden. Verurteilt nicht, dann werdet auch ihr nicht verurteilt werden. Erlaßt einander die Schuld, dann wird auch euch die Schuld erlassen werden.* [38] *Gebt, dann wird auch euch gegeben werden. In reichem, vollem, gehäuftem, überfließendem Maß wird man euch beschenken; denn nach dem Maß, mit dem ihr meßt und zuteilt, wird auch euch zugeteilt werden.*
[41] *Warum siehst du den Splitter im Auge deines Bruders, aber den Balken in deinem eigenen Auge bemerkst du nicht?* [42] *Wie kannst du zu deinem Bruder sagen: Bruder, laß mich den Splitter aus deinem Auge herausziehen!, während du den Balken in deinem eigenen Auge nicht siehst? Du Heuchler! Zieh zuerst den Balken aus deinem Auge; dann kannst du versuchen, den Splitter aus dem Auge deines Bruders herauszuziehen.*

Joh 8,2–11

[2] *Am frühen Morgen begab er sich wieder in den Tempel. Alles Volk kam zu ihm. Er setzte sich und lehrte es.* [3] *Da brachten die Schriftgelehrten und die Pharisäer eine Frau, die beim Ehebruch ertappt worden war. Sie stellten sie in die Mitte* [4] *und sagten zu ihm: Meister, diese Frau wurde beim Ehebruch auf frischer Tat ertappt.* [5] *Mose hat uns im Gesetz vorgeschrieben, solche Frauen zu steinigen. Nun, was sagst du?* [6] *Mit dieser Frage wollten sie ihn auf die Probe stellen, um einen Grund zu haben, ihn zu verklagen. Jesus aber bückte sich und schrieb mit dem Finger auf die Erde.* [7] *Als sie hartnäckig weiterfragten, richtete er sich auf und sagte zu ihnen: Wer von euch ohne Sünde ist, werfe als erster einen Stein auf sie.* [8] *Und er bückte sich wieder und schrieb auf die Erde.* [9] *Als sie seine Antwort gehört hatten, ging einer nach dem andern fort, zuerst die Ältesten. Jesus blieb allein zurück mit der Frau, die noch in der Mitte stand.* [10] *Er richtete sich auf und sagte zu ihr: Frau, wo sind sie geblieben? Hat dich keiner verurteilt?* [11] *Sie antwortete: Keiner, Herr. Da sagte Jesus zu ihr: Auch ich verurteile dich nicht. Geh und sündige von jetzt an nicht mehr!*

Zu Joh 8,2–11 Dieses Stück gehört nicht zum ursprünglichen Bestand des Johannesevangeliums; die besten Textzeugen überliefern es nicht. Die Erzählung stellt aber wohl eine alte Überlieferung dar und gehört inhaltlich zum Evangelium.

Zu Mt 7,3ff Thomasevangelium Logion 26 (ab ›dann magst . . .‹ auch Papyrus Oxyrhynchos 1,1–4): Den Splitter, der in deines Bruders Auge ist, den siehst du. Aber den Balken, der in deinem Auge ist, den siehst du nicht. Wenn du den Balken aus deinem Auge herausziehst, dann magst du zusehen, den Splitter aus deines Bruders Auge herauszuziehen.

Lk 11,9–13 (vgl. Nr. 145)

[9] *Darum sage ich euch: Bittet, dann wird euch gegeben; sucht, dann werdet ihr finden; klopft an, dann wird euch geöffnet.* [10] *Denn wer bittet, der empfängt; wer sucht, der findet; und wer anklopft, dem wird geöffnet.* [11] *Oder ist unter euch ein Vater, der seinem Sohn eine Schlange gibt, wenn er um einen Fisch bittet,* [12] *oder einen Skorpion, wenn er um ein Ei bittet?* [13] *Wenn nun schon ihr, die ihr böse seid, euren Kindern gebt, was gut ist, wieviel mehr wird der Vater im Himmel den Heiligen Geist denen geben, die ihn bitten.*

Zu Mt 7,7 Thomasevangelium Logion 92: Suchet, so werdet ihr finden. Wonach ihr mich in diesen Tagen fragtet, das habe ich euch damals nicht gesagt. Jetzt will ich es sagen, und ihr suchet nicht danach.

37. Die Goldene Regel

Mt 7,12

12 Alles, was ihr also von anderen erwartet, das tut auch ihnen! Darin besteht das Gesetz und die Propheten.

12: 22,40; Röm 13,8–10; Gal 5,14.

38. Von den zwei Wegen

Mt 7,13–14

13 Geht durch das enge Tor! Denn das Tor ist weit, das ins Verderben führt, und der Weg dahin ist breit, und viele gehen auf ihm.
14 Aber das Tor, das zum Leben führt, ist eng, und der Weg dahin ist schmal, und nur wenige finden ihn.

Zu Mt 7,13f Didache 1,1: Zwei Wege gibt es: einen zum Leben, einen zum Tode. Es ist aber ein großer Unterschied zwischen beiden Wegen.

39. Von den falschen Propheten

Mt 7,15–20

15 Hütet euch vor den falschen Propheten; sie kommen zu euch wie (harmlose) Schafe, in Wirklichkeit aber sind sie reißende Wölfe.
16 An ihren Früchten werdet ihr sie erkennen. Erntet man etwa von Dornen Trauben
oder von Disteln Feigen? 17 Jeder gute Baum bringt gute Früchte hervor, ein schlechter
Baum aber schlechte. 18 Ein guter Baum kann keine schlechten Früchte hervorbringen und ein schlechter Baum keine guten.
19 Jeder Baum, der keine guten Früchte hervorbringt, wird umgehauen und ins Feuer
geworfen. 20 An ihren Früchten also werdet ihr sie erkennen.

15: 24,11.24; 1Joh 4,1; Joh 10,12 / 16: Jak 3,12 / 19: 3,10; Lk 3,9; Mt 12,33.

7,15 Wörtlich: sie kommen zu euch in Schafspelzen, innen aber sind sie reißende Wölfe.

(Lk 5,11)

Lk 6,31 (vgl. Nr. 73)

[31]*Was ihr von anderen erwartet, das tut ebenso auch ihnen!*

Zu Mt 7,12 Didache 1,2: Der Weg zum Leben ist nun der: 1. du sollst Gott lieben, der dich geschaffen hat, 2. deinen Nächsten wie dich selbst. Aber alles, was du willst, daß es dir nicht geschehe, das tu auch nicht einem anderen.

Lk 13,23–24 (vgl. Nr. 162)

[23]*Da fragte ihn einer: Herr, sind es nur wenige, die gerettet werden? Er sagte zu ihnen:*
[24]*Bemüht euch mit allen Kräften, durch die enge Tür zu gelangen; denn viele, sage ich euch, werden versuchen hineinzukommen, aber es wird ihnen nicht gelingen.*

Lk 6,43–45 (vgl. Nr. 75)

[44b]*Von den Disteln pflückt man keine Feigen, und vom Dornstrauch erntet man keine Trauben.*
[43]*Es gibt keinen guten Baum, der schlechte Früchte hervorbringt, noch einen schlechten Baum, der gute Früchte hervorbringt.* [44]*Jeden Baum erkennt man an seinen Früchten:* [45]*Ein guter Mensch bringt Gutes hervor, weil in seinem Herzen Gutes ist; und ein böser Mensch bringt Böses hervor, weil in seinem Herzen Böses ist. Wovon das Herz voll ist, davon spricht der Mund.*

(Mt 12,33–35) (vgl. Nr 84)

[33]*Entweder: der Baum ist gut – dann sind auch seine Früchte gut. Oder: der Baum ist schlecht – dann sind auch seine Früchte schlecht. An den Früchten also erkennt man den Baum.* [34]*Ihr Schlangenbrut, wie könnt ihr Gutes reden, wenn ihr böse seid? Denn wovon das Herz voll ist, davon spricht der Mund.* [35]*Ein guter Mensch bringt Gutes hervor, weil er Gutes in sich hat, und ein böser Mensch bringt Böses hervor, weil er Böses in sich hat.*

Zu Mt 7,15 Justin, Dialog 35,3: ER sagte nämlich: Viele werden in meinem Namen kommen, die äußerlich einen Schafspelz anhaben, inwendig sind sie aber reißende Wölfe . . . Es wird Spaltungen und Sekten geben.

Zu Mt 7,16ff Thomasevangelium Logion 45: Man liest nicht Trauben von den Dornen und Feigen von den Disteln. Ein guter Mensch bringt Gutes aus seinem Schatz, ein schlechter Schlechtes aus seinem schlechten Schatz, der in seinem Herzen ist. Und er sagt Schlechtes, denn aus der Fülle des Herzens bringt er Schlechtes hervor.

40. Warnung vor Selbsttäuschung

Mt 7,21–23

[21]Nicht jeder, der zu mir sagt: Herr! Herr!,
wird in das Himmelreich kommen, sondern
nur, wer den Willen meines Vaters im Him-
mel erfüllt. [22]Viele werden an jenem Tag zu
mir sagen: Herr, Herr, sind wir nicht in dei-
nem Namen als Propheten aufgetreten, und
haben wir nicht mit deinem Namen Dämo-
nen ausgetrieben und mit deinem Namen
viele Wunder vollbracht? [23]Dann werde ich
ihnen antworten: Ich kenne euch nicht. WEG
VON MIR, IHR ÜBERTRETER DES GESETZES!

21: Jak 1,22; 1Joh 2,17 / 23: 25,12; Ps 6,9 G.

Zu Mt 7,21 2. Clemens 4,2: ER sagt nämlich: Nicht jeder, der zu mir sagt: Herr, Herr! wird gerettet werden, sondern der die Gerechtigkeit tut.

41. Vom Haus auf dem Felsen

Mt 7,24–27

[24]Wer diese meine Worte hört und danach
handelt,
ist wie ein kluger Mann, der sein Haus auf
Fels baute. [25]Als nun ein Wolkenbruch kam
und die Wassermassen heranfluteten, als die
Stürme tobten und an dem Haus rüttelten, da
stürzte es nicht ein; denn es war auf Fels ge-
baut.
[26]Wer aber meine Worte hört und nicht da-
nach handelt, ist wie ein unvernünftiger
Mann, der sein Haus auf Sand baute. [27]Als
nun ein Wolkenbruch kam und die Wasser-
massen heranfluteten, als die Stürme tobten
und an dem Haus rüttelten, da stürzte es ein
und wurde völlig zerstört.

Zu Mt 7,24 Thomasevangelium Logion 32: Eine Stadt, die man auf einem hohen Berge erbaut und befestigt, kann nicht fallen und sich verbergen.

42. Die Wirkung der Bergpredigt

Mt 7,28–29

[28]Als Jesus diese Rede beendet hatte, war
die Menge sehr betroffen von seiner Lehre;
[29]denn er lehrte sie wie einer, der (göttliche)
Vollmacht hat, und nicht wie ihre Schriftge-
lehrten.

28: Lk 4,32.

Mk 1,22 (vgl. Nr. 12)

*[22]Und die Menschen waren sehr betroffen
von seiner Lehre; denn er lehrte sie wie einer,
der (göttliche) Vollmacht hat, nicht wie die
Schriftgelehrten.*

(Lk 5,11)

Lk 6,46; 13,26–27 (vgl. Nr. 75.162)

6,46 *Was sagt ihr zu mir: Herr! Herr!, und tut nicht, was ich sage?*

13,26 *Dann werdet ihr sagen: Wir haben doch mit dir gegessen und getrunken, und du hast auf unseren Straßen gelehrt.* 27 *Er aber wird erwidern: Ich sage euch, ich weiß nicht, woher ihr seid. »Weg von mir, ihr habt alle Unrecht getan!«*

Zu Mt 7,22 2. Clemens 4,5: Wenn ihr an meiner Brust vereint seid und meine Gebote nicht haltet, werde ich euch verwerfen und zu euch sprechen: Weichet von mir, ich kenne euch nicht, woher ihr seid, ihr Missetäter! (›An der Brust sein‹ [auf einem Polster gemeinsam zu Tische liegen] ist der Ausdruck tiefster Gemeinschaft.)

Lk 6,47–49 (vgl. Nr. 76)

47 *Ich will euch zeigen, wem ein Mensch gleicht, der zu mir kommt und meine Worte hört und danach handelt.* 48 *Er ist wie ein Mann, der ein Haus baute und dabei die Erde tief aushob und das Fundament auf einen Felsen stellte. Als nun ein Hochwasser kam und die Flutwelle gegen das Haus prallte, konnte sie es nicht erschüttern, weil es gut gebaut war.*
49 *Wer aber hört und nicht danach handelt, ist wie ein Mann, der sein Haus ohne Fundament auf die Erde baute.*

Die Flutwelle prallte dagegen, das Haus stürzte sofort in sich zusammen und wurde völlig zerstört.

Lk 7,1a (vgl. Nr. 77)

1 *Als Jesus diese Rede vor dem Volk beendet hatte, . . .*

Joh 7,46

46 *Die Gerichtsdiener antworteten: Noch nie hat ein Mensch so gesprochen.*

Die Taten des Messias (Mt 8,1–9,34)

43. Die Heilung eines Aussätzigen

Mt 8,1–4

[1] Als Jesus von dem Berg herabstieg, folgten ihm viele Menschen. [2] Da kam ein Aussätziger, fiel vor ihm nieder und sagte: Herr, wenn du willst, kannst du machen, daß ich rein werde.

[3] Jesus streckte die Hand aus, berührte ihn und sagte: Ich will es – werde rein! Im gleichen Augenblick wurde der Aussätzige rein.

[4] Jesus aber sagte zu ihm: Nimm dich in acht!

Erzähl niemand davon, sondern geh, ZEIG DICH DEM PRIESTER und bring das Opfer dar, das Mose angeordnet hat. Das soll für sie ein Beweis (deiner Heilung) sein.

4: 9,30; 12,16; Mk 7,36; Lev 13,49; 14,2–32; Lk 17,14.

8,1–9,34 Die Botschaft der Bergpredigt (Kap. 5–7) wird anschließend durch die Taten Jesu beglaubigt, die seine messianische Vollmacht bestätigen. Das sog. Wunderkapitel (Kap. 8–9) ist kunstvoll aufgebaut: 3mal 3 Wunderberichte werden jeweils durch theologische Aussagen unterbrochen und gedeutet.

8,4 Ein Beweis (deiner Heilung), andere Deutungsmöglichkeiten: ein Beweis (meiner Gesetzestreue); oder: ein Beweis (meiner Vollmacht).

Mk 1,40–45

[40] Ein Aussätziger kam zu Jesus und bat ihn um Hilfe; er fiel vor ihm auf die Knie und sagte: Wenn du willst, kannst du machen, daß ich rein werde. [41] Jesus hatte Mitleid mit ihm; er streckte die Hand aus, berührte ihn und sagte: Ich will es – werde rein! [42] Im gleichen Augenblick verschwand der Aussatz, und der Mann war rein. [43] Jesus schickte ihn weg und schärfte ihm ein: [44] Nimm dich in acht! Erzähl niemand etwas davon, sondern geh, ZEIG DICH DEM PRIESTER und bring das Reinigungsopfer dar, das Mose angeordnet hat. Das soll für sie ein Beweis (meiner Gesetzestreue) sein. [45] Der Mann aber ging weg und erzählte bei jeder Gelegenheit, was geschehen war; er verbreitete die ganze Geschichte, so daß sich Jesus in keiner Stadt mehr zeigen konnte; er hielt sich nur noch außerhalb der Städte an einsamen Orten auf. Dennoch kamen die Leute von überallher zu ihm.

43f: 5,43 / 44: Lev 13,49; 14,2–32; Lk 17,14.

1,40–44 Aussatz und verschiedene Hautkrankheiten schlossen vom Zusammenleben mit anderen Menschen aus. Erst wenn die dafür zuständigen Priester die Heilung festgestellt hatten, war die Rückkehr in die alte Lebensgemeinschaft wieder erlaubt (vgl. Lev 13–14).

1,44 ein Beweis (meiner Gesetzestreue): andere Übersetzungsmöglichkeiten: ein Beweis (meiner Vollmacht); oder: ein Beweis (deiner Heilung).

44. Der Hauptmann von Kafarnaum

Mt 8,5–13

[5] Als er nach Kafarnaum kam, trat ein Hauptmann an ihn heran und bat ihn: [6] Herr, mein Diener liegt gelähmt zu Hause und hat große Schmerzen. [7] Jesus sagte zu ihm: Ich will kommen und ihn gesund machen.

Mk 7,30 (vgl. Nr. 113)

Lk 5,12–16

12 Als Jesus in einer der Städte war, kam ein
Mann, der am ganzen Körper Aussatz hatte.
Sobald er Jesus sah, warf er sich vor ihm zu
Boden und bat ihn: Herr, wenn du willst,
kannst du machen, daß ich rein werde.
13 Da streckte Jesus die Hand aus, berührte
ihn und sagte: Ich will es – werde rein! Im
gleichen Augenblick verschwand der Aussatz.

14 Jesus befahl ihm: Erzähl niemand davon,
sondern geh, ZEIG DICH DEM PRIESTER und
bring das Reinigungsopfer dar, wie es Mose
angeordnet hat. Das soll für sie ein Beweis
(deiner Heilung) sein.
15 Sein Ruf verbreitete sich immer mehr, so
daß die Menschen von überall herbeiströmten. Sie alle wollten ihn hören und von ihren
Krankheiten geheilt werden. 16 Doch er zog
sich an einen einsamen Ort zurück, um zu
beten.

14: Lev 13,49; 14,2–32; Lk 17,14 / 15: 4,14.37 / 16: 9,18; Mk 1,35.
5,14 Vgl. die Anmerkung zu Mt 8,4.

Zu Mt 8,2–4 Papyrus Egerton 2: Und siehe, ein Aussätziger trat herzu und spricht: Meister Jesus, . . . Wenn du nun willst, werde ich rein! Sogleich sprach der Herr zu ihm: Ich will es, sei rein. Und sogleich wich der Aussatz von ihm. Der Herr aber sprach zu ihm: Geh und zeige dich den Priestern . . .

Lk 7,1–10; 13,28–30 (vgl. Nr. 77.162)

7,1 Als Jesus diese Rede vor dem Volk beendet
hatte, ging er nach Kafarnaum hinein. 2 Ein
Hauptmann hatte einen Diener, der todkrank
war und den er sehr schätzte. 3 Als der
Hauptmann von Jesus hörte, schickte er einige
von den jüdischen Ältesten zu ihm mit der Bitte, zu kommen und seinen Diener zu retten.
4 Sie gingen zu Jesus und baten ihn inständig.
Sie sagten: Er verdient es, daß du seine Bitte

Joh 4,46–53

46 Jesus kam wieder nach Kana in Galiläa, wo
er das Wasser in Wein verwandelt hatte. In
Kafarnaum lebte ein königlicher Beamter;
dessen Sohn war krank. 47 Als er hörte, daß
Jesus von Judäa nach Galiläa gekommen war,
suchte er ihn auf und bat ihn, herabzukommen und seinen Sohn zu heilen; denn er lag im
Sterben. 48 Da sagte Jesus zu ihm: Wenn ihr
nicht Zeichen und Wunder seht, glaubt ihr

[8]Da antwortete der Hauptmann: Herr, ich bin es nicht wert, daß du mein Haus betrittst; sprich nur ein Wort, dann wird mein Diener gesund. [9]Auch ich muß Befehlen gehorchen, und ich habe selber Soldaten unter mir; sage ich nun zu einem: Geh!, so geht er, und zu einem andern: Komm!, so kommt er, und zu meinem Diener: Tu das!, so tut er es.

[10]Jesus war erstaunt, als er das hörte, und sagte zu denen, die ihm nachfolgten: Amen, das sage ich euch: Einen solchen Glauben habe ich in Israel noch bei niemand gefunden! [11]Ich sage euch: Viele werden von Osten und Westen kommen und mit Abraham, Isaak und Jakob im Himmelreich zu Tisch sitzen; [12]die aber, für die das Reich bestimmt war, werden hinausgeworfen in die äußerste Finsternis;
dort werden sie heulen und mit den Zähnen knirschen.

[13]Und zum Hauptmann sagte Jesus: Geh! Es soll geschehen, wie du geglaubt hast. Und in derselben Stunde wurde der Diener gesund.

[30]Und als sie nach Hause kam, fand sie das Kind auf dem Bett liegen und sah, daß der Dämon es verlassen hatte.

12: 13,42.50; 22,13; 24,51; 25,30.

8,5–10 In dem Grenzort Kafarnaum lag eine Garnison mit Truppen des Herodes Antipas. Die Soldaten dieser Söldnertruppe waren meist Nichtjuden. Fromme Juden betraten die Häuser von Heiden nicht, um sich nicht unrein zu machen (vgl. die Anmerkung zu Mk 7,1–8.14–23).

8,7 Andere Übersetzungsmöglichkeit: Soll ich etwa kommen und ihn gesund machen?

Zu Mt 8,11f Der Hauptmann von Kafarnaum wird als der erste Vertreter der Heidenwelt, der zum Glauben kommt, herausgestellt.

Zu Mt 8,12 die aber, für die das Reich bestimmt war, wörtlich: die Söhne des Reichs.

45. Die Heilung der Schwiegermutter des Petrus

Mt 8,14–15

[14]Jesus ging in das Haus des Petrus und sah, daß dessen Schwiegermutter im Bett lag und Fieber hatte.

[15]Da berührte er ihre Hand, und das Fieber wich von ihr. Und sie stand auf und sorgte für ihn.

Mk 1,29–31 (vgl. Nr. 13)

[29]Sie verließen die Synagoge und gingen zusammen mit Jakobus und Johannes gleich in das Haus des Simon und Andreas. [30]Die Schwiegermutter des Simon lag mit Fieber im Bett. Sie sprachen mit Jesus über sie, [31]und er ging zu ihr, faßte sie an der Hand und richtete sie auf. Da wich das Fieber von ihr, und sie sorgte für sie.

erfüllst; [5] denn er liebt unser Volk und hat uns
die Synagoge gebaut. [6] Da ging Jesus mit ih-
nen. Als er nicht mehr weit von dem Haus ent-
fernt war, schickte der Hauptmann Freunde
und ließ ihm sagen: Herr, bemüh dich nicht!
Denn ich bin es nicht wert, daß du mein Haus
betrittst. [7] Deshalb habe ich mich auch nicht
für würdig gehalten, selbst zu dir zu kommen.
Sprich nur ein Wort, dann muß mein Diener
gesund werden. [8] Auch ich muß Befehlen ge-
horchen, und ich habe selber Soldaten unter
mir; sage ich nun zu einem: Geh!, so geht er,
und zu einem andern: Komm!, so kommt er,
und zu meinem Diener: Tu das!, so tut er es.
[9] Jesus war erstaunt über ihn, als er das hörte.
Und er wandte sich um und sagte zu den Leu-
ten, die ihm folgten: Ich sage euch: Nicht ein-
mal in Israel habe ich einen solchen Glauben
gefunden. [13,29] Und man wird von Osten und
Westen und von Norden und Süden kommen
und im Reich Gottes zu Tisch sitzen. [30] Dann
werden manche von den Letzten die Ersten
sein und manche von den Ersten die Letzten.
[28] Da werdet ihr heulen und mit den Zähnen
knirschen, wenn ihr seht, daß Abraham, Isaak
und Jakob und alle Propheten im Reich Got-
tes sind, ihr selbst aber ausgeschlossen seid.
[7,10] Und als die Männer, die der Hauptmann
geschickt hatte, in das Haus zurückkehrten,
stellten sie fest, daß der Diener gesund war.

Lk 4,38–39 (vgl. Nr. 13)

[38] Jesus stand auf, verließ die Synagoge und ging in das Haus des Simon. Die Schwiegermutter des Simon hatte hohes Fieber, und sie baten ihn, ihr zu helfen.

[39] Er trat zu ihr hin, beugte sich über sie und befahl dem Fieber zu weichen. Da wich es von ihr, und sie stand sofort auf und sorgte für sie.

nicht. [49] Der Beamte bat ihn: Herr, komm
herab, ehe mein Kind stirbt. [50] Jesus erwiderte
ihm: Geh, dein Sohn lebt! Der Mann glaubte
dem Wort, das Jesus zu ihm gesagt hatte, und
machte sich auf den Weg. [51] Noch während er
unterwegs war, kamen ihm seine Diener ent-
gegen und sagten: Dein Junge lebt. [52] Da
fragte er sie genau nach der Stunde, in der die
Besserung eingetreten war. Sie antworteten:
Gestern in der siebten Stunde ist das Fieber
von ihm gewichen. [53] Da erkannte der Vater,
daß es genau zu der Stunde war, als Jesus zu
ihm gesagt hatte: Dein Sohn lebt. Und er
wurde gläubig mit seinem ganzen Haus.

46. Die Heilung von Besessenen und Kranken

Mt 8,16–17

16 Am Abend brachte man viele Besessene zu ihm.

Er trieb mit seinem Wort die Geister aus und heilte alle Kranken.

17 Dadurch sollte sich erfüllen, was durch den Propheten Jesaja gesagt worden ist: ER HAT UNSERE LEIDEN AUF SICH GENOMMEN UND UNSERE KRANKHEITEN GETRAGEN.

17: Jes 53,4.

Mk 1,32–34 (vgl. Nr. 13)

32 Am Abend, als die Sonne untergegangen war, brachte man alle Kranken und Besessenen zu Jesus. 33 Die ganze Stadt war vor der Haustür versammelt, 34 und er heilte viele, die an allen möglichen Krankheiten litten, und trieb viele Dämonen aus. Und er verbot den Dämonen zu reden; denn sie wußten, wer er war.

Zu Mt 8,16f Matthäus sieht in den Heilungen einen Hinweis darauf, daß Jesus als der verheißene leidende Gottesknecht die Leiden der Menschheit auf sich nimmt.

47. Von der Nachfolge

Mt 8,18–22

18 Als Jesus die vielen Menschen sah, die um ihn waren, befahl er, ans andere Ufer zu fahren. 19 Da kam ein Schriftgelehrter zu ihm und sagte: Meister, ich will dir folgen, wohin du auch gehst. 20 Jesus antwortete ihm: Die Füchse haben ihre Höhlen und die Vögel ihre Nester; der Menschensohn aber hat keinen Ort, wo er sein Haupt hinlegen kann.
21 Ein anderer aber, einer seiner Jünger, sagte zu ihm: Herr, laß mich zuerst heimgehen und meinen Vater begraben! 22 Jesus erwiderte: Folge mir nach; laß die Toten ihre Toten begraben!

22: 4,22; 9,9; 19,21; Mk 2,14; 8,34; 10,21; Lk 5,27; 9,23; 18,22; Joh 1,43; 21,19.22.

Mk 4,35 (vgl. Nr. 102)

35 Am Abend dieses Tages sagte er zu ihnen: Wir wollen ans andere Ufer hinüberfahren.

Zu Mt 8,20.22 Thomasevangelium Logion 82: Der, der mir nahe ist, ist dem Feuer nahe, und der mir fern ist, ist dem Himmelreich fern.

48. Der Sturm auf dem See

Mt 8,23–27

23 Er stieg in das Boot, und seine Jünger folgten ihm.
24 Plötzlich brach auf dem See ein gewaltiger

Mk 4,35–41 (vgl. Nr. 102)

35 Am Abend dieses Tages sagte er zu ihnen: Wir wollen ans andere Ufer hinüberfahren.
36 Sie schickten die Leute fort und fuhren mit ihm in dem Boot, in dem er saß, weg; einige andere Boote begleiteten ihn. 37 Plötzlich erhob sich ein heftiger Wirbelsturm, und die

(Lk 5,16)

Lk 4,40–41 (vgl. Nr. 13)

40 *Als die Sonne unterging, brachten die Leute*
ihre Kranken, die alle möglichen Leiden hat-
ten, zu Jesus. Er legte jedem Kranken die
Hände auf und heilte alle. 41 *Von vielen fuh-*
ren auch Dämonen aus und schrien: Du bist
der Sohn Gottes! Da fuhr er sie schroff an und
ließ sie nicht reden; denn sie wußten, daß er
der Messias war.

Lk 8,22; 9,57–60 (vgl. Nr. 102.135)

8,22 *Eines Tages stieg er mit seinen Jüngern in*
ein Boot und sagte zu ihnen: Wir wollen ans
andere Ufer des Sees hinüberfahren. Und sie
fuhren ab. 9,57 *Als sie auf ihrem Weg weiter-*
zogen, redete ein Mann Jesus an und sagte:
Ich will dir folgen, wohin du auch gehst. 58 *Je-*
sus antwortete ihm: Die Füchse haben ihre
Höhlen und die Vögel ihre Nester; der Men-
schensohn aber hat keinen Ort, wo er sein
Haupt hinlegen kann.

59 *Zu einem anderen sagte er: Folge mir nach!*
Der erwiderte: Laß mich zuerst heimgehen
und meinen Vater begraben. 60 *Jesus sagte zu*
ihm: Laß die Toten ihre Toten begraben; du
aber geh und verkünde das Reich Gottes!

Lk 8,22–25 (vgl. Nr. 102)

22 *Eines Tages stieg er mit seinen Jüngern in*
ein Boot und sagte zu ihnen: Wir wollen ans
andere Ufer des Sees hinüberfahren. Und sie
fuhren ab. 23 *Während der Fahrt aber schlief*
er ein. Plötzlich brach über dem See ein Wir-
belsturm los; das Wasser schlug in das Boot,

Sturm los, so daß das Boot von den Wellen überflutet wurde. Jesus aber schlief. [25]Da traten die Jünger zu ihm und weckten ihn; sie riefen: Herr, rette uns, wir gehen zugrunde! [26]Er sagte zu ihnen: Warum habt ihr solche Angst, ihr Kleingläubigen? Dann stand er auf, drohte den Winden und dem See, und es trat völlige Stille ein.

[27]Die Leute aber staunten und sagten: Was ist das für ein Mensch, daß ihm sogar die Winde und der See gehorchen?

Wellen schlugen in das Boot, so daß es sich mit Wasser zu füllen begann. [38]Er aber lag hinten im Boot auf einem Kissen und schlief. Sie weckten ihn und riefen: Meister, kümmert es dich nicht, daß wir zugrunde gehen? [39]Da stand er auf, drohte dem Wind und sagte zu dem See: Schweig, sei still! Und der Wind legte sich, und es trat völlige Stille ein. [40]Er sagte zu ihnen: Warum habt ihr solche Angst? Habt ihr noch keinen Glauben? [41]Da ergriff sie große Furcht, und sie sagten zueinander: Was ist das für ein Mensch, daß ihm sogar der Wind und der See gehorchen?

25: 14,30 / 26: 14,31f; Mk 6,51.

8,24 ein gewaltiger Sturm, wörtlich: ein gewaltiges Erdbeben (vgl. 24,7; 27,51).

49. Die Heilung der Besessenen von Gadara

Mt 8,28–34

[28]Als Jesus an das andere Ufer kam, in das Gebiet von Gadara, liefen ihm aus den Grabhöhlen zwei Besessene entgegen. Sie waren so gefährlich, daß niemand den Weg benutzen konnte, der dort vorbeiführte.

[29]Sofort begannen sie zu schreien: Was haben wir mit dir zu tun, Sohn Gottes? Bist du hergekommen, um uns schon vor der Zeit zu quälen?

[30]In einiger Entfernung weidete gerade eine große Schweineherde. [31]Da baten ihn die Dämonen: Wenn du uns austreibst, dann schick uns in die Schweineherde! [32]Er sagte

Mk 5,1–20 (vgl. Nr. 103)

[1]Sie kamen an das andere Ufer des Sees, in das Gebiet von Gerasa. [2]Als er aus dem Boot stieg, lief ihm ein Mann entgegen, der von einem unreinen Geist besessen war. Er kam von den Grabhöhlen, [3]in denen er lebte. Man konnte ihn nicht bändigen, nicht einmal mit Fesseln. [4]Schon oft hatte man ihn an Händen und Füßen gefesselt, aber er hatte die Ketten gesprengt und die Fesseln zerrissen; niemand konnte ihn bezwingen. [5]Bei Tag und Nacht schrie er unaufhörlich in den Grabhöhlen und auf den Bergen und schlug sich mit Steinen. [6]Als er Jesus von weitem sah, lief er zu ihm hin, warf sich vor ihm nieder [7]und schrie laut: Was habe ich mit dir zu tun, Jesus, Sohn des höchsten Gottes? Ich beschwöre dich bei Gott, quäle mich nicht! [8]Jesus hatte nämlich zu ihm gesagt: Verlaß diesen Mann, du unreiner Geist!

[4]Schon oft hatte man ihn an Händen und Füßen gefesselt, aber er hatte die Ketten gesprengt und die Fesseln zerrissen; niemand konnte ihn bezwingen. [5]Bei Tag und Nacht schrie er unaufhörlich in den Grabhöhlen und auf den Bergen und schlug sich mit Steinen.
[9]Jesus fragte ihn: Wie heißt du? Er antwortete: Mein Name ist Legion; denn wir sind viele. [10]Und er flehte Jesus an, sie nicht aus dieser Gegend zu verbannen.

[11]Nun weidete dort an einem Berghang gerade eine große Schweineherde. [12]Da baten ihn die Dämonen: Laß uns doch in die Schweine hineinfahren! [13]Jesus erlaubte es

(Lk 5,16)

und sie gerieten in große Gefahr.

24 Da traten sie zu ihm und weckten ihn; sie
riefen: Meister, Meister, wir gehen zugrunde!
Er stand auf, drohte dem Wind und den Wel-
len,
und sie legten sich, und es trat Stille ein.
25 Dann sagte er zu den Jüngern: Wo ist euer
Glaube?

Sie aber fragten einander voll Schrecken und
Staunen: Was ist das für ein Mensch, daß so-
gar die Winde und das Wasser seinem Befehl
gehorchen?

Lk 8,26–39 (vgl. Nr. 103)

26 Sie fuhren in das Gebiet von Gerasa, das
dem galiläischen Ufer gegenüberliegt. 27 Als
Jesus an Land ging, lief ihm ein Mann aus der
Stadt entgegen, der von Dämonen besessen
war. Schon seit langem trug er keine Kleider
mehr und lebte nicht mehr in einem Haus,
sondern in den Grabhöhlen.
29b Denn schon seit langem hatte ihn der Geist
in seiner Gewalt, und man hatte ihn wie einen
Gefangenen an Händen und Füßen gefesselt.
Aber immer wieder zerriß er die Fesseln und
wurde von dem Dämon in menschenleere Ge-
genden getrieben.
28 Als er Jesus sah, schrie er auf, fiel vor ihm
nieder und rief laut: Was habe ich mit dir zu
tun, Jesus, Sohn des höchsten Gottes? Ich bitte
dich: Quäle mich nicht! 29 Jesus hatte nämlich
dem unreinen Geist befohlen, den Mann zu
verlassen. Denn schon seit langem hatte ihn
der Geist in seiner Gewalt, und man hatte ihn
wie einen Gefangenen an Händen und Füßen
gefesselt. Aber immer wieder zerriß er die Fes-
seln und wurde von dem Dämon in men-
schenleere Gegenden getrieben.

30 Jesus fragte ihn: Wie heißt du? Er antworte-
te: Legion. Denn er war von vielen Dämonen
besessen. 31 Und die Dämonen baten Jesus, sie
nicht zur Hölle zu schicken.
32 Nun weidete dort an einem Berg gerade eine
große Schweineherde. Die Dämonen baten
Jesus, ihnen zu erlauben, in die Schweine hin-
einzufahren. Er erlaubte es ihnen. 33 Da ver-

zu ihnen: Geht! Da verließen sie die beiden
und fuhren in die Schweine. Und die ganze
Herde stürzte sich den Abhang hinab in den
See und kam in den Fluten um.

33 Die Hirten flohen, liefen in die Stadt und
erzählten dort alles, auch das, was mit den
Besessenen geschehen war. 34 Und die ganze
Stadt zog zu Jesus hinaus; als sie ihn trafen,

baten sie ihn, ihr Gebiet zu verlassen.

29: Mk 1,24; 3,11; Lk 4,34.41; Joh 2,4.

8,28 Gadara, weniger gut bezeugte Lesarten: Gerasa, Gergesa.

ihnen. Darauf verließen die unreinen Geister
den Menschen und fuhren in die Schweine,
und die Herde stürzte sich den Abhang hinab
in den See. Es waren etwa zweitausend Tiere,
und alle ertranken.
14 Die Hirten flohen und erzählten alles in der
Stadt und in den Dörfern.
Darauf eilten die Leute herbei, um zu sehen,
was geschehen war. 15 Sie kamen zu Jesus und
sahen bei ihm den Mann, der von der Legion
Dämonen besessen gewesen war. Er saß or-
dentlich gekleidet da und war wieder bei Ver-
stand. Da fürchteten sie sich.
16 Die, die alles gesehen hatten, berichteten ih-
nen, was mit dem Besessenen und mit den
Schweinen geschehen war.
17 Darauf baten die Leute Jesus, ihr Gebiet zu
verlassen. 18 Als er ins Boot stieg, bat ihn der
Mann, der zuvor von den Dämonen besessen
war, bei ihm bleiben zu dürfen.

19 Aber Jesus erlaubte es ihm nicht, sondern
sagte: Geh nach Hause, und berichte deiner
Familie alles, was der Herr für dich getan und
wie er Erbarmen mit dir gehabt hat.
20 Da ging der Mann weg und verkündete in
der ganzen Dekapolis, was Jesus für ihn getan
hatte, und alle staunten.

50. Die Heilung eines Gelähmten

Mt 9,1–8

1 Jesus stieg in das Boot, fuhr über den See
und kam in seine Stadt.

2 Da brachte man auf einer Tragbahre einen
Gelähmten zu ihm.

Als Jesus ihren Glauben sah, sagte er zu dem
Gelähmten: Hab Vertrauen, mein Sohn,
deine Sünden sind dir vergeben! 3 Da dach-
ten einige Schriftgelehrte: Er lästert Gott.

Mk 2,1–12

1 Als er einige Tage später nach Kafarnaum
zurückkam, wurde bekannt, daß er (wieder)
zu Hause war. 2 Und es versammelten sich so
viele Menschen, daß nicht einmal mehr vor
der Tür Platz war; und er verkündete ihnen
das Wort.
3 Da brachte man einen Gelähmten zu ihm;
er wurde von vier Männern getragen.

4 Weil sie ihn aber wegen der vielen Leute
nicht bis zu Jesus bringen konnten, deckten
sie dort, wo Jesus war, das Dach ab, schlugen
(die Decke) durch und ließen den Gelähm-
ten auf seiner Tragbahre durch die Öffnung
hinab. 5 Als Jesus ihren Glauben sah, sagte er
zu dem Gelähmten: Mein Sohn, deine Sün-
den sind dir vergeben! 6 Einige Schriftge-
lehrte aber, die dort saßen, dachten im stil-
len: 7 Wie kann dieser Mensch so reden? Er
lästert Gott. Wer kann Sünden vergeben au-
ßer dem einen Gott? 8 Jesus erkannte sofort,

ließen die Dämonen den Menschen und fuhren in die Schweine, und die Herde stürzte sich den Abhang hinab in den See und ertrank.

34 *Als die Hirten das sahen, flohen sie und erzählten alles in der Stadt und in den Dörfern.*
35 *Darauf eilten die Leute herbei, um zu sehen, was geschehen war. Sie kamen zu Jesus und sahen, daß der Mann, den die Dämonen verlassen hatten, wieder bei Verstand war und ordentlich gekleidet Jesus zu Füßen saß. Da fürchteten sie sich.*
36 *Die, die alles gesehen hatten, berichteten ihnen, wie der Besessene geheilt wurde.*

37 *Darauf baten alle, die im Gebiet von Gerasa wohnten, Jesus, sie zu verlassen; denn es hatte sie große Angst gepackt. Da stieg Jesus ins Boot und fuhr zurück.*
38 *Der Mann, den die Dämonen verlassen hatten, bat Jesus, bei ihm bleiben zu dürfen. Doch Jesus schickte ihn weg und sagte:*
39 *Kehr in dein Haus zurück, und erzähl alles, was Gott für dich getan hat.*

Da ging er weg und verkündete in der ganzen Stadt, was Jesus für ihn getan hatte.

Lk 5,17–26

Joh 5,8–9

17 Eines Tages, als Jesus wieder lehrte, saßen unter den Zuhörern auch Pharisäer und Gesetzeslehrer; sie waren aus allen Dörfern Galiläas und Judäas und aus Jerusalem gekommen. Und die Kraft des Herrn drängte ihn
dazu, zu heilen. 18 Da brachten einige Männer einen Gelähmten auf einer Tragbahre. Sie wollten ihn ins Haus bringen und vor Jesus hinlegen.
19 Weil es ihnen aber wegen der vielen Leute nicht möglich war, ihn hineinzubringen, stiegen sie aufs Dach, deckten die Ziegel ab und ließen ihn auf seiner Tragbahre in die Mitte des Raumes hinunter, genau vor Jesus hin.
20 Als er ihren Glauben sah, sagte er zu dem Mann: Deine Sünden sind dir vergeben.
21 Da dachten die Schriftgelehrten und die Pharisäer: Wer ist das, daß er eine solche Gotteslästerung wagt? Wer außer Gott kann
Sünden vergeben? 22 Jesus aber merkte, was sie dachten, und sagte zu ihnen: Was habt ihr

4 Jesus wußte, was sie dachten, und sagte: Warum habt ihr so böse Gedanken im Herzen?
5 Was ist leichter, zu sagen: Deine Sünden sind dir vergeben!, oder zu sagen: Steh auf und geh umher?

6 Ihr sollt aber erkennen, daß der Menschensohn die Vollmacht hat, hier auf der Erde Sünden zu vergeben. Darauf sagte er zu dem Gelähmten: Steh auf, nimm deine Tragbahre, und geh nach Hause! 7 Und der Mann stand auf und ging heim.

8 Als die Leute das sahen, erschraken sie und priesen Gott, der den Menschen solche Vollmacht gegeben hat.

2: Lk 7,48.

was sie dachten, und sagte zu ihnen: Was für Gedanken habt ihr im Herzen?

9 Ist es leichter, zu dem Gelähmten zu sagen: Deine Sünden sind dir vergeben!, oder zu sagen: Steh auf, nimm deine Tragbahre, und geh umher?

10 Ihr sollt aber erkennen, daß der Menschensohn die Vollmacht hat, hier auf der Erde Sünden zu vergeben. Und er sagte zu dem Gelähmten: 11 Ich sage dir: Steh auf, nimm deine Tragbahre, und geh nach Hause! 12 Der Mann stand sofort auf, nahm seine Tragbahre und ging vor aller Augen weg.

Da gerieten alle außer sich; sie priesen Gott und sagten: So etwas haben wir noch nie gesehen.

2,1 Jesus wohnte vermutlich im Haus des Simon (vgl. 1,29–31).

2,4 Das Dach einer Wohnhütte bestand aus Holzbalken oder Knüppeln, über die Schilf oder Äste gelegt waren. Das Ganze war mit festgetretenem Lehm zugedeckt.

2,7 außer dem einen Gott, andere Übersetzungsmöglichkeit: außer Gott allein. – Obige Übersetzung ist durch den Anklang an Dtn 6,4 nahegelegt. – Vgl. Mk 10,18; Lk 18,19.

2,8 Wörtlich: Jesus merkte in seinem Geist sofort, daß sie so dachten.

51. Die Berufung des Matthäus und das Mahl mit den Zöllnern

Mt 9,9–13

9 Als Jesus weiterging, sah er einen Mann namens Matthäus am Zoll sitzen und sagte zu ihm: Folge mir nach! Da stand Matthäus auf und folgte ihm. 10 Und als Jesus in seinem Haus beim Essen war, kamen viele Zöllner und Sünder und aßen zusammen mit ihm und seinen Jüngern.

11 Als die Pharisäer das sahen, sagten sie zu seinen Jüngern: Wie kann euer Meister zusammen mit Zöllnern und Sündern essen? 12 Er hörte es und sagte: Nicht die Gesunden brauchen den Arzt, sondern die Kranken. 13 Darum lernt, was es heißt: BARMHERZIGKEIT WILL ICH, NICHT OPFER.

Mk 2,13–17

13 Jesus ging wieder hinaus an den See. Da kamen Scharen von Menschen zu ihm, und er lehrte sie. 14 Als er weiterging, sah er Levi, den Sohn des Alphäus, am Zoll sitzen und sagte zu ihm: Folge mir nach! Da stand Levi auf und folgte ihm. 15 Und als Jesus in seinem Haus beim Essen war, aßen viele Zöllner und Sünder zusammen mit ihm und seinen Jüngern; denn es folgten ihm schon viele. 16 Als die Schriftgelehrten, die zur Partei der Pharisäer gehörten, sahen, daß er mit Zöllnern und Sündern aß, sagten sie zu seinen Jüngern: Wie kann er zusammen mit Zöllnern und Sündern essen? 17 Jesus hörte es und sagte zu ihnen: Nicht die Gesunden brauchen den Arzt, sondern die Kranken.

für Gedanken im Herzen?

23 Was ist leichter, zu sagen: Deine Sünden
sind dir vergeben!, oder zu sagen: Steh auf
und geh umher?

24 Ihr sollt aber erkennen, daß der Men-
schensohn die Vollmacht hat, hier auf der
Erde Sünden zu vergeben. Und er sagte zu
dem Gelähmten: Ich sage dir: Steh auf, nimm
deine Tragbahre, und geh nach Hause! 25 Im
gleichen Augenblick stand der Mann vor al-
ler Augen auf. Er nahm die Tragbahre, auf
der er gelegen hatte, und ging heim, Gott lo-
bend und preisend.

*8 Da sagte Jesus zu ihm: Steh auf, nimm deine
Bahre und geh! 9 Sofort wurde der Mann ge-
sund, nahm seine Bahre und ging.*

26 Da gerieten alle außer sich; sie priesen Gott und sagten voller Furcht: Heute haben wir etwas Unglaubliches gesehen.

21: 7,49.

5,20 Wörtlich: ... sagte er: Mensch, deine Sünden ...

Lk 5,27–32

27 Als Jesus von dort wegging, sah er einen
Zöllner namens Levi am Zoll sitzen und
sagte zu ihm: Folge mir nach! 28 Da stand
Levi auf, verließ alles und folgte ihm. 29 Und
er gab für Jesus in seinem Haus ein großes
Festmahl. Viele Zöllner und andere Gäste
waren mit ihnen bei Tisch. 30 Da sagten die
Pharisäer und ihre Schriftgelehrten voll Un-
willen zu seinen Jüngern:

Wie könnt ihr zusammen mit Zöllnern und
Sündern essen und trinken? 31 Jesus antwor-
tete ihnen: Nicht die Gesunden brauchen
den Arzt, sondern die Kranken.

Denn ich bin gekommen, um die Sünder zu rufen, nicht die Gerechten.

9: 8,22 / 10: 11,19; Lk 15,1f; 19,7 / 13: Hos 6,6; Mt 12,7; Lk 19,10.

9,9–13 Nur das Matthäusevangelium identifiziert den bekehrten Beamten der Zollstelle von Kafarnaum mit Matthäus, dem Mitglied des Zwölferkreises und späteren Apostel (vgl. auch 10,3: »Matthäus, der Zöllner«). Bei Markus und Lukas fehlen diese Hinweise; bei ihnen hieß der Zöllner Levi.

9,10 in seinem Haus: entweder im Haus des Matthäus oder im Haus Jesu.

Ich bin gekommen, um die Sünder zu rufen, nicht die Gerechten.

14: Mt 8,22 / 15: Lk 7,34; 19,7 / 16: Mt 11,19; Lk 15,1f / 17: Lk 19,10.

2,15 in seinem Haus: entweder im Haus des Levi (vgl. Lk 5,29) oder im Haus Jesu (vgl. Mk 2,1).

2,16 Die Pharisäer bildeten eine religiöse Gemeinschaft, die es sich zur Aufgabe gemacht hatte, das jüdische religiöse Gesetz zu studieren und genau zu beachten. Zu ihnen gehörten Priester und Laien, vor allem viele Schriftgelehrte. – Die Schriftgelehrten bildeten einen eigenen Stand von Gesetzesgelehrten und religiösen Juristen, die das Recht besaßen, öffentlich zu lehren und Schüler um sich zu sammeln. Sie hatten neben den Priestern entscheidenden Einfluß auf das jüdische Leben.
Die Zölle wurden an die Meistbietenden verpachtet. Diese wirtschafteten meist auch in die eigene Tasche. Darum galten Zöllner als Diebe und Betrüger; die Begriffe »Zöllner« und »Sünder« waren austauschbar.

52. Die Frage nach dem Fasten

Mt 9,14–17

[14] Da kamen die Jünger des Johannes zu ihm und sagten: Warum fasten deine Jünger nicht, während wir und die Pharisäer fasten?

[15] Jesus antwortete ihnen: Können denn die Hochzeitsgäste trauern, solange der Bräutigam bei ihnen ist?

Es werden aber Tage kommen, da wird ihnen der Bräutigam genommen sein; dann werden sie fasten.

[16] Niemand setzt ein Stück neuen Stoff auf ein altes Kleid; denn der neue Stoff reißt doch wieder ab, und es entsteht ein noch größerer Riß. [17] Auch füllt man nicht neuen Wein in alte Schläuche. Sonst reißen die Schläuche, der Wein läuft aus, und die Schläuche sind unbrauchbar.

Neuen Wein füllt man in neue Schläuche, dann bleibt beides erhalten.

14: 11,18.

9,16f Die zwei Klugheitsregeln weisen auf die Unverträglichkeit von Neuem und Altem hin. – »Schläuche« waren zusammengenähte Ziegenfelle, die man im Altertum anstelle von Weinfässern verwendete. Ungewalktes Tuch zieht sich bei Nässe zusammen.

Mk 2,18–22

[18] Da die Jünger des Johannes und die Pharisäer zu fasten pflegten, kamen Leute zu Jesus und sagten: Warum fasten deine Jünger nicht, während die Jünger des Johannes und die Jünger der Pharisäer fasten? [19] Jesus antwortete ihnen: Können denn die Hochzeitsgäste fasten, solange der Bräutigam bei ihnen ist? Solange der Bräutigam bei ihnen ist, können sie nicht fasten.
[20] Es werden aber Tage kommen, da wird ihnen der Bräutigam genommen sein; an jenem Tag werden sie fasten.

[21] Niemand näht ein Stück neuen Stoff auf ein altes Kleid; denn der neue Stoff reißt doch vom alten Kleid ab, und es entsteht ein noch größerer Riß. [22] Auch füllt niemand neuen Wein in alte Schläuche. Sonst zerreißt der Wein die Schläuche; der Wein ist verloren, und die Schläuche sind unbrauchbar.

Neuer Wein gehört in neue Schläuche.

2,18 Die Juden waren lediglich verpflichtet, am Versöhnungstag (vgl. Lev 16) zu fasten. In Notzeiten wurden eigene Fasttage ausgerufen. Insbesondere Pharisäer fasteten darüber hinaus, stellvertretend für die Sünden anderer, zweimal in der Woche, montags und donnerstags. Das Fasten bestand in völliger Enthaltung von Speise und Trank zwischen Sonnenaufgang und Sonnenuntergang. Jesus fastete mit seinen Jüngern nicht und kritisierte die jüdische Fastenpraxis (vgl. Mt 6,16–18).

2,21f Vgl. die Anmerkung zu Mt 9,16f.

Lk 5,32–39

[32]Ich bin gekommen, um die Sünder zur Umkehr zu rufen, nicht die Gerechten.

27: Mt 8,22 / 29: 15,1f; Mt 11,19 / 30: 7,34; 19,7 / 32: 19,10.

Zu Mt 9,9 vgl. Ebionäerevangelium, vgl. Nr. 56.

Zu Mk 2,16ff par.: Papyrus Oxyrhynchos 1224: Als die Schriftgelehrten, Pharisäer und Priester ihn aber sahen, daß er mitten unter den Sündern zu Tische saß, waren sie aufgebracht. Als aber Jesus es hörte, sprach er: Die Gesunden haben den Arzt nicht nötig.

Zu Mk 2,17 par. 2. Clemens 2,4: Eine andere Schrift sagt: Ich bin nicht gekommen, Gerechte zu berufen, sondern Sünder. D.h., daß man die Verlorenen retten muß.

Lk 5,33–39

[33]Sie sagten zu ihm: Die Jünger des Johannes fasten und beten viel, ebenso die Jünger der Pharisäer; deine Jünger aber essen und trinken. [34]Jesus erwiderte ihnen: Könnt ihr denn die Hochzeitsgäste fasten lassen, solange der Bräutigam bei ihnen ist?

[35]Es werden aber Tage kommen, da wird ihnen der Bräutigam genommen sein; in jenen Tagen werden sie fasten.
[36]Und er erzählte ihnen auch noch ein Gleichnis: Niemand schneidet ein Stück von einem neuen Kleid ab und setzt es auf ein altes Kleid; denn das neue Kleid wäre zerschnitten, und zu dem alten Kleid würde das Stück von dem neuen nicht passen. [37]Auch füllt niemand neuen Wein in alte Schläuche. Denn der neue Wein zerreißt die Schläuche; er läuft aus, und die Schläuche sind unbrauchbar. [38]Neuen Wein muß man in neue Schläuche füllen. [39]Und niemand, der alten Wein getrunken hat, will neuen; denn er sagt: Der alte Wein ist besser.

5,33–39 Vgl. die Anmerkung zu Mk 2,18 und Mt 9,16f.

Joh 3,29

[29]*Wer die Braut hat, ist der Bräutigam; der Freund des Bräutigams aber, der dabei steht und ihn hört, freut sich über die Stimme des Bräutigams. Diese Freude ist nun für mich Wirklichkeit geworden.*

53. Die Auferweckung der Tochter eines Synagogenvorstehers und die Heilung einer kranken Frau

Mt 9,18–26

18 Während Jesus so mit ihnen redete, kam
ein Synagogenvorsteher, fiel vor ihm nieder
und sagte: Meine Tochter ist eben gestorben;
komm doch, leg ihr deine Hand auf, dann
wird sie wieder lebendig.

19 Jesus stand auf und folgte ihm mit seinen
Jüngern.

20 Da trat eine Frau, die schon zwölf Jahre an
Blutungen litt,

von hinten an ihn heran und berührte den
Saum seines Gewandes; 21 denn sie sagte
sich: Wenn ich auch nur sein Gewand berüh-
re, werde ich geheilt.

22 Jesus wandte sich um, und als er sie sah,
sagte er: Hab keine Angst, meine Tochter,
dein Glaube hat dir geholfen. Und von dieser
Stunde an war die Frau geheilt.

Mk 5,21–43 (vgl. Nr. 104)

21 Jesus fuhr im Boot wieder ans andere Ufer
hinüber, und eine große Menschenmenge ver-
sammelte sich um ihn. Während er noch am
See war, 22 kam ein Synagogenvorsteher na-
mens Jaïrus zu ihm. Als er Jesus sah, fiel er
ihm zu Füßen 23 und flehte ihn um Hilfe an; er
sagte: Meine Tochter liegt im Sterben. Komm
und leg ihr die Hände auf, damit sie wieder ge-
sund wird und am Leben bleibt. 24 Da ging Je-
sus mit ihm.
Viele Menschen folgten ihm und drängten
sich um ihn.
25 Darunter war eine Frau, die schon zwölf
Jahre an Blutungen litt. 26 Sie war von vielen
Ärzten behandelt worden und hatte dabei sehr
zu leiden; ihr ganzes Vermögen hatte sie aus-
gegeben, aber es hatte ihr nichts genutzt, son-
dern ihr Zustand war immer schlimmer ge-
worden. 27 Sie hatte von Jesus gehört. Nun
drängte sie sich in der Menge von hinten an
ihn heran und berührte sein Gewand. 28 Denn
sie sagte sich: Wenn ich auch nur sein Gewand
berühre, werde ich geheilt. 29 Sofort hörte die
Blutung auf, und sie spürte deutlich, daß sie
von ihrem Leiden geheilt war. 30 Im selben
Augenblick fühlte Jesus, daß eine Kraft von
ihm ausströmte, und er wandte sich in dem
Gedränge um und fragte: Wer hat mein Ge-
wand berührt? 31 Seine Jünger sagten zu ihm:
Du siehst doch, wie sich die Leute um dich
drängen, und da fragst du: Wer hat mich be-
rührt? 32 Er blickte umher, um zu sehen, wer
es getan hatte.

33 Da kam die Frau, zitternd vor Furcht, weil
sie wußte, was mit ihr geschehen war; sie fiel
vor ihm nieder und sagte ihm die ganze
Wahrheit.

34 Er aber sagte zu ihr: Meine Tochter, dein
Glaube hat dir geholfen. Geh in Frieden! Du
sollst von deinem Leiden geheilt sein.
35 Während Jesus noch redete, kamen Leute,
die zum Haus des Synagogenvorstehers ge-
hörten, und sagten (zu Jaïrus): Deine Tochter
ist gestorben. Warum bemühst du den Meister
noch länger? 36 Jesus, der diese Worte gehört
hatte, sagte zu dem Synagogenvorsteher: Sei
ohne Furcht; glaube nur! 37 Und er ließ keinen

Lk 8,40–56 (vgl. Nr. 104)

[40] *Als Jesus (ans andere Ufer) zurückkam, empfingen ihn viele Menschen; sie hatten alle schon auf ihn gewartet.* [41] *Da kam ein Mann namens Jaïrus, der Synagogenvorsteher war. Er fiel Jesus zu Füßen und bat ihn, in sein Haus zu kommen.* [42] *Denn sein einziges Kind, ein Mädchen von etwa zwölf Jahren, lag im Sterben.*

Während Jesus auf dem Weg zu ihm war, drängten sich die Menschen um ihn und erdrückten ihn beinahe.
[43] *Darunter war eine Frau, die schon seit zwölf Jahren an Blutungen litt und bisher von niemand geheilt werden konnte.* [44] *Sie drängte sich von hinten an ihn heran und berührte den Saum seines Gewandes.*

Im gleichen Augenblick kam die Blutung zum Stillstand.

[45] *Da fragte Jesus: Wer hat mich berührt? Als alle es abstritten, sagten Petrus und seine Gefährten: Meister, die Leute drängen sich doch von allen Seiten um dich und erdrücken dich fast.* [46] *Jesus erwiderte: Es hat mich jemand berührt; denn ich fühlte, wie eine Kraft von mir ausströmte.*
[47] *Als die Frau merkte, daß sie es nicht verheimlichen konnte, kam sie zitternd zu ihm, fiel vor ihm nieder und erzählte vor allen Leuten, warum sie ihn berührt hatte und wie sie durch die Berührung sofort gesund geworden war.*
[48] *Da sagte er zu ihr: Meine Tochter, dein Glaube hat dir geholfen. Geh in Frieden!*

[49] *Während Jesus noch redete, kam einer, der zum Haus des Synagogenvorstehers gehörte, und sagte (zu Jaïrus): Deine Tochter ist gestorben. Bemüh den Meister nicht länger!*
[50] *Jesus hörte es und sagte zu Jaïrus: Sei ohne Furcht; glaube nur, dann wird sie gerettet.*
[51] *Als er in das Haus ging, ließ er niemand mit*

[23]Als Jesus in das Haus des Synagogenvorstehers kam und die Flötenspieler und die Menge der klagenden Leute sah, [24]sagte er:

Geht hinaus! Das Mädchen ist nicht gestorben, es schläft nur. Da lachten sie ihn aus. [25]Als man die Leute hinausgedrängt hatte, trat er ein und
faßte das Mädchen an der Hand;

da stand es auf.

[26]Und die Kunde davon verbreitete sich in der ganzen Gegend.

20f: 14,36; Mk 6,56 / 22: Mk 10,52; Lk 7,50; 17,19; 18,42; Apg 14,9 / 25: Mk 1,31; 9,27.

9,20–22 Blutungen machten eine Frau unrein; sie durfte nicht am Gottesdienst teilnehmen und mußte die Berührung mit anderen Menschen meiden, da diese sonst ebenfalls unrein wurden. Das Vorgehen der Frau war deshalb ein Verstoß gegen das Gesetz (vgl. Lev 12), offenbart aber ihre Not und ihr Vertrauen.

mitkommen außer Petrus, Jakobus und Johannes, den Bruder des Jakobus. [38]*Sie gingen zum Haus des Synagogenvorstehers. Als Jesus den Lärm bemerkte und hörte, wie die Leute laut weinten und jammerten,* [39]*trat er ein und sagte zu ihnen: Warum schreit und weint ihr? Das Kind ist nicht gestorben, es schläft nur.* [40]*Da lachten sie ihn aus. Er aber schickte alle hinaus und nahm außer seinen Begleitern nur die Eltern mit in den Raum, in dem das Kind lag.* [41]*Er faßte das Kind an der Hand und sagte zu ihm: Talita kum!, das heißt übersetzt: Mädchen, ich sage dir, steh auf!* [42]*Sofort stand das Mädchen auf und ging umher. Es war zwölf Jahre alt. Die Leute gerieten außer sich vor Entsetzen.* [43]*Doch er schärfte ihnen ein, niemand dürfe etwas davon erfahren; dann sagte er, man solle dem Mädchen etwas zu essen geben.*

54. Die Heilung von zwei Blinden (vgl. Nr. 190)

Mt 9,27–31

[27]Als Jesus weiterging, folgten ihm zwei Blinde und schrien: Hab Erbarmen mit uns, Sohn Davids! [28]Nachdem er ins Haus gegangen war, kamen die Blinden zu ihm. Er sagte zu ihnen: Glaubt ihr, daß ich euch helfen kann? Sie antworteten: Ja, Herr. [29]Darauf berührte er ihre Augen und sagte: Wie ihr geglaubt habt, so soll es geschehen. [30]Da wurden ihre Augen geöffnet. Jesus aber befahl ihnen: Nehmt euch in acht! Niemand darf es erfahren. [31]Doch sie gingen weg und erzählten von ihm in der ganzen Gegend.

27–30: 20,29–34; Mk 10,46–52; Lk 18,35–43 / 27: 15,22.

9,27 Matthäus verdoppelt gern die Personen bei Heilungen, wie der Vergleich mit Mk 8,22–26 (vgl. Nr 118) und von Mt 8,28–34 mit Mk 5,1–17 (vgl. Nr. 49.103) zeigt (vgl. auch Mt 20,29–34 mit Mk 10,46–52 und Mt 8,28 mit Mk 5,2).

hinein außer Petrus, Johannes und Jakobus und die Eltern des Mädchens.

52 *Alle Leute weinten und klagten über ihren Tod. Jesus aber sagte: Weint nicht! Sie ist nicht gestorben, sie schläft nur.*
53 *Da lachten sie ihn aus, weil sie wußten, daß sie tot war.*

54 *Er aber faßte sie an der Hand und rief: Mädchen, steh auf!*
55 *Da kehrte das Leben in sie zurück, und sie stand sofort auf. Und er sagte, man solle ihr etwas zu essen geben.*
56 *Ihre Eltern aber waren außer sich. Doch Jesus verbot ihnen, irgend jemand zu erzählen, was geschehen war.*

55. Die Heilung eines Stummen (vgl. Nr. 83)

Mt 9,32–34

[32]Als sie gegangen waren, brachte man zu Jesus einen Stummen, der von einem Dämon besessen war. [33]Er trieb den Dämon aus, und der Stumme konnte reden. Alle Leute staunten und sagten: So etwas ist in Israel noch nie geschehen.

[34]Die Pharisäer aber sagten: Mit Hilfe des Anführers der Dämonen treibt er die Dämonen aus.

34: 10,25.

Mk 3,20–22

[20]*Jesus ging in ein Haus, und wieder kamen so viele Menschen zusammen, daß er und die Jünger nicht einmal mehr essen konnten.* [21]*Als seine Angehörigen davon hörten, machten sie sich auf den Weg, um ihn mit Gewalt zurückzuholen; denn sie sagten: Er ist von Sinnen.*
[22]*Die Schriftgelehrten, die von Jerusalem herabgekommen waren, sagten: Er ist von Beelzebul besessen; mit Hilfe des Anführers der Dämonen treibt er die Dämonen aus.*

Die Aussendungsrede (Mt 9,35–11,1)

56. Die Aussendung der zwölf Jünger

Mt 9,35–10,16

[35]Jesus zog durch alle Städte und Dörfer, lehrte in ihren Synagogen, verkündete das Evangelium vom Reich und heilte alle Krankheiten und Leiden. [36]Als er die vielen Menschen sah, hatte er Mitleid mit ihnen; denn sie waren müde und erschöpft WIE SCHAFE, DIE KEINEN HIRTEN HABEN. [37]Da sagte er zu seinen Jüngern: Die Ernte ist groß, aber es gibt nur wenig Arbeiter. [38]Bittet also den Herrn der Ernte, Arbeiter für seine Ernte auszusenden.
[10,1]Dann rief er seine zwölf Jünger zu sich und gab ihnen die Vollmacht, die unreinen Geister auszutreiben und alle Krankheiten und Leiden zu heilen.

[2]Die Namen der zwölf Apostel sind: an erster Stelle Simon, genannt Petrus, und sein Bruder Andreas, dann Jakobus, der Sohn des Zebedäus, und sein Bruder Johannes,

Mk 6,6b.34.7; 3,13–19; 6,8–11
(vgl. Nr. 105.106.109.70)

[6,6b]*Jesus zog durch die benachbarten Dörfer und lehrte.*

[34]*Als er ausstieg und die vielen Menschen sah, hatte er Mitleid mit ihnen; denn sie waren »wie Schafe, die keinen Hirten haben«. Und er lehrte sie lange.*

[7]*Er rief die Zwölf zu sich und sandte sie aus, jeweils zwei zusammen. Er gab ihnen die Vollmacht, die unreinen Geister auszutreiben.*

[3,13]*Jesus stieg auf einen Berg und rief die zu sich, die er erwählt hatte, und sie kamen zu ihm.* [14]*Und er setzte zwölf ein, die er bei sich haben und die er dann aussenden wollte, damit sie predigten* [15]*und mit seiner Vollmacht Dämonen austrieben.*
[16]*Die Zwölf, die er einsetzte, waren: Petrus – diesen Beinamen gab er dem Simon –,* [17]*Jakobus, der Sohn des Zebedäus, und Johannes, der Bruder des Jakobus – ihnen gab er*

Lk 11,14–16 (vgl. Nr. 146)

[14]*Jesus trieb einen Dämon aus, der stumm war. Als der Dämon den Stummen verlassen hatte, konnte der Mann reden. Alle Leute staunten.*

[15]*Einige von ihnen aber sagten: Mit Hilfe von Beelzebul, dem Anführer der Dämonen, treibt er die Dämonen aus.* [16]*Andere wollten ihn auf die Probe stellen und forderten von ihm ein Zeichen vom Himmel.*

(Mt 12,22–24) (vgl. Nr. 83)

[22]*Damals brachte man zu ihm einen Besessenen, der blind und stumm war. Jesus heilte ihn, so daß der Stumme wieder reden und sehen konnte.* [23]*Da gerieten alle Leute außer sich und sagten: Ist er etwa der Sohn Davids?*

[24]*Als die Pharisäer das hörten, sagten sie: Nur mit Hilfe von Beelzebul, dem Anführer der Dämonen, kann er die Dämonen austreiben.*

Lk 8,1; 10,2; 9,1; 6,13–16; 9,2–5
(vgl. Nr. 82.136.106.70)

[8,1]*In der folgenden Zeit wanderte er von Stadt zu Stadt und von Dorf zu Dorf und verkündete das Evangelium vom Reich Gottes. Die Zwölf begleiteten ihn, . . .*

[10,2]*Er sagte zu ihnen: Die Ernte ist groß, aber es gibt nur wenig Arbeiter. Bittet also den Herrn der Ernte, Arbeiter für seine Ernte auszusenden.*
[9,1]*Dann rief er die Zwölf zu sich und gab ihnen die Kraft und die Vollmacht, alle Dämonen auszutreiben und die Kranken gesund zu machen.*

[6,13]*Als es Tag wurde, rief er seine Jünger zu sich und wählte aus ihnen zwölf aus; sie nannte er auch Apostel.* [14]*(Es waren) Simon, dem er den Namen Petrus gab, und sein Bruder Andreas, dazu Jakobus und Johannes,*

Joh 4,35; (Apg 1,13; Lk 10,3–12)

[Joh 4,35]*Sagt ihr nicht: Noch vier Monate dauert es bis zur Ernte? Ich aber sage euch: Blickt umher und seht, daß die Felder weiß sind, reif zur Ernte.*

[Apg 1,13]*Als sie in die Stadt kamen, gingen sie in das Obergemach hinauf, wo sie nun ständig blieben: Petrus und Johannes, Jakobus und Andreas, Philippus und Thomas, Bartholo-*

3 Philippus und Bartholomäus, Thomas und
Matthäus, der Zöllner, Jakobus, der Sohn
des Alphäus, und Thaddäus, 4 Simon Kana-
näus und Judas Iskariot, der ihn später verra-
ten hat.
5 Diese Zwölf sandte Jesus aus und gebot ih-
nen: Geht nicht zu den Heiden, und betretet
keine Stadt der Samariter, 6 sondern geht zu
den verlorenen Schafen des Hauses Israel.
7 Geht und verkündet: Das Himmelreich ist
nahe. 8 Heilt Kranke, weckt Tote auf, macht
Aussätzige rein, treibt Dämonen aus! Um-
sonst habt ihr empfangen, umsonst sollt ihr
geben. 9 Steckt nicht Gold, Silber und Kup-
fermünzen in euren Gürtel. 10 Nehmt keine
Vorratstasche mit auf den Weg, kein zweites
Hemd, keine Schuhe, keinen Wanderstab;
denn wer arbeitet, hat ein Recht auf seinen
Unterhalt. 11 Wenn ihr in eine Stadt oder in
ein Dorf kommt, erkundigt euch, wer es wert
ist, euch aufzunehmen; bei ihm bleibt, bis ihr
den Ort wieder verlaßt. 12 Wenn ihr in ein
Haus kommt, dann wünscht ihm Frieden.
13 Wenn das Haus es wert ist, soll der Friede,
den ihr ihm wünscht, bei ihm einkehren. Ist
das Haus es aber nicht wert, dann soll der
Friede zu euch zurückkehren.

den Beinamen Boanerges, das heißt Donner-
söhne –, 18 dazu Andreas, Philippus, Bartho-
lomäus, Matthäus, Thomas, Jakobus, der
Sohn des Alphäus, Thaddäus, Simon Kana-
näus 19 und Judas Iskariot, der ihn dann ver-
raten hat.

6,8 und er gebot ihnen, außer einem Wander-
stab nichts auf den Weg mitzunehmen, kein
Brot, keine Vorratstasche, kein Geld im Gür-
tel, 9 kein zweites Hemd und an den Füßen nur
Sandalen. 10 Und er sagte zu ihnen: Bleibt in
dem Haus, in dem ihr einkehrt, bis ihr den Ort
wieder verlaßt.

14 Wenn man euch aber in einem Haus oder
in einer Stadt nicht aufnimmt und eure
Worte nicht hören will, dann geht weg, und
schüttelt den Staub von euren Füßen.

11 Wenn man euch aber in einem Ort nicht
aufnimmt und euch nicht hören will, dann
geht weiter, und schüttelt den Staub von euren
Füßen, zum Zeugnis gegen sie.

15 Amen, das sage ich euch: Dem Gebiet von
Sodom und Gomorra wird es am Tag des Ge-
richts nicht so schlimm ergehen wie dieser
Stadt.
16 Seht, ich sende euch wie Schafe mitten un-
ter die Wölfe; seid daher klug wie die Schlan-
gen und arglos wie die Tauben!

9,36: 14,14; 15,32; Mk 8,2; Num 27,17; 1Kön 22,17; Ez 34,5 / 10,2–4: Joh 1,40–44; Apg 1,13 / 6: 15,24 / 7: 4,17 / 10: 1Kor 9,5–14; 1Tim 5,18 / 14: Apg 13,51 / 15: Gen 19,23–29; Mt 11,24 / 16: Joh 10,12.

9,35–11,1 Aus verschiedenen Weisungen Jesu an die ausgesandten Jünger und anderen Worten Jesu hat Matthäus eine Rede gebildet, die Richtlinien gibt für die missionierende und zugleich verfolgte Kirche seiner Zeit. – Die Berufung der Zwölf (10,1–4) war ein Zeichen für den Anspruch Jesu, die zwölf Stämme Israels wieder zu sammeln und so das Gottesvolk der Endzeit zu schaffen.

Zu Mt 10,4 Kananäus: nicht Eigenname, sondern Beiname im Sinn von »der Zelot«, »der Eiferer«.

(Lk 5,39)

Philippus und Bartholomäus, [15] Matthäus und Thomas, Jakobus, der Sohn des Alphäus, und Simon, genannt der Zelot, [16] Judas, der Sohn des Jakobus, und Judas Iskariot, der zum Verräter wurde.

mäus und Matthäus, Jakobus, der Sohn des Alphäus, und Simon, der Zelot, sowie Judas, der Sohn des Jakobus.

[9,2] Und er sandte sie aus mit dem Auftrag, das Reich Gottes zu verkünden und zu heilen.

[3] Er sagte zu ihnen:
Nehmt nichts mit auf den Weg, keinen Wanderstab und keine Vorratstasche, kein Brot, kein Geld und kein zweites Hemd. [4] Bleibt in dem Haus, in dem ihr einkehrt,

bis ihr den Ort wieder verlaßt.

Lk [10,4] *Nehmt keinen Geldbeutel mit, keine Vorratstasche und keine Schuhe! Grüßt niemand unterwegs! [5] Wenn ihr in ein Haus kommt, so sagt als erstes: Friede diesem Haus! [6] Und wenn dort ein Mann des Friedens wohnt, wird der Friede, den ihr ihm wünscht, auf ihm ruhen; andernfalls wird er zu euch zurückkehren. [7] Bleibt in diesem Haus, eßt und trinkt, was man euch anbietet; denn wer arbeitet, hat ein Recht auf seinen Lohn. Zieht nicht von einem Haus in ein anderes! [8] Wenn ihr in eine Stadt kommt und man euch aufnimmt, so eßt, was man euch vorsetzt. [9] Heilt die Kranken, die dort sind, und sagt den Leuten: Das Reich Gottes ist euch nahe.*

[5] Wenn euch aber die Leute in einer Stadt nicht aufnehmen wollen, dann geht weg, und schüttelt den Staub von euren Füßen, zum Zeugnis gegen sie.

[10] Wenn ihr aber in eine Stadt kommt, in der man euch nicht aufnimmt, dann stellt euch auf die Straße und ruft: [11] Selbst den Staub eurer Stadt, der an unseren Füßen klebt, lassen wir euch zurück; doch das sollt ihr wissen: Das Reich Gottes ist nahe. [12] Ich sage euch: Sodom wird es an jenem Tag nicht so schlimm ergehen wie dieser Stadt.

[3] Geht! Ich sende euch wie Schafe mitten unter die Wölfe.

Zu Mt 10,2–4 Ebionäerevangelium (Epiphanius, Haer. 30,13,2f): Und als er nach Kafarnaum kam, betrat er das Haus Simons, mit Beinamen Petrus, öffnete seinen Mund und sprach: Als ich am See Tiberias entlang ging, erwählte ich Johannes und Jakobus, die Söhne des Zebedäus, und Simon und Andreas und Thaddäus und Simon den Eiferer und Judas Iskariot, und dich, Matthäus, der du am Zoll saßest, berief ich, und du folgtest mir. Von euch nun will ich, daß ihr 12 Apostel seid, zum Zeugnis für Israel.

Zu Mt 10,8–10 Thomasevangelium Logion 14: Wenn ihr in irgendein Land geht, wenn ihr in Gegenden wandert, und man nimmt euch auf, dann eßt das, was man euch vorsetzt. Heilt, die unter ihnen krank sind. Denn was in euren Mund hineingehen wird, befleckt euch nicht. Aber das, was aus eurem Mund hinausgeht, das ist es, was euch beflecken wird.

Zu Mt 10,16 2. Clemens, vgl. Nr. 58.

57. Ermutigung zum Ausharren in Verfolgung

Mt 10,17–25

[17]Nehmt euch aber vor den Menschen in acht! Denn sie werden euch vor die Gerichte bringen und in ihren Synagogen auspeitschen. [18]Ihr werdet um meinetwillen vor Statthalter und Könige geführt, damit ihr vor ihnen und den Heiden Zeugnis ablegt. [19]Wenn man euch vor Gericht stellt, macht euch keine Sorgen, wie und was ihr reden sollt; denn es wird euch in jener Stunde eingegeben, was ihr sagen sollt. [20]Nicht ihr werdet dann reden, sondern der Geist eures Vaters wird durch euch reden. [21]Brüder werden einander dem Tod ausliefern und Väter ihre Kinder, und die Kinder werden sich gegen ihre Eltern auflehnen und sie in den Tod schicken. [22]Und ihr werdet um meines Namens willen von allen gehaßt werden; wer aber bis zum Ende standhaft bleibt, der wird gerettet. [23]Wenn man euch in der einen Stadt verfolgt, so flieht in eine andere. Amen, ich sage euch: Ihr werdet nicht zu Ende kommen mit den Städten Israels, bis der Menschensohn kommt. [24]Ein Jünger steht nicht über seinem Meister und ein Sklave nicht über seinem Herrn. [25]Der Jünger muß sich damit begnügen, daß es ihm geht wie seinem Meister, und der Sklave, daß es ihm geht wie seinem Herrn. Wenn man schon den Herrn des Hauses Beelzebul nennt, dann erst recht seine Hausgenossen.

17: Joh 16,1–4a / 21: 10,35 / 22: Joh 15,18; Mt 24,13 / 23: 16,28 / 25: 12,24.27; Mk 3,22; Lk 11,15.18f.

10,25 Beelzebul: Die bisher übliche Namensform Beelzebub geht auf die Vulgataübersetzung zurück; zur Sache vgl. Mt 12,24.

Mk 13,9–13 (vgl. Nr. 212)

[9]*Ihr aber, macht euch darauf gefaßt: Man wird euch um meinetwillen vor die Gerichte bringen, in den Synagogen mißhandeln und vor Statthalter und Könige stellen, damit ihr vor ihnen Zeugnis ablegt.* [10]*Vor dem Ende aber muß allen Völkern das Evangelium verkündet werden.* [11]*Und wenn man euch abführt und vor Gericht stellt, dann macht euch nicht im voraus Sorgen, was ihr sagen sollt; sondern was euch in jener Stunde eingegeben wird, das sagt! Denn nicht ihr werdet dann reden, sondern der Heilige Geist.* [12]*Brüder werden einander dem Tod ausliefern und Väter ihre Kinder, und die Kinder werden sich gegen ihre Eltern auflehnen und sie in den Tod schicken.* [13]*Und ihr werdet um meines Namens willen von allen gehaßt werden; wer aber bis zum Ende standhaft bleibt, der wird gerettet.*

58. Aufforderung zu furchtlosem Bekenntnis

Mt 10,26–33

[26]Darum fürchtet euch nicht vor ihnen! Denn nichts ist verhüllt, was nicht enthüllt wird, und nichts ist verborgen, was nicht bekannt wird. [27]Was ich euch im Dunkeln sage, davon redet am hellen Tag, und was man euch ins Ohr flüstert, das verkündet von den Dächern.

Mk 4,22; 8,38 (vgl. Nr. 92.120)

[4,22]*Es gibt nichts Verborgenes, das nicht offenbar wird, und nichts Geheimes, das nicht an den Tag kommt.*

Lk 21,12–17.19; 6,40 (vgl. Nr. 212.74)

[21,12]*Aber bevor das alles geschieht, wird man euch festnehmen und euch verfolgen. Man wird euch um meines Namens willen den Gerichten der Synagogen übergeben, ins Gefängnis werfen und vor Könige und Statthalter bringen.* [13]*Dann werdet ihr Zeugnis ablegen können.* [14]*Nehmt euch fest vor, nicht im voraus für eure Verteidigung zu sorgen;* [15]*denn ich werde euch die Worte und die Weisheit eingeben, so daß alle eure Gegner nicht dagegen ankommen und nichts dagegen sagen können.* [16]*Sogar eure Eltern und Geschwister, eure Verwandten und Freunde werden euch ausliefern, und manche von euch wird man töten.* [17]*Und ihr werdet um meines Namens willen von allen gehaßt werden.* [19]*Wenn ihr standhaft bleibt, werdet ihr das Leben gewinnen.*

Joh 14,26; 13,16; 15,20

[14,26]*Der Beistand aber, der Heilige Geist, den der Vater in meinem Namen senden wird, der wird euch alles lehren und euch an alles erinnern, was ich euch gesagt habe.*

[6,40]*Der Jünger steht nicht über seinem Meister; jeder aber, der alles gelernt hat, wird wie sein Meister sein.*

[13,16]*Amen, amen, ich sage euch: Der Sklave ist nicht größer als sein Herr, und der Abgesandte ist nicht größer als der, der ihn gesandt hat.*
[15,20]*Denkt an das Wort, das ich euch gesagt habe: Der Sklave ist nicht größer als sein Herr. Wenn sie mich verfolgt haben, werden sie auch euch verfolgen; wenn sie an meinem Wort festgehalten haben, werden sie auch an eurem Wort festhalten.*

Lk 12,2–9 (vgl. Nr. 152)

[2]*Nichts ist verhüllt, was nicht enthüllt wird, und nichts ist verborgen, was nicht bekannt wird.* [3]*Deshalb wird man alles, was ihr im Dunkeln redet, am hellen Tag hören, und was ihr einander hinter verschlossenen Türen ins Ohr flüstert, das wird man auf den Dächern verkünden.*

[28]Fürchtet euch nicht vor denen, die den Leib töten, die Seele aber nicht töten können,

sondern fürchtet euch vor dem, der Seele und Leib ins Verderben der Hölle stürzen kann.
[29]Verkauft man nicht zwei Spatzen für ein paar Pfennig? Und doch fällt keiner von ihnen zur Erde ohne den Willen eures Vaters.
[30]Bei euch aber sind sogar die Haare auf dem Kopf alle gezählt. [31]Fürchtet euch also nicht! Ihr seid mehr wert als viele Spatzen.
[32]Wer sich nun vor den Menschen zu mir bekennt, zu dem werde auch ich mich vor meinem Vater im Himmel bekennen. [33]Wer mich aber vor den Menschen verleugnet, den werde auch ich vor meinem Vater im Himmel verleugnen.

[8,38]Denn wer sich vor dieser treulosen und sündigen Generation meiner und meiner Worte schämt, dessen wird sich auch der Menschensohn schämen, wenn er mit den heiligen Engeln in der Hoheit seines Vaters kommt.

26: Mk 4,22; Lk 8,17 / 28: Jak 4,12 / 30: Lk 21,18 / 33: Lk 9,26.

10,29 ein paar Pfennig, wörtlich: ein As. Das As war die zweitkleinste römische Münze.

59. Von Frieden und Zwietracht

Mt 10,34–36

[34]Denkt nicht, ich sei gekommen, um Frieden auf die Erde zu bringen. Ich bin nicht gekommen, um Frieden zu bringen, sondern das Schwert. [35]Denn ich bin gekommen, um DEN SOHN MIT SEINEM VATER zu entzweien UND DIE TOCHTER MIT IHRER MUTTER UND DIE SCHWIEGERTOCHTER MIT IHRER SCHWIEGERMUTTER; [36]und DIE HAUSGENOSSEN EINES MENSCHEN WERDEN SEINE FEINDE SEIN.

35: 10,21; Mi 7,6.

Zu Mt 10,34–36 Thomasevangelium Logion 16: Vielleicht denken die Menschen, ich kam, den Frieden auf die Welt zu bringen. Sie wissen nicht, daß ich kam, um Trennung, Feuer, Schwert, Krieg auf die Erde zu bringen. Fünf werden in einem Haus sein; drei werden gegen zwei und zwei gegen drei sein. Der Vater gegen den Sohn, der Sohn gegen den Vater. Und sie werden allein dastehen.

60. Vom Ernst der Nachfolge

Mt 10,37–39

Mk 8,34.35 (vgl. Nr. 120)

[37]Wer Vater oder Mutter mehr liebt als mich, ist meiner nicht würdig, und wer Sohn

(Lk 5,39)

[4]*Euch aber, meinen Freunden, sage ich: Fürchtet euch nicht vor denen, die den Leib töten, euch aber sonst nichts tun können.* [5]*Ich will euch zeigen, wen ihr fürchten sollt: Fürchtet euch vor dem, der nicht nur töten kann, sondern die Macht hat, euch auch noch in die Hölle zu werfen. Ja, das sage ich euch: Ihn sollt ihr fürchten.* [6]*Verkauft man nicht fünf Spatzen für ein paar Pfennig? Und doch vergißt Gott nicht einen von ihnen.* [7]*Bei euch aber sind sogar die Haare auf dem Kopf alle gezählt. Fürchtet euch nicht! Ihr seid mehr wert als viele Spatzen.*
[8]*Ich sage euch: Wer sich vor den Menschen zu mir bekennt, zu dem wird sich auch der Menschensohn vor den Engeln Gottes bekennen.*
[9]*Wer mich aber vor den Menschen verleugnet, der wird auch vor den Engeln Gottes verleugnet werden.*

Zu Mt 10,26 Papyrus Oxyrhynchos 654,27–31: Jesus spricht: Alles was nicht vor deinem Blick liegt und vor dir verborgen ist, wird offenbart werden. Nichts ist verborgen, was nicht offenbart werden wird, und begraben, was nicht auferweckt werden wird.

Zu Mt 10,28 2. Clemens 5,2–4: Denn der Herr spricht: Ihr werdet sein wie Schafe mitten unter den Wölfen. Da antwortet aber Petrus und spricht: Wenn nun die Wölfe die Schafe zerreißen? Jesus sprach zu Petrus: Die Schafe sollen nicht nach ihrem Tode die Wölfe fürchten. Fürchtet ihr auch nicht die, die euch (wohl) töten, und euch nichts tun können. Fürchtet euch aber vor dem, der nach dem Tode Macht über Seele und Leib hat, euch in die Feuerhölle zu werfen.

Lk 12,51–53 (vgl. Nr. 157)

[51]*Meint ihr, ich sei gekommen, um Frieden auf die Erde zu bringen? Nein, sage ich euch, nicht Frieden, sondern Spaltung.* [52]*Denn von nun an wird es so sein: Wenn fünf Menschen im gleichen Haus leben, wird Zwietracht herrschen: Drei werden gegen zwei stehen und zwei gegen drei,* [53]*der Vater gegen den Sohn und »der Sohn gegen den Vater«, die Mutter gegen die Tochter und »die Tochter gegen die Mutter«, die Schwiegermutter gegen ihre Schwiegertochter und »die Schwiegertochter gegen die Schwiegermutter«.*

Lk 14,26–27; 17,33 (vgl. Nr. 168.181)

Joh 12,25

[14,26]*Wenn jemand zu mir kommt und nicht Vater und Mutter, Frau und Kinder, Brüder*

oder Tochter mehr liebt als mich, ist meiner
nicht würdig.
38 Und wer nicht sein Kreuz auf sich nimmt
und mir nachfolgt, ist meiner nicht würdig.
39 Wer das Leben gewinnen will, wird es ver-
lieren; wer aber das Leben um meinetwillen
verliert, wird es gewinnen.

37: 19,29 / 38–39: 16,24f; Lk 9,23f.

*34 Er rief die Volksmenge und seine Jünger zu
sich und sagte: Wer mein Jünger sein will, der
verleugne sich selbst, nehme sein Kreuz auf
sich und folge mir nach. 35 Denn wer sein Le-
ben retten will, wird es verlieren; wer aber sein
Leben um meinetwillen und um des Evange-
liums willen verliert, wird es retten.*

61. Vom Lohn für die Aufnahme der Jünger

Mt 10,40–11,1

40 Wer euch aufnimmt, der nimmt mich auf,
und wer mich aufnimmt, nimmt den auf, der
mich gesandt hat. 41 Wer einen Propheten
aufnimmt, weil es ein Prophet ist, wird den
Lohn eines Propheten erhalten. Wer einen
Gerechten aufnimmt, weil es ein Gerechter
ist, wird den Lohn eines Gerechten erhalten.
42 Und wer einem von diesen Kleinen auch
nur einen Becher frisches Wasser zu trinken
gibt, weil es ein Jünger ist – amen, ich sage
euch: Er wird gewiß nicht um seinen Lohn
kommen.
11,1 Als Jesus die Unterweisung der zwölf
Jünger beendet hatte, zog er weiter, um in
den Städten zu lehren und zu predigen.

Mk 9,41 (vgl. Nr. 127)

*41 Wer euch auch nur einen Becher Wasser zu
trinken gibt, weil ihr zu Christus gehört –
amen, ich sage euch: er wird nicht um seinen
Lohn kommen.*

62. Die Frage Johannes' des Täufers

Mt 11,2–6

2 Johannes hörte im Gefängnis von den Taten
Christi. Da schickte er seine Jünger zu ihm
3 und ließ ihn fragen: Bist du der, der kom-
men soll, oder müssen wir auf einen andern
warten?

4 Jesus antwortete ihnen: Geht und berichtet
Johannes, was ihr hört und seht: 5 BLINDE SE-

(Lk 5,39)

und Schwestern, ja sogar sein Leben gering
achtet, dann kann er nicht mein Jünger sein.
27 *Wer nicht sein Kreuz trägt und mir nach-*
folgt, der kann nicht mein Jünger sein.
17,33 *Wer sein Leben zu bewahren sucht, wird*
es verlieren; wer es dagegen verliert, wird es
gewinnen.

25 *Wer an seinem Leben hängt, verliert es; wer*
aber sein Leben in dieser Welt gering achtet,
wird es bewahren bis ins ewige Leben.

Zu Mt 10,37–39 Thomasevangelium Logion 55: Wer nicht seinen Vater und seine Mutter haßt, wird nicht Jünger sein können. Wer nicht seine Brüder und Schwestern haßt und nicht sein Kreuz trägt wie ich, wird meiner nicht würdig sein.

Lk 10,16 (vgl. Nr. 136)

16 *Wer euch hört, der hört mich, und wer euch*
ablehnt, der lehnt mich ab; wer aber mich ab-
lehnt, der lehnt den ab, der mich gesandt hat.

Joh 12,44.45; 13,20

44 *Jesus aber rief aus: Wer an mich glaubt,*
glaubt nicht an mich, sondern an den, der
mich gesandt hat, 45 *und wer mich sieht, sieht*
den, der mich gesandt hat.
13,20 *Amen, amen, ich sage euch: Wer einen*
aufnimmt, den ich sende, nimmt mich auf;
wer aber mich aufnimmt, nimmt den auf, der
mich gesandt hat.

Zu Mt 10,41 Didache 11,4: Jeden Apostel, der zu euch kommt, nehmt wie den Herrn auf!

Lk 7,18–23 (vgl. Nr. 79)

18 *Johannes erfuhr das alles von seinen Jün-*
gern. Da rief er zwei von ihnen zu sich,
19 *schickte sie zum Herrn und ließ ihn fragen:*
Bist du der, der kommen soll, oder müssen wir
auf einen andern warten? 20 *Als die beiden*
Männer zu Jesus kamen, sagten sie: Johannes
der Täufer hat uns zu dir geschickt und läßt
dich fragen: Bist du der, der kommen soll,
oder müssen wir auf einen andern warten?
21 *Damals heilte Jesus viele Menschen von ih-*
ren Krankheiten und Leiden, befreite sie von
bösen Geistern und schenkte vielen Blinden
das Augenlicht. 22 *Er antwortete den beiden:*
Geht und berichtet Johannes, was ihr gesehen

HEN WIEDER, und LAHME gehen; Aussätzige werden rein, und TAUBE HÖREN; TOTE STEHEN AUF, und DEN ARMEN WIRD DAS EVANGELIUM VERKÜNDET. [6]Selig ist, wer an mir keinen Anstoß nimmt.

2: 14,3 / 3: Joh 1,15.27; 3,31; 11,27 / 5: Jes 26,19; 29,18; 35,5f; 61,1.

Zu Mt 11,2–6 Aus der Anfrage des Täufers spricht eine gewisse Unsicherheit, ob Jesus wirklich der verheißene Messias ist.

63. Das Urteil Jesu über Johannes den Täufer. Das Gleichnis von den spielenden Kindern

Mt 11,7–19

[7]Als sie gegangen waren, begann Jesus zu der Menge über Johannes zu reden; er sagte: Was habt ihr denn sehen wollen, als ihr in die Wüste hinausgegangen seid? Ein Schilfrohr, das im Wind schwankt? [8]Oder was habt ihr sehen wollen, als ihr hinausgegangen seid? Einen Mann in feiner Kleidung? Leute, die fein gekleidet sind, findet man in den Palästen der Könige. [9]Oder wozu seid ihr hinausgegangen? Um einen Propheten zu sehen? Ja, ich sage euch: Ihr habt sogar mehr gesehen als einen Propheten. [10]Er ist der, von dem es in der Schrift heißt:

ICH SENDE MEINEN BOTEN VOR DIR HER; / ER SOLL DEN WEG für dich BAHNEN.
[11]Amen, das sage ich euch: Unter allen Menschen hat es keinen größeren gegeben als Johannes den Täufer; doch der Kleinste im Himmelreich ist größer als er.

[12]Seit den Tagen Johannes' des Täufers bis heute wird dem Himmelreich Gewalt angetan; die Gewalttätigen reißen es an sich. [13]Denn bis hin zu Johannes haben alle Propheten und das Gesetz (über diese Dinge) geweissagt. [14]Und wenn ihr es gelten lassen wollt: Ja, er ist Elija, der wiederkommen soll. [15]Wer Ohren hat, der höre!

[16]Mit wem soll ich diese Generation vergleichen? Sie gleicht Kindern, die auf dem Marktplatz sitzen und anderen Kindern zurufen: [17]Wir haben für euch auf der Flöte (Hochzeitslieder) gespielt, und ihr habt nicht getanzt; wir haben Klagelieder gesungen, und ihr habt euch nicht an die Brust geschlagen.
[18]Johannes ist gekommen, er ißt nicht und trinkt nicht, und sie sagen: Er ist von einem Dämon besessen. [19]Der Menschensohn ist gekommen, er ißt und trinkt; darauf sagen

Mk 1,2; 9,13 (vgl. Nr. 1.122)

[1,2]*Es begann, wie es bei dem Propheten Jesaja steht:*
»Ich sende meinen Boten vor dir her; / er soll den Weg« für dich »bahnen.«

[9,13]*Ich sage euch: Elija ist schon gekommen, doch sie haben mit ihm gemacht, was sie wollten, wie es in der Schrift steht.*

(Lk 5,39)

und gehört habt: »Blinde sehen wieder, Lahme« gehen, und Aussätzige werden rein; »Taube hören, Tote stehen auf«, und »den Armen wird das Evangelium verkündet«. 23 Selig ist, wer an mir keinen Anstoß nimmt.

Lk 7,24–35; 16,16 (vgl. Nr. 80.173)

7,24 Als die Boten des Johannes weggegangen waren, begann Jesus zu der Menge über Johannes zu reden; er sagte: Was habt ihr denn sehen wollen, als ihr in die Wüste hinausgegangen seid? Ein Schilfrohr, das im Wind schwankt? 25 Oder was habt ihr sehen wollen, als ihr hinausgegangen seid? Einen Mann in feiner Kleidung? Leute, die vornehm gekleidet sind und üppig leben, findet man in den Palästen der Könige. 26 Oder was habt ihr sehen wollen, als ihr hinausgegangen seid? Einen Propheten? Ja, ich sage euch: Ihr habt sogar mehr gesehen als einen Propheten. 27 Er ist der, von dem es in der Schrift heißt: »Ich sende meinen Boten vor dir her; / er soll den Weg« für dich »bahnen.«

28 Ich sage euch: Unter allen Menschen gibt es keinen größeren als Johannes; doch der Kleinste im Reich Gottes ist größer als er. 29 Das ganze Volk, das Johannes hörte, selbst die Zöllner, sie alle haben den Willen Gottes anerkannt und sich von Johannes taufen lassen. 30 Doch die Pharisäer und die Gesetzeslehrer haben den Willen Gottes mißachtet und sich von Johannes nicht taufen lassen.

16,16 Bis zu Johannes hatte man nur das Gesetz und die Propheten. Seitdem wird das Evangelium vom Reich Gottes verkündet, und alle drängen sich danach, hineinzukommen.

7,31 Mit wem soll ich also die Menschen dieser Generation vergleichen? Wem sind sie ähnlich? 32 Sie sind wie Kinder, die auf dem Marktplatz sitzen und einander zurufen: Wir haben für euch auf der Flöte (Hochzeitslieder) gespielt, und ihr habt nicht getanzt; wir haben Klagelieder gesungen, und ihr habt nicht geweint.

33 Johannes der Täufer ist gekommen, er ißt kein Brot und trinkt keinen Wein, und ihr sagt: Er ist von einem Dämon besessen. 34 Der Menschensohn ist gekommen, er ißt und

sie: Dieser Fresser und Säufer, dieser Freund der Zöllner und Sünder! Und doch hat die Weisheit durch die Taten, die sie bewirkt hat, recht bekommen.

10: Lk 1,76; Ex 23,20; Mal 3,1 / 13: 1Petr 1,10 / 14: 17,12; / 15: 13,9.43; Mk 4,9.23; 7,16; Lk 8,8; 14,35 / 18: 9,14 / 19: 9,10f; Lk 5,30; 15,1f; 19,7.

11,11 Unter allen Menschen, wörtlich: Unter allen von einer Frau Geborenen.

11,12 Der Sinn der Stelle ist umstritten, weil nicht klar ist, ob das griechische Wort für »Gewalt anwenden« hier im positiven oder negativen Sinn zu verstehen ist. Im positiven Sinn sagte es: Das Himmelreich wird mit Macht oder Gewalt erstrebt. Doch spricht die Fortsetzung in Vers 12 eher für die in der Übersetzung bevorzugte negative Bedeutung, obwohl dann unklar bleibt, wer die Gewalttätigen sind: die Gegner Jesu, die Zeloten, die Pharisäer und Schriftgelehrten oder gar die Anhänger Jesu und des Täufers.

11,16–19 Das Doppelgleichnis von den launischen Kindern vergleicht die Zeitgenossen Jesu mit Kindern, die auf den Marktplätzen Hochzeit und Totenklage spielen wollen, aber sich über die Rollen der einzelnen nicht einigen können.

64. Vom Gericht über die galiläischen Städte

Mt 11,20–24

20 Dann begann er den Städten, in denen er
die meisten Wunder getan hatte, Vorwürfe
zu machen, weil sie sich nicht bekehrt hatten:
21 Weh dir, Chorazin! Weh dir, Betsaida!
Wenn einst in Tyrus und Sidon die Wunder
geschehen wären, die bei euch geschehen
sind – man hätte dort in Sack und Asche
Buße getan. 22 Ja, das sage ich euch: Tyrus
und Sidon wird es am Tag des Gerichts nicht
so schlimm ergehen wie euch. 23 Und du, Ka-
farnaum, meinst du etwa, DU WIRST BIS ZUM
HIMMEL ERHOBEN? NEIN, IN DIE UNTERWELT
WIRST DU HINABGEWORFEN. Wenn in Sodom
die Wunder geschehen wären, die bei dir ge-
schehen sind, dann stünde es noch heute.
24 Ja, das sage ich euch: Dem Gebiet von So-
dom wird es am Tag des Gerichts nicht so
schlimm ergehen wie dir.

21: Joel 4,4f; Est 4,1 / 23: Jes 14,13.15 / 24: 10,15.

Zu Mt 11,21f Chorazin und Betsaida lagen in der Nachbarschaft Kafarnaums. Offensichtlich hat Jesus auch dort gewirkt, aber wie in Kafarnaum wenig Glauben gefunden. Die Hafenstädte Tyrus und Sidon galten wegen ihrer Götzenkulte und ihrer Sittenlosigkeit den Israeliten als besonders verwerflich (vgl. Ez 28,20–23; Joël 4,4), ebenso wie Sodom (Gen 18,16–20; 19,23–29).

Zu Mt 11,20f Nazaräerevangelium, vgl. Nr. 136.

65. Der Dank Jesu an den Vater

Mt 11,25–27

25 In jener Zeit sprach Jesus: Ich preise dich,
Vater, Herr des Himmels und der Erde, weil
du all das den Weisen und Klugen verborgen,
den Unmündigen aber offenbart hast. 26 Ja,
Vater, so hat es dir gefallen. 27 Mir ist von
meinem Vater alles übergeben worden; nie-

trinkt; darauf sagt ihr: Dieser Fresser und Säufer, dieser Freund der Zöllner und Sünder! [35] *Und doch hat die Weisheit durch alle ihre Kinder recht bekommen.*

Zu Mt 11,11 Thomasevangelium Logion 46: Von Adam bis Johannes dem Täufer gibt es unter den von Frauen Geborenen keinen, der größer als Johannes der Täufer ist, so daß seine Augen nicht brechen (?). Ich aber habe gesagt: Wer unter euch klein werden wird, wird das Reich erkennen und Johannes übertreffen.

Lk 10,12–15 (vgl. Nr. 136)

[13] *Weh dir, Chorazin! Weh dir, Betsaida! Wenn einst in Tyrus und Sidon die Wunder geschehen wären, die bei euch geschehen sind – man hätte dort in Sack und Asche Buße getan.* [14] *Tyrus und Sidon wird es beim Gericht nicht so schlimm ergehen wie euch.* [15] *Und du, Kafarnaum, meinst du etwa, »du wirst bis zum Himmel erhoben? Nein, in die Unterwelt wirst du hinabgeworfen«.*

[12] *Ich sage euch: Sodom wird es an jenem Tag nicht so schlimm ergehen wie dieser Stadt.*

Lk 10,21–22 (vgl. Nr. 138)

[21] *In dieser Stunde rief Jesus, vom Heiligen Geist erfüllt, voll Freude aus: Ich preise dich, Vater, Herr des Himmels und der Erde, weil du all das den Weisen und Klugen verborgen, den Unmündigen aber offenbart hast. Ja, Vater, so hat es dir gefallen.* [22] *Mir ist von mei-*

Joh 3,35; 10,14–15; 17,2

[3,35] *Der Vater liebt den Sohn und hat alles in seine Hand gegeben.* [10,14] *Ich bin der gute*

mand kennt den Sohn, nur der Vater, und niemand kennt den Vater, nur der Sohn und der, dem es der Sohn offenbaren will.

25: Jes 29,14 G / 27: 28,18; Joh 13,3.

Zu Mt 11,25 Thomasevangelium Logion 4: Ein Greis wird in seinen Tagen nicht zögern, ein kleines Kind von 7 Tagen nach dem Ort des Lebens zu fragen. Und er wird leben.

Zu Mt 11,27b Justin Dialog 100,1: Niemand hat den Vater erkannt als nur der Sohn, und niemand den Sohn als nur der Vater und wem es der Sohn offenbaren will.

66. Vom leichten Joch Jesu

Mt 11,28–30

[28]Kommt alle zu mir, die ihr euch plagt und schwere Lasten zu tragen habt. Ich werde euch Ruhe verschaffen. [29]Nehmt mein Joch auf euch und lernt von mir; denn ich bin gütig und von Herzen demütig; SO WERDET IHR RUHE FINDEN FÜR EURE SEELE. [30]Denn mein Joch drückt nicht, und meine Last ist leicht.

28: Jer 31,25 / 29: Jer 6,16; Jes 28,12.

11,29 Die Wendung »ein Joch auf sich nehmen« besagt, die Vorschriften oder Lehren eines anderen übernehmen. Sprichwörtlich waren bei den jüdischen Schriftgelehrten die Aussagen vom »Joch des Gesetzes« oder vom »Joch der Herrschaft des Himmels«. – »Seele« bezeichnet hier – wie im Alten Testament – das »Ich« des Menschen.

67. Das Abreißen der Ähren am Sabbat

Mt 12,1–8

[1]In jener Zeit ging Jesus an einem Sabbat durch die Kornfelder. Seine Jünger hatten Hunger; sie rissen deshalb Ähren ab und aßen davon. [2]Die Pharisäer sahen es und sagten zu ihm: Sieh her, deine Jünger tun etwas, das am Sabbat verboten ist. [3]Da sagte er zu ihnen: Habt ihr nicht gelesen, was David getan hat, als er und seine Begleiter hungrig waren – [4]wie er in das Haus Gottes ging und wie sie die heiligen Brote aßen, die weder er noch seine Begleiter, sondern nur die Priester essen durften? [5]Oder habt ihr nicht im Gesetz gelesen, daß am Sabbat die Priester im Tempel den Sabbat entweihen, ohne sich schuldig zu machen? [6]Ich sage euch: Hier ist einer, der größer ist als der Tempel. [7]Wenn ihr begriffen hättet, was das heißt: BARMHERZIGKEIT WILL ICH, NICHT OPFER, dann hättet ihr nicht Unschuldige verurteilt;

Mk 2,23–28

[23]An einem Sabbat ging er durch die Kornfelder, und unterwegs rissen seine Jünger Ähren ab.
[24]Da sagten die Pharisäer zu ihm: Sieh dir an, was sie tun! Das ist doch am Sabbat verboten.
[25]Er antwortete: Habt ihr nie gelesen, was David getan hat, als er und seine Begleiter hungrig waren und nichts zu essen hatten –
[26]wie er zur Zeit des Hohenpriesters Abjatar in das Haus Gottes ging und die heiligen Brote aß, die außer den Priestern niemand essen darf, und auch seinen Begleitern davon gab?

nem Vater alles übergeben worden; niemand weiß, wer der Sohn ist, nur der Vater, und niemand weiß, wer der Vater ist, nur der Sohn und der, dem es der Sohn offenbaren will.

Hirt; ich kenne die Meinen, und die Meinen kennen mich, [15]wie mich der Vater kennt und ich den Vater kenne; und ich gebe mein Leben hin für die Schafe.
[17,2]Denn du hast ihm Macht über alle Menschen gegeben, damit er allen, die du ihm gegeben hast, ewiges Leben schenkt.

Zu Mt 11,29 Hebräerevangelium (Clemens Alexandrinus Strom. II,9,45): Wer sich verwundert, wird zur Herrschaft gelangen; und wer zur Herrschaft gelangt ist, wird ruhen. (a.a.O. V,14,96): Wer sucht, wird nicht ruhen, bis daß er findet. Wer aber gefunden hat, wird sich verwundern. Wer aber sich verwundert, wird zur Herrschaft gelangen. Wer aber zur Herrschaft gelangt ist, wird ruhen.

Lk 6,1–5

[1]Als er an einem Sabbat durch die Kornfelder ging, rissen seine Jünger Ähren ab, zerrieben sie mit den Händen und aßen sie. [2]Da sagten einige Pharisäer: Was tut ihr da? Das ist doch am Sabbat verboten! [3]Jesus erwiderte ihnen: Habt ihr nicht gelesen, was David getan hat, als er und seine Begleiter hungrig waren – [4]wie er in das Haus Gottes ging und die heiligen Brote nahm, die nur die Priester essen dürfen, und wie er sie aß und auch seinen Begleitern davon gab?

Joh 5,10

[10]Da sagten die Juden zu dem Geheilten: Es ist Sabbat, du darfst deine Bahre nicht tragen.

8 denn der Menschensohn ist Herr über den Sabbat.

1: Dtn 23,25 / 3: 1Sam 21,2–7 / 4: Lev 24,5–9 / 7: Hos 6,6; Mt 9,13.

Zu Mt 12,1–8 par. Thomasevangelium Logion 27, vgl. Nr. 20.

27 Und Jesus fügte hinzu: Der Sabbat ist für den Menschen da, nicht der Mensch für den Sabbat. 28 Deshalb ist der Menschensohn Herr auch über den Sabbat.

23: Dtn 23,25 / 25: 1Sam 21,2–7 / 26: Lev 24,5–9.

2,26 Der Hohepriester hieß nach 1Sam 21,2 in Wirklichkeit Ahimelech; nach 1Sam 22,20 hieß sein Sohn, nach 2Sam 8,17 sein Vater Abjatar.

2,27f Jesus greift damit auf den Ursinn des Sabbats zurück: Er sollte für Menschen und Tiere eine Wohltat sein (vgl. Ex 20,9; Dtn 5,12–14).

68. Die Heilung eines Mannes am Sabbat

Mt 12,9–14

9 Darauf verließ er sie und ging in ihre Synagoge. 10 Dort saß ein Mann, dessen Hand verdorrt war.
Sie fragten ihn: Ist es am Sabbat erlaubt zu heilen? Sie suchten nämlich einen Grund zur Anklage gegen ihn.

11 Er antwortete: Wer von euch wird, wenn ihm am Sabbat sein Schaf in eine Grube fällt, es nicht sofort wieder herausziehen? 12 Und wieviel mehr ist ein Mensch wert als ein Schaf! Darum ist es am Sabbat erlaubt, Gutes zu tun.

13 Dann sagte er zu dem Mann: Streck deine Hand aus! Er streckte sie aus, und die Hand war wieder ebenso gesund wie die andere. 14 Die Pharisäer aber gingen hinaus und faßten den Beschluß, Jesus umzubringen.

9–14: Lk 14,1–6 / 10: Lk 13,16; Joh 5,9f / 11: Lk 13,15; 14,5; Joh 5,9f / 14: Mk 11,18; Lk 19,47; Joh 5,18.

12,10.13 Hand, andere Übersetzungsmöglichkeit: Arm.

Mk 3,1–6

1 Als er ein andermal in eine Synagoge ging, saß dort ein Mann, dessen Hand verdorrt war.
2 Und sie gaben acht, ob Jesus ihn am Sabbat heilen werde; sie suchten nämlich einen Grund zur Anklage gegen ihn.
3 Da sagte er zu dem Mann mit der verdorrten Hand: Steh auf und stell dich in die Mitte!

4 Und zu den anderen sagte er: Was ist am Sabbat erlaubt: Gutes zu tun oder Böses, ein Leben zu retten oder es zu vernichten? Sie aber schwiegen. 5 Und er sah sie der Reihe nach an, voll Zorn und Trauer über ihr verstocktes Herz, und sagte zu dem Mann: Streck deine Hand aus! Er streckte sie aus, und seine Hand war wieder gesund. 6 Da gingen die Pharisäer hinaus und faßten zusammen mit den Anhängern des Herodes den Beschluß, Jesus umzubringen.

3,1–6. Die ärztliche Tätigkeit galt als Arbeit und durfte deshalb nach pharisäischer Auffassung am Sabbat nur dann ausgeübt werden, wenn Lebensgefahr bestand.
3,1.3.5 Hand, andere Übersetzungsmöglichkeit: Arm.

Zu Mt 12,10 par. Nazaräerevangelium (Hieronymus, Kom. zu Mt 12,13): Ich war ein Maurer; mit meiner Hände Arbeit verdiente ich meinen Lebensunterhalt. Ich bitte Dich, Jesus, mir meine Gesundheit wiederzugeben, damit ich nicht schändlich Lebensmittel erbetteln muß.

5 Und Jesus fügte hinzu: Der Menschensohn ist Herr über den Sabbat.

1: Dtn 23,25 / 3f: 1Sam 21,2–7 / 4: Lev 24,5–9.

6,5 lautet in Codex D (Bezae Cantabrigiensis; eine bekannte Bibelhandschrift wohl aus dem 5. Jh.): An diesem Tage sah er einen Mann, der am Sabbat arbeitete. Er sprach zu ihm: Mensch, selig bist du, wenn du weißt, was du tust. Wenn du es aber nicht weißt, bist du verflucht und ein Gesetzesübertreter.

Lk 6,6–11; *14,5* (vgl. Nr. 165)

6,6 An einem anderen Sabbat ging er in die Synagoge und lehrte. Dort saß ein Mann, dessen rechte Hand verdorrt war. 7 Die Schriftgelehrten und die Pharisäer gaben acht, ob er am Sabbat heilen werde; sie suchten nämlich einen Grund zur Anklage gegen ihn. 8 Er aber wußte, was sie im Sinn hatten, und sagte zu dem Mann mit der verdorrten Hand: Steh auf und stell dich in die Mitte! Der Mann stand auf und trat vor.

14,5 *Zu ihnen aber sagte er: Wer von euch wird seinen Sohn oder seinen Ochsen, der in den Brunnen fällt, nicht sofort herausziehen, auch am Sabbat?*

6,9 Dann sagte Jesus zu ihnen: Ich frage euch: Was ist am Sabbat erlaubt: Gutes zu tun oder Böses, ein Leben zu retten oder es zugrunde gehen zu lassen? 10 Und er sah sie alle der Reihe nach an und sagte dann zu dem Mann:

Streck deine Hand aus! Er tat es, und seine Hand war wieder gesund. 11 Da wurden sie von sinnloser Wut erfüllt und berieten, was sie gegen Jesus unternehmen könnten.

6,6.8.10 Hand, andere Übersetzungsmöglichkeit: Arm.

68a. Die Wahl der Zwölf

Mt 10,1–4 (vgl. Nr. 56)

1 *Dann rief er seine zwölf Jünger zu sich und gab ihnen die Vollmacht, die unreinen Geister auszutreiben und alle Krankheiten und Leiden zu heilen.* 2 *Die Namen der zwölf Apostel sind: an erster Stelle Simon, genannt Petrus, und sein Bruder Andreas, dann Jakobus, der Sohn des Zebedäus, und sein Bruder Johannes,* 3 *Philippus und Bartholomäus, Thomas und Matthäus, der Zöllner, Jakobus, der Sohn des Alphäus, und Thaddäus,* 4 *Simon Kananäus und Judas Iskariot, der ihn später verraten hat.*

Mk 3,13–19 (vgl. Nr. 70)

13 *Jesus stieg auf einen Berg und rief die zu sich, die er erwählt hatte, und sie kamen zu ihm.* 14 *Und er setzte zwölf ein, die er bei sich haben und die er dann aussenden wollte, damit sie predigten* 15 *und mit seiner Vollmacht Dämonen austrieben.* 16 *Die Zwölf, die er einsetzte, waren: Petrus – diesen Beinamen gab er dem Simon –,* 17 *Jakobus, der Sohn des Zebedäus, und Johannes, der Bruder des Jakobus – ihnen gab er den Beinamen Boanerges, das heißt Donnersöhne –,* 18 *dazu Andreas, Philippus, Bartholomäus, Matthäus, Thomas, Jakobus, der Sohn des Alphäus, Thaddäus, Simon Kananäus* 19 *und Judas Iskariot, der ihn dann verraten hat.*

Zu Lk 6,13 Apostel (griechisch apóstolos = Bote, Gesandter) ist für die Urkirche Bezeichnung der mit der weltweiten Mission beauftragten Auferstehungszeugen. Durch die Gleichsetzung der »Apostel« mit dem Kreis der von Jesus zu Lebzeiten eingesetzten Zwölf hebt Lukas die enge Verbindung von Zwölferkreis und Apostelkollegium hervor.

69. Jesus als der Knecht Gottes

Mt 12,15–21; *4,25* (vgl. Nr. 15)

15a Als Jesus das erfuhr, ging er von dort weg. Viele folgten ihm,

4,25 *Scharen von Menschen aus Galiläa, der Dekapolis, aus Jerusalem und Judäa und aus dem Gebiet jenseits des Jordan folgten ihm.*

12,15b und er heilte alle Kranken.

16 Aber er verbot ihnen, in der Öffentlichkeit von ihm zu reden. 17 Auf diese Weise sollte sich erfüllen, was durch den Propheten Jesaja gesagt worden ist:

18 SEHT, DAS IST MEIN KNECHT, DEN ICH ERWÄHLT HABE, / MEIN GELIEBTER, AN DEM ICH GEFALLEN GEFUNDEN HABE.

ICH WERDE MEINEN GEIST AUF IHN LEGEN, /

Mk 3,7–12

7 Jesus zog sich mit seinen Jüngern an den See zurück. Viele Menschen aus Galiläa aber folgten ihm. Auch aus Judäa, 8 aus Jerusalem und Idumäa, aus dem Gebiet jenseits des Jordan und aus der Gegend von Tyrus und Sidon kamen Scharen von Menschen zu ihm, als sie von all dem hörten, was er tat. 9 Da sagte er zu seinen Jüngern, sie sollten ein Boot für ihn bereithalten, damit er von der Menge nicht erdrückt werde. 10 Denn er heilte viele, so daß alle, die ein Leiden hatten, sich an ihn herandrängten, um ihn zu berühren. 11 Wenn die von unreinen Geistern Besessenen ihn sahen, fielen sie vor ihm nieder und schrien: Du bist der Sohn Gottes! 12 Er aber verbot ihnen streng, bekannt zu machen, wer er sei.

Lk 6,12–16

[12] In diesen Tagen ging er auf einen Berg, um
zu beten. Und er verbrachte die ganze Nacht
im Gebet zu Gott. [13] Als es Tag wurde, rief er
seine Jünger zu sich und wählte aus ihnen
zwölf aus; sie nannte er auch Apostel. [14] (Es
waren) Simon, dem er den Namen Petrus
gab, und sein Bruder Andreas, dazu Jakobus
und Johannes, Philippus und Bartholomäus,
[15] Matthäus und Thomas, Jakobus, der Sohn
des Alphäus, und Simon, genannt der Zelot,
[16] Judas, der Sohn des Jakobus, und Judas Iskariot, der zum Verräter wurde.

12: Mt 14,23; Mk 6,46.

Joh 1,42 (Apg 1,13)

Joh 1,42 *Er führte ihn zu Jesus. Jesus blickte ihn an und sagte: Du bist Simon, der Sohn des Johannes, du sollst Kephas heißen. Kephas bedeutet: Fels (Petrus).*

Apg 1,13 *Als sie in die Stadt kamen, gingen sie in das Obergemach hinauf, wo sie nun ständig blieben: Petrus und Johannes, Jakobus und Andreas, Philippus und Thomas, Bartholomäus und Matthäus, Jakobus, der Sohn des Alphäus, und Simon, der Zelot, sowie Judas, der Sohn des Jakobus.*

Lk 6,17–19; *4,41* (vgl. Nr. 13)

6,17 Jesus stieg mit ihnen den Berg hinab. In
der Ebene blieb er mit einer großen Schar
seiner Jünger stehen, und viele Menschen
aus ganz Judäa und Jerusalem und dem Küstengebiet von Tyrus und Sidon [18] strömten
herbei. Sie alle wollten ihn hören und von ihren Krankheiten geheilt werden. Auch die
von unreinen Geistern Geplagten wurden
geheilt. [19] Alle Leute versuchten, ihn zu berühren; denn es ging eine Kraft von ihm aus,
die alle heilte.

4,41 *Von vielen fuhren auch Dämonen aus und schrien: Du bist der Sohn Gottes! Da fuhr er sie schroff an und ließ sie nicht reden; denn sie wußten, daß er der Messias war.*

UND ER WIRD DEN VÖLKERN DAS RECHT VERKÜNDEN.
19 ER WIRD NICHT ZANKEN UND NICHT SCHREIEN, / UND MAN WIRD SEINE STIMME NICHT AUF DEN STRASSEN HÖREN.
20 DAS GEKNICKTE ROHR WIRD ER NICHT ZERBRECHEN / UND DEN GLIMMENDEN DOCHT NICHT AUSLÖSCHEN, / BIS ER DEM RECHT ZUM SIEG VERHOLFEN HAT.
21 UND AUF SEINEN NAMEN WERDEN DIE VÖLKER IHRE HOFFNUNG SETZEN.

18: Jes 42,1–4; Mt 3,17.

11: Mt 8,29.

70. Die Wahl der Zwölf (vgl. Nr 56)

Mt 10,1–4 (vgl. Nr. 56)

1 *Dann rief er seine zwölf Jünger zu sich und gab ihnen die Vollmacht, die unreinen Geister auszutreiben und alle Krankheiten und Leiden zu heilen.*
2 *Die Namen der zwölf Apostel sind: an erster Stelle Simon, genannt Petrus, und sein Bruder Andreas, dann Jakobus, der Sohn des Zebedäus, und sein Bruder Johannes,* 3 *Philippus und Bartholomäus, Thomas und Matthäus, der Zöllner, Jakobus, der Sohn des Alphäus, und Thaddäus,* 4 *Simon Kananäus und Judas Iskariot, der ihn später verraten hat.*

Mk 3,13–19

13 Jesus stieg auf einen Berg und rief die zu sich, die er erwählt hatte, und sie kamen zu ihm. 14 Und er setzte zwölf ein, die er bei sich haben und die er dann aussenden wollte, damit sie predigten 15 und mit seiner Vollmacht Dämonen austrieben. 16 Die Zwölf, die er einsetzte, waren: Petrus – diesen Beinamen gab er dem Simon –, 17 Jakobus, der Sohn des Zebedäus, und Johannes, der Bruder des Jakobus – ihnen gab er den Beinamen Boanerges, das heißt Donnersöhne –, 18 dazu Andreas, Philippus, Bartholomäus, Matthäus, Thomas, Jakobus, der Sohn des Alphäus, Thaddäus, Simon Kananäus 19 und Judas Iskariot, der ihn dann verraten hat.

3,13–19 Vgl. die Anmerkung zu Mt 9,35–11,1.

3,18 Zu »Kananäus« vgl. die Anmerkung zu Mt 10,4.

Die Feldrede (Lk 6,20–49)

71. Die Seligpreisungen

Mt 5,3.6.11.12 (vgl. Nr. 18)

3 *Selig, die arm sind vor Gott; / denn ihnen gehört das Himmelreich.*

19: 8,44; Mt 14,36.

6,17 Nach Lukas fand die »Bergpredigt« (Mt 5,1) an einem ebenen Ort statt (daher wird Lk 6,20–49 auch »Feldrede« genannt).

Lk 6,12–16 (vgl. Nr. 68a)

[12] *In diesen Tagen ging er auf einen Berg, um zu beten. Und er verbrachte die ganze Nacht im Gebet zu Gott.* [13] *Als es Tag wurde, rief er seine Jünger zu sich und wählte aus ihnen zwölf aus; sie nannte er auch Apostel.* [14] *(Es waren) Simon, dem er den Namen Petrus gab, und sein Bruder Andreas, dazu Jakobus und Johannes,*

Philippus und Bartholomäus, [15] *Matthäus und Thomas, Jakobus, der Sohn des Alphäus, und Simon, genannt der Zelot,* [16] *Judas, der Sohn des Jakobus, und Judas Iskariot, der zum Verräter wurde.*

Joh 1,42 (Apg 1,13)

Joh 1,42 *Er führte ihn zu Jesus. Jesus blickte ihn an und sagte: Du bist Simon, der Sohn des Johannes, du sollst Kephas heißen. Kephas bedeutet: Fels (Petrus).*

Apg 1,13 *Als sie in die Stadt kamen, gingen sie in das Obergemach hinauf, wo sie nun ständig blieben: Petrus und Johannes, Jakobus und Andreas, Philippus und Thomas, Bartholomäus und Matthäus, Jakobus, der Sohn des Alphäus, und Simon, der Zelot, sowie Judas, der Sohn des Jakobus.*

Zu Mk 3,16–19 par. Ebionäerevangelium (Epiphanius, Haer. 30,13.2f): Und als er nach Kafarnaum kam, betrat er das Haus Simons, mit Beinamen Petrus, öffnete seinen Mund und sprach: Als ich am See Tiberias entlang ging, erwählte ich Johannes und Jakobus, die Söhne des Zebedäus, und Simon und Andreas und Thaddäus und Simon den Eiferer und Judas Iskariot, und dich, Matthäus, der du am Zoll saßest, berief ich, und du folgtest mir. Von euch nun will ich, daß ihr 12 Apostel seid, zum Zeugnis für Israel.

Lk 6,20–23

[20] Er richtete seine Augen auf seine Jünger und sagte:
Selig, ihr Armen, denn euch gehört das Reich Gottes.

[6] Selig, die hungern und dürsten nach der Gerechtigkeit; / denn sie werden satt werden.

[11] Selig seid ihr, wenn ihr um meinetwillen beschimpft und verfolgt und auf alle mögliche Weise verleumdet werdet.

[12] Freut euch und jubelt: Euer Lohn im Himmel wird groß sein. Denn so wurden schon vor euch die Propheten verfolgt.

72. Die Weherufe

73. Von der Vergeltung und von der Liebe zu den Feinden

Mt 5,39–42.44–48; 7,12
(vgl. Nr. 26.25.37)

[5,44] Ich aber sage euch: Liebt eure Feinde und betet für die, die euch verfolgen, . . .
[5,39] Ich aber sage euch: Leistet dem, der euch etwas Böses antut, keinen Widerstand, sondern wenn dich einer auf die rechte Wange schlägt, dann halt ihm auch die andere hin.
[40] Und wenn dich einer vor Gericht bringen will, um dir das Hemd wegzunehmen, dann laß ihm auch den Mantel. [41] Und wenn dich einer zwingen will, eine Meile mit ihm zu gehen, dann geh zwei mit ihm. [42] Wer dich bittet, dem gib, und wer von dir borgen will, den weise nicht ab.
[7,12] Alles, was ihr also von anderen erwartet, das tut auch ihnen! Darin besteht das Gesetz und die Propheten.
[5,46] Wenn ihr nämlich nur die liebt, die euch lieben, welchen Lohn könnt ihr dafür erwar-

[21] Selig, die ihr jetzt hungert, denn ihr werdet satt werden. / Selig, die ihr jetzt weint, denn ihr werdet lachen.
[22] Selig seid ihr, wenn euch die Menschen hassen und aus ihrer Gemeinschaft ausschließen, wenn sie euch beschimpfen und euch in Verruf bringen um des Menschensohnes willen. [23] Freut euch und jauchzt an jenem Tag; euer Lohn im Himmel wird groß sein. Denn ebenso haben es ihre Väter mit den Propheten gemacht.

Zu Lk 6,21–23 Thomasevangelium Logion 68.69, vgl. Nr. 18.

Lk 6,24–26

[24] Aber weh euch, die ihr reich seid; denn ihr habt keinen Trost mehr zu erwarten.
[25] Weh euch, die ihr jetzt satt seid; denn ihr werdet hungern.
Weh euch, die ihr jetzt lacht; denn ihr werdet klagen und weinen.
[26] Weh euch, wenn euch alle Menschen loben; denn ebenso haben es ihre Väter mit den falschen Propheten gemacht.

Lk 6,27–36

[27] Euch, die ihr mir zuhört, sage ich: Liebt eure Feinde; tut denen Gutes, die euch hassen. [28] Segnet die, die euch verfluchen; betet für die, die euch mißhandeln. [29] Dem, der dich auf die eine Wange schlägt, halt auch die andere hin, und dem, der dir den Mantel wegnimmt, laß auch das Hemd.

[30] Gib jedem, der dich bittet; und wenn dir jemand etwas wegnimmt, verlang es nicht zurück.
[31] Was ihr von anderen erwartet, das tut ebenso auch ihnen.

[32] Wenn ihr nur die liebt, die euch lieben, welchen Dank erwartet ihr dafür? Auch die

ten? Tun das nicht auch die Zöllner? 47 *Und*
wenn ihr nur eure Brüder grüßt, was tut ihr damit Besonderes? Tun das nicht auch die Heiden?

44 *Ich aber sage euch: Liebt eure Feinde und*
betet für die, die euch verfolgen, 45 *damit ihr*
Söhne eures Vaters im Himmel werdet; denn er läßt seine Sonne aufgehen über Bösen und Guten, und er läßt regnen über Gerechte und Ungerechte.
48 *Ihr sollt also vollkommen sein, wie es auch*
euer himmlischer Vater ist.

Zu Lk 6,27ff Papyrus Oxyrhynchos 1224: (Christus spricht:) Und betet für eure Feinde.
Zu Lk 6,32 2. Clemens 13,4: Gott spricht: Ihr werdet nicht Dank (Gnade) haben, wenn ihr die liebt, die euch lieben; sondern ihr werdet Dank (Gnade) haben, wenn ihr die Feinde liebt und die, die euch hassen.

74. Vom Richten

Mt 7,1–5; 15,14; 10,24–25
(vgl. Nr. 35.112.57)

7,1 *Richtet nicht, damit ihr nicht gerichtet wer-*
det! 2 *Denn wie ihr richtet, so werdet ihr ge-*
richtet werden,

und nach dem Maß, mit dem ihr meßt und zuteilt, wird euch zugeteilt werden.

15,14 *Laßt sie, es sind blinde Blindenführer. Und wenn ein Blinder einen Blinden führt, werden beide in eine Grube fallen.*

10,24 *Ein Jünger steht nicht über seinem Meister und ein Sklave nicht über seinem Herrn.*

25 *Der Jünger muß sich damit begnügen, daß es ihm geht wie seinem Meister, und der Sklave, daß es ihm geht wie seinem Herrn. Wenn man schon den Herrn des Hauses Beelzebul nennt, dann erst recht seine Hausgenossen.*
7,3 *Warum siehst du den Splitter im Auge dei-*
nes Bruders, aber den Balken in deinem Auge
bemerkst du nicht? 4 *Wie kannst du zu deinem*
Bruder sagen: Laß mich den Splitter aus deinem Auge herausziehen! – und dabei steckt in
deinem Auge ein Balken? 5 *Du Heuchler!*
Zieh zuerst den Balken aus deinem Auge,

Mk 4,24 (vgl. Nr. 92)

24 *Weiter sagte er: Achtet auf das, was ihr hört! Nach dem Maß, mit dem ihr meßt und zuteilt, wird euch zugeteilt werden, ja, es wird euch noch mehr gegeben.*

Sünder lieben die, von denen sie geliebt wer-
den. [33] Und wenn ihr nur denen Gutes tut, die
euch Gutes tun, welchen Dank erwartet ihr
dafür? Das tun auch die Sünder. [34] Und wenn
ihr nur denen etwas leiht, von denen ihr es
zurückzubekommen hofft, welchen Dank
erwartet ihr dafür? Auch die Sünder leihen
Sündern in der Hoffnung, alles zurückzube-
kommen. [35] Ihr aber sollt eure Feinde lieben
und sollt Gutes tun und leihen, auch wo ihr
nichts dafür erhoffen könnt. Dann wird euer
Lohn groß sein, und ihr werdet Söhne des
Höchsten sein; denn auch er ist gütig gegen
die Undankbaren und Bösen.
[36] Seid barmherzig, wie es auch euer Vater
ist!

Zu Lk 6,31 Didache 1,2: Der Weg zum Leben ist nun der: 1. du sollst Gott lieben, der dich geschaffen hat, 2. deinen Nächsten wie dich selbst. Alles aber, was du willst, das es dir nicht geschehe, das tu auch nicht einem anderen.

Lk 6,37–42

[37] Richtet nicht, dann werdet auch ihr nicht
gerichtet werden. Verurteilt nicht, dann
werdet auch ihr nicht verurteilt werden. Er-
laßt einander die Schuld, dann wird auch
euch die Schuld erlassen werden. [38] Gebt,
dann wird auch euch gegeben werden. In rei-
chem, vollem, gehäuftem, überfließendem
Maß wird man euch beschenken; denn nach
dem Maß, mit dem ihr meßt und zuteilt, wird
auch euch zugeteilt werden.
[39] Er gebrauchte auch einen Vergleich und
sagte: Kann ein Blinder einen Blinden füh-
ren? Werden nicht beide in eine Grube fal-
len?
[40] Der Jünger steht nicht über seinem Mei-
ster; jeder aber, der alles gelernt hat, wird
wie sein Meister sein.

[41] Warum siehst du den Splitter im Auge dei-
nes Bruders, aber den Balken in deinem ei-
genen Auge bemerkst du nicht? [42] Wie
kannst du zu deinem Bruder sagen: Bruder,
laß mich den Splitter aus deinem Auge her-
ausziehen!, während du den Balken in dei-
nem eigenen Auge nicht siehst? Du Heuch-

Joh 13,16; 15,20

[13,16] *Amen, amen, ich sage euch: Der Sklave ist nicht größer als sein Herr, und der Abgesandte ist nicht größer als der, der ihn gesandt hat.*
[15,20] *Denkt an das Wort, das ich euch gesagt habe: Der Sklave ist nicht größer als sein Herr. Wenn sie mich verfolgt haben, werden sie auch euch verfolgen; wenn sie an meinem Wort festgehalten haben, werden sie auch an eurem Wort festhalten.*

dann kannst du versuchen, den Splitter aus dem Auge deines Bruders herauszuziehen.

75. Von der wahren Frömmigkeit

Mt 7,16–21 (vgl. Nr. 39.40)

16 *An ihren Früchten werdet ihr sie erkennen. Erntet man etwa von Dornen Trauben oder von Disteln Feigen?* 17 *Jeder gute Baum bringt gute Früchte hervor, ein schlechter Baum aber schlechte.* 18 *Ein guter Baum kann keine schlechten Früchte hervorbringen und ein schlechter Baum keine guten.* 19 *Jeder Baum, der keine guten Früchte hervorbringt, wird umgehauen und ins Feuer geworfen.* 20 *An ihren Früchten also werdet ihr sie erkennen.*

21 *Nicht jeder, der zu mir sagt: Herr! Herr!, wird in das Himmelreich kommen, sondern nur, wer den Willen meines Vaters im Himmel erfüllt.*

76. Vom Haus auf dem Felsen

Mt 7,24–27 (vgl. Nr. 41)

24 *Wer diese meine Worte hört und danach handelt,*
ist wie ein kluger Mann, der sein Haus auf Fels baute. 25 *Als nun ein Wolkenbruch kam und die Wassermassen heranfluteten, als die Stürme tobten und an dem Haus rüttelten, da stürzte es nicht ein; denn es war auf Fels gebaut.* 26 *Wer aber meine Worte hört und nicht danach handelt, ist wie ein unvernünftiger Mann, der sein Haus auf Sand baute.* 27 *Als nun ein Wolkenbruch kam und die Wassermassen heranfluteten, als die Stürme tobten und an dem Haus rüttelten, da stürzte es ein und wurde völlig zerstört.*

ler! Zieh zuerst den Balken aus deinem Auge; dann kannst du versuchen, den Splitter aus dem Auge deines Bruders herauszuziehen.

37: Mt 6,14f; Mk 11,25f.

Zu Lk 6,37 1. Clemens 13,2, vgl. Nr. 35. Zu Lk 6,41f Thomasevangelium Logion 26, vgl. Nr. 35.

Lk 6,43–46

[43] Es gibt keinen guten Baum, der schlechte Früchte hervorbringt, noch einen schlechten Baum, der gute Früchte hervorbringt. [44] Jeden Baum erkennt man an seinen Früchten: Von den Disteln pflückt man keine Feigen, und vom Dornstrauch erntet man keine Trauben. [45] Ein guter Mensch bringt Gutes hervor, weil in seinem Herzen Gutes ist; und ein böser Mensch bringt Böses hervor, weil in seinem Herzen Böses ist. Wovon das Herz voll ist, davon spricht der Mund. [46] Was sagt ihr zu mir: Herr! Herr!, und tut nicht, was ich sage?

6,45 Wörtlich: Ein guter Mensch bringt aus dem guten Schatz seines Herzens das Gute hervor, und ein böser Mensch bringt aus dem bösen das Böse hervor.

(Mt 12,33–35) (vgl. Nr. 84)

[33] *Entweder: der Baum ist gut – dann sind auch seine Früchte gut. Oder: der Baum ist schlecht – dann sind auch seine Früchte schlecht. An den Früchten also erkennt man den Baum.* [34] *Ihr Schlangenbrut, wie könnt ihr Gutes reden, wenn ihr böse seid? Denn wovon das Herz voll ist, davon spricht der Mund.* [35] *Ein guter Mensch bringt Gutes hervor, weil er Gutes in sich hat, und ein böser Mensch bringt Böses hervor, weil er Böses in sich hat.*

Zu Lk 6,44f Thomasevangelium Logion 45, vgl. Nr. 39. Zu Lk 6,46 Papyrus Egerton 2, vgl. Nr. 203.

Lk 6,47–49

[47] Ich will euch zeigen, wem ein Mensch gleicht, der zu mir kommt und meine Worte hört und danach handelt. [48] Er ist wie ein Mann, der ein Haus baute und dabei die Erde tief aushob und das Fundament auf einen Felsen stellte. Als nun ein Hochwasser kam und die Flutwelle gegen das Haus prallte, konnte sie es nicht erschüttern, weil es gut gebaut war. [49] Wer aber hört und nicht danach handelt, ist wie ein Mann, der sein Haus ohne Fundament auf die Erde baute. Die Flutwelle prallte dagegen, das Haus stürzte sofort in sich zusammen und wurde völlig zerstört.

77. Der Hauptmann von Kafarnaum

Mt 8,5–10.13b (vgl. Nr. 44)

[5]*Als er nach Kafarnaum kam, trat ein Hauptmann an ihn heran und bat ihn:* [6]*Herr, mein Diener liegt gelähmt zu Hause und hat große Schmerzen.* [7]*Jesus sagte zu ihm: Ich will kommen und ihn gesund machen.*

[8]*Da antwortete der Hauptmann: Herr, ich bin es nicht wert, daß du mein Haus betrittst; sprich nur ein Wort, dann wird mein Diener gesund.* [9]*Auch ich muß Befehlen gehorchen, und ich habe selber Soldaten unter mir; sage ich nun zu einem: Geh!, so geht er, und zu einem andern: Komm!, so kommt er, und zu meinem Diener: Tu das!, so tut er es.* [10]*Jesus war erstaunt, als er das hörte, und sagte zu denen, die ihm nachfolgten: Amen, das sage ich euch: Einen solchen Glauben habe ich in Israel noch bei niemand gefunden.*

[13b]*Und in derselben Stunde wurde der Diener gesund.*

Mk 7,30 (vgl. Nr. 113)

[30]*Und als sie nach Hause kam, fand sie das Kind auf dem Bett liegen und sah, daß der Dämon es verlassen hatte.*

78. Die Auferweckung eines jungen Mannes in Naïn

Lk 7,1–10

1 Als Jesus diese Rede vor dem Volk beendet
hatte, ging er nach Kafarnaum hinein. 2 Ein
Hauptmann hatte einen Diener, der tod-
krank war und den er sehr schätzte. 3 Als der
Hauptmann von Jesus hörte, schickte er ei-
nige von den jüdischen Ältesten zu ihm mit
der Bitte, zu kommen und seinen Diener zu
retten. 4 Sie gingen zu Jesus und baten ihn in-
ständig. Sie sagten: Er verdient es, daß du
seine Bitte erfüllst; 5 denn er liebt unser Volk
und hat uns die Synagoge gebaut. 6 Da ging
Jesus mit ihnen. Als er nicht mehr weit von
dem Haus entfernt war, schickte der Haupt-
mann Freunde und ließ ihm sagen: Herr,
bemüh dich nicht! Denn ich bin es nicht wert,
daß du mein Haus betrittst. 7 Deshalb habe
ich mich auch nicht für würdig gehalten,
selbst zu dir zu kommen. Sprich nur ein
Wort, dann muß mein Diener gesund wer-
den. 8 Auch ich muß Befehlen gehorchen,
und ich habe selber Soldaten unter mir; sage
ich nun zu einem: Geh!, so geht er, und zu ei-
nem andern: Komm!, so kommt er, und zu
meinem Diener: Tu das!, so tut er es. 9 Jesus
war erstaunt über ihn, als er das hörte. Und
er wandte sich um und sagte zu den Leuten,
die ihm folgten: Ich sage euch: Nicht einmal
in Israel habe ich einen solchen Glauben ge-
funden. 10 Und als die Männer, die der
Hauptmann geschickt hatte, in das Haus zu-
rückkehrten, stellten sie fest, daß der Diener
gesund war.

Joh 4,46–54

46 Jesus kam wieder nach Kana in Galiläa, wo
er das Wasser in Wein verwandelt hatte.
In Kafarnaum lebte ein königlicher Beamter;
dessen Sohn war krank. 47 Als er hörte, daß
Jesus von Judäa nach Galiläa gekommen war,
suchte er ihn auf und bat ihn, herabzukom-
men und seinen Sohn zu heilen; denn er lag im
Sterben. 48 Da sagte Jesus zu ihm: Wenn ihr
nicht Zeichen und Wunder seht, glaubt ihr
nicht. 49 Der Beamte bat ihn: Herr, komm
herab, ehe mein Kind stirbt. 50 Jesus erwiderte
ihm: Geh, dein Sohn lebt! Der Mann glaubte
dem Wort, das Jesus zu ihm gesagt hatte, und
machte sich auf den Weg. 51 Noch während er
unterwegs war, kamen ihm seine Diener ent-
gegen und sagten: Dein Junge lebt. 52 Da
fragte er sie genau nach der Stunde, in der die
Besserung eingetreten war. Sie antworteten:
Gestern in der siebten Stunde ist das Fieber
von ihm gewichen. 53 Da erkannte der Vater,
daß es genau zu der Stunde war, als Jesus zu
ihm gesagt hatte: Dein Sohn lebt. Und er
wurde gläubig mit seinem ganzen Haus. 54 So
tat Jesus ein zweites Zeichen, und zwar nach-
dem er von Judäa nach Galiläa gekommen
war.

Lk 7,11–17

11 Einige Zeit später ging er in eine Stadt na-
mens Naïn; seine Jünger und eine große
Menschenmenge folgten ihm. 12 Als er in die
Nähe des Stadttors kam, trug man gerade ei-
nen Toten heraus. Es war der einzige Sohn
seiner Mutter, einer Witwe. Und viele Leute
aus der Stadt begleiteten sie. 13 Als der Herr
die Frau sah, hatte er Mitleid mit ihr und
sagte zu ihr: Weine nicht! 14 Dann ging er zu
der Bahre hin und faßte sie an. Die Träger
blieben stehen, und er sagte: Ich befehle dir,
junger Mann: Steh auf! 15 Da richtete sich der
Tote auf und begann zu sprechen, UND Jesus
GAB IHN SEINER MUTTER ZURÜCK. 16 Alle

79. Die Frage Johannes' des Täufers

Mt 11,2–6 (vgl. Nr. 62)

[2] *Johannes hörte im Gefängnis von den Taten Christi. Da schickte er seine Jünger zu ihm* [3] *und ließ ihn fragen: Bist du der, der kommen soll, oder müssen wir auf einen andern warten?*

[4] *Jesus antwortete ihnen: Geht und berichtet Johannes, was ihr hört und seht:* [5] *»Blinde sehen wieder«, und »Lahme« gehen; Aussätzige werden rein, und »Taube hören; Tote stehen auf«, und »den Armen wird das Evangelium verkündet«.* [6] *Selig ist, wer an mir keinen Anstoß nimmt.*

80. Das Urteil Jesu über Johannes den Täufer. Das Gleichnis von den spielenden Kindern

Mt 11,7–11.16–19 (vgl. Nr. 63)

Mk 1,2 (vgl. Nr. 1)

[7] *Als sie gegangen waren, begann Jesus zu der Menge über Johannes zu reden; er sagte: Was habt ihr denn sehen wollen, als ihr in die Wüste hinausgegangen seid? Ein Schilfrohr, das im Wind schwankt?* [8] *Oder was habt ihr sehen wollen, als ihr hinausgegangen seid? Einen Mann in feiner Kleidung? Leute, die fein ge-*

wurden von Furcht ergriffen; sie priesen
Gott und sagten: Ein großer Prophet ist un-
ter uns aufgetreten: Gott hat sich seines Vol-
kes angenommen. [17] Und die Kunde davon
verbreitete sich überall in Judäa und im gan-
zen Gebiet ringsum.

15: 1Kön 17,23 / 16: 1,68.

Lk 7,18–23

[18] Johannes erfuhr das alles von seinen Jün-
gern. Da rief er zwei von ihnen zu sich,
[19] schickte sie zum Herrn und ließ ihn fragen:
Bist du der, der kommen soll, oder müssen
wir auf einen andern warten? [20] Als die bei-
den Männer zu Jesus kamen, sagten sie: Jo-
hannes der Täufer hat uns zu dir geschickt
und läßt dich fragen: Bist du der, der kom-
men soll, oder müssen wir auf einen andern
warten? [21] Damals heilte Jesus viele Men-
schen von ihren Krankheiten und Leiden,
befreite sie von bösen Geistern und schenkte
vielen Blinden das Augenlicht. [22] Er antwor-
tete den beiden: Geht und berichtet Johan-
nes, was ihr gesehen und gehört habt: BLINDE
SEHEN WIEDER, LAHME gehen, und Aussät-
zige werden rein; TAUBE HÖREN, TOTE STE-
HEN AUF, und DEN ARMEN WIRD DAS EVANGE-
LIUM VERKÜNDET. [23] Selig ist, wer an mir kei-
nen Anstoß nimmt.

22: Jes 26,19; 29,18; 35,5f; 61,1.

7,18–23 Vgl. die Anmerkung zu Mt 11,2–6.

Lk 7,24–35

[24] Als die Boten des Johannes weggegangen
waren, begann Jesus zu der Menge über Jo-
hannes zu reden; er sagte: Was habt ihr denn
sehen wollen, als ihr in die Wüste hinausge-
gangen seid? Ein Schilfrohr, das im Wind
schwankt? [25] Oder was habt ihr sehen wollen,
als ihr hinausgegangen seid? Einen Mann in
feiner Kleidung? Leute, die vornehm geklei-

kleidet sind, findet man in den Palästen der Könige. 9 Oder wozu seid ihr hinausgegangen? Um einen Propheten zu sehen? Ja, ich sage euch: Ihr habt sogar mehr gesehen als einen Propheten. 10 Er ist der, von dem es in der Schrift heißt:
»Ich sende meinen Boten vor dir her; / er soll den Weg« für dich »bahnen.«
11 Amen, das sage ich euch: Unter allen Menschen hat es keinen größeren gegeben als Johannes den Täufer; doch der Kleinste im Himmelreich ist größer als er.

2 Es begann, wie es bei dem Propheten Jesaja steht:
»Ich sende meinen Boten vor dir her; / er soll den Weg« für dich »bahnen.«

16 Mit wem soll ich diese Generation vergleichen? Sie gleicht Kindern, die auf dem Marktplatz sitzen und anderen Kindern zurufen: 17 Wir haben für euch auf der Flöte (Hochzeitslieder) gespielt, und ihr habt nicht getanzt; wir haben Klagelieder gesungen, und ihr habt euch nicht an die Brust geschlagen. 18 Johannes ist gekommen, er ißt nicht und trinkt nicht, und sie sagen: Er ist von einem Dämon besessen. 19 Der Menschensohn ist gekommen, er ißt und trinkt; darauf sagen sie: Dieser Fresser und Säufer, dieser Freund der Zöllner und Sünder! Und doch hat die Weisheit durch die Taten, die sie bewirkt hat, recht bekommen.

81. Die Begegnung Jesu mit der Sünderin. Das Gleichnis von den zwei Schuldnern

Mt 26,6–13 (vgl. Nr. 227)

6 7 Als Jesus in Betanien im Haus Simons des Aussätzigen bei Tisch war,

kam eine Frau
mit einem Alabastergefäß voll kostbarem, wohlriechendem Öl zu ihm und goß es über sein Haar.
8 Die Jünger wurden unwillig, als sie das sahen, und sagten: Wozu diese Verschwendung? 9 Man hätte das Öl teuer verkaufen und das Geld den Armen geben können.

Mk 14,3–9 (vgl. Nr. 227)

3 Als Jesus in Betanien im Haus Simons des Aussätzigen bei Tisch war,

kam eine Frau
mit einem Alabastergefäß voll echtem, kostbarem Nardenöl, zerbrach es und goß das Öl über sein Haar.
4 Einige aber wurden unwillig und sagten zueinander: Wozu diese Verschwendung? 5 Man hätte das Öl um mehr als dreihundert Denare verkaufen und das Geld den Armen

Lk 7,26–39

det sind und üppig leben, findet man in den
Palästen der Könige. 26 Oder was habt ihr se-
hen wollen, als ihr hinausgegangen seid? Ei-
nen Propheten? Ja, ich sage euch: Ihr habt
sogar mehr gesehen als einen Propheten.
27 Er ist der, von dem es in der Schrift heißt:
ICH SENDE MEINEN BOTEN VOR DIR HER; / ER
SOLL DEN WEG für dich BAHNEN.
28 Ich sage euch: Unter allen Menschen gibt
es keinen größeren als Johannes; doch der
Kleinste im Reich Gottes ist größer als er.
29 Das ganze Volk, das Johannes hörte, selbst
die Zöllner, sie alle haben den Willen Gottes
anerkannt und sich von Johannes taufen las-
sen. 30 Doch die Pharisäer und die Gesetzes-
lehrer haben den Willen Gottes mißachtet
und sich von Johannes nicht taufen lassen.
31 Mit wem soll ich also die Menschen dieser
Generation vergleichen? Wem sind sie ähn-
lich? 32 Sie sind wie Kinder, die auf dem
Marktplatz sitzen und einander zurufen: Wir
haben für euch auf der Flöte (Hochzeitslie-
der) gespielt, und ihr habt nicht getanzt; wir
haben Klagelieder gesungen, und ihr habt
nicht geweint. 33 Johannes der Täufer ist ge-
kommen, er ißt kein Brot und trinkt keinen
Wein, und ihr sagt: Er ist von einem Dämon
besessen. 34 Der Menschensohn ist gekom-
men, er ißt und trinkt; darauf sagt ihr: Dieser
Fresser und Säufer, dieser Freund der Zöll-
ner und Sünder! 35 Und doch hat die Weisheit
durch alle ihre Kinder recht bekommen.

27: Ex 23,20; Mal 3,1; Lk 1,76 / 33: 1,15 / 34: 5,30; 15,1f; 19,7; Mt 9,10f.

7,28 Unter allen Menschen, wörtlich: Unter allen von einer Frau Geborenen.

Zu Lk 7,29 Wörtlich: sie alle haben Gott recht gegeben.

Zu Lk 7,31–35 Vgl. die Anmerkung zu Mt 11,16–19.

Zu Lk 7,28 Thomasevangelium Logion 46, vgl. Nr. 63.

Lk 7,36–50

36 Jesus ging in das Haus eines Pharisäers, der
ihn zum Essen eingeladen hatte, und legte
sich zu Tisch. 37 Als nun eine Sünderin, die in
der Stadt lebte, erfuhr, daß er im Haus des
Pharisäers bei Tisch war, kam sie mit einem
Alabastergefäß voll wohlriechendem Öl
38 und trat von hinten an ihn heran. Dabei
weinte sie, und ihre Tränen fielen auf seine
Füße. Sie trocknete seine Füße mit ihrem
Haar, küßte sie und salbte sie mit dem Öl.
39 Als der Pharisäer, der ihn eingeladen hat-
te, das sah, dachte er: Wenn er wirklich ein

Joh 12,1–8

1 Sechs Tage vor dem Paschafest kam Jesus
nach Betanien, wo Lazarus war, den er von
den Toten auferweckt hatte. 2 Dort bereiteten
sie ihm ein Mahl; Marta bediente, und Laza-
rus war unter denen, die mit Jesus bei Tisch
waren. 3 Da nahm Maria ein Pfund echtes,
kostbares Nardenöl, salbte Jesus die Füße und
trocknete sie mit ihrem Haar. Das Haus
wurde vom Duft des Öls erfüllt. 4 Doch einer
von seinen Jüngern, Judas Iskariot, der ihn
später verriet, sagte: 5 Warum hat man dieses
Öl nicht für dreihundert Denare verkauft und

geben können. Und sie machten der Frau heftige Vorwürfe.

10 *Jesus bemerkte ihren Unwillen und sagte zu ihnen: Warum laßt ihr die Frau nicht in Ruhe? Sie hat ein gutes Werk an mir getan.* 11 *Denn die Armen habt ihr immer bei euch, mich aber habt ihr nicht immer.*

6 *Jesus aber sagte: Hört auf! Warum laßt ihr sie nicht in Ruhe? Sie hat ein gutes Werk an mir getan.* 7 *Denn die Armen habt ihr immer bei euch, und ihr könnt ihnen Gutes tun, so oft ihr wollt; mich aber habt ihr nicht immer.* 8 *Sie hat getan, was sie konnte.*

12 *Als sie das Öl über mich goß, hat sie meinen Leib für das Begräbnis gesalbt.*
13 *Amen, ich sage euch: Überall auf der Welt, wo dieses Evangelium verkündet wird, wird man sich an sie erinnern und erzählen, was sie getan hat.*

Sie hat im voraus meinen Leib für das Begräbnis gesalbt.
9 *Amen, ich sage euch: Überall auf der Welt, wo das Evangelium verkündet wird, wird man sich an sie erinnern und erzählen, was sie getan hat.*

82. Frauen im Gefolge Jesu

Mt 9,35; 27,55–56 (vgl. Nr. 56.246)

9,35 *Jesus zog durch alle Städte und Dörfer, lehrte in ihren Synagogen, verkündete das Evangelium vom Reich und heilte alle Krankheiten und Leiden.*
27,55 *Auch viele Frauen waren dort und sahen von weitem zu; sie waren Jesus seit der Zeit in Galiläa nachgefolgt und hatten ihm gedient.* 56 *Zu ihnen gehörten Maria aus Magdala, Ma-*

Mk 16,9 (vgl. S. 182)

9 *Als Jesus am frühen Morgen des ersten Wochentages auferstanden war, erschien er zuerst Maria aus Magdala, aus der er sieben Dämonen ausgetrieben hatte.*

Prophet wäre, müßte er wissen, was das für eine Frau ist, von der er sich berühren läßt; er wüßte, daß sie eine Sünderin ist. [40] Da wandte sich Jesus an ihn und sagte: Simon, ich möchte dir etwas sagen. Er erwiderte: Sprich, Meister! [41] (Jesus sagte:) Ein Geldverleiher hatte zwei Schuldner; der eine war ihm fünfhundert Denare schuldig, der andere fünfzig. [42] Als sie ihre Schulden nicht bezahlen konnten, erließ er sie beiden. Wer von ihnen wird ihn nun mehr lieben? [43] Simon antwortete: Ich nehme an, der, dem er mehr erlassen hat. Jesus sagte zu ihm: Du hast recht. [44] Dann wandte er sich der Frau zu und sagte zu Simon: Siehst du diese Frau? Als ich in dein Haus kam, hast du mir kein Wasser zum Waschen der Füße gegeben; sie aber hat ihre Tränen über meinen Füßen vergossen und sie mit ihrem Haar abgetrocknet. [45] Du hast mir (zur Begrüßung) keinen Kuß gegeben; sie aber hat mir, seit ich hier bin, unaufhörlich die Füße geküßt. [46] Du hast mir nicht das Haar mit Öl gesalbt; sie aber hat mir mit ihrem wohlriechenden Öl die Füße gesalbt.

[47] Deshalb sage ich dir: Ihr sind ihre vielen Sünden vergeben, weil sie (mir) so viel Liebe gezeigt hat. Wem aber nur wenig vergeben wird, der zeigt auch nur wenig Liebe. [48] Dann sagte er zu ihr: Deine Sünden sind dir vergeben. [49] Da dachten die anderen Gäste: Wer ist das, daß er sogar Sünden vergibt? [50] Er aber sagte zu der Frau: Dein Glaube hat dir geholfen. Geh in Frieden!

42: Mt 18,27 / 49: 5,21 / 50: 8,48; 18,42; Mt 9,22; Mk 5,34; 10,52.

Lk 8,1–3

[1] In der folgenden Zeit wanderte er von Stadt zu Stadt und von Dorf zu Dorf und verkündete das Evangelium vom Reich Gottes. Die Zwölf begleiteten ihn, [2] außerdem einige Frauen, die er von bösen Geistern und von Krankheiten geheilt hatte: Maria Magdalene, aus der sieben Dämonen ausgefahren waren, [3] Johanna, die Frau des Chuzas, eines

den Erlös den Armen gegeben? [6] Das sagte er aber nicht, weil er ein Herz für die Armen gehabt hätte, sondern weil er ein Dieb war; er hatte nämlich die Kasse und veruntreute die Einkünfte. [7] Jesus erwiderte: Laß sie, damit sie es für den Tag meines Begräbnisses tue. [8] Die Armen habt ihr immer bei euch, mich aber habt ihr nicht immer bei euch.

Zu Lk 7,38f Die Berührung durch Sünder machte unrein; vgl. die Anmerkung zu Mk 7,1–8.

Zu Lk 7,44 Wörtlich: hast du mir kein Wasser über die Füße gegossen.

ria, die Mutter des Jakobus und des Josef, und die Mutter der Söhne des Zebedäus.

83. Urteile über Jesus (vgl. Nr. 55)

Mt 12,22–24

22 Damals brachte man zu ihm einen Besessenen, der blind und stumm war. Jesus heilte ihn, so daß der Stumme wieder reden und sehen konnte. 23 Da gerieten alle Leute außer sich und sagten: Ist er etwa der Sohn Davids? 24 Als die Pharisäer das hörten, sagten sie: Nur mit Hilfe von Beelzebul, dem Anführer der Dämonen, kann er die Dämonen austreiben.

22–24: 9,32–34 / 24: 10,25.

12,24 Beelzebul – ursprüngliche Bedeutung: Mistgott (Mist, d.h. das heidnische Opfer), oder: Herr der Wohnungen (von Dämonen), oder: Herr der Fliegen (d.h. Krankheiten) – wird hier mit Satan, dem Anführer aller bösen Geister, gleichgesetzt. – Unter Dämonen verstand man »böse« oder »unreine« Geister, die in Menschen oder Tieren hausten, schwere Krankheiten seelischer oder leiblicher Art verursachten und so die Menschen versklavten (vgl. Mk 5,9.11; 6,13; Mt 9,32; 12,45; Lk 10,17–20; 13,11 u.ö.).

Mk 3,20–22

20 Jesus ging in ein Haus, und wieder kamen so viele Menschen zusammen, daß er und die Jünger nicht einmal mehr essen konnten. 21 Als seine Angehörigen davon hörten, machten sie sich auf den Weg, um ihn mit Gewalt zurückzuholen; denn sie sagten: Er ist von Sinnen.

22 Die Schriftgelehrten, die von Jerusalem herabgekommen waren, sagten: Er ist von Beelzebul besessen; mit Hilfe des Anführers der Dämonen treibt er die Dämonen aus.

21: Joh 7,5 / 22: Mt 9,34; 10,25.

84. Verteidigungsrede Jesu

Mt 12,25–37

25 Doch Jesus wußte, was sie dachten, und sagte zu ihnen:
Jedes Reich, das in sich gespalten ist, geht zugrunde, und keine Stadt und keine Familie, die in sich gespalten ist, wird Bestand haben. 26 Wenn also der Satan den Satan austreibt, dann liegt der Satan mit sich selbst im Streit. Wie kann sein Reich dann Bestand haben? 27 Und wenn ich die Dämonen durch Beelzebul austreibe, durch wen treiben dann

Mk 3,23–30; *9,40* (vgl. Nr. 127)

3,23 Da rief er sie zu sich und belehrte sie in Form von Gleichnissen: Wie kann der Satan den Satan austreiben? 24 Wenn ein Reich in sich gespalten ist, kann es keinen Bestand haben. 25 Wenn eine Familie in sich gespalten ist, kann sie keinen Bestand haben. 26 Und wenn sich der Satan gegen sich selbst erhebt und mit sich selbst im Streit liegt, kann er keinen Bestand haben, sondern es ist um ihn geschehen.

(Lk 8,3)

Beamten des Herodes, Susanna und viele andere. Sie alle unterstützten Jesus und die Jünger mit dem, was sie besaßen.

2: 23,49 / 3: 24,10.

Lk 11,14–16 (vgl. Nr. 146)

[14]*Jesus trieb einen Dämon aus, der stumm war. Als der Dämon den Stummen verlassen hatte, konnte der Mann reden. Alle Leute staunten.*
[15]*Einige von ihnen aber sagten: Mit Hilfe von Beelzebul, dem Anführer der Dämonen, treibt er die Dämonen aus.* [16]*Andere wollten ihn auf die Probe stellen und forderten von ihm ein Zeichen vom Himmel.*

Joh 10,20

[20]*Viele von ihnen sagten: Er ist von einem Dämon besessen und redet im Wahn. Warum hört ihr ihm zu?*

Lk 11,17–23; 12,10; 6,43–45 (vgl. Nr. 146.152.75)

[11,17]*Doch er wußte, was sie dachten, und sagte zu ihnen: Jedes Reich, das in sich gespalten ist, wird veröden, und ein Haus ums andere stürzt ein.*
[18]*Wenn also der Satan mit sich selbst im Streit liegt, wie kann sein Reich dann Bestand haben? Ihr sagt doch, daß ich die Dämonen mit Hilfe von Beelzebul austreibe.* [19]*Wenn ich die Dämonen durch Beelzebul austreibe, durch*

(Mt 7,16–20) (vgl. Nr. 39)

eure Anhänger sie aus? Sie selbst also sprechen euch das Urteil.
[28] Wenn ich aber die Dämonen durch den Geist Gottes austreibe, dann ist das Reich Gottes schon zu euch gekommen. [29] Wie kann einer in das Haus eines starken Mannes einbrechen und ihm den Hausrat rauben, wenn er den Mann nicht vorher fesselt? Erst dann kann er sein Haus plündern.

[30] Wer nicht für mich ist, der ist gegen mich; wer nicht mit mir sammelt, der zerstreut.
[31] Darum sage ich euch: Jede Sünde und Lästerung wird den Menschen vergeben werden, aber die Lästerung gegen den Geist wird nicht vergeben. [32] Auch dem, der etwas gegen den Menschensohn sagt, wird vergeben werden; wer aber etwas gegen den Heiligen Geist sagt, dem wird nicht vergeben, weder in dieser noch in der zukünftigen Welt.

[33] Entweder der Baum ist gut – dann sind auch seine Früchte gut. Oder: der Baum ist schlecht – dann sind auch seine Früchte schlecht. An den Früchten also erkennt man den Baum. [34] Ihr Schlangenbrut, wie könnt ihr Gutes reden, wenn ihr böse seid? Denn wovon das Herz voll ist, davon spricht der Mund. [35] Ein guter Mensch bringt Gutes hervor, weil er Gutes in sich hat, und ein böser Mensch bringt Böses hervor, weil er Böses in sich hat.
[36] Ich sage euch: Über jedes unnütze Wort, das die Menschen reden, werden sie am Tag des Gerichts Rechenschaft ablegen müssen; [37] denn aufgrund deiner Worte wirst du freigesprochen, und aufgrund deiner Worte wirst du verurteilt werden.

28: Lk 17,21 / 29: Jes 49,24 / 33: 7,17f / 34: 3,8.

[27] Es kann aber auch keiner in das Haus eines starken Mannes einbrechen und ihm den Hausrat rauben, wenn er den Mann nicht vorher fesselt; erst dann kann er sein Haus plündern.

[9,40] *Denn wer nicht gegen uns ist, der ist für uns.*
[3,28] Amen, das sage ich euch: Alle Vergehen und Lästerungen werden den Menschen vergeben werden, so viel sie auch lästern mögen;

[29] wer aber den Heiligen Geist lästert, der findet in Ewigkeit keine Vergebung, sondern seine Sünde wird ewig an ihm haften. [30] Sie hatten nämlich gesagt: Er ist von einem unreinen Geist besessen.

22: Mt 9,34; 10,25 / 27: Jes 49,24 / 30: Joh 10,20.

3,22–30 Vgl. die Anmerkung zu Mt 12,24.

Zu Mt 12,27 Anhänger, wörtlich: Söhne.

Zu Mt 12,35 Wörtlich: Ein guter Mensch bringt aus dem guten Schatz Gutes hervor, und ein böser Mensch bringt aus dem bösen Schatz Böses hervor.

85. Die Verweigerung eines Zeichens (vgl. Nr. 116)

Mt 12,38–42

[38] Zu dieser Zeit sagten einige Schriftgelehrte und Pharisäer zu ihm: Meister, wir möchten von dir ein Zeichen sehen. [39] Er antwortete ihnen:
Diese böse und treulose Generation fordert ein Zeichen, aber es wird ihr kein anderes gegeben werden als das Zeichen des Prophe-

Mk 8,11–13 (vgl. Nr. 116)

[11] *Da kamen die Pharisäer und begannen ein Streitgespräch mit ihm; sie forderten von ihm ein Zeichen vom Himmel, um ihn auf die Probe zu stellen.* [12] *Da seufzte er tief auf und sagte: Was fordert diese Generation ein Zeichen? Amen, das sage ich euch: Dieser Generation wird niemals ein Zeichen gegeben wer-*

(Lk 8,3)

wen treiben dann eure Anhänger sie aus? Sie selbst also sprechen euch das Urteil. [20] *Wenn ich aber die Dämonen durch den Finger Gottes austreibe, dann ist doch das Reich Gottes schon zu euch gekommen.* [21] *Solange ein bewaffneter starker Mann seinen Hof bewacht, ist sein Besitz sicher;* [22] *wenn ihn aber ein Stärkerer angreift und besiegt, dann nimmt ihm der Stärkere all seine Waffen weg, auf die er sich verlassen hat, und verteilt die Beute.* [23] *Wer nicht für mich ist, der ist gegen mich; wer nicht mit mir sammelt, der zerstreut.*

[12,10] *Jedem, der etwas gegen den Menschensohn sagt, wird vergeben werden; wer aber den Heiligen Geist lästert, dem wird nicht vergeben.*

[6,43] *Es gibt keinen guten Baum, der schlechte Früchte hervorbringt, noch einen schlechten Baum, der gute Früchte hervorbringt.* [44] *Jeden Baum erkennt man an seinen Früchten: Von den Disteln pflückt man keine Feigen, und vom Dornstrauch erntet man keine Trauben.* [45] *Ein guter Mensch bringt Gutes hervor, weil in seinem Herzen Gutes ist; und ein böser Mensch bringt Böses hervor, weil in seinem Herzen Böses ist. Wovon das Herz voll ist, davon spricht der Mund.*

[16] *An ihren Früchten werdet ihr sie erkennen. Erntet man etwa von Dornen Trauben oder von Disteln Feigen?* [17] *Jeder gute Baum bringt gute Früchte hervor, ein schlechter Baum aber schlechte.* [18] *Ein guter Baum kann keine schlechten Früchte hervorbringen und ein schlechter Baum keine guten.* [19] *Jeder Baum, der keine guten Früchte hervorbringt, wird umgehauen und ins Feuer geworfen.* [20] *An ihren Früchten also werdet ihr sie erkennen.*

Zu Mt 12,25–29 par. Thomasevangelium Logion 35: Unmöglich ist es, in das Haus des Starken zu gehen und es zu nehmen, außer man bindet dessen Hände. Dann wird er dessen Haus durcheinander bringen.

Zu Mt 12,33ff Thomasevangelium Logion 45: Man liest nicht Trauben von den Dornen und Feigen von den Disteln. Ein guter Mensch bringt Gutes aus seinem Schatz, ein schlechter Schlechtes aus seinem schlechten Schatz, der in seinem Herzen ist. Und er sagt Schlechtes, denn aus der Fülle des Herzens bringt er Schlechtes hervor.

Lk 11,29–32 (vgl. Nr. 149)

[29] *Als immer mehr Menschen zu ihm kamen, sagte er:*

Diese Generation ist böse. Sie fordert ein Zeichen; aber es wird ihr kein anderes gegeben werden als das Zeichen des Jona. [30] *Denn wie*

(Mt 16,1.2.4) (vgl. Nr. 116)

[1] *Da kamen die Pharisäer und Sadduzäer zu Jesus, um ihn auf die Probe zu stellen. Sie baten ihn: Laß uns ein Zeichen vom Himmel sehen.* [2] *Er antwortete ihnen:* [[3]]
[4] *Diese böse und treulose Generation fordert ein Zeichen, aber es wird ihr kein anderes gegeben werden als das Zeichen des Jona. Und*

ten Jona. 40 Denn wie JONA DREI TAGE UND DREI NÄCHTE IM BAUCH DES FISCHES war, so wird auch der Menschensohn drei Tage und drei Nächte im Innern der Erde sein. 41 Die Männer von Ninive werden beim Gericht gegen diese Generation auftreten und sie verurteilen; denn sie haben sich nach der Predigt des Jona bekehrt. Hier aber ist einer, der mehr ist als Jona. 42 Die Königin des Südens wird beim Gericht gegen diese Generation auftreten und sie verurteilen; denn sie kam vom Ende der Erde, um die Weisheit Salomos zu hören. Hier aber ist einer, der mehr ist als Salomo.

38–40: Joh 6,30; 1Kor 1,22 / 40: Jona 2,1; Mt 27,63 / 41: Jona 3,5 / 42: 1Kön 10,1–10.

den. 13 *Und er verließ sie, stieg in das Boot und fuhr ans andere Ufer.*

Zu Mt 12,39 treulose, wörtlich: ehebrecherische (vgl. Mt 16,4; Mk 8,38). Das Wort wird hier, wie schon bei den Propheten, im übertragenen Sinn gebraucht (vgl. Ez 16,15–34; Hos 2–3).

86. Von der Rückkehr der unreinen Geister

Mt 12,43–45

43 Ein unreiner Geist, der einen Menschen verlassen hat, wandert durch die Wüste und sucht einen Ort, wo er bleiben kann. Wenn er aber keinen findet, 44 dann sagt er: Ich will in mein Haus zurückkehren, das ich verlassen habe. Und wenn er es bei seiner Rückkehr leer antrifft, sauber und geschmückt, 45 dann geht er und holt sieben andere Geister, die noch schlimmer sind als er selbst. Sie ziehen dort ein und lassen sich nieder. So wird es mit diesem Menschen am Ende schlimmer werden als vorher. Dieser bösen Generation wird es genauso gehen.

45: 2Petr 2,20.

87. Von den wahren Verwandten Jesu

Mt 12,46–50

46 Als Jesus noch mit den Leuten redete, standen seine Mutter und seine Brüder vor dem Haus und wollten mit ihm sprechen. 47 Da sagte jemand zu ihm: Deine Mutter und deine Brüder stehen draußen und wollen mit dir sprechen.

48 Dem, der ihm das gesagt hatte, erwiderte er: Wer ist meine Mutter, und wer sind meine Brüder?

Mk 3,31–35

31 Da kamen seine Mutter und seine Brüder; sie blieben vor dem Haus stehen und ließen ihn herausrufen. 32 Es saßen viele Leute um ihn herum, und man sagte zu ihm: Deine Mutter und deine Brüder stehen draußen und fragen nach dir.

33 Er erwiderte: Wer ist meine Mutter, und wer sind meine Brüder?

Jona für die Einwohner von Ninive ein Zeichen war, so wird es auch der Menschensohn für diese Generation sein.

er ließ sie stehen und ging weg.

32 *Die Männer von Ninive werden beim Gericht gegen diese Generation auftreten und sie verurteilen; denn sie haben sich nach der Predigt des Jona bekehrt. Hier aber ist einer, der mehr ist als Jona.* 31 *Die Königin des Südens wird beim Gericht gegen die Männer dieser Generation auftreten und sie verurteilen; denn sie kam vom Ende der Erde, um die Weisheit Salomos zu hören. Hier aber ist einer, der mehr ist als Salomo.*

Lk 11,24–26 (vgl. Nr. 147)

24 *Ein unreiner Geist, der einen Menschen verlassen hat, wandert durch die Wüste und sucht einen Ort, wo er bleiben kann. Wenn er keinen findet, sagt er: Ich will in mein Haus zurückkehren, das ich verlassen habe.* 25 *Und wenn er es bei seiner Rückkehr sauber und geschmückt antrifft,* 26 *dann geht er und holt sieben andere Geister, die noch schlimmer sind als er selbst. Sie ziehen dort ein und lassen sich nieder. So wird es mit diesem Menschen am Ende schlimmer werden als vorher.*

Lk 8,19–21 (vgl. Nr. 101)

Joh 15,14

19 *Eines Tages kamen seine Mutter und seine Brüder zu ihm; sie konnten aber wegen der vielen Leute nicht zu ihm gelangen.*
20 *Da sagte man ihm: Deine Mutter und deine Brüder stehen draußen und möchten dich sehen.* 21 *Er erwiderte:*

49 Und er streckte die Hand über seine Jün-
ger aus und sagte: Das hier sind meine Mut-
ter und meine Brüder.
50 Denn wer den Willen meines himmlischen
Vaters erfüllt, der ist für mich Bruder und
Schwester und Mutter.

12,46f Die Worte »Bruder« und »Schwester« können nach hebräischem, aramäischem und griechischem Sprachgebrauch auch als Kurzbezeichnung für Verwandte im weiteren Sinn gebraucht werden (vgl. Gen 13,8; 14,14; 24,48; u.ö.). Zum Ganzen vgl. die Aussagen des Neuen Testaments über die »Brüder Jesu« bzw. die »Brüder des Herrn«: Mt 13,54–58; Mk 6,1–6; Joh 7,3–5; Apg 1,14; 1Kor 9,5; Gal 1,19; auch Mt 27,56; Mk 15,40.47; 16,1.

12,47 Dieser Vers fehlt bei einigen wichtigen alten Textzeugen.

34 Und er blickte auf die Menschen, die im
Kreis um ihn herumsaßen, und sagte: Das
hier sind meine Mutter und meine Brüder.
35 Wer den Willen Gottes erfüllt, der ist für
mich Bruder und Schwester und Mutter.

3,31–35 Vgl. die Anmerkung zu Mt 12,46f.

3,32 Einige Textzeugen fügen nach »Brüder« hinzu: und deine Schwestern.

88. Das Gleichnis vom Sämann

Mt 13,1–9

1 An jenem Tag verließ Jesus das Haus und
setzte sich an das Ufer des Sees. 2 Da ver-
sammelte sich eine große Menschenmenge
um ihn. Er stieg deshalb in ein Boot und
setzte sich; die Leute aber standen am Ufer.
3 Und er sprach lange zu ihnen in Form von
Gleichnissen. Er sagte: Ein Sämann ging
aufs Feld, um zu säen. 4 Als er säte, fiel ein
Teil der Körner auf den Weg, und die Vögel
kamen und fraßen sie.
5 Ein anderer Teil fiel auf felsigen Boden, wo
es nur wenig Erde gab, und ging sofort auf,
weil das Erdreich nicht tief war; 6 als aber die
Sonne hochstieg, wurde die Saat versengt
und verdorrte, weil sie keine Wurzeln hatte.
7 Wieder ein anderer Teil fiel in die Dornen,
und die Dornen wuchsen und erstickten die
Saat.
8 Ein anderer Teil schließlich fiel auf guten
Boden und brachte Frucht, teils hundertfach,
teils sechzigfach, teils dreißigfach.

9 Wer Ohren hat, der höre!

9: 11,15.

13,1–53 In der Rede über das Himmelreich faßt Matthäus sieben Gleichnisse zusammen, die vom Reich Gottes handeln. Drei dieser Gleichnisse finden sich auch bei Lukas, davon zwei auch bei Markus, vier gehören zum Sondergut des Evangelisten: Unkraut unter dem Weizen, Schatz und Perle, Fischnetz. Alle Himmelreichsgleichnisse setzen voraus, daß das Reich Gottes bereits mit dem Wirken Jesu anbricht.

Mk 4,1–9

1 Ein andermal lehrte er wieder am Ufer des
Sees, und sehr viele Menschen versammelten
sich um ihn. Er stieg deshalb in ein Boot auf
dem See und setzte sich; die Leute aber stan-
den am Ufer. 2 Und er sprach lange zu ihnen
und lehrte sie in Form von Gleichnissen. Bei
dieser Belehrung sagte er zu ihnen: 3 Hört!
Ein Sämann ging aufs Feld, um zu säen. 4 Als
er säte, fiel ein Teil der Körner auf den Weg,
und die Vögel kamen und fraßen sie.
5 Ein anderer Teil fiel auf felsigen Boden, wo
es nur wenig Erde gab, und ging sofort auf,
weil das Erdreich nicht tief war; 6 als aber die
Sonne hochstieg, wurde die Saat versengt
und verdorrte, weil sie keine Wurzeln hatte.
7 Wieder ein anderer Teil fiel in die Dornen,
und die Dornen wuchsen und erstickten die
Saat, und sie brachte keine Frucht.
8 Ein anderer Teil schließlich fiel auf guten
Boden und brachte Frucht; die Saat ging auf
und wuchs empor und trug dreißigfach, ja
sechzigfach und hundertfach.
9 Und Jesus sprach:
Wer Ohren hat zum Hören, der höre!

9: Mt 11,15.

4,1–34 In diesem Kapitel sind drei Saatgleichnisse (s. die Verse 3.26.31) gesammelt; dazu kommen eine nachträgliche allegorische Deutung des ersten Gleichnisses (Verse 13–20) und mehrere Sprüche (Verse 21–24). Ursprünglich sind die Gleichnisse Jesu nicht als Allegorien gemeint, die Zug um Zug auf die Wirklichkeit übertragen werden können, sondern sie stellen jeweils als ein Ganzes einen Grundgedanken bildhaft dar.

Meine Mutter und meine Brüder sind die, die das Wort Gottes hören und danach handeln.

[14]*Ihr seid meine Freunde, wenn ihr tut, was ich euch auftrage.*

Zu Mt 12,46–50 par. Ebionäerevangelium (Epiphanius, Haer. 30,14,5): Daß er ein Mensch sei, leugnen sie (sc. die Ebionäer) offenbar auf Grund des Wortes, das der Heiland sprach, als ihm mitgeteilt wurde: Siehe, deine Mutter und deine Brüder stehen draußen. Da sagte er nämlich: Wer ist meine Mutter und meine Brüder? Und er streckte seine Hand über seine Jünger aus und sprach: Diese sind meine Brüder und Mutter und Schwestern, die den Willen meines Vaters tun.

Lk 8,4–8

4 Als die Leute aus allen Städten zusammenströmten und sich viele Menschen um ihn versammelten, erzählte er ihnen dieses Gleichnis:

5 Ein Sämann ging aufs Feld, um seinen Samen auszusäen. Als er säte, fiel ein Teil der Körner auf den Weg; sie wurden zertreten,
und die Vögel des Himmels fraßen sie.
6 Ein anderer Teil fiel auf Felsen,

und als die Saat aufging, verdorrte sie, weil es ihr an Feuchtigkeit fehlte.
7 Wieder ein anderer Teil fiel mitten in die Dornen, und die Dornen wuchsen zusammen mit der Saat hoch und erstickten sie.
8 Ein anderer Teil schließlich fiel auf guten Boden, ging auf und brachte hundertfach Frucht.

Als Jesus das gesagt hatte, rief er:
Wer Ohren hat zum Hören, der höre!

8: Mt 11,15.

89. Sinn und Zweck der Gleichnisse

Mt 13,10–15

[10]Da kamen die Jünger zu ihm und sagten:
Warum redest du zu ihnen in Gleichnissen?
[11]Er antwortete: Euch ist es gegeben, die
Geheimnisse des Himmelreichs zu erken-
nen; ihnen aber ist es nicht gegeben. [12]Denn
wer hat, dem wird gegeben, und er wird im
Überfluß haben; wer aber nicht hat, dem
wird auch noch weggenommen, was er hat.
[13]Deshalb rede ich zu ihnen in Gleichnissen,
weil sie sehen und doch nicht sehen, weil sie
hören und doch nicht hören und nichts ver-
stehen. [14]An ihnen erfüllt sich die Weissa-
gung Jesajas:
HÖREN SOLLT IHR, HÖREN, ABER NICHT VER-
STEHEN; / SEHEN SOLLT IHR, SEHEN, ABER
NICHT ERKENNEN.
[15]DENN DAS HERZ DIESES VOLKES IST HART
GEWORDEN, / UND MIT IHREN OHREN HÖREN
SIE NUR SCHWER, / UND IHRE AUGEN HALTEN
SIE GESCHLOSSEN, / DAMIT SIE MIT IHREN AU-
GEN NICHT SEHEN / UND MIT IHREN OHREN
NICHT HÖREN, / DAMIT SIE MIT IHREM HERZEN
NICHT ZUR EINSICHT KOMMEN, / DAMIT SIE
SICH NICHT BEKEHREN UND ICH SIE NICHT
HEILE.

12: 25,29; Mk 4,25; Lk 19,26 / 14f: Jes 6,9f; Apg 28,26f.

Mk 4,10–12.*25* (vgl. Nr. 92)

[10]Als er mit seinen Begleitern und den Zwölf
allein war, fragten sie ihn nach dem Sinn sei-
ner Gleichnisse. [11]Da sagte er zu ihnen:
Euch ist das Geheimnis des Reiches Gottes
anvertraut;
[25]*denn wer hat, dem wird gegeben; wer aber*
nicht hat, dem wird auch noch weggenom-
men, was er hat,
denen aber, die draußen sind, wird alles in
Gleichnissen gesagt; [12]denn
SEHEN SOLLEN SIE, SEHEN, ABER NICHT ER-
KENNEN; / HÖREN SOLLEN SIE, HÖREN, ABER
NICHT VERSTEHEN, / DAMIT SIE SICH NICHT BE-
KEHREN / UND IHNEN NICHT VERGEBEN WIRD.

12: Jes 6,9f; Apg 28,26f.

90. Die Seligpreisung der Jünger

Mt 13,16–17

[16]Ihr aber seid selig, denn eure Augen sehen
und eure Ohren hören. [17]Amen, ich sage
euch: Viele Propheten und Gerechte haben
sich danach gesehnt zu sehen, was ihr seht,
und haben es nicht gesehen, und zu hören,
was ihr hört, und haben es nicht gehört.

17: 1Petr 1,10–12.

91. Die Deutung des Gleichnisses vom Sämann

Mt 13,18–23

[18]Hört also, was das Gleichnis vom Sämann
bedeutet.

Mk 4,13–20

[13]Und er sagte zu ihnen: Wenn ihr schon die-
ses Gleichnis nicht versteht, wie wollt ihr
dann all die anderen Gleichnisse verstehen?

Lk 8,9–10.*18* (vgl. Nr. 92)

9 Seine Jünger fragten ihn, was das Gleichnis bedeute.
10a Da sagte er:
Euch ist es gegeben, die Geheimnisse des Reiches Gottes zu erkennen.
18 *Denn wer hat, dem wird gegeben; wer aber nicht hat, dem wird auch noch weggenommen, was er zu haben meint.*
10b Zu den anderen Menschen aber wird nur in Gleichnissen geredet; denn SIE SOLLEN SEHEN UND DOCH NICHT SEHEN, HÖREN UND DOCH NICHT VERSTEHEN.

10: Jes 6,9; Apg 28,26.

Joh 12,40

40 *»Er hat ihre Augen blind gemacht und ihr Herz hart, damit sie mit ihren Augen nicht sehen und mit ihrem Herzen nicht zur Einsicht kommen, damit sie sich nicht bekehren und ich sie nicht heile.«*

Lk 10,23–24 (vgl. Nr. 139)

23 *Jesus wandte sich an die Jünger und sagte zu ihnen allein: Selig sind die, deren Augen sehen, was ihr seht.* 24 *Ich sage euch: Viele Propheten und Könige wollten sehen, was ihr seht, und haben es nicht gesehen, und wollten hören, was ihr hört, und haben es nicht gehört.*

Lk 8,11–15

11 Das ist der Sinn des Gleichnisses: Der Samen ist das Wort Gottes.

[19] Immer wenn ein Mensch das Wort vom Reich hört und es nicht versteht, kommt der Böse und nimmt alles weg, was diesem Menschen ins Herz gesät wurde; hier ist der Samen auf den Weg gefallen. [20] Auf felsigen Boden ist der Samen bei dem gefallen, der das Wort hört und sofort freudig aufnimmt, [21] aber keine Wurzeln hat, sondern unbeständig ist;
sobald er um des Wortes willen bedrängt oder verfolgt wird, kommt er zu Fall. [22] In die Dornen ist der Samen bei dem gefallen, der das Wort zwar hört, aber dann ersticken es die Sorgen dieser Welt und der trügerische Reichtum, und es bringt keine Frucht.

[23] Auf guten Boden ist der Samen bei dem gesät, der das Wort hört und es auch versteht; er bringt dann Frucht, hundertfach oder sechzigfach oder dreißigfach.

22: 1Tim 6,9.

[14] Der Sämann sät das Wort. [15] Auf den Weg fällt das Wort bei denen, die es zwar hören, aber sofort kommt der Satan und nimmt das Wort weg, das in sie gesät wurde. [16] Ähnlich ist es bei den Menschen, bei denen das Wort auf felsigen Boden fällt: Sobald sie es hören, nehmen sie es freudig auf;
[17] aber sie haben keine Wurzeln, sondern sind unbeständig,
und wenn sie dann um des Wortes willen bedrängt oder verfolgt werden, kommen sie sofort zu Fall. [18] Bei anderen fällt das Wort in die Dornen; sie hören es zwar, [19] aber die Sorgen der Welt, der trügerische Reichtum und die Gier nach all den anderen Dingen machen sich breit und ersticken es, und es bringt keine Frucht.
[20] Auf guten Boden ist das Wort bei denen gesät, die es hören und aufnehmen und Frucht bringen, dreißigfach, ja sechzigfach und hundertfach.

19: 1Tim 6,9.

92. Vom rechten Hören

Mt 5,15; 10,26; 7,2; 13,12
(vgl. Nr. 19.58.35.89)

[5,15] *Man zündet auch nicht ein Licht an und stülpt ein Gefäß darüber, sondern man stellt es auf den Leuchter; dann leuchtet es allen im Haus.*
[10,26] *Darum fürchtet euch nicht vor ihnen! Denn nichts ist verhüllt, was nicht enthüllt wird, und nichts ist verborgen, was nicht bekannt wird.*
[7,2] *Denn wie ihr richtet, so werdet ihr gerichtet werden, und nach dem Maß, mit dem ihr meßt und zuteilt, wird euch zugeteilt werden.*

[13,12] *Denn wer hat, dem wird gegeben, und er wird im Überfluß haben; wer aber nicht hat, dem wird auch noch weggenommen, was er hat.*

Mk 4,21–25

[21] Er sagte zu ihnen: Zündet man etwa ein Licht an und stülpt ein Gefäß darüber oder stellt es unter das Bett? Stellt man es nicht auf den Leuchter? [22] Es gibt nichts Verborgenes, das nicht offenbar wird, und nichts Geheimes, das nicht an den Tag kommt. [23] Wenn einer Ohren hat zum Hören, so höre er!
[24] Weiter sagte er: Achtet auf das, was ihr hört! Nach dem Maß, mit dem ihr meßt und zuteilt, wird euch zugeteilt werden, ja, es wird euch noch mehr gegeben.
[25] Denn wer hat, dem wird gegeben; wer aber nicht hat, dem wird auch noch weggenommen, was er hat.

21: Lk 11,33 / 22: Lk 12,2 / 23: Mt 11,15 / 24: Lk 6,38 / 25: Mt 25,29; Lk 19,26.

4,21 Vgl. die Anmerkung zu Mt 5,15.

Lk 8,12–18

12 Auf den Weg ist der Samen bei denen ge-
fallen, die das Wort zwar hören,
denen es aber der Teufel dann aus dem Her-
zen reißt, damit sie nicht glauben und nicht
gerettet werden. 13 Auf den Felsen ist der
Samen bei denen gefallen, die das Wort freu-
dig aufnehmen, wenn sie es hören;
aber sie haben keine Wurzeln: Eine Zeitlang
glauben sie, doch in der Zeit der Prüfung
werden sie abtrünnig.

14 Unter die Dornen ist der Samen bei denen
gefallen, die das Wort zwar hören, dann aber
weggehen und in den Sorgen, dem Reichtum
und den Genüssen des Lebens ersticken, de-
ren Frucht also nicht reift.
15 Auf guten Boden ist der Samen bei denen
gefallen, die das Wort mit gutem und aufrich-
tigem Herzen hören, daran festhalten und
durch ihre Ausdauer Frucht bringen.

8,15 durch ihre Ausdauer, andere Übersetzungsmöglichkeiten: beharrlich; oder: voll Geduld.

Lk 8,16–18

16 Niemand zündet ein Licht an und deckt es
mit einem Gefäß zu oder stellt es unter das
Bett, sondern man stellt das Licht auf den
Leuchter, damit alle, die eintreten, es leuch-
ten sehen. 17 Es gibt nichts Verborgenes, das
nicht offenbar wird, und nichts Geheimes,
das nicht bekannt wird und an den Tag
kommt. 18 Gebt also acht, daß ihr richtig zu-
hört!

Denn wer hat, dem wird gegeben; wer aber nicht hat, dem wird auch noch weggenommen, was er zu haben meint.

16: 11,33 / 17: 12,2 / 18: 19,26; Mt 25,29.

Zu Lk 8,17 par. Papyrus Oxyrhynchos 654,27–31: Jesus spricht: Alles, was nicht vor deinem Blick liegt und vor dir verborgen ist, wird offenbart werden. Nichts ist verborgen, was nicht offenbart werden wird, und begraben, was nicht auferweckt werden wird.

93. Das Gleichnis vom Wachsen der Saat

Mk 4,26–29

26 Er sagte: Mit dem Reich Gottes ist es so,
wie wenn ein Mann Samen auf seinen Acker
sät; 27 dann schläft er und steht wieder auf, es
wird Nacht und wird Tag, der Samen keimt
und wächst, und der Mann weiß nicht, wie.
28 Die Erde bringt von selbst ihre Frucht, zu-
erst den Halm, dann die Ähre, dann das volle
Korn in der Ähre. 29 Sobald aber die Frucht
reif ist, LEGT ER DIE SICHEL AN; DENN DIE ZEIT
DER ERNTE IST DA.

29: Joël 4,13.

94. Das Gleichnis vom Unkraut unter dem Weizen

Mt 13,24–30

24 Und Jesus erzählte ihnen noch ein anderes
Gleichnis: Mit dem Himmelreich ist es wie
mit einem Mann, der guten Samen auf seinen
Acker säte. 25 Während nun die Leute schlie-
fen, kam sein Feind, säte Unkraut unter den
Weizen und ging wieder weg. 26 Als die Saat
aufging und sich die Ähren bildeten, kam
auch das Unkraut zum Vorschein. 27 Da gin-
gen die Knechte zu dem Gutsherrn und sag-
ten: Herr, hast du nicht guten Samen auf dei-
nen Acker gesät? Woher kommt dann das
Unkraut? 28 Er antwortete: Das hat ein Feind
von mir getan. Da sagten die Knechte zu ihm:
Sollen wir gehen und es ausreißen? 29 Er ent-
gegnete: Nein, sonst reißt ihr zusammen mit
dem Unkraut auch den Weizen aus. 30 Laßt
beides wachsen bis zur Ernte. Wenn dann die
Zeit der Ernte da ist, werde ich den Arbei-
tern sagen: Sammelt zuerst das Unkraut und
bindet es in Bündel, um es zu verbrennen;
den Weizen aber bringt in meine Scheune.

24–30: 13,36–43 / 30: 3,12.

95. Die Gleichnisse vom Senfkorn und vom Sauerteig

Mt 13,31–33

31 Er erzählte ihnen ein weiteres Gleichnis
und sagte: Mit dem Himmelreich ist es wie

mit einem Senfkorn, das ein Mann auf seinen
Acker säte.
32 Es ist das kleinste von allen Samenkör-

Mk 4,30–32

30 Er sagte: Womit sollen wir das Reich Got-
tes vergleichen, mit welchem Gleichnis sol-
len wir es beschreiben?
31 Es gleicht einem Senfkorn.
Dieses ist das kleinste von allen Samenkör-
nern, die man in die Erde sät.

(Lk 8,18)

Lk 13,18–21 (vgl. Nr. 161)

18 *Er sagte: Wem ist das Reich Gottes ähnlich, womit soll ich es vergleichen?*

19 *Es ist wie ein Senfkorn, das ein Mann in seinem Garten in die Erde steckte;*

nern; sobald es aber hochgewachsen ist, ist es
größer als die anderen Gewächse und wird zu
einem BAUM, so daß DIE VÖGEL DES HIMMELS
kommen und IN SEINEN ZWEIGEN NISTEN.
[33]Und er erzählte ihnen noch ein Gleichnis:
Mit dem Himmelreich ist es wie mit dem
Sauerteig, den eine Frau unter einen großen
Trog Mehl mischte, bis das Ganze durch-
säuert war.

31: 17,20; Lk 17,6 / 32: Dan 4,8f.18; Ez 17,23 / 33: 1Kor 5,6; Gal 5,9.

13,33 unter einen großen Trog Mehl, wörtlich: unter drei Sea Mehl. Eine Sea entspricht etwa dreizehn Litern.

[32]Ist es aber gesät, dann geht es auf und wird
größer als alle anderen Gewächse und TREIBT
große ZWEIGE, so daß IN SEINEM SCHATTEN
DIE VÖGEL DES HIMMELS NISTEN können.

32: Dan 4,8f.18; Ez 17,23.

96. Die Bedeutung der Gleichnisse

Mt 13,34–35

[34]Dies alles sagte Jesus der Menschenmenge
durch Gleichnisse;
er redete nur in Gleichnissen zu ihnen.

[35]Damit sollte sich erfüllen, was durch den
Propheten gesagt worden ist:
ICH ÖFFNE MEINEN MUND UND REDE IN
GLEICHNISSEN, / ICH VERKÜNDE, WAS seit der
Schöpfung VERBORGEN WAR.

35: Ps 78,2.

Mk 4,33–34

[33]Durch viele solche Gleichnisse verkündete
er ihnen das Wort, so wie sie es aufnehmen
konnten. [34]Er redete nur in Gleichnissen zu
ihnen; seinen Jüngern aber erklärte er alles,
wenn er mit ihnen allein war.

Zu Mt 13,35 Mehrere alte Textzeugen haben: seit der Schöpfung der Welt.

97. Die Deutung des Gleichnisses vom Unkraut

Mt 13,36–43

[36]Dann verließ er die Menge und ging nach
Hause. Und seine Jünger kamen zu ihm und
sagten: Erkläre uns das Gleichnis vom Un-
kraut auf dem Acker. [37]Er antwortete: Der
Mann, der den guten Samen sät, ist der Men-
schensohn; [38]der Acker ist die Welt; der gute
Samen, das sind die Söhne des Reiches; das
Unkraut sind die Söhne des Bösen; [39]der
Feind, der es gesät hat, ist der Teufel; die
Ernte ist das Ende der Welt; die Arbeiter bei
dieser Ernte sind die Engel. [40]Wie nun das
Unkraut aufgesammelt und im Feuer ver-
brannt wird, so wird es auch am Ende der
Welt sein: [41]Der Menschensohn wird seine
Engel aussenden, und sie werden aus seinem
Reich alle zusammenholen, die andere ver-
führt und Gottes Gesetz übertreten haben,
[42]und werden sie in den Ofen werfen, in dem
das Feuer brennt. Dort werden sie heulen

es wuchs und wurde zu einem »Baum«, und »die Vögel des Himmels nisteten in seinen Zweigen«.
20 *Außerdem sagte er: Womit soll ich das Reich Gottes vergleichen?* 21 *Es ist wie der Sauerteig, den eine Frau unter einen großen Trog Mehl mischte, bis das Ganze durchsäuert war.*

und mit den Zähnen knirschen. [43] Dann wer-
den die Gerechten im Reich ihres Vaters wie
die Sonne leuchten. Wer Ohren hat, der
höre!

36–43: 13,24–30 / 40: 3,10; 7,19; Joh 15,6 / 41: 24,31f / 42: 8,12 / 43: Dan 12,3; Mt 11,15.

98. Die Gleichnisse vom Schatz im Acker und von der Perle

Mt 13,44–46

[44] Mit dem Himmelreich ist es wie mit einem
Schatz, der in einem Acker vergraben war.
Ein Mann entdeckte ihn, grub ihn aber wie-
der ein. Und in seiner Freude verkaufte er al-
les, was er besaß, und kaufte den Acker.
[45] Auch ist es mit dem Himmelreich wie mit
einem Kaufmann, der schöne Perlen suchte.
[46] Als er eine besonders wertvolle Perle fand,
verkaufte er alles, was er besaß, und kaufte
sie.

99. Das Gleichnis vom Fischnetz

Mt 13,47–50

[47] Weiter ist es mit dem Himmelreich wie mit
einem Netz, das man ins Meer warf, um Fi-
sche aller Art zu fangen. [48] Als es voll war,
zogen es die Fischer ans Ufer; sie setzten
sich, lasen die guten Fische aus und legten sie
in Körbe, die schlechten aber warfen sie weg.
[49] So wird es auch am Ende der Welt sein:
Die Engel werden kommen und die Bösen
von den Gerechten trennen [50] und in den
Ofen werfen, in dem das Feuer brennt. Dort
werden sie heulen und mit den Zähnen knir-
schen.

50: 8,12.

100. Abschluß der Rede

Mt 13,51–53

[51] Habt ihr das alles verstanden? Sie antwor-
teten: Ja. [52] Da sagte er zu ihnen: Jeder
Schriftgelehrte also, der ein Jünger des
Himmelreichs geworden ist, gleicht einem
Hausherrn, der aus seinem reichen Vorrat
Neues und Altes hervorholt.
[53] Als Jesus diese Gleichnisse beendet hatte,
zog er weiter.

(Lk 8,18)

Zu Mt 13,44 Thomasevangelium Logion 109: Das Reich (der Himmel) ist gleich einem Mann, der auf seinem Acker einen (verborgenen) Schatz hat, von dem er nichts weiß. Nach seinem Tode hinterließ er ihn seinem Sohn. Der wußte nicht davon. Er nahm den Acker und verkaufte ihn. Der Käufer kam, beim Pflügen fand er den Schatz. Er begann auf Zinsen Geld (all) denen zu geben, denen er wollte.

Zu Mt 13,45 Thomasevangelium Logion 76: Das Reich des Vaters ist gleich einem Kaufmann, der eine Warenladung hatte und eine Perle fand. Der kluge Kaufmann verkaufte die Warenladung, er kaufte sich einzig die Perle. Sucht auch ihr für euch nach dem Schatz, der nicht vergeht . . .

Zu Mt 13,47f Thomasevangelium Logion 8: Der Mensch ist einem klugen Fischer gleich, der sein Netz ins Meer warf. Er zog es voll kleiner Fische aus dem Meer. Einen großen, guten Fisch fand der kluge Fischer darunter. Er warf alle kleinen Fische ins Meer und wählte ohne Hemmung den großen.

101. Von den Verwandten Jesu

Mt 12,46.48–50 (vgl. Nr. 87)

46 Als Jesus noch mit den Leuten redete, stan-
den seine Mutter und seine Brüder vor dem
Haus und wollten mit ihm sprechen.

48 Dem, der ihm das gesagt hatte, erwiderte er:
Wer ist meine Mutter, und wer sind meine
Brüder?
49 Und er streckte die Hand über seine Jünger
aus und sagte: Das hier sind meine Mutter und
meine Brüder.
50 Denn wer den Willen meines himmlischen
Vaters erfüllt, der ist für mich Bruder und
Schwester und Mutter.

Mk 3,31–35 (vgl. Nr. 87)

31 Da kamen seine Mutter und seine Brüder;
sie blieben vor dem Haus stehen und ließen
ihn herausrufen. 32 Es saßen viele Leute um
ihn herum, und man sagte zu ihm: Deine Mut-
ter und deine Brüder stehen draußen und fra-
gen nach dir.
33 Er erwiderte: Wer ist meine Mutter, und wer
sind meine Brüder?

34 Und er blickte auf die Menschen, die im
Kreis um ihn herumsaßen, und sagte: Das hier
sind meine Mutter und meine Brüder.
35 Wer den Willen Gottes erfüllt, der ist für
mich Bruder und Schwester und Mutter.

102. Der Sturm auf dem See

Mt 8,18.23–27 (vgl. Nr. 47.48)

18 Als Jesus die vielen Menschen sah, die um
ihn waren, befahl er, ans andere Ufer zu fah-
ren.
23 Er stieg in das Boot, und seine Jünger folg-
ten ihm.
24 Plötzlich brach auf dem See ein gewaltiger
Sturm los, so daß das Boot von den Wellen
überflutet wurde. Jesus aber schlief.

25 Da traten die Jünger zu ihm und weckten
ihn; sie riefen: Herr, rette uns, wir gehen zu-
grunde!
26 Er sagte zu ihnen: Warum habt ihr solche
Angst, ihr Kleingläubigen?
Dann stand er auf, drohte den Winden und
dem See, und es trat völlige Stille ein.
27 Die Leute aber staunten und sagten: Was ist
das für ein Mensch, daß ihm sogar die Winde
und der See gehorchen?

Mk 4,35–41

35 Am Abend dieses Tages sagte er zu ihnen:
Wir wollen ans andere Ufer hinüberfahren.
36 Sie schickten die Leute fort und fuhren mit
ihm in dem Boot, in dem er saß, weg; einige
andere Boote begleiteten ihn.
37 Plötzlich erhob sich ein heftiger Wirbel-
sturm, und die Wellen schlugen in das Boot,
so daß es sich mit Wasser zu füllen begann.
38 Er aber lag hinten im Boot auf einem Kis-
sen und schlief.
Sie weckten ihn und riefen: Meister, küm-
mert es dich nicht, daß wir zugrunde gehen?
39 Da stand er auf, drohte dem Wind und
sagte zu dem See: Schweig, sei still! Und der
Wind legte sich, und es trat völlige Stille ein.
40 Er sagte zu ihnen: Warum habt ihr solche
Angst? Habt ihr noch keinen Glauben?
41 Da ergriff sie große Furcht, und sie sagten
zueinander: Was ist das für ein Mensch, daß
ihm sogar der Wind und der See gehorchen?

39: 6,51.

4,40 Statt »Habt ihr ...« haben mehrere Textzeugen: Warum habt ihr keinen Glauben?

Lk 8,19–21

19 Eines Tages kamen seine Mutter und seine
Brüder zu ihm; sie konnten aber wegen der
vielen Leute nicht zu ihm gelangen.
20 Da sagte man ihm: Deine Mutter und
deine Brüder stehen draußen und möchten
dich sehen. 21 Er erwiderte:

Meine Mutter und meine Brüder sind die, die das Wort Gottes hören und danach handeln.

21: 11,28.

8,19–21 Vgl. die Anmerkung zu Mt 12,46f.

Joh 15,14

14 Ihr seid meine Freunde, wenn ihr tut, was ich euch auftrage.

Zu Lk 8,19–21 Ebionäerevangelium, vgl. Nr. 87.

Lk 8,22–25

22 Eines Tages stieg er mit seinen Jüngern in
ein Boot und sagte zu ihnen: Wir wollen ans
andere Ufer des Sees hinüberfahren. Und sie
fuhren ab. 23 Während der Fahrt aber schlief
er ein.
Plötzlich brach über dem See ein Wirbelsturm los; das Wasser schlug in das Boot, und sie gerieten in große Gefahr.

24 Da traten sie zu ihm und weckten ihn; sie
riefen: Meister, Meister, wir gehen zugrunde! Er stand auf, drohte dem Wind und den
Wellen,
und sie legten sich, und es trat Stille ein.
25 Dann sagte er zu den Jüngern:
Wo ist euer Glaube?
Sie aber fragten einander voll Schrecken und Staunen: Was ist das für ein Mensch, daß sogar die Winde und das Wasser seinem Befehl gehorchen?

103. Die Heilung des Besessenen von Gerasa

Mt 8,28–34 (vgl. Nr. 49)

28 *Als Jesus an das andere Ufer kam, in das
Gebiet von Gadara, liefen ihm aus den Grab-
höhlen zwei Besessene entgegen. Sie waren so
gefährlich, daß niemand den Weg benutzen
konnte, der dort vorbeiführte.*

29 *Sofort begannen sie zu schreien: Was haben
wir mit dir zu tun, Sohn Gottes? Bist du her-
gekommen, um uns schon vor der Zeit zu
quälen?*

30 *In einiger Entfernung weidete gerade eine
große Schweineherde.* 31 *Da baten ihn die
Dämonen: Wenn du uns austreibst, dann
schick uns in die Schweineherde!* 32 *Er sagte
zu ihnen: Geht! Da verließen sie die beiden
und fuhren in die Schweine. Und die ganze
Herde stürzte sich den Abhang hinab in den
See und kam in den Fluten um.*

33 *Die Hirten flohen, liefen in die Stadt und er-
zählten dort alles, auch das, was mit den Be-
sessenen geschehen war.* 34 *Und die ganze
Stadt zog zu Jesus hinaus; als sie ihn trafen,*

baten sie ihn, ihr Gebiet zu verlassen.

Mk 5,1–20

1 Sie kamen an das andere Ufer des Sees, in
das Gebiet von Gerasa. 2 Als er aus dem Boot
stieg, lief ihm ein Mann entgegen, der von ei-
nem unreinen Geist besessen war. Er kam
von den Grabhöhlen, 3 in denen er lebte.
Man konnte ihn nicht bändigen, nicht einmal
mit Fesseln. 4 Schon oft hatte man ihn an
Händen und Füßen gefesselt, aber er hatte
die Ketten gesprengt und die Fesseln zerris-
sen; niemand konnte ihn bezwingen. 5 Bei
Tag und Nacht schrie er unaufhörlich in den
Grabhöhlen und auf den Bergen und schlug
sich mit Steinen. 6 Als er Jesus von weitem
sah, lief er zu ihm hin, warf sich vor ihm nie-
der 7 und schrie laut: Was habe ich mit dir zu
tun, Jesus, Sohn des höchsten Gottes? Ich
beschwöre dich bei Gott, quäle mich nicht!
8 Jesus hatte nämlich zu ihm gesagt: Verlaß
diesen Mann, du unreiner Geist!

Vers 4.5

9 Jesus fragte ihn: Wie heißt du? Er antworte-
te: Mein Name ist Legion; denn wir sind vie-
le. 10 Und er flehte Jesus an, sie nicht aus die-
ser Gegend zu verbannen.

11 Nun weidete dort an einem Berghang ge-
rade eine große Schweineherde. 12 Da baten
ihn die Dämonen: Laß uns doch in die
Schweine hineinfahren! 13 Jesus erlaubte es
ihnen. Darauf verließen die unreinen Geister
den Menschen und fuhren in die Schweine,
und die Herde stürzte sich den Abhang hinab
in den See. Es waren etwa zweitausend Tiere,
und alle ertranken.
14 Die Hirten flohen und erzählten alles in
der Stadt und in den Dörfern.
Darauf eilten die Leute herbei, um zu sehen,
was geschehen war. 15 Sie kamen zu Jesus
und sahen bei ihm den Mann, der von der
Legion Dämonen besessen gewesen war. Er
saß ordentlich gekleidet da und war wieder
bei Verstand. Da fürchteten sie sich. 16 Die,
die alles gesehen hatten, berichteten ihnen,
was mit dem Besessenen und mit den
Schweinen geschehen war. 17 Darauf baten
die Leute Jesus, ihr Gebiet zu verlassen.
18 Als er ins Boot stieg, bat ihn der Mann, der
zuvor von den Dämonen besessen war, bei

Lk 8,26–39

26 Sie fuhren in das Gebiet von Gerasa, das
dem galiläischen Ufer gegenüberliegt. 27 Als
Jesus an Land ging, lief ihm ein Mann aus der
Stadt entgegen, der von Dämonen besessen
war. Schon seit langem trug er keine Kleider
mehr und lebte nicht mehr in einem Haus,
sondern in den Grabhöhlen.
29b *Denn schon seit langem hatte ihn der Geist
in seiner Gewalt, und man hatte ihn wie einen
Gefangenen an Händen und Füßen gefesselt.
Aber immer wieder zerriß er die Fesseln und
wurde von dem Dämon in menschenleere Ge-
genden getrieben.*
28 Als er Jesus sah, schrie er auf, fiel vor ihm
nieder und rief laut: Was habe ich mit dir zu
tun, Jesus, Sohn des höchsten Gottes? Ich
bitte dich: Quäle mich nicht! 29 Jesus hatte
nämlich dem unreinen Geist befohlen, den
Mann zu verlassen. Denn schon seit langem
hatte ihn der Geist in seiner Gewalt, und man
hatte ihn wie einen Gefangenen an Händen
und Füßen gefesselt. Aber immer wieder zer-
riß er die Fesseln und wurde von dem Dämon
in menschenleere Gegenden getrieben. 30 Je-
sus fragte ihn: Wie heißt du? Er antwortete:
Legion. Denn er war von vielen Dämonen
besessen. 31 Und die Dämonen baten Jesus,
sie nicht zur Hölle zu schicken.
32 Nun weidete dort an einem Berg gerade
eine große Schweineherde. Die Dämonen
baten Jesus, ihnen zu erlauben, in die
Schweine hineinzufahren. Er erlaubte es ih-
nen. 33 Da verließen die Dämonen den Men-
schen und fuhren in die Schweine, und die
Herde stürzte sich den Abhang hinab in den
See und ertrank.

34 Als die Hirten das sahen, flohen sie und er-
zählten alles in der Stadt und in den Dörfern.
35 Darauf eilten die Leute herbei, um zu se-
hen, was geschehen war. Sie kamen zu Jesus
und sahen, daß der Mann, den die Dämonen
verlassen hatten, wieder bei Verstand war
und ordentlich gekleidet Jesus zu Füßen saß.
Da fürchteten sie sich. 36 Die, die alles gese-
hen hatten, berichteten ihnen, wie der Beses-
sene geheilt wurde. 37 Darauf baten alle, die
im Gebiet von Gerasa wohnten, Jesus, sie zu
verlassen; denn es hatte sie große Angst ge-
packt. Da stieg Jesus ins Boot und fuhr zu-
rück.

ihm bleiben zu dürfen. 19 Aber Jesus erlaubte es ihm nicht, sondern sagte:
Geh nach Hause, und berichte deiner Familie alles, was der Herr für dich getan und wie er Erbarmen mit dir gehabt hat. 20 Da ging der Mann weg und verkündete in der ganzen Dekapolis, was Jesus für ihn getan hatte, und alle staunten.

7: 1,24; 3,11; Lk 4,34; Joh 2,4.

5,1 Weniger gut bezeugte Lesarten: Gadara, Gergesa.

5,9 Eine Legion war die größte römische Heereseinheit (6 000 Mann).

5,11–17 Die Erzählung spielt im halbheidnischen Ostjordanland, wo auch Schweine gezüchtet wurden. Schweine galten als unrein, darum war den Juden die Aufzucht von Schweinen und das Essen von Schweinefleisch verboten.

104. Die Auferweckung der Tochter des Jaïrus und die Heilung einer kranken Frau

Mt 9,18–26 (vgl. Nr. 53)

18 Während Jesus so mit ihnen redete, kam ein Synagogenvorsteher, fiel vor ihm nieder und sagte:

Meine Tochter ist eben gestorben; komm doch, leg ihr deine Hand auf, dann wird sie wieder lebendig. 19 Jesus stand auf und folgte ihm mit seinen Jüngern.

20 Da trat eine Frau, die schon zwölf Jahre an Blutungen litt,

von hinten an ihn heran und berührte den Saum seines Gewandes; 21 denn sie sagte sich: Wenn ich auch nur sein Gewand berühre, werde ich geheilt.

Mk 5,21–43

21 Jesus fuhr im Boot wieder ans andere Ufer hinüber, und eine große Menschenmenge versammelte sich um ihn. Während er noch am See war, 22 kam ein Synagogenvorsteher namens Jaïrus zu ihm. Als er Jesus sah, fiel er ihm zu Füßen 23 und flehte ihn um Hilfe an; er sagte: Meine Tochter liegt im Sterben. Komm und leg ihr die Hände auf, damit sie wieder gesund wird und am Leben bleibt. 24 Da ging Jesus mit ihm.
Viele Menschen folgten ihm und drängten sich um ihn.

25 Darunter war eine Frau, die schon zwölf Jahre an Blutungen litt. 26 Sie war von vielen Ärzten behandelt worden und hatte dabei sehr zu leiden; ihr ganzes Vermögen hatte sie ausgegeben, aber es hatte ihr nichts genutzt, sondern ihr Zustand war immer schlimmer geworden. 27 Sie hatte von Jesus gehört. Nun drängte sie sich in der Menge von hinten an ihn heran und berührte sein Gewand. 28 Denn sie sagte sich: Wenn ich auch nur sein Gewand berühre, werde ich geheilt. 29 Sofort hörte die Blutung auf, und sie spürte deutlich, daß sie von ihrem Leiden geheilt war. 30 Im selben Augenblick fühlte Jesus, daß eine Kraft von ihm ausströmte, und er wandte sich in dem Gedränge um und fragte: Wer hat mein Gewand berührt? 31 Seine Jünger sagten zu ihm: Du siehst doch, wie sich

38 Der Mann, den die Dämonen verlassen
hatten, bat Jesus, bei ihm bleiben zu dürfen.
Doch Jesus schickte ihn weg und sagte:
39 Kehr in dein Haus zurück, und erzähl alles,
was Gott für dich getan hat.
Da ging er weg und verkündete in der ganzen
Stadt, was Jesus für ihn getan hatte.

28: 4,34.41; Mk 1,24; 3,11; Joh 2,4.

8,26.37 Weniger gut bezeugte Lesarten: Gergesa, Gadara.

8,30 Vgl. die Anmerkung zu Mk 5,9.

8,31 zur Hölle, wörtlich: in den Abgrund.

Lk 8,40–56

40 Als Jesus (ans andere Ufer) zurückkam,
empfingen ihn viele Menschen; sie hatten
alle schon auf ihn gewartet. 41 Da kam ein
Mann namens Jaïrus, der Synagogenvorste-
her war. Er fiel Jesus zu Füßen und bat ihn, in
sein Haus zu kommen. 42 Denn sein einziges
Kind, ein Mädchen von etwa zwölf Jahren,
lag im Sterben.

Während Jesus auf dem Weg zu ihm war,
drängten sich die Menschen um ihn und er-
drückten ihn beinahe.
43 Darunter war eine Frau, die schon seit
zwölf Jahren an Blutungen litt und bisher von
niemand geheilt werden konnte.

44 Sie drängte sich von hinten an ihn heran
und berührte den Saum seines Gewandes.

Im gleichen Augenblick kam die Blutung
zum Stillstand.

45 Da fragte Jesus: Wer hat mich berührt? Als
alle es abstritten, sagten Petrus und seine Ge-
fährten: Meister, die Leute drängen sich

22 Jesus wandte sich um, und als er sie sah,
sagte er: Hab keine Angst, meine Tochter,
dein Glaube hat dir geholfen. Und von dieser
Stunde an war die Frau geheilt.
23 Als Jesus in das Haus des Synagogenvor-
stehers kam und die Flötenspieler und die
Menge der klagenden Leute sah, 24 sagte er:
Geht hinaus! Das Mädchen ist nicht gestor-
ben, es schläft nur. Da lachten sie ihn aus.
25 Als man die Leute hinausgedrängt hatte,
trat er ein
und faßte das Mädchen an der Hand;
da stand es auf.
26 Und die Kunde davon verbreitete sich in der
ganzen Gegend.

die Leute um dich drängen, und da fragst du:
Wer hat mich berührt? 32 Er blickte umher,
um zu sehen, wer es getan hatte. 33 Da kam
die Frau, zitternd vor Furcht, weil sie wußte,
was mit ihr geschehen war; sie fiel vor ihm
nieder und sagte ihm die ganze Wahrheit.
34 Er aber sagte zu ihr: Meine Tochter, dein
Glaube hat dir geholfen. Geh in Frieden! Du
sollst von deinem Leiden geheilt sein.
35 Während Jesus noch redete, kamen Leute,
die zum Haus des Synagogenvorstehers ge-
hörten, und sagten (zu Jaïrus): Deine Toch-
ter ist gestorben. Warum bemühst du den
Meister noch länger? 36 Jesus, der diese
Worte gehört hatte, sagte zu dem Synago-
genvorsteher: Sei ohne Furcht; glaube nur!
37 Und er ließ keinen mitkommen außer Pe-
trus, Jakobus und Johannes, den Bruder des
Jakobus. 38 Sie gingen zum Haus des Synago-
genvorstehers. Als Jesus den Lärm bemerkte
und hörte, wie die Leute laut weinten und
jammerten, 39 trat er ein und sagte zu ihnen:
Warum schreit und weint ihr? Das Kind ist
nicht gestorben, es schläft nur. 40 Da lachten
sie ihn aus. Er aber schickte alle hinaus und
nahm außer seinen Begleitern nur die Eltern
mit in den Raum, in dem das Kind lag. 41 Er
faßte das Kind an der Hand und sagte zu ihm:
Talita kum!, das heißt übersetzt: Mädchen,
ich sage dir, steh auf! 42 Sofort stand das
Mädchen auf und ging umher. Es war zwölf
Jahre alt. Die Leute gerieten außer sich vor
Entsetzen. 43 Doch er schärfte ihnen ein,
niemand dürfe etwas davon erfahren; dann
sagte er, man solle dem Mädchen etwas zu
essen geben.

28: 6,56; Mt 14,36 / 34: 10,52; Lk 7,50; 17,19; 18,42.

5,25–34 Vgl. die Anmerkung zu Mt 9,20–22.

105. Die Ablehnung Jesu in seiner Heimat

Mt 13,54–58

54 Jesus kam in seine Heimatstadt und lehrte
die Menschen dort in der Synagoge. Da
staunten alle und sagten: Woher hat er diese
Weisheit und die Kraft, Wunder zu tun?

Mk 6,1–6

1 Von dort brach Jesus auf und kam in seine
Heimatstadt; seine Jünger begleiteten ihn.
2 Am Sabbat lehrte er in der Synagoge. Und
die vielen Menschen, die ihm zuhörten,
staunten und sagten: Woher hat er das alles?

doch von allen Seiten um dich und erdrücken
dich fast. 46 Jesus erwiderte: Es hat mich je-
mand berührt; denn ich fühlte, wie eine Kraft
von mir ausströmte.
47 Als die Frau merkte, daß sie es nicht ver-
heimlichen konnte, kam sie zitternd zu ihm,
fiel vor ihm nieder und erzählte vor allen
Leuten, warum sie ihn berührt hatte und wie
sie durch die Berührung sofort gesund ge-
worden war.
48 Da sagte er zu ihr: Meine Tochter, dein
Glaube hat dir geholfen. Geh in Frieden!

49 Während Jesus noch redete, kam einer, der
zum Haus des Synagogenvorstehers gehörte,
und sagte (zu Jaïrus): Deine Tochter ist ge-
storben. Bemüh den Meister nicht länger!
50 Jesus hörte es und sagte zu Jaïrus: Sei ohne
Furcht; glaube nur, dann wird sie gerettet.

51 Als er in das Haus ging, ließ er niemand mit
hinein außer Petrus, Johannes und Jakobus
und die Eltern des Mädchens. 52 Alle Leute
weinten und klagten über ihren Tod. Jesus

aber sagte: Weint nicht! Sie ist nicht gestor-
ben, sie schläft nur.
53 Da lachten sie ihn aus, weil sie wußten, daß
sie tot war.

54 Er aber faßte sie an der Hand und rief:
Mädchen, steh auf!

55 Da kehrte das Leben in sie zurück, und sie
stand sofort auf. Und er sagte, man solle ihr
etwas zu essen geben. 56 Ihre Eltern aber wa-
ren außer sich. Doch Jesus verbot ihnen, ir-
gend jemand zu erzählen, was geschehen
war.

44: 6,19; Mt 14,36 / 48: 7,50; 17,19; 18,42; Mk 10,52.

8,43–48 Vgl. die Anmerkung zu Mt 9,20–22. – Manche Textzeugen fügen am Ende des Verses 43 (entsprechend Mk 5,26) hinzu: obwohl sie schon ihr ganzes Vermögen für die Ärzte aufgewendet hatte.

Lk 4,16.22.24 (vgl. Nr. 10)

16 *So kam er auch nach Nazaret, wo er aufge-*
wachsen war, und ging, wie gewohnt, am
Sabbat in die Synagoge. Als er aufstand, um
aus der Schrift vorzulesen. . .

Joh 7,15; 6,42; 4,44; 7,5

Was ist das für eine Weisheit, die ihm gegeben ist! Und was sind das für Wunder, die durch ihn geschehen!

[55] Ist das nicht der Sohn des Zimmermanns? Heißt nicht seine Mutter Maria, und sind nicht Jakobus, Josef, Simon und Judas seine Brüder? [56] Leben nicht alle seine Schwestern unter uns? Woher also hat er das alles? [57] Und sie nahmen Anstoß an ihm und lehnten ihn ab.
Da sagte Jesus zu ihnen: Nirgends hat ein Prophet so wenig Ansehen wie in seiner Heimat und in seiner Familie.

[58] Und wegen ihres Unglaubens tat er dort nur wenige Wunder.

13,54–58 Der Bericht über die Ablehnung Jesu in Nazaret gibt auch Auskunft über die Familie Jesu: Nach Matthäus war der Vater Jesu, nach der Parallelstelle Mk 6,1–6 Jesus selbst Bauhandwerker. (Zu den Brüdern und Schwestern Jesu vgl. die Anmerkung zu Mt 12,46f.)

(Mk) Was ist das für eine Weisheit, die ihm gegeben ist! Und was sind das für Wunder, die durch ihn geschehen! [3] Ist das nicht der Zimmermann, der Sohn der Maria und der Bruder von Jakobus, Joses, Judas und Simon? Leben nicht seine Schwestern hier unter uns? Und sie nahmen Anstoß an ihm und lehnten ihn ab.

[4] Da sagte Jesus zu ihnen: Nirgends hat ein Prophet so wenig Ansehen wie in seiner Heimat, bei seinen Verwandten und in seiner Familie. [5] Und er konnte dort kein Wunder tun; nur einigen Kranken legte er die Hände auf und heilte sie. [6] Und er wunderte sich über ihren Unglauben. Jesus zog durch die benachbarten Dörfer und lehrte.

6,1–6 Vgl. die Anmerkung zu Mt 12,46f; 13,54–58.
6,3 »Joses« ist Nebenform von »Josef«.

106. Die Aussendung der zwölf Jünger

Mt 10,1.9–11.14 (vgl. Nr. 56)

[1] *Dann rief er seine zwölf Jünger zu sich und gab ihnen die Vollmacht, die unreinen Geister auszutreiben und alle Krankheiten und Leiden zu heilen.*

[9] *Steckt nicht Gold, Silber und Kupfermünzen in euren Gürtel.* [10] *Nehmt keine Vorratstasche mit auf den Weg, kein zweites Hemd, keine Schuhe, keinen Wanderstab; denn wer arbeitet, hat ein Recht auf seinen Unterhalt.* [11] *Wenn ihr in eine Stadt oder in ein Dorf kommt, erkundigt euch, wer es wert ist, euch aufzunehmen; bei ihm bleibt, bis ihr den Ort wieder verlaßt.*
[14] *Wenn man euch aber in einem Haus oder in einer Stadt nicht aufnimmt und eure Worte nicht hören will, dann geht weg, und schüttelt den Staub von euren Füßen.*

Mk 6,7–13

[7] Er rief die Zwölf zu sich und sandte sie aus, jeweils zwei zusammen. Er gab ihnen die Vollmacht, die unreinen Geister auszutreiben,

[8] und er gebot ihnen, außer einem Wanderstab nichts auf den Weg mitzunehmen, kein Brot, keine Vorratstasche, kein Geld im Gürtel, [9] kein zweites Hemd und an den Füßen nur Sandalen. [10] Und er sagte zu ihnen: Bleibt in dem Haus, in dem ihr einkehrt, bis ihr den Ort wieder verlaßt.

[11] Wenn man euch aber in einem Ort nicht aufnimmt und euch nicht hören will, dann geht weiter, und schüttelt den Staub von euren Füßen, zum Zeugnis gegen sie. [12] Die Zwölf machten sich auf den Weg und riefen die Menschen zur Umkehr auf. [13] Sie trieben viele Dämonen aus und salbten viele Kranke mit Öl und heilten sie.

22 Seine Rede fand bei allen Beifall; sie staunten darüber, wie begnadet er redete, und sagten:
Ist das nicht der Sohn Josefs?

24 Und er setzte hinzu: Amen, das sage ich euch: Kein Prophet wird in seiner Heimat anerkannt.

7,15 Die Juden wunderten sich und sagten: Wie kann der die Schrift verstehen, ohne dafür ausgebildet zu sein?
6,42 Und sie sagten: Ist das nicht Jesus, der Sohn Josefs, dessen Vater und Mutter wir kennen? Wie kann er jetzt sagen: ich bin vom Himmel herabgekommen?

4,44 Jesus selbst hatte nämlich bestätigt: Ein Prophet wird in seiner eigenen Heimat nicht geehrt.
7,5 Auch seine Brüder glaubten nämlich nicht an ihn.

Zu Mt 13,57 par. Papyrus Oxyrhynchos 1,31–36: Jesus spricht: Ein Prophet ist nicht willkommen in seiner Vaterstadt, und ein Arzt vollbringt keine Heilungen an denen, die ihn kennen.

Lk 9,1–6

1 Dann rief er die Zwölf zu sich und gab ihnen
die Kraft und die Vollmacht, alle Dämonen
auszutreiben und die Kranken gesund zu ma-
chen. 2 Und er sandte sie aus mit dem Auf-
trag, das Reich Gottes zu verkünden und zu
heilen.
3 Er sagte zu ihnen: Nehmt nichts mit auf den
Weg, keinen Wanderstab und keine Vorrats-
tasche, kein Brot, kein Geld und kein zweites
Hemd. 4 Bleibt in dem Haus, in dem ihr ein-
kehrt, bis ihr den Ort wieder verlaßt.

5 Wenn euch aber die Leute in einer Stadt
nicht aufnehmen wollen, dann geht weg, und
schüttelt den Staub von euren Füßen, zum
Zeugnis gegen sie. 6 Die Zwölf machten sich
auf den Weg und wanderten von Dorf zu
Dorf. Sie verkündeten das Evangelium und
heilten überall die Kranken.

1–6: 10,1–12 / 2f: 22,35.

9,1–6 Vgl. die Anmerkung zu Mt 9,35–11,1.

107. Das Urteil des Herodes über Jesus

Mt 14,1–2

[1]Zu dieser Zeit hörte der Tetrarch Herodes, was man von Jesus erzählte. [2]Er sagte zu seinem Gefolge: Das ist Johannes der Täufer. Er ist von den Toten auferstanden; deshalb wirken solche Kräfte in ihm.

14,1 Tetrarch: ursprünglich Regent über den vierten Teil eines Landes, später Bezeichnung eines Kleinfürsten.

Mk 6,14–16

[14]Der König Herodes hörte von Jesus; denn sein Name war bekannt geworden, und man sagte: Johannes der Täufer ist von den Toten auferstanden; deshalb wirken solche Kräfte in ihm.
[15]Andere sagten: Er ist Elija. Wieder andere: Er ist ein Prophet, wie einer von den alten Propheten. [16]Als aber Herodes von ihm hörte, sagte er: Johannes, den ich enthaupten ließ, ist auferstanden.

14f: Mt 16,14.

108. Die Enthauptung Johannes' des Täufers

Mt 14,3–12

[3]Herodes hatte nämlich Johannes festnehmen und in Ketten ins Gefängnis werfen lassen. Schuld daran war Herodias, die Frau seines Bruders Philippus.
[4]Denn Johannes hatte zu Herodes gesagt: Du hattest nicht das Recht, sie zur Frau zu nehmen.

[5]Der König wollte ihn deswegen töten lassen, fürchtete sich aber vor dem Volk; denn man hielt Johannes für einen Propheten.

[6]Als aber der Geburtstag des Herodes gefeiert wurde,

tanzte die Tochter der Herodias vor den Gästen. Und sie gefiel Herodes so sehr, [7]daß er schwor, ihr alles zu geben, was sie sich wünschte.

[8]Da sagte sie auf Drängen ihrer Mutter:

Mk 6,17–29

[17]Herodes hatte nämlich Johannes festnehmen und ins Gefängnis werfen lassen. Schuld daran war Herodias, die Frau seines Bruders Philippus, die er geheiratet hatte.
[18]Denn Johannes hatte zu Herodes gesagt: Du hattest nicht das Recht, die Frau deines Bruders zur Frau zu nehmen.
[19]Herodias verzieh ihm das nicht und wollte ihn töten lassen. Sie konnte ihren Plan aber nicht durchsetzen, [20]denn Herodes fürchtete sich vor Johannes, weil er wußte, daß dieser ein gerechter und heiliger Mann war. Darum schützte er ihn. Sooft er mit ihm sprach, wurde er unruhig und ratlos, und doch hörte er ihm gern zu.
[21]Eines Tages ergab sich für Herodias eine günstige Gelegenheit. An seinem Geburtstag lud Herodes seine Hofbeamten und Offiziere zusammen mit den vornehmsten Bürgern von Galiläa zu einem Festmahl ein. [22]Da kam die Tochter der Herodias und tanzte, und sie gefiel dem Herodes und seinen Gästen so sehr, daß der König zu ihr sagte: Wünsch dir, was du willst; ich werde es dir geben. [23]Er schwor ihr sogar: Was du auch von mir verlangst, ich will es dir geben, und WENN ES DIE HÄLFTE MEINES REICHES WÄRE.
[24]Sie ging hinaus und fragte ihre Mutter: Was soll ich mir wünschen? Herodias antwortete: Den Kopf des Täufers Johannes.

Lk 9,7–9

7 Der Tetrarch Herodes hörte von allem, was
geschah, und wußte nicht, was er davon halten sollte. Denn manche sagten: Johannes ist von den Toten auferstanden.

8 Andere meinten: Elija ist wiedererschienen. Wieder andere: Einer der alten Prophe-
ten ist auferstanden. 9 Herodes aber sagte:
Johannes habe ich selbst enthaupten lassen. Wer ist dann dieser Mann, von dem man mir solche Dinge erzählt? Und er hatte den Wunsch, ihn einmal zu sehen.

7: 9,19; Mt 16,14 / 9: 23,8.

Zu Lk 9,7 Zu »Tetrarch« vgl. die Anmerkung zu Mt 14,1.

Zu Lk 9,8f Vgl. die Anmerkung zu Mt 17,10–13.

Lk 3,19–20 (vgl. Nr. 5)

19 *Johannes tadelte auch den Tetrarchen Herodes wegen (der Sache mit) Herodias, der Frau seines Bruders, und wegen all der anderen Schandtaten, die er verübt hatte.* 20 *Deshalb ließ Herodes Johannes ins Gefängnis werfen und lud so noch mehr Schuld auf sich.*

Laß mir auf einer Schale den Kopf des Täufers Johannes herbringen. [9] Der König wurde traurig; aber weil er einen Schwur geleistet hatte – noch dazu vor allen Gästen –, befahl er, ihr den Kopf zu bringen. [10] Und er ließ Johannes im Gefängnis enthaupten. [11] Man brachte den Kopf auf einer Schale und gab ihn dem Mädchen, und sie brachte ihn ihrer Mutter. [12] Die Jünger des Johannes aber holten den Leichnam und begruben ihn. Dann gingen sie zu Jesus und berichteten ihm alles.

4: Lev 18,16; 20,21 / 5: 21,26.

14,3 »Philippus« fehlt in einigen alten Textzeugen.

[25] Da lief das Mädchen zum König hinein und sagte: Ich will, daß du mir sofort auf einer Schale den Kopf des Täufers Johannes bringen läßt. [26] Da wurde der König sehr traurig, aber weil er vor allen Gästen einen Schwur geleistet hatte, wollte er ihren Wunsch nicht ablehnen. [27] Deshalb befahl er einem Scharfrichter, sofort ins Gefängnis zu gehen und den Kopf des Täufers herzubringen. Der Scharfrichter ging und enthauptete Johannes. [28] Dann brachte er den Kopf auf einer Schale, gab ihn dem Mädchen, und das Mädchen gab ihn seiner Mutter. [29] Als die Jünger des Johannes das hörten, kamen sie, holten seinen Leichnam und legten ihn in ein Grab.

18: Lev 18,16; 20,21 / 23: Est 5,3.6; 7,2.

6,17f Vgl. die Anmerkung zu Mt 14,4.

109. Die Speisung der Fünftausend (vgl. Nr. 115)

Mt 14,13–21

[13] Als Jesus all das hörte, fuhr er mit dem Boot in eine einsame Gegend, um allein zu sein. Aber die Leute in den Städten hörten davon und gingen ihm zu Fuß nach.

[14] Als er ausstieg und die vielen Menschen sah, hatte er Mitleid mit ihnen und heilte die Kranken, die bei ihnen waren.

[15] Als es Abend wurde, kamen die Jünger zu ihm und sagten: Der Ort ist abgelegen, und es ist schon spät geworden. Schick doch die Menschen weg, damit sie in die Dörfer gehen und sich etwas zu essen kaufen können.

[16] Jesus antwortete: Sie brauchen nicht wegzugehen. Gebt ihr ihnen zu essen! [17] Sie sagten zu ihm: Wir haben nur fünf Brote und zwei Fische bei uns. [18] Darauf antwortete er: Bringt sie her!

Mk 6,30–44

[30] Die Apostel versammelten sich wieder bei Jesus und berichteten ihm alles, was sie getan und gelehrt hatten. [31] Da sagte er zu ihnen: Kommt mit an einen einsamen Ort, wo wir allein sind, und ruht ein wenig aus. Denn sie fanden nicht einmal Zeit zum Essen, so zahlreich waren die Leute, die kamen und gingen. [32] Sie fuhren also mit dem Boot in eine einsame Gegend, um allein zu sein. [33] Aber man sah sie abfahren, und viele erfuhren davon; sie liefen zu Fuß aus allen Städten dorthin und kamen noch vor ihnen an. [34] Als er ausstieg und die vielen Menschen sah, hatte er Mitleid mit ihnen; denn sie waren WIE SCHAFE, DIE KEINEN HIRTEN HABEN. Und er lehrte sie lange.

[35] Gegen Abend kamen seine Jünger zu ihm und sagten: Der Ort ist abgelegen, und es ist schon spät. [36] Schick sie weg, damit sie in die umliegenden Gehöfte und Dörfer gehen und sich etwas zu essen kaufen können.

[37] Er erwiderte: Gebt ihr ihnen zu essen! Sie sagten zu ihm: Sollen wir weggehen, für zweihundert Denare Brot kaufen und es ihnen geben, damit sie zu essen haben? [38] Er sagte zu ihnen: Wie viele Brote habt ihr? Geht und seht nach! Sie sahen nach und berichteten: Fünf Brote, und außerdem zwei

Zu Mt 14,4 Da Herodes Antipas seinem Bruder Philippus die Frau weggenommen hat, hält Johannes der Täufer die frühere Ehe für nicht geschieden und sieht die Verbindung der Herodias mit Herodes als unerlaubt an; sie fällt unter die Bestimmung von Lev 18,16; 20,21, wonach der Verkehr mit der Frau eines Bruders oder Halbbruders verboten war.

Lk 9,10–17

10 Die Apostel kamen zurück und erzählten Jesus alles, was sie getan hatten.

Dann nahm er sie beiseite und zog sich in die Nähe der Stadt Betsaida zurück, um mit ihnen allein zu sein. 11 Aber die Leute erfuhren davon und folgten ihm. Er empfing sie freundlich, redete zu ihnen vom Reich Gottes

und heilte alle, die seine Hilfe brauchten.

12 Als der Tag zur Neige ging, kamen die Zwölf zu ihm und sagten: Schick die Menschen weg, damit sie in die umliegenden Dörfer und Gehöfte gehen, dort Unterkunft finden und etwas zu essen bekommen; denn wir sind hier an einem abgelegenen Ort.

13 Er antwortete: Gebt ihr ihnen zu essen! Sie sagten: Wir haben nicht mehr als fünf Brote und zwei Fische; wir müßten erst weggehen und für all diese Leute Essen kaufen. 14 Es waren etwa fünftausend Männer.

Joh 6,1–13

1 Danach ging Jesus an das andere Ufer des Sees von Galiläa, der auch See von Tiberias heißt. 2 Eine große Menschenmenge folgte ihm, weil sie die Zeichen sahen, die er an den Kranken tat. 3 Jesus stieg auf den Berg und setzte sich dort mit seinen Jüngern nieder. 4 Das Pascha, das Fest der Juden, war nahe. 5 Als Jesus aufblickte und sah, daß so viele Menschen zu ihm kamen, fragte er Philippus: Wo sollen wir Brot kaufen, damit diese Leute zu essen haben? 6 Das sagte er aber nur, um ihn auf die Probe zu stellen; denn er selbst wußte, was er tun wollte. 7 Philippus antwortete ihm: Brot für zweihundert Denare reicht nicht aus, wenn jeder von ihnen auch nur ein kleines Stück bekommen soll. 8 Einer seiner Jünger, Andreas, der Bruder des Simon Petrus, sagte zu ihm:

9 Hier ist ein kleiner Junge, der hat fünf Gerstenbrote und zwei Fische; doch was ist das für so viele!

19 Dann ordnete er an, die Leute sollten sich
ins Gras setzen.

Und er nahm die fünf Brote und die zwei Fi-
sche, blickte zum Himmel auf, sprach den
Lobpreis, brach die Brote und gab sie den
Jüngern; die Jünger aber gaben sie den
Leuten,

20 und alle aßen und wurden satt. Als die Jün-
ger die übriggebliebenen Brotstücke ein-
sammelten, wurden zwölf Körbe voll. 21 Es
waren etwa fünftausend Männer, die an dem
Mahl teilnahmen, dazu noch Frauen und
Kinder.

13–21: 15,32–39; Mk 8,1–10 / 14: 9,36 / 19f: 2Kön 4,43f.

Fische. 39 Dann befahl er ihnen, den Leuten
zu sagen, sie sollten sich in Gruppen ins
grüne Gras setzen. 40 Und sie setzten sich in
Gruppen zu hundert und zu fünfzig.

41 Darauf nahm er die fünf Brote und die zwei
Fische, blickte zum Himmel auf, sprach den
Lobpreis, brach die Brote und gab sie den
Jüngern, damit sie sie an die Leute austeilten.
Auch die zwei Fische ließ er unter allen ver-
teilen.
42 Und alle aßen und wurden satt. 43 Als die
Jünger die Reste der Brote und auch der Fi-
sche einsammelten, wurden zwölf Körbe
voll. 44 Es waren fünftausend Männer, die
von den Broten gegessen hatten.

32–44: 8,1–10; Mt 15,32–39 / 34: Mt 9,36; Num 27,17; 1Kön 22,17; Ez 34,5 / 41: 8,19.

110. Der Gang auf dem Wasser

Mt 14,22–33

22 Gleich darauf forderte er die Jünger auf,
ins Boot zu steigen und an das andere Ufer
vorauszufahren. Inzwischen wollte er die
Leute nach Hause schicken.
23 Nachdem er sie weggeschickt hatte, stieg er
auf einen Berg, um in der Einsamkeit zu be-
ten. Spät am Abend war er immer noch allein
auf dem Berg. 24 Das Boot aber war schon
viele Stadien vom Land entfernt und wurde
von den Wellen hin und her geworfen; denn
sie hatten Gegenwind. 25 In der vierten
Nachtwache kam Jesus zu ihnen; er ging auf
dem See. 26 Als ihn die Jünger über den See
kommen sahen, erschraken sie, weil sie
meinten, es sei ein Gespenst, und sie schrien
vor Angst.
27 Doch Jesus begann mit ihnen zu reden und
sagte: Habt Vertrauen, ich bin es; fürchtet
euch nicht! 28 Darauf erwiderte ihm Petrus:
Herr, wenn du es bist, so befiehl, daß ich auf
dem Wasser zu dir komme. 29 Jesus sagte:
Komm! Da stieg Petrus aus dem Boot und
ging über das Wasser auf Jesus zu. 30 Als er
aber sah, wie heftig der Wind war, bekam er
Angst und begann unterzugehen. Er schrie:
Herr, rette mich! 31 Jesus streckte sofort die
Hand aus, ergriff ihn und sagte zu ihm: Du
Kleingläubiger, warum hast du gezweifelt?
32 Und als sie ins Boot gestiegen waren, legte
sich der Wind. 33 Die Jünger im Boot aber

Mk 6,45–52

45 Gleich darauf forderte er seine Jünger auf,
ins Boot zu steigen und ans andere Ufer nach
Betsaida vorauszufahren. Er selbst wollte in-
zwischen die Leute nach Hause schicken.
46 Nachdem er sich von ihnen verabschiedet
hatte, ging er auf einen Berg, um zu beten.
47 Spät am Abend war das Boot mitten auf
dem See, er aber war allein an Land. 48 Und
er sah, wie sie sich beim Rudern abmühten,
denn sie hatten Gegenwind. In der vierten
Nachtwache ging er auf dem See zu ihnen
hin, wollte aber an ihnen vorübergehen.
49 Als sie ihn über den See gehen sahen,
meinten sie, es sei ein Gespenst, und schrien
auf. 50 Alle sahen ihn und erschraken.

Doch er begann mit ihnen zu reden und sag-
te: Habt Vertrauen, ich bin es; fürchtet euch
nicht!

51 Dann stieg er zu ihnen ins Boot, und der
Wind legte sich. Sie aber waren bestürzt und

Er erwiderte seinen Jüngern: Sagt ihnen, sie
sollen sich in Gruppen zu ungefähr fünfzig
zusammensetzen. [15]Die Jünger taten, was er
ihnen sagte, und veranlaßten, daß sich alle
setzten.
[16]Jesus aber nahm die fünf Brote und die
zwei Fische, blickte zum Himmel auf, segnete sie und brach sie; dann gab er sie den
Jüngern, damit sie diese an die Leute austeilten.

[17]Und alle aßen und wurden satt. Als man
die übriggebliebenen Brotstücke einsammelte, waren es zwölf Körbe voll.

10–17: Mt 15,32–39; Mk 8,1–10.

[10]Jesus sagte: Laßt die Leute sich setzen! Es gab dort nämlich viel Gras. Da setzten sie sich; es waren etwa fünftausend Männer.

[11]Dann nahm Jesus die Brote, sprach das Dankgebet und teilte an die Leute aus, soviel sie wollten; ebenso machte er es mit den Fischen.

*[12]Als die Menge satt war, sagte er zu seinen
Jüngern: Sammelt die übriggebliebenen Brotstücke, damit nichts verdirbt. [13]Sie sammelten
und füllten zwölf Körbe mit den Stücken, die von den fünf Gerstenbroten nach dem Essen übrig waren.*

Joh 6,16–21

*[16]Als es aber spät geworden war, gingen seine
Jünger zum See hinab, [17]bestiegen ein Boot
und fuhren über den See, auf Kafarnaum zu. Es war schon dunkel geworden, und Jesus
war noch nicht zu ihnen gekommen. [18]Da
wurde der See durch einen heftigen Sturm
aufgewühlt. [19]Als sie etwa fünfundzwanzig
oder dreißig Stadien gefahren waren, sahen sie, wie Jesus über den See ging und sich dem
Boot näherte; und sie fürchteten sich. [20]Er
aber rief ihnen zu: Ich bin es; fürchtet euch
nicht! [21]Sie wollten ihn zu sich in das Boot
nehmen, aber schon war das Boot am Ufer, das sie erreichen wollten.*

fielen vor Jesus nieder und sagten: Wahrhaf-
tig, du bist Gottes Sohn.

23: Lk 6,12 / 26: Lk 24,37 / 32: 8,26 / 33: 16,16; 27,54; Mk 15,39; Joh 1,49; 11,27.

14,25 Man teilte die Nacht in vier Abschnitte (»Nachtwachen«) zu je drei Stunden ein.

außer sich. [52] Denn sie waren nicht zur Ein-
sicht gekommen, als das mit den Broten ge-
schah; ihr Herz war verstockt.

46: Lk 6,12 / 51: 4,39 / 52: 8,17.

6,48 Zu »Nachtwache« vgl. die Anmerkung zu Mt 14,25.

111. Krankenheilungen in Gennesaret

Mt 14,34–36

[34] Sie fuhren auf das Ufer zu und kamen nach
Gennesaret.
[35] Als die Leute dort ihn erkannten, schick-
ten sie Boten in die ganze Umgebung. Und
man brachte alle Kranken zu ihm

[36] und bat ihn, er möge sie wenigstens den
Saum seines Gewandes berühren lassen.
Und alle, die ihn berührten, wurden geheilt.

36: 9,21; Mk 5,28; Lk 6,19; 8,44.

Mk 6,53–56

[53] Sie fuhren auf das Ufer zu, kamen nach
Gennesaret und legten dort an. [54] Als sie aus
dem Boot stiegen, erkannte man ihn sofort.
[55] Die Menschen eilten durch die ganze Ge-
gend und brachten die Kranken auf Tragbah-
ren zu ihm, sobald sie hörten, wo er war.
[56] Und immer, wenn er in ein Dorf oder eine
Stadt oder zu einem Gehöft kam, trug man
die Kranken auf die Straße hinaus und bat
ihn, er möge sie wenigstens den Saum seines
Gewandes berühren lassen. Und alle, die ihn
berührten, wurden geheilt.

55: Mt 4,24 / 56: 5,28; Mt 14,36.

112. Von Reinheit und Unreinheit

Mt 15,1–20

[1] Da kamen von Jerusalem Pharisäer und
Schriftgelehrte zu Jesus

und sagten: [2] Warum mißachten deine Jün-
ger die Überlieferung der Alten? Denn sie
waschen sich nicht die Hände vor dem Essen.

Mk 7,1–23

[1] Die Pharisäer und einige Schriftgelehrte,
die aus Jerusalem gekommen waren, hielten
sich bei Jesus auf. [2] Sie sahen, daß einige sei-
ner Jünger ihr Brot mit unreinen, das heißt
mit ungewaschenen Händen aßen. [3] Die Pha-
risäer essen nämlich wie alle Juden nur, wenn
sie vorher mit einer Handvoll Wasser die
Hände gewaschen haben, wie es die Überlie-
ferung der Alten vorschreibt. [4] Auch wenn
sie vom Markt kommen, essen sie nicht, ohne
sich vorher zu waschen. Noch viele andere
überlieferte Vorschriften halten sie ein, wie
das Abspülen von Bechern, Krügen und Kes-
seln. [5] Die Pharisäer und die Schriftgelehrten
fragten ihn also: Warum halten sich deine
Jünger nicht an die Überlieferung der Alten,
sondern essen ihr Brot mit unreinen
Händen?

Joh 6,22–25

[22] *Am nächsten Tag sah die Menge, die am*
anderen Ufer des Sees geblieben war, daß nur
noch ein Boot dort lag, und sie erfuhren, daß
Jesus nicht mit seinen Jüngern ins Boot gestie-
gen war, sondern daß die Jünger allein abge-
fahren waren. [23] *Von Tiberias her kamen an-*
dere Boote in die Nähe des Ortes, wo sie nach
dem Dankgebet des Herrn das Brot gegessen
hatten. [24] *Als die Leute sahen, daß weder Jesus*
noch seine Jünger dort waren, stiegen sie in die
Boote, fuhren nach Kafarnaum und suchten
Jesus. [25] *Als sie ihn am anderen Ufer des Sees*
fanden, fragten sie ihn: Rabbi, wann bist du
hierher gekommen?

Lk 11,37–41; 6,39 (vgl. Nr. 151.74)

[11,37] *Nach dieser Rede lud ein Pharisäer Jesus*
zum Essen ein. Jesus ging zu ihm und setzte
sich zu Tisch. [38] *Als der Pharisäer sah, daß er*
sich vor dem Essen nicht die Hände wusch,
war er verwundert.

Mt 15,3–14

3 Er entgegnete ihnen: Warum mißachtet
denn ihr Gottes Gebot um eurer Überliefe-
rung willen?

4 Gott hat gesagt: EHRE VATER UND MUTTER!,
und: WER VATER ODER MUTTER VERFLUCHT,
SOLL MIT DEM TOD BESTRAFT WERDEN.
5 Ihr aber lehrt: Wer zu Vater oder Mutter
sagt: Was ich dir schulde, erkläre ich zur Op-
fergabe!, 6 der braucht seinen Vater oder
seine Mutter nicht mehr zu ehren.
Damit habt ihr Gottes Wort um eurer Über-
lieferung willen außer Kraft gesetzt.

7 Ihr Heuchler! Der Prophet Jesaja hatte
recht, als er über euch sagte:
8 DIESES VOLK EHRT MICH MIT DEN LIPPEN, /
SEIN HERZ ABER IST WEIT WEG VON MIR.
9 ES IST SINNLOS, WIE SIE MICH VEREHREN; /
WAS SIE LEHREN, SIND SATZUNGEN VON MEN-
SCHEN.
3 Er entgegnete ihnen: Warum mißachtet denn
ihr Gottes Gebot um eurer Überlieferung wil-
len?

4 Gott hat gesagt: »Ehre Vater und Mutter!«,
und: »Wer Vater oder Mutter verflucht, soll
mit dem Tod bestraft werden.«
5 Ihr aber lehrt: Wer zu Vater oder Mutter
sagt: Was ich dir schulde, erkläre ich zur Op-
fergabe!, 6 der braucht seinen Vater oder seine
Mutter nicht mehr zu ehren.

Damit habt ihr Gottes Wort um eurer Überlie-
ferung willen außer Kraft gesetzt.

10 Und er rief die Leute zu sich und sagte:
Hört und begreift: 11 Nicht das, was durch
den Mund in den Menschen hineinkommt,
macht ihn unrein, sondern was aus dem
Mund des Menschen herauskommt, das
macht ihn unrein.
12 Da kamen die Jünger zu ihm und sagten:
Weißt du, daß die Pharisäer über deine
Worte empört sind? 13 Er antwortete ihnen:
Jede Pflanze, die nicht mein himmlischer Va-
ter gepflanzt hat, wird ausgerissen werden.
14 Laßt sie, es sind blinde Blindenführer. Und
wenn ein Blinder einen Blinden führt, wer-
den beide in eine Grube fallen.

Mk 7,6–17

8 Ihr gebt Gottes Gebot preis und haltet euch
an die Überlieferung der Menschen. 9 Und
weiter sagte Jesus: Sehr geschickt setzt ihr
Gottes Gebot außer Kraft und haltet euch an
eure eigene Überlieferung. 10 Mose hat zum
Beispiel gesagt: »Ehre deinen Vater und deine
Mutter!«, und: »Wer Vater oder Mutter ver-
flucht, soll mit dem Tod bestraft werden.«
11 Ihr aber lehrt: Es ist erlaubt, daß einer zu
seinem Vater oder seiner Mutter sagt: Was ich
dir schulde, ist Korbán, das heißt: eine Opfer-
gabe. 12 Damit hindert ihr ihn daran, noch et-
was für Vater oder Mutter zu tun. 13 So setzt
ihr durch eure eigene Überlieferung Gottes
Wort außer Kraft. Und ähnlich handelt ihr in
vielen Fällen.
6 Er antwortete ihnen: Der Prophet Jesaja
hatte recht mit dem, was er über euch Heuch-
ler sagte:
DIESES VOLK EHRT MICH MIT DEN LIPPEN, /
SEIN HERZ ABER IST WEIT WEG VON MIR.
7 ES IST SINNLOS, WIE SIE MICH VEREHREN; /
WAS SIE LEHREN, SIND SATZUNGEN VON MEN-
SCHEN.
8 Ihr gebt Gottes Gebot preis und haltet euch
an die Überlieferung der Menschen. 9 Und
weiter sagte Jesus: Sehr geschickt setzt ihr
Gottes Gebot außer Kraft und haltet euch an
eure eigene Überlieferung. 10 Mose hat zum
Beispiel gesagt:
EHRE DEINEN VATER UND DEINE MUTTER!,
und: WER VATER ODER MUTTER VERFLUCHT,
SOLL MIT DEM TOD BESTRAFT WERDEN.
11 Ihr aber lehrt: Es ist erlaubt, daß einer zu
seinem Vater oder seiner Mutter sagt: Was
ich dir schulde, ist Korbán, das heißt: eine
Opfergabe. 12 Damit hindert ihr ihn daran,
noch etwas für Vater oder Mutter zu tun.
13 So setzt ihr durch eure eigene Überliefe-
rung Gottes Wort außer Kraft. Und ähnlich
handelt ihr in vielen Fällen.
14 Dann rief er die Leute wieder zu sich und
sagte: Hört mir alle zu und begreift, was ich
sage: 15 Nichts, was von außen in den Men-
schen hineinkommt, kann ihn unrein ma-
chen, sondern was aus dem Menschen her-
auskommt, das macht ihn unrein. [16]

17 Er verließ die Menge und ging in ein Haus.

(Lk 9,17)

[39] *Da sagte der Herr zu ihm: O ihr Pharisäer!
Ihr haltet zwar Becher und Teller außen sau-
ber, innen aber seid ihr voll Raubgier und
Bosheit.* [40] *Ihr Unverständigen! Hat nicht der,
der das Äußere schuf, auch das Innere ge-
schaffen?* [41] *Gebt lieber, was in den Schüsseln
ist, den Armen, dann ist für euch alles rein.*

[6,39] *Er gebrauchte auch einen Vergleich und
sagte: Kann ein Blinder einen Blinden füh-
ren? Werden nicht beide in eine Grube fallen?*

15 Da sagte Petrus zu ihm: Erkläre uns jenes rätselhafte Wort! 16 Er antwortete: Seid auch ihr noch immer ohne Einsicht? 17 Begreift ihr nicht, daß alles, was durch den Mund (in den Menschen) hineinkommt, in den Magen gelangt und dann wieder ausgeschieden wird?

18 Was aber aus dem Mund herauskommt, das kommt aus dem Herzen, und das macht den Menschen unrein. 19 Denn aus dem Herzen kommen böse Gedanken, Mord, Ehebruch, Unzucht, Diebstahl, falsche Zeugenaussagen und Verleumdungen. 20 Das ist es, was den Menschen unrein macht; aber mit ungewaschenen Händen essen macht ihn nicht unrein.

2: Kol 2,21f / 4: Ex 20,12; 21,17; Dtn 5,16; Lev 20,9 / 8: Jes 29,13 G / 14: 23,16.24 / 19: Röm 1,29–31; 1Kor 5,10f; Gal 5,19–21; Eph 5,3–5; Kol 3,5; 1Tim 1,9f; 2Tim 3,2–4; 1Petr 4,3.

15,1f Über die Reinheitsvorschriften der Pharisäer und Schriftgelehrten vgl. Mk 7,1–8 und die dortige Anmerkung.

15,5f Über das Korbán-Gelübde vgl. die Anmerkung zu Mk 7,9–13.

15,6 Gottes Wort, nach anderen Textzeugen: Gottes Gesetz.

15,11 In diesem wichtigen Satz wird der Wert jeder religiösen Verhaltensweise und Handlung von der Gesinnung des Handelnden abhängig gemacht, nicht vom äußeren Vollzug. Es gibt also keine Sünde ohne böse Gesinnung.

15,19 Vgl. die Anmerkung zu Mk 7,21.

Da fragten ihn seine Jünger nach dem Sinn dieses rätselhaften Wortes. 18 Er antwortete ihnen: Begreift auch ihr nicht? Seht ihr nicht ein, daß das, was von außen in den Menschen hineinkommt, ihn nicht unrein machen kann? 19 Denn es gelangt ja nicht in sein Herz, sondern in den Magen und wird wieder ausgeschieden. Damit erklärte Jesus alle Speisen für rein.

20 Weiter sagte er: Was aus dem Menschen herauskommt, das macht ihn unrein. 21 Denn von innen, aus dem Herzen der Menschen, kommen die bösen Gedanken, Unzucht, Diebstahl, Mord, 22 Ehebruch, Habgier, Bosheit, Hinterlist, Ausschweifung, Neid, Verleumdung, Hochmut und Unvernunft. 23 All dieses Böse kommt von innen und macht den Menschen unrein.

2: Kol 2,21f / 4: Mt 23,25 / 6: Jes 29,13 G / 10: Ex 20,12; 21,17; Lev 20,9; Dtn 5,16.

7,1–8.14–23 Die Reinheitsvorschriften, die von den Juden entwickelt wurden (von den »Alten«, das heißt den jüdischen Lehrautoritäten), gingen davon aus, daß alles Geschlechtliche, Ausscheidungen des Körpers, bestimmte Tiere und Menschen (Heiden, Sünder, Kranke mit bestimmten Krankheiten, z.B. Aussatz), auch Leichen ebenso wie jede Art von Schmutz verunreinigen, das heißt für den Gottesdienst und das Gebet unwürdig machen. Diese Unreinheit konnte sich durch Berührung auch auf tote Gegenstände übertragen. Zur Wiederherstellung der kultischen Reinheit bedurfte es gewisser Waschungen, Fastenübungen und religiöser Handlungen. Auch Speisen konnten verunreinigen (vgl. Lev 11–15). Demgegenüber stellte Jesus fest, daß der Wert einer Handlung allein von der Gesinnung des Handelnden abhängt (vgl. auch die Anmerkung zu Mt 15,11).

113. Die Erhörung der Bitte einer heidnischen Frau

Mt 15,21–28

21 Von dort zog sich Jesus in das Gebiet von Tyrus und Sidon zurück.

22 Da kam eine kanaanäische Frau aus jener Gegend zu ihm und rief: Hab Erbarmen mit mir, Herr, du Sohn Davids! Meine Tochter wird von einem Dämon gequält.

23 Jesus aber gab ihr keine Antwort. Da traten seine Jünger zu ihm und baten: Befrei sie (von ihrer Sorge), denn sie schreit hinter uns her.

Mk 7,24–30

24 Jesus brach auf und zog von dort in das Gebiet von Tyrus. Er ging in ein Haus, wollte aber, daß niemand davon erfuhr; doch es konnte nicht verborgen bleiben.

25 Eine Frau, deren Tochter von einem unreinen Geist besessen war, hörte von ihm; sie kam sogleich herbei und fiel ihm zu Füßen. 26 Die Frau, von Geburt Syrophönizierin, war eine Heidin. Sie bat ihn, aus ihrer Tochter den Dämon auszutreiben.

Zu Mk 7,3 mit einer Handvoll Wasser, wörtlich: mit der Faust.

Zu Mk 7,4 Andere Übersetzungsmöglichkeit: Und sie essen auch das, was vom Markt kommt, erst, wenn sie es gewaschen haben.

Zu Mk 7,9–13 Das Korbán-Gelübde war ein Gelöbnis, durch das ein Gegenstand in den Dienst Gottes, des Tempels oder des Gottesdienstes gestellt und so der Nutznießung durch Menschen entzogen wurde. Wer also alle Verpflichtungen und Leistungen seinen Eltern gegenüber durch das Korbán-Gelübde Gott weihte (»Opfergabe ist, was ihr von mir als Unterstützung haben solltet«), entzog diesen ihren Unterhalt, ohne daß er gezwungen werden konnte, das den Eltern Nicht-Geleistete auch wirklich für religiöse Zwecke einzusetzen. Diese Praxis widersprach deutlich dem Sinn des vierten Gebotes, das auch den Unterhalt alter und kranker Eltern sichern sollte.

Zu Mk 7,16 Spätere Textzeugen fügen hier entsprechend 4,23 ein: Wenn einer Ohren hat zum Hören, so höre er!

Zu Mk 7,21 Bei den Juden galt das Herz als Mitte der Gemütsregungen und Sitz des Gewissens. Vgl. die Anmerkung zu Mt 15,11.

Zu Mt 15,7f par. Papyrus Egerton 2: Jesus aber durchschaute ihren Plan, wurde unwillig und sprach zu ihnen: Was nennt ihr mich mit eurem Munde Meister und tut doch nicht, was ich sage? Jesaja hat recht über euch geweissagt, als er sprach (29,13): Dieses Volk ehrt mich mit seinen Lippen, aber ihr Herz ist weit weg von mir. Vergeblich ist ihr Gottesdienst. Menschensatzung lehren sie!

Zu Mt 15,11ff par. Thomasevangelium Logion 14: Wenn ihr in irgendein Land geht, wenn ihr in Gegenden wandert, und man nimmt euch auf, dann eßt das, was man euch vorsetzt. Heilt, die unter ihnen krank sind. Denn was in euren Mund hineingehen wird, befleckt euch nicht. Aber das, was aus eurem Mund hinausgeht, das ist es, was euch beflecken wird.

24 Er antwortete: Ich bin nur zu den verlorenen Schafen des Hauses Israel gesandt.
25 Doch die Frau kam, fiel vor ihm nieder und sagte: Herr, hilf mir!

26 Er erwiderte: Es ist nicht recht, das Brot den Kindern wegzunehmen und den Hunden vorzuwerfen.
27 Da entgegnete sie: Ja, du hast recht, Herr! Aber selbst die Hunde bekommen von den Brotresten, die vom Tisch ihrer Herren fallen.
28 Darauf antwortete ihr Jesus: Frau, dein Glaube ist groß. Was du willst, soll geschehen. Und von dieser Stunde an war ihre Tochter geheilt.

22: 9,27 / 24: 10,6.

15,23 Befrei sie (von ihrer Sorge), andere Übersetzungsmöglichkeit: Schick sie weg.

27 Da sagte er zu ihr: Laßt zuerst die Kinder
satt werden; denn es ist nicht recht, das Brot
den Kindern wegzunehmen und den Hunden
vorzuwerfen. 28 Sie erwiderte ihm: Ja, du hast
recht, Herr! Aber auch für die Hunde unter
dem Tisch fällt etwas von dem Brot ab, das
die Kinder essen.
29 Er antwortete ihr: Weil du das gesagt hast,
sage ich dir: Geh nach Hause, der Dämon hat
deine Tochter verlassen. 30 Und als sie nach
Hause kam, fand sie das Kind auf dem Bett
liegen und sah, daß der Dämon es verlassen
hatte.

7,24–30 Jesus hat sich nicht von sich aus an Heiden gewandt (vgl. Mt 10,5f; 15,24), hat aber Heiden geholfen, wenn sie ihn darum baten. »Hund« war ein jüdisches Schimpfwort für die Heiden. Die Juden verstanden sich demgegenüber als Kinder im Haus Gottes.
7,26 Heidin, wörtlich: Griechin.

114. Die Heilung vieler Kranken (Mt) – eines Taubstummen (Mk)

Mt 15,29–31

29 Jesus zog weiter und kam an den See von
Galiläa. Er stieg auf einen Berg und setzte
sich. 30 Da kamen viele Menschen und brachten Lahme, Krüppel, Blinde, Stumme und viele andere Kranke zu ihm; sie legten sie vor ihn hin, und er heilte sie.

31 Als die Menschen sahen, daß Stumme plötzlich redeten, Krüppel gesund wurden, Lahme gehen und Blinde sehen konnten, waren sie erstaunt und priesen den Gott Israels.

Mk 7,31–37

31 Jesus verließ das Gebiet von Tyrus wieder
und kam über Sidon an den See von Galiläa,
mitten in das Gebiet der Dekapolis. 32 Da
brachte man einen Taubstummen zu Jesus
und bat ihn, er möge ihn berühren. 33 Er
nahm ihn beiseite, von der Menge weg, legte
ihm die Finger in die Ohren und berührte
dann die Zunge des Mannes mit Speichel;
34 danach blickte er zum Himmel auf, seufzte
und sagte zu dem Taubstummen: Effata!, das
heißt: Öffne dich! 35 Sogleich öffneten sich
seine Ohren, seine Zunge wurde von ihrer
Fessel befreit, und er konnte richtig reden.
36 Jesus verbot ihnen, jemand davon zu erzählen. Doch je mehr er es ihnen verbot, de-
sto mehr machten sie es bekannt. 37 Außer
sich vor Staunen sagten sie: Er hat alles gut
gemacht; er macht, daß die Tauben hören
und die Stummen sprechen.

33: 8,23 / 37: Jes 35,5.

7,33 Speichel galt damals als Heilmittel.

(Lk 9,17)

115. Die Speisung der Viertausend (vgl. Nr. 109)

Mt 15,32–39

32 Jesus rief seine Jünger zu sich und sagte: Ich habe Mitleid mit diesen Menschen; sie sind schon drei Tage bei mir und haben nichts mehr zu essen. Ich will sie nicht hungrig wegschicken, sonst brechen sie unterwegs zusammen.

33 Da sagten die Jünger zu ihm: Wo sollen wir in dieser unbewohnten Gegend so viel Brot hernehmen, um so viele Menschen satt zu machen? 34 Jesus sagte zu ihnen: Wie viele Brote habt ihr? Sie antworteten: Sieben, und noch ein paar Fische.
35 Da forderte er die Leute auf, sich auf den Boden zu setzen. 36 Und er nahm die sieben Brote und die Fische, sprach das Dankgebet, brach die Brote und gab sie den Jüngern, und die Jünger verteilten sie an die Leute.

37 Und alle aßen und wurden satt. Dann sammelte man die übriggebliebenen Brotstücke ein, sieben Körbe voll. 38 Es waren viertausend Männer, die an dem Mahl teilgenommen hatten, dazu noch Frauen und Kinder. 39 Danach schickte er die Menge nach Hause, stieg ins Boot und fuhr in die Gegend von Magadan.

32–39: 14,13–21; Mk 6,32–44; Lk 9,10–17.

15,39 Die genaue Lage dieses Ortes ist nicht bekannt. Ein Teil späterer Textzeugen nennt hier Magdala, das westlich von Kafarnaum in einer Bucht des Sees von Gennesaret lag.

Mk 8,1–10

1 In jenen Tagen waren wieder einmal viele Menschen um Jesus versammelt. Da sie nichts zu essen hatten, rief er die Jünger zu sich und sagte: 2 Ich habe Mitleid mit diesen Menschen; sie sind schon drei Tage bei mir und haben nichts mehr zu essen. 3 Wenn ich sie hungrig nach Hause schicke, werden sie unterwegs zusammenbrechen; denn einige von ihnen sind von weither gekommen. 4 Seine Jünger antworteten ihm: Woher soll man in dieser unbewohnten Gegend Brot bekommen, um sie alle satt zu machen? 5 Er fragte sie: Wie viele Brote habt ihr? Sie antworteten: Sieben.

6 Da forderte er die Leute auf, sich auf den Boden zu setzen. Dann nahm er die sieben Brote, sprach das Dankgebet, brach die Brote und gab sie seinen Jüngern zum Verteilen; und die Jünger teilten sie an die Leute aus. 7 Sie hatten auch noch ein paar Fische bei sich. Jesus segnete sie und ließ auch sie austeilen. 8 Die Leute aßen und wurden satt. Dann sammelte man die übriggebliebenen Brotstücke ein, sieben Körbe voll. 9 Es waren etwa viertausend Menschen beisammen. Danach schickte er sie nach Hause. 10 Gleich darauf stieg er mit seinen Jüngern ins Boot und fuhr in das Gebiet von Dalmanuta.

1–10: Mt 14,13–21; Mk 6,32–44; Lk 9,10–17 / 2: Mt 9,36 / 6: 8,20.

116. Die Verweigerung eines Zeichens (vgl. Nr. 85)

Mt 16,1–4

1 Da kamen die Pharisäer und Sadduzäer zu Jesus, um ihn auf die Probe zu stellen. Sie baten ihn: Laß uns ein Zeichen vom Himmel sehen.
2 Er antwortete ihnen: [3]

Mk 8,11–13

11 Da kamen die Pharisäer und begannen ein Streitgespräch mit ihm; sie forderten von ihm ein Zeichen vom Himmel, um ihn auf die Probe zu stellen. 12 Da seufzte er tief auf und sagte:

Joh 6,1–13

*[1]Danach ging Jesus an das andere Ufer des
Sees von Galiläa, der auch See von Tiberias
heißt. [2]Eine große Menschenmenge folgte
ihm, weil sie die Zeichen sahen, die er an den
Kranken tat. [3]Jesus stieg auf den Berg und
setzte sich dort mit seinen Jüngern nieder.
[4]Das Pascha, das Fest der Juden, war nahe.
[5]Als Jesus aufblickte und sah, daß so viele
Menschen zu ihm kamen, fragte er Philippus:
Wo sollen wir Brot kaufen, damit diese Leute
zu essen haben? [6]Das sagte er aber nur, um
ihn auf die Probe zu stellen; denn er selbst
wußte, was er tun wollte. [7]Philippus antwor-
tete ihm: Brot für zweihundert Denare reicht
nicht aus, wenn jeder von ihnen auch nur ein
kleines Stück bekommen soll. [8]Einer seiner
Jünger, Andreas, der Bruder des Simon Pe-
trus, sagte zu ihm: [9]Hier ist ein kleiner Junge,
der hat fünf Gerstenbrote und zwei Fische;
doch was ist das für so viele! [10]Jesus sagte:
Laßt die Leute sich setzen! Es gab dort näm-
lich viel Gras. Da setzten sie sich; es waren
etwa fünftausend Männer. [11]Dann nahm Je-
sus die Brote, sprach das Dankgebet und teilte
an die Leute aus, soviel sie wollten; ebenso
machte er es mit den Fischen. [12]Als die Menge
satt war, sagte er zu seinen Jüngern: Sammelt
die übriggebliebenen Brotstücke, damit nichts
verdirbt. [13]Sie sammelten und füllten zwölf
Körbe mit den Stücken, die von den fünf Ger-
stenbroten nach dem Essen übrig waren.*

Lk 11,16; 12,54–56; 11,29b
(vgl. Nr. 146.157.149)

*[11,16]Andere wollten ihn auf die Probe stellen
und forderten von ihm ein Zeichen vom
Himmel.*

*[12,54]Außerdem sagte Jesus zu den Leuten:
Sobald ihr im Westen Wolken aufsteigen seht,
sagt ihr: Es gibt Regen. Und es kommt so.*

Joh 6,30 (Mt 12,38–39) (vgl. Nr. 85)

*[Mt 12,38]Zu dieser Zeit sagten einige Schriftge-
lehrte und Pharisäer zu ihm: Meister, wir
möchten von dir ein Zeichen sehen.*

*[Joh 6,30]Sie entgegneten ihm: Welches Zeichen
tust du, damit wir es sehen und dir glauben?
Was tust du?*

[4]Diese böse und treulose Generation fordert ein Zeichen, aber es wird ihr kein anderes gegeben werden als das Zeichen des Jona. Und er ließ sie stehen und ging weg.

1: 1Kor 1,22.

16,2b–3 Spätere Textzeugen fügen hier ein: Am Abend sagt ihr: Es kommt schönes Wetter, denn der Himmel ist rot. [3] Und am Morgen: Heute gibt es Sturm, denn der Himmel ist rot und trüb. Das Aussehen des Himmels könnt ihr beurteilen, die Zeichen der Zeit aber nicht.

16,4 Zu »treulose« vgl. die Anmerkung zu Mt 12,39.

Was fordert diese Generation ein Zeichen? Amen, das sage ich euch: Dieser Generation wird niemals ein Zeichen gegeben werden.
[13]Und er verließ sie, stieg in das Boot und fuhr ans andere Ufer.

11: 1Kor 1,22.

117. Warnung vor den Pharisäern und Sadduzäern

Mt 16,5–12

[5]Die Jünger fuhren an das andere Ufer. Sie hatten aber vergessen, Brot mitzunehmen.
[6]Und Jesus sagte zu ihnen: Gebt acht, hütet euch vor dem Sauerteig der Pharisäer und
Sadduzäer! [7]Sie aber machten sich Gedanken und sagten zueinander: Wir haben kein
Brot mitgenommen. [8]Als Jesus das merkte, sagte er: Ihr Kleingläubigen, was macht ihr euch darüber Gedanken, daß ihr kein Brot
habt? [9]Begreift ihr immer noch nicht?

Erinnert ihr euch nicht an die fünf Brote für die Fünftausend und daran, wie viele Körbe voll ihr wieder eingesammelt habt?

[10]Auch nicht an die sieben Brote für die Viertausend, und wie viele Körbe voll ihr da eingesammelt habt?
[11]Warum begreift ihr denn nicht, daß ich nicht von Brot gesprochen habe, als ich zu euch sagte: Hütet euch vor dem Sauerteig
der Pharisäer und Sadduzäer? [12]Da verstanden sie, daß er nicht gemeint hatte, sie sollten sich vor dem Sauerteig hüten, mit dem man Brot backt, sondern vor der Lehre der Pharisäer und Sadduzäer.

8: Mk 6,52 / 9: 14,21; Mk 6,44f / 10: 15,38; Mk 8,9.

Mk 8,14–21

[14]Die Jünger hatten vergessen, bei der Abfahrt Brote mitzunehmen; nur ein einziges
hatten sie dabei. [15]Und er warnte sie: Gebt acht, hütet euch vor dem Sauerteig der Pharisäer und dem Sauerteig des Herodes! [16]Sie
aber machten sich Gedanken, weil sie kein
Brot bei sich hatten. [17]Als er das merkte, sagte er zu ihnen: Was macht ihr euch darüber Gedanken, daß ihr kein Brot habt? Begreift und versteht ihr immer noch nicht?
Ist denn euer Herz verstockt? [18]HABT IHR DENN KEINE AUGEN, UM ZU SEHEN, UND KEINE OHREN, UM ZU HÖREN? Erinnert ihr euch
nicht: [19]Als ich die fünf Brote für die Fünftausend brach, wie viele Körbe voll Brotstücke habt ihr da aufgesammelt? Sie antworteten ihm: Zwölf. [20]Und als ich die sieben Brote für die Viertausend brach, wie viele Körbe voll habt ihr da aufgesammelt?
Sie antworteten: Sieben. [21]Da sagte er zu ihnen: Versteht ihr immer noch nicht?

17: 6,52 / 18: Jer 5,21 / 19: 6,41–44 / 20: 8,6–9.

[55] *Und wenn der Südwind weht, dann sagt ihr: Es wird heiß. Und es trifft ein.* [56] *Ihr Heuchler! Das Aussehen der Erde und des Himmels könnt ihr deuten. Warum könnt ihr dann die Zeichen dieser Zeit nicht deuten?*
[11,29b] *Diese Generation ist böse. Sie fordert ein Zeichen; aber es wird ihr kein anderes gegeben werden als das Zeichen des Jona.*

[Mt 12,39] *Er antwortete ihnen: Diese böse und treulose Generation fordert ein Zeichen, aber es wird ihr kein anderes gegeben werden als das Zeichen des Propheten Jona.*

Lk 12,1 (vgl. Nr. 151)

[1] *Unterdessen strömten Tausende von Menschen zusammen, so daß es ein gefährliches Gedränge gab. Jesus wandte sich zuerst an seine Jünger und sagte: Hütet euch vor dem Sauerteig der Pharisäer, das heißt vor der Heuchelei.*

Joh 12,40

[40] *»Er hat ihre Augen blind gemacht und ihr Herz hart, damit sie mit ihren Augen nicht sehen und mit ihrem Herzen nicht zur Einsicht kommen, damit sie sich nicht bekehren und ich sie nicht heile.«*

118. Die Heilung eines Blinden bei Betsaida

Mk 8,22–26

22 Sie kamen nach Betsaida. Da brachte man einen Blinden zu Jesus und bat ihn, er möge ihn berühren. 23 Er nahm den Blinden bei der Hand, führte ihn vor das Dorf hinaus, bestrich seine Augen mit Speichel, legte ihm die Hände auf und fragte ihn: Siehst du etwas? 24 Der Mann blickte auf und sagte: Ich sehe Menschen; denn ich sehe etwas, das wie Bäume aussieht und umhergeht. 25 Da legte er ihm nochmals die Hände auf die Augen; nun sah der Mann deutlich. Er war geheilt und konnte alles ganz genau sehen. 26 Jesus schickte ihn nach Hause und sagte: Geh aber nicht in das Dorf hinein!

23: 7,33.

119. Das Messiasbekenntnis des Petrus und die erste Ankündigung von Leiden und Auferstehung

Mt 16,13–23

13 Als Jesus in das Gebiet von Cäsarea Philippi kam, fragte er seine Jünger: Für wen halten die Leute den Menschensohn? 14 Sie sagten: Die einen für Johannes den Täufer, andere für Elija, wieder andere für Jeremia oder sonst einen Propheten. 15 Da sagte er zu ihnen: Ihr aber, für wen haltet ihr mich? 16 Simon Petrus antwortete: Du bist der Messias, der Sohn des lebendigen Gottes! 17 Jesus sagte zu ihm: Selig bist du, Simon Barjona; denn nicht Fleisch und Blut haben dir das offenbart, sondern mein Vater im Himmel. 18 Ich aber sage dir: Du bist Petrus, und auf diesen Felsen werde ich meine Kirche bauen, und die Mächte der Unterwelt werden sie nicht überwältigen. 19 Ich werde dir die Schlüssel des Himmelreichs geben; was du auf Erden binden wirst, das wird auch im Himmel gebunden sein, und was du auf Erden lösen wirst, das wird auch im Himmel gelöst sein. 20 Dann befahl er den Jüngern, niemand zu sagen, daß er der Messias sei.

21 Von da an begann Jesus, seinen Jüngern zu erklären, er müsse nach Jerusalem gehen und

Mk 8,27–33

27 Jesus ging mit seinen Jüngern in die Dörfer bei Cäsarea Philippi. Unterwegs fragte er die Jünger: Für wen halten mich die Menschen? 28 Sie sagten zu ihm: Einige für Johannes den Täufer, andere für Elija, wieder andere für sonst einen von den Propheten. 29 Da fragte er sie: Ihr aber, für wen haltet ihr mich? Simon Petrus antwortete ihm: Du bist der Messias!

30 Doch er verbot ihnen, mit jemand über ihn zu sprechen.

31 Dann begann er, sie darüber zu belehren, der Menschensohn müsse vieles erleiden und

Joh 9,1–7

1 Unterwegs sah Jesus einen Mann, der seit
seiner Geburt blind war. 2 Da fragten ihn seine
Jünger: Rabbi, wer hat gesündigt? Er selbst?
Oder haben seine Eltern gesündigt, so daß er
blind geboren wurde? 3 Jesus antwortete: We-
der er noch seine Eltern haben gesündigt,
sondern das Wirken Gottes soll an ihm offen-
bar werden. 4 Wir müssen, solange es Tag ist,
die Werke dessen vollbringen, der mich ge-
sandt hat; es kommt die Nacht, in der niemand
mehr etwas tun kann. 5 Solange ich in der Welt
bin, bin ich das Licht der Welt. 6 Als er dies ge-
sagt hatte, spuckte er auf die Erde; dann
machte er mit dem Speichel einen Teig, strich
ihn dem Blinden auf die Augen 7 und sagte zu
ihm: Geh und wasch dich in dem Teich Schi-
loach! Schiloach heißt übersetzt: Der Gesand-
te. Der Mann ging fort und wusch sich. Und
als er zurückkam, konnte er sehen.

Lk 9,18–22

18 Jesus betete einmal in der Einsamkeit, und
die Jünger waren bei ihm. Da fragte er sie:
Für wen halten mich die Leute? 19 Sie ant-
worteten: Einige für Johannes den Täufer,
andere für Elija; wieder andere sagen: Einer
der alten Propheten ist auferstanden. 20 Da
sagte er zu ihnen: Ihr aber, für wen haltet ihr
mich? Petrus antwortete: Für den Messias
Gottes.

21 Doch er verbot ihnen streng, es jemand
weiterzusagen.
22 Und er fügte hinzu: Der Menschensohn
muß vieles erleiden und von den Ältesten,

Joh 6,66–70; 20,22–23

6,66 Daraufhin zogen sich viele Jünger zurück
und wanderten nicht mehr mit ihm umher.
67 Da fragte Jesus die Zwölf: Wollt auch ihr
weggehen?

68 Simon Petrus antwortete ihm: Herr, zu wem
sollen wir gehen? Du hast Worte des ewigen
Lebens. 69 Wir sind zum Glauben gekommen
und haben erkannt: Du bist der Heilige Got-
tes.

20,22 Nachdem er das gesagt hatte, hauchte er
sie an und sprach zu ihnen: Empfangt den
Heiligen Geist! 23 Wem ihr die Sünden ver-
gebt, dem sind sie vergeben; wem ihr die Ver-
gebung verweigert, dem ist sie verweigert.

von den Ältesten, den Hohenpriestern und den Schriftgelehrten vieles erleiden; er werde getötet werden, aber am dritten Tag werde er auferstehen. 22 Da nahm ihn Petrus beiseite und machte ihm Vorwürfe; er sagte: Das soll Gott verhüten, Herr! Das darf nicht mit dir geschehen! 23 Jesus aber wandte sich um und sagte zu Petrus: Weg mit dir, Satan, geh mir aus den Augen! Du willst mich zu Fall bringen; denn du hast nicht das im Sinn, was Gott will, sondern was die Menschen wollen.

14: 14,2; Mk 6,14f; Lk 9,7f / 16: 14,33; 27,54; Mk 15,39; Joh 1,49; 11,27 / 18: Joh 1,42; Ijob 38,17; Weish 16,13; Jes 38,10 / 19: 18,18; 21,15–17 / 21: 17,22; 20,18f; 26,2; Mk 9,31; 10,32–34; Lk 9,44; 18,31–33.

16,18 Das dem Beinamen Petrus zugrunde liegende griechische Wort petra bedeutet »Fels«. – »die Mächte der Unterwelt«, wörtlich: »die Pforten des Hades«. Hades, hebräisch Scheol, bezeichnete damals den als Gebäude, Festungsanlage gedachten Bereich des Todes, aller Toten. Die Totenwelt, die man sich unter der Erde befindlich vorstellte, war jedoch nicht der Aufenthaltsort Satans oder der Dämonen. Die Pforten oder Tore des Hades sind ein Bild für die alles verschlingende Macht des Todes und der Vergänglichkeit.

von den Ältesten, den Hohenpriestern und den Schriftgelehrten verworfen werden; er werde getötet, aber nach drei Tagen werde er auferstehen. 32 Und er redete ganz offen darüber. Da nahm ihn Petrus beiseite und machte ihm Vorwürfe.
33 Jesus wandte sich um, sah seine Jünger an und wies Petrus mit den Worten zurecht: Weg mit dir, Satan, geh mir aus den Augen! Denn du hast nicht das im Sinn, was Gott will, sondern was die Menschen wollen.

28: 6,14 / 29: Joh 11,27 / 31: 9,31; 10,32–34.

120. Von Nachfolge und Selbstverleugnung

Mt 16,24–28

24 Darauf sagte Jesus zu seinen Jüngern: Wer mein Jünger sein will, der verleugne sich selbst, nehme sein Kreuz auf sich und folge mir nach. 25 Denn wer sein Leben retten will, wird es verlieren; wer aber sein Leben um meinetwillen verliert, wird es gewinnen.

26 Was nützt es einem Menschen, wenn er die ganze Welt gewinnt, dabei aber sein Leben einbüßt? Um welchen Preis kann ein Mensch sein Leben zurückkaufen? 27 Der Menschensohn wird mit seinen Engeln in der Hoheit seines Vaters kommen und JEDEM Menschen VERGELTEN, WIE ES SEINE TATEN VERDIENEN.

28 Amen, ich sage euch:

Von denen, die hier stehen, werden einige den Tod nicht erleiden, bis sie den Menschensohn in seiner königlichen Macht kommen sehen.

24: 10,38f; Lk 14,27 / 25: 10,39; Lk 17,33 / 27: Ps 62,13; 28,4 / 28: 10,23; 24,34.

Mk 8,34–9,1

34 Er rief die Volksmenge und seine Jünger zu sich und sagte: Wer mein Jünger sein will, der verleugne sich selbst, nehme sein Kreuz auf sich und folge mir nach. 35 Denn wer sein Leben retten will, wird es verlieren; wer aber sein Leben um meinetwillen und um des Evangeliums willen verliert, wird es retten.
36 Was nützt es einem Menschen, wenn er die ganze Welt gewinnt, dabei aber sein Leben einbüßt? 37 Um welchen Preis könnte ein Mensch sein Leben zurückkaufen? 38 Denn wer sich vor dieser treulosen und sündigen Generation meiner und meiner Worte schämt, dessen wird sich auch der Menschensohn schämen, wenn er mit den heiligen Engeln in der Hoheit seines Vaters kommt.
9,1 Und er sagte zu ihnen: Amen, ich sage euch:
Von denen, die hier stehen, werden einige den Tod nicht erleiden, bis sie gesehen haben, daß das Reich Gottes in (seiner ganzen) Macht gekommen ist.

8,34: Mt 10,38f; Lk 14,27; Mt 8,22 / 35: Mt 10,39; Lk 17,33 / 38: Mt 10,33 / 9,1: Mt 10,23; 24,34.

8,38 Zu »treulosen« vgl. Anmerkung zu Mt 12,39.

den Hohenpriestern und den Schriftgelehrten verworfen werden; er wird getötet werden, aber am dritten Tag wird er auferstehen.

[6,70] Jesus erwiderte: Habe ich nicht euch, die Zwölf, erwählt? Und doch ist einer von euch ein Teufel.

18: 5,16; Mk 1,35 / 19: 9,7f / 20: Joh 11,27 / 22: 9,44; 17,25; 18,31–33; 24,7; Mt 17,22f; 20,18f; 26,2; Mk 9,31; 10,32–34.

Zu Mk 8,27–33 par. Thomasevangelium Logion 13: Jesus sprach zu seinen Jüngern: Vergleicht mich, sagt mir, wem ich gleiche. Simon Petrus antwortete: Du gleichst einem gerechten Engel. Matthäus: Du gleichst einem Philosophen, einem Weisen. Thomas antwortete ihm: Meister, mein Mund erträgt es nicht zu sagen, wem du gleichst. Jesus sprach: Ich bin nicht dein Meister, denn du hast getrunken und dich berauscht an der sprudelnden Quelle, die ich ausgemessen habe. Jesus nahm ihn, zog sich zurück und sagte ihm drei Worte. Als Thomas zu seinen Gefährten kam, fragten sie ihn: Was hat dir Jesus gesagt? Thomas erwiderte: Wenn ich euch eines der Worte sage, werdet ihr Steine nehmen und auf mich werfen. Aber aus den Steinen wird Feuer kommen und euch verbrennen.

Lk 9,23–27

[23] Zu allen sagte er:
Wer mein Jünger sein will, der verleugne sich selbst, nehme täglich sein Kreuz auf sich und
folge mir nach. [24] Denn wer sein Leben retten
will, wird es verlieren; wer aber sein Leben um meinetwillen verliert, der wird es retten.

[25] Was nützt es einem Menschen, wenn er die ganze Welt gewinnt, dabei aber sich selbst verliert und Schaden nimmt?

[26] Denn wer sich meiner und meiner Worte schämt, dessen wird sich der Menschensohn schämen, wenn er in seiner Hoheit kommt und in der Hoheit des Vaters und der heiligen Engel.
[27] Wahrhaftig, das sage ich euch:
Von denen, die hier stehen, werden einige den Tod nicht erleiden, bis sie das Reich Gottes gesehen haben.

Joh 12,25–26; 8,51–52

[12,25] Wer an seinem Leben hängt, verliert es; wer aber sein Leben in dieser Welt geringachtet, wird es bewahren bis ins ewige Leben.
[26] Wenn einer mir dienen will, folge er mir nach; und wo ich bin, dort wird auch mein Diener sein. Wenn einer mir dient, wird der Vater ihn ehren.

[8,51] Amen, amen, ich sage euch: Wenn jemand an meinem Wort festhält, wird er auf ewig den Tod nicht schauen.
[52] Da sagten die Juden zu ihm: Jetzt wissen wir, daß du von einem Dämon besessen bist. Abraham und die Propheten sind gestorben, du aber sagst: Wenn jemand an meinem Wort festhält, wird er auf ewig den Tod nicht erleiden.

23: 14,27; Mt 10,38f; 8,22 / 24: 17,33; Mt 10,39; 16,25 / 26: Mt 10,33 / 27: Mt 10,23; 24,34.

Zu Lk 9,23f par. Thomasevangelium Logion 82: Der, der mir nahe ist, ist dem Feuer nahe, und der mir fern ist, ist dem Himmelreich fern.

121. Die Verklärung Jesu

Mt 17,1–8

[1]Sechs Tage danach nahm Jesus Petrus, Jakobus und dessen Bruder Johannes beiseite und führte sie auf einen hohen Berg. [2]Und er wurde vor ihren Augen verwandelt; sein Gesicht leuchtete wie die Sonne, und seine Kleider wurden blendend weiß wie das Licht.

[3]Da erschienen plötzlich vor ihren Augen Mose und Elija und redeten mit Jesus.

[4]Und Petrus sagte zu ihm: Herr, es ist gut, daß wir hier sind. Wenn du willst, werde ich hier drei Hütten bauen, eine für dich, eine für Mose und eine für Elija.

[5]Noch während er redete, warf eine leuchtende Wolke ihren Schatten auf sie,
und aus der Wolke rief eine Stimme: Das ist MEIN GELIEBTER SOHN, AN DEM ICH GEFALLEN GEFUNDEN HABE; AUF IHN SOLLT IHR HÖREN.
[6]Als die Jünger das hörten, bekamen sie große Angst und warfen sich mit dem Gesicht zu Boden. [7]Da trat Jesus zu ihnen, faßte sie an und sagte: Steht auf, habt keine Angst!
[8]Und als sie aufblickten, sahen sie nur noch Jesus.

2: 2Petr 1,16–18 / 5: Ps 2,7; Jes 42,1; Dtn 18,15; Mt 3,17.

Mk 9,2–8

[2]Sechs Tage danach nahm Jesus Petrus, Jakobus und Johannes beiseite und führte sie auf einen hohen Berg, aber nur sie allein. Und er wurde vor ihren Augen verwandelt;

[3]seine Kleider wurden strahlend weiß, so weiß, wie sie auf Erden kein Bleicher machen kann. [4]Da erschien vor ihren Augen Elija und mit ihm Mose, und sie redeten mit Jesus.

[5]Petrus sagte zu Jesus: Rabbi, es ist gut, daß wir hier sind. Wir wollen drei Hütten bauen, eine für dich, eine für Mose und eine für Elija. [6]Er wußte nämlich nicht, was er sagen sollte; denn sie waren vor Furcht ganz benommen.
[7]Da kam eine Wolke und warf ihren Schatten auf sie,
und aus der Wolke rief eine Stimme: Das ist MEIN GELIEBTER SOHN; AUF IHN SOLLT IHR HÖREN.

[8]Als sie dann um sich blickten, sahen sie auf einmal niemand mehr bei sich außer Jesus.

1–8: 2Petr 1,16–18 / 7: Ps 2,7; Jes 42,1; Dtn 18,15; Mt 3,17.

9,4f.11–13 Vgl. Anmerkung zu Mt 17,10–13.

122. Von der Wiederkunft des Elija

Mt 17,9–13

[9]Während sie den Berg hinabstiegen, gebot ihnen Jesus: Erzählt niemand von dem, was ihr gesehen habt, bis der Menschensohn von den Toten auferstanden ist.

Mk 9,9–13

[9]Während sie den Berg hinabstiegen, verbot er ihnen, irgend jemand zu erzählen, was sie gesehen hatten, bis der Menschensohn von den Toten auferstanden sei. [10]Dieses Wort beschäftigte sie, und sie fragten einander, was das sei: von den Toten auferstehen.

Lk 9,28–36a

[28]Etwa acht Tage nach diesen Reden nahm
Jesus Petrus, Johannes und Jakobus beiseite
und stieg mit ihnen auf einen Berg, um zu be-
ten. [29]Und während er betete, veränderte
sich das Aussehen seines Gesichtes, und sein
Gewand wurde leuchtend weiß.

[30]Und plötzlich redeten zwei Männer mit
ihm. Es waren Mose und Elija; [31]sie erschie-
nen in strahlendem Licht und sprachen von
seinem Ende, das sich in Jerusalem erfüllen
sollte. [32]Petrus und seine Begleiter aber wa-
ren eingeschlafen, wurden jedoch wach und
sahen Jesus in strahlendem Licht und die
zwei Männer, die bei ihm standen. [33]Als die
beiden sich von ihm trennen wollten, sagte
Petrus zu Jesus: Meister, es ist gut, daß wir
hier sind. Wir wollen drei Hütten bauen, eine
für dich, eine für Mose und eine für Elija. Er
wußte aber nicht, was er sagte. [34]Während er
noch redete, kam eine Wolke und warf ihren
Schatten auf sie. Sie gerieten in die Wolke
hinein und bekamen Angst.

[35]Da rief eine Stimme aus der Wolke: Das ist
MEIN AUSERWÄHLTER SOHN, AUF IHN SOLLT
IHR HÖREN.

[36a]Als aber die Stimme erklang, war Jesus
wieder allein.

28–36: 2Petr 1,16–18 / 35: Ps 2,7; Dtn 18,15; Jes 42,1; Mt 3,17.

Joh 1,14

[14]*Und das Wort ist Fleisch geworden / und hat unter uns gewohnt, / und wir haben seine Herrlichkeit gesehen, / die Herrlichkeit des einzigen Sohnes vom Vater, / voll Gnade und Wahrheit.*

Lk 9,36b

[36b]Die Jünger schwiegen jedoch über das,
was sie gesehen hatten, und erzählten in je-
nen Tagen niemand davon.

Mt 17,10–17

[10] Da fragten ihn die Jünger: Warum sagen denn die Schriftgelehrten, zuerst müsse Elija kommen? [11] Er gab zur Antwort: Ja, Elija kommt, UND ER WIRD alles WIEDERHERSTELLEN.

[12] Ich sage euch aber: Elija ist schon gekommen, doch sie haben ihn nicht erkannt, sondern mit ihm gemacht, was sie wollten. Ebenso wird auch der Menschensohn durch sie leiden müssen. [13] Da verstanden die Jünger, daß er von Johannes dem Täufer sprach.

11: Mal 3,23 G / 12: 11,14 / 13: Lk 1,17.

Mk 9,11–23

[11] Da fragten sie ihn: Warum sagen die Schriftgelehrten, zuerst müsse Elija kommen? [12] Er antwortete: Ja, Elija kommt zuerst und STELLT alles WIEDER HER. Aber warum heißt es dann vom Menschensohn in der Schrift, er werde viel leiden müssen und verachtet werden? [13] Ich sage euch: Elija ist schon gekommen, doch sie haben mit ihm gemacht, was sie wollten, wie es in der Schrift steht.

9: Mt 8,4 / 12: Mal 3,23 G; Jes 52,13–53,12; Ps 22,2–20 / 13: Mt 11,14.

123. Die Heilung eines mondsüchtigen Jungen

Mt 17,14–21

[14] Als sie zurückkamen, begegneten sie einer großen Zahl von Menschen.

Da trat ein Mann auf ihn zu, fiel vor ihm auf die Knie [15] und sagte: Herr, hab Erbarmen mit meinem Sohn! Er ist mondsüchtig und hat schwer zu leiden.

Immer wieder fällt er ins Feuer oder ins Wasser.

[16] Ich habe ihn schon zu deinen Jüngern gebracht, aber sie konnten ihn nicht heilen. [17] Da sagte Jesus:
O du ungläubige und unbelehrbare Generation! Wie lange muß ich noch bei euch sein? Wie lange muß ich euch noch ertragen? Bringt ihn her zu mir!

[15b] *Immer wieder fällt er ins Feuer oder ins Wasser.*

Mk 9,14–29

[14] Als sie zu den anderen Jüngern zurückkamen, sahen sie eine große Menschenmenge um sie versammelt und Schriftgelehrte, die mit ihnen stritten. [15] Sobald die Leute Jesus sahen, liefen sie in großer Erregung auf ihn zu und begrüßten ihn. [16] Er fragte sie: Warum streitet ihr mit ihnen? [17] Einer aus der Menge antwortete ihm: Meister, ich habe meinen Sohn zu dir gebracht. Er ist von einem stummen Geist besessen; [18a] immer wenn der Geist ihn überfällt, wirft er ihn zu Boden, und meinem Sohn tritt Schaum vor den Mund, er knirscht mit den Zähnen und wird starr.
[22] *oft hat er ihn sogar ins Feuer oder ins Wasser geworfen, um ihn umzubringen. Doch wenn du kannst, hilf uns; hab Mitleid mit uns!*
[18b] Ich habe schon deine Jünger gebeten, den Geist auszutreiben, aber sie hatten nicht die Kraft dazu. [19] Da sagte er zu ihnen: O du ungläubige Generation! Wie lange muß ich noch bei euch sein? Wie lange muß ich euch noch ertragen? Bringt ihn zu mir! [20] Und man führte ihn herbei. Sobald der Geist Jesus sah, zerrte er den Jungen hin und her, so daß er hinfiel und sich mit Schaum vor dem Mund auf dem Boden wälzte. [21] Jesus fragte den Vater: Wie lange hat er das schon? Der Vater antwortete: Von Kind auf; [22] oft hat er ihn sogar ins Feuer oder ins Wasser geworfen, um ihn umzubringen. Doch wenn du kannst, hilf uns; hab Mitleid mit uns! [23] Jesus sagte zu ihm: Wenn du kannst? Alles kann, wer glaubt. [24] Da rief der Vater des Jungen: Ich

Zu Mt 17,10–13 Jüdische Kreise vertraten zur Zeit Jesu die Meinung, der Prophet Elija werde am Ende der Tage wiederkehren – er galt als zu Gott entrückt, nicht gestorben (2Kön 2,1–18) – und das Volk Israel auf das kommende Endgericht vorbereiten (vgl. Mal 3,23f; Sir 48,10).

Lk 9,37–43a; *17,6* (vgl. Nr. 177)

37 Als sie am folgenden Tag den Berg hinabstiegen, kam ihnen eine große Menschenmenge entgegen.

38 Da schrie ein Mann aus der Menge: Meister, ich bitte dich, hilf meinem Sohn! Er ist mein einziger. 39 Er ist von einem Geist besessen; plötzlich schreit er auf, wird hin und her gezerrt, und Schaum tritt ihm vor den Mund, und der Geist quält ihn fast unaufhörlich.

40 Ich habe schon deine Jünger gebeten, ihn auszutreiben, aber sie konnten es nicht. 41 Da sagte Jesus: O du ungläubige und unbelehrbare Generation! Wie lange muß ich noch bei euch sein und euch ertragen? Bring deinen Sohn her! 42 Als der Sohn herkam, warf der Dämon ihn zu Boden und zerrte ihn hin und her.

Joh 14,9

9 *Jesus antwortete ihm: Schon so lange bin ich bei euch, und du hast mich nicht erkannt, Philippus? Wer mich gesehen hat, hat den Vater gesehen. Wie kannst du sagen: Zeig uns den Vater?*

18 Dann drohte Jesus dem Dämon.

Der Dämon verließ den Jungen, und der Junge war von diesem Augenblick an geheilt.

19 Als die Jünger mit Jesus allein waren, wandten sie sich an ihn und fragten: Warum konnten denn wir den Dämon nicht austreiben?
20 Er antwortete: Weil euer Glaube so klein ist. Amen, das sage ich euch: Wenn euer Glaube auch nur so groß ist wie ein Senfkorn, dann werdet ihr zu diesem Berg sagen: Rück von hier nach dort!, und er wird wegrücken. Nichts wird euch unmöglich sein. [21]

20: 21,21; Mk 11,23.

17,21 Spätere Textzeugen fügen hier entsprechend Mk 9,29 ein: Diese Art (von Dämonen) aber kann nur durch Gebet und Fasten ausgetrieben werden.

glaube; hilf meinem Unglauben! 25 Als Jesus sah, daß die Leute zusammenliefen, drohte er dem unreinen Geist und sagte: Ich befehle dir, du stummer und tauber Geist: Verlaß ihn, und kehr nicht mehr in ihn zurück! 26 Da zerrte der Geist den Jungen hin und her und verließ ihn mit lautem Geschrei. Der Junge lag da wie tot, so daß alle Leute sagten: Er ist gestorben. 27 Jesus aber faßte ihn an der Hand und richtete ihn auf, und der Junge erhob sich.

28 Als Jesus nach Hause kam und sie allein waren, fragten ihn seine Jünger: Warum konnten denn wir den Dämon nicht austreiben?

29 Er antwortete ihnen: Diese Art kann nur durch Gebet ausgetrieben werden.

9,14 Einige Textzeugen haben: Als er . . . zurückkam, sah er.

9,29 Einige Textzeugen fügen nach »Gebet« hinzu: und Fasten.

124. Die zweite Ankündigung von Leiden und Auferstehung

Mt 17,22–23

22 Als sie in Galiläa zusammenwaren, sagte Jesus zu ihnen:

Der Menschensohn wird den Menschen ausgeliefert werden, 23 und sie werden ihn töten; aber am dritten Tag wird er auferstehen.

Da wurden sie sehr traurig.

22: 16,21; 20,18f.

Mk 9,30–32

30 Sie gingen von dort weg und zogen durch Galiläa. Er wollte aber nicht, daß jemand davon erfuhr; 31 denn er wollte seine Jünger über etwas belehren. Er sagte zu ihnen: Der Menschensohn wird den Menschen ausgeliefert, und sie werden ihn töten; doch drei Tage nach seinem Tod wird er auferstehen.
32 Aber sie verstanden den Sinn seiner Worte nicht,
scheuten sich jedoch, ihn zu fragen.

30: Lk 17,11 / 31: 8,31; 10,33.

Jesus aber drohte dem unreinen Geist,

heilte den Jungen und gab ihn seinem Vater zurück. [43a] Und alle gerieten außer sich über die Macht und Größe Gottes.

[17,6] *Der Herr erwiderte: Wenn euer Glaube auch nur so groß wäre wie ein Senfkorn, würdet ihr zu dem Maulbeerbaum hier sagen: Heb dich samt deinen Wurzeln aus dem Boden, und verpflanz dich ins Meer!, und er würde euch gehorchen.*

Zu Mt 17,19f Thomasevangelium Logion 48: Jesus sprach: Wenn zwei miteinander in dem gleichen Hause Frieden machen, werden sie zum Berg sagen: Fall um! Und er wird umfallen.

Lk 9,43b–45

[43b] Alle Leute staunten über das, was Jesus tat; er aber sagte zu seinen Jüngern: [44] Merkt euch genau, was ich jetzt sage: Der Menschensohn wird den Menschen ausgeliefert werden.
[45] Doch die Jünger verstanden den Sinn seiner Worte nicht; er blieb ihnen verborgen, so daß sie ihn nicht begriffen. Aber sie scheuten sich, Jesus zu fragen, was er damit sagen wollte.

44: 9,22; 17,25; 18,32 / 45: 18,34.

Joh 7,1

[1] *Danach zog Jesus in Galiläa umher; denn er wollte sich nicht in Judäa aufhalten, weil die Juden darauf aus waren, ihn zu töten.*

125. Von der Tempelsteuer

Mt 17,24–27

24 Als Jesus und die Jünger nach Kafarnaum kamen, gingen die Männer, die die Tempelsteuer einzogen, zu Petrus und fragten: Zahlt euer Meister die Doppeldrachme nicht? 25 Er antwortete: Doch! Als er dann ins Haus hineinging, kam ihm Jesus mit der Frage zuvor: Was meinst du, Simon, von wem erheben die Könige dieser Welt Zölle und Steuern? Von ihren eigenen Söhnen oder von den anderen Leuten? 26 Als Petrus antwortete: Von den anderen!, sagte Jesus zu ihm: Also sind die Söhne frei. 27 Damit wir aber bei niemand Anstoß erregen, geh an den See und wirf die Angel aus; den ersten Fisch, den du heraufholst, nimm, öffne ihm das Maul, und du wirst ein Vierdrachmenstück finden. Das gib den Männern als Steuer für mich und für dich.

24: Ex 30,13.

17,24 Der Ex 30,13–15 geforderte Halbschekel galt zur Zeit Jesu so viel wie zwei attische Drachmen; diese Steuer wurde daher auch »die Doppeldrachme« genannt. Eine Drachme entsprach dem Tageslohn eines Arbeiters.

17,27 ein Vierdrachmenstück, wörtlich: einen Statér.

126. Der Rangstreit der Jünger

Mt 18,1–5

1 In jener Stunde kamen die Jünger zu Jesus und fragten: Wer ist im Himmelreich der Größte?

2 Da rief er ein Kind herbei, stellte es in ihre Mitte 3 und sagte:

Amen, das sage ich euch: Wenn ihr nicht umkehrt und wie die Kinder werdet, könnt ihr nicht in das Himmelreich kommen. 4 Wer so klein sein kann wie dieses Kind, der ist im Himmelreich der Größte.

5 Und wer ein solches Kind um meinetwillen aufnimmt, der nimmt mich auf.

Mk 9,33–37; *10,15* (vgl. Nr. 185)

9,33 Sie kamen nach Kafarnaum. Als er dann im Haus war, fragte er sie: Worüber habt ihr unterwegs gesprochen? 34 Sie schwiegen, denn sie hatten unterwegs miteinander darüber gesprochen, wer (von ihnen) der Größte sei. 35 Da setzte er sich, rief die Zwölf und sagte zu ihnen: Wer der Erste sein will, soll der Letzte von allen und der Diener aller sein. 36 Und er stellte ein Kind in ihre Mitte, nahm es in seine Arme und sagte zu ihnen:

10,15 *Amen, das sage ich euch: Wer das Reich Gottes nicht so annimmt, wie ein Kind, der wird nicht hineinkommen.*

9,37 Wer ein solches Kind um meinetwillen aufnimmt, der nimmt mich auf; wer aber mich aufnimmt, der nimmt nicht nur mich

Lk 9,46–48; *18,17* (vgl. Nr. 185)

Joh 3,3; 13,20

9,46 Unter den Jüngern kam die Frage auf, wer von ihnen der Größte sei.
47 Jesus wußte, was in ihrem Herzen vorging.

Deshalb nahm er ein Kind, stellte es neben sich

3,3 Jesus antwortete ihm: Amen, amen, ich sage dir: Wenn jemand nicht von neuem geboren wird, kann er das Reich Gottes nicht sehen.

18,17 Amen, das sage ich euch: Wer das Reich Gottes nicht so annimmt, wie ein Kind, der wird nicht hineinkommen.

13,20 Amen, amen, ich sage euch:

9,48 und sagte zu ihnen: Wer dieses Kind um meinetwillen aufnimmt, der nimmt mich auf; wer aber mich aufnimmt, der nimmt den auf,

Wer einen aufnimmt, den ich sende, nimmt mich auf; wer aber mich aufnimmt, nimmt den auf, der mich gesandt hat.

auf, sondern den, der mich gesandt hat.

1: Lk 22,24–26 / 3: 19,14.

18,1–4 Das Kind galt zur Zeit Jesu als unfertiger Erwachsener und spielte in der damaligen Gesellschaft keine Rolle.

18,5 um meinetwillen, wörtlich: aufgrund meines Namens.

34: Lk 22,24–26 / 35: 10,43; Mt 20,26f; Lk 22,26.

9,37 um meinetwillen, wörtlich: aufgrund meines Namens.

Zu Mk 9,33–35 par. Thomasevangelium Logion 12: Die Jünger sprachen zu Jesus: Wir wissen, daß du uns verlassen wirst. Wer ist es, der über uns groß sein wird? Jesus antwortete ihnen: Wo ihr hingegangen sein werdet, dort werdet ihr zu Jakobus dem Gerechten gehen, für den Himmel und Erde gemacht sind.

Zu Mk 9,36f par. Thomasevangelium Logion 22: Jesus sah saugende kleine Kinder. Da sprach er zu seinen Jüngern: Diese Kleinen, die saugen, gleichen denen, die ins Reich eingehen. Sie fragten ihn: Wenn wir also kleine Kinder werden, werden wir ins Reich eingehen? Jesus antwortete ihnen: Wenn ihr aus zweien eins, das Innere wie das Äußere, das Äußere wie das Innere, das Obere wie das Untere macht, wenn ihr, der Mann mit der Frau, eins machen werdet, daß der Mann nicht mehr Mann und die Frau nicht mehr Frau ist, wenn ihr Augen statt eines Auges, Hand statt einer Hand, Fuß statt eines Fußes, Bild statt eines Bildes werden werdet, dann werdet ihr in das Reich eingehen.

127. Der fremde Wundertäter

Mt 10,42 (vgl. Nr. 61)

[42] *Und wer einem von diesen Kleinen auch nur einen Becher frisches Wasser zu trinken gibt, weil es ein Jünger ist – amen, ich sage euch: Er wird gewiß nicht um seinen Lohn kommen.*

Mk 9,38–41

[38] Da sagte Johannes zu ihm: Meister, wir haben gesehen, wie jemand in deinem Namen Dämonen austrieb; und wir versuchten, ihn daran zu hindern, weil er uns nicht nachfolgt.
[39] Jesus erwiderte: Hindert ihn nicht! Keiner, der in meinem Namen Wunder tut, kann so leicht schlecht von mir reden. [40] Denn wer nicht gegen uns ist, der ist für uns. [41] Wer euch auch nur einen Becher Wasser zu trinken gibt, weil ihr zu Christus gehört – amen, ich sage euch: er wird nicht um seinen Lohn kommen.

9,38 Manche Textzeugen fügen nach »jemand« hinzu: der uns nicht nachfolgt.

128. Warnung vor der Verführung

Mt 18,6–9

[6] Wer einen von diesen Kleinen, die an mich glauben, zum Bösen verführt, für den wäre es besser, wenn er mit einem Mühlstein um den Hals im tiefen Meer versenkt würde. [7] Wehe der Welt mit ihrer Verführung! Es muß zwar Verführung geben; doch wehe dem Menschen, der sie verschuldet.
[8] Wenn dich deine Hand oder dein Fuß zum Bösen verführt, dann hau sie ab und wirf sie weg! Es ist besser für dich, verstümmelt oder lahm in das Leben zu gelangen, als mit zwei

Mk 9,42–48

[42] Wer einen von diesen Kleinen, die an mich glauben, zum Bösen verführt, für den wäre es besser, wenn er mit einem Mühlstein um den Hals ins Meer geworfen würde.

[43] Wenn dich deine Hand zum Bösen verführt, dann hau sie ab;
es ist besser für dich, verstümmelt in das Leben zu gelangen, als mit zwei Händen in die

der mich gesandt hat. Denn wer unter euch allen der Kleinste ist, der ist groß.

46: 22,24–26.

9,48 um meinetwillen, wörtlich: aufgrund meines Namens.

Lk 9,49–50

49 Da sagte Johannes: Meister, wir haben gesehen, wie jemand in deinem Namen Dämonen austrieb, und wir versuchten, ihn daran zu hindern, weil er nicht mit uns zusammen dir nachfolgt.
50 Jesus antwortete ihm: Hindert ihn nicht!

Denn wer nicht gegen euch ist, der ist für euch.

Zu Mk 9,40 par. Papyrus Oxyrhynchos 1224: Und betet für eure Feinde. Denn wer nicht gegen euch ist, der ist für euch. Und wer heute fern ist, der wird euch morgen nahe sein.

Lk 17,1.2 (vgl. Nr. 175)

1 *Er sagte zu seinen Jüngern: Es ist unvermeidlich, daß Verführungen kommen. Aber wehe dem, der sie verschuldet.* 2 *Es wäre besser für ihn, man würde ihn mit einem Mühlstein um den Hals ins Meer werfen, als daß er einen von diesen Kleinen zum Bösen verführt.*

Händen und zwei Füßen in das ewige Feuer geworfen zu werden.

9 Und wenn dich dein Auge zum Bösen verführt, dann reiß es aus und wirf es weg! Es ist besser für dich, einäugig in das Leben zu gelangen, als mit zwei Augen in das Feuer der Hölle geworfen zu werden.

8: 5,30 / 9: 5,29.

18,6.10.14 Der Ausdruck »diese Kleinen« knüpft zwar an die zuvor genannten Kinder an, wird aber nun zur Bezeichnung der Christen: sie sind wenig angesehen, machtlos und auf (Gottes) Hilfe angewiesen.

18,8f Nach jüdischer Auffassung saß die Begierde in den einzelnen Gliedern. Darum wurde bei den Juden z.B. Diebstahl durch Abhauen der Hand geahndet. Als Ort der ewigen Strafe galt dem Judentum die Feuerhölle, die Gehenna, wo die Bösen nach dem Endgericht ewige Qual erleiden werden (vgl. Jes 66,24; Offb 20,14f).

Hölle zu kommen, in das nie erlöschende Feuer. [44] 45 Und wenn dich dein Fuß zum Bösen verführt, dann hau ihn ab; es ist besser für dich, verstümmelt in das Leben zu gelangen, als mit zwei Füßen in die Hölle geworfen zu werden. [46]
47 Und wenn dich dein Auge zum Bösen verführt, dann reiß es aus; es ist besser für dich, einäugig in das Reich Gottes zu kommen, als mit zwei Augen in die Hölle geworfen zu werden, 48 WO IHR WURM NICHT STIRBT UND DAS FEUER NICHT ERLISCHT.

43: Mt 5,30 / 47: Mt 5,29 / 48: Jes 66,24.

9,42–48 Vgl. die Anmerkung zu Mt 18,6 und 18,8f.

9,42 »an mich« fehlt bei manchen alten Textzeugen.

9,44.46 Spätere Textzeugen fügen entsprechend 9,48 hier ein: wo ihr Wurm nicht stirbt und das Feuer nicht erlischt.

129. Vom Salz

Mt 5,13 (vgl. Nr. 19)

13 *Ihr seid das Salz der Erde. Wenn das Salz seinen Geschmack verliert, womit kann man es wieder salzig machen? Es taugt zu nichts mehr; es wird weggeworfen und von den Leuten zertreten.*

Mk 9,49–50

49 Denn jeder wird mit Feuer gesalzen werden. 50 Das Salz ist etwas Gutes. Wenn das Salz die Kraft zum Salzen verliert, womit wollt ihr ihm seine Würze wiedergeben?

Habt Salz in euch, und haltet Frieden untereinander!

130. Das Gleichnis vom verlorenen Schaf

Mt 18,10–14

10 Hütet euch davor, einen von diesen Kleinen zu verachten! Denn ich sage euch: Ihre Engel im Himmel sehen stets das Angesicht meines himmlisches Vaters. [11]
12 Was meint ihr? Wenn jemand hundert Schafe hat und eines von ihnen sich verirrt, läßt er dann nicht die neunundneunzig auf den Bergen zurück und sucht das verirrte?
13 Und wenn er es findet – amen, ich sage euch: er freut sich über dieses eine mehr als über die neunundneunzig, die sich nicht verirrt haben.

Zu Mt 18,6 par. Hebräerevangelium (Hieronymus, Kom. zu Ez 18,7): In dem Hebräerevangelium, das die Nazaräer gewöhnlich lesen, wird unter die schwersten Verbrechen gerechnet, wer den Geist seines Bruders betrübt hat.

Lk 14,34–35 (vgl. Nr. 168)

34 *Das Salz ist etwas Gutes. Wenn aber das Salz seinen Geschmack verliert, womit kann man ihm die Würze wiedergeben?*
35 *Es taugt weder für den Acker noch für den Misthaufen, man wirft es weg. Wer Ohren hat zum Hören, der höre!*

Lk 15,3–7 (vgl. Nr. 169)

3 *Da erzählte er ihnen ein Gleichnis und sagte:*
4 *Wenn einer von euch hundert Schafe hat und eins davon verliert, läßt er dann nicht die neunundneunzig in der Steppe zurück und geht dem verlorenen nach, bis er es findet?*
5 *Und wenn er es gefunden hat, nimmt er es voll Freude auf die Schultern,*
6 *und wenn er nach Hause kommt, ruft er seine Freunde und Nachbarn zusammen und sagt zu ihnen: Freut euch mit mir; ich habe mein Schaf wiedergefunden, das verloren war.*
7 *Ich sage euch: Ebenso wird auch im Himmel mehr Freude*

14 So will auch euer himmlischer Vater nicht,
daß einer von diesen Kleinen verlorengeht.

12: Joh 10,11–15.

18,11 Ein Teil der Textzeugen fügt hier ein: Denn der Menschensohn ist gekommen, um zu retten, was verloren ist; vgl. Lk 19,10.

131. Von der Verantwortung für den Bruder

Mt 18,15–20

15 Wenn dein Bruder sündigt, dann geh zu
ihm und weise ihn unter vier Augen zurecht.
Hört er auf dich, so hast du deinen Bruder
zurückgewonnen. 16 Hört er aber nicht auf
dich, dann nimm einen oder zwei Männer
mit, denn JEDE SACHE MUSS DURCH DIE AUS-
SAGE VON ZWEI ODER DREI ZEUGEN ENT-
SCHIEDEN WERDEN. 17 Hört er auch auf sie
nicht, dann sag es der Gemeinde. Hört er
aber auch auf die Gemeinde nicht, dann sei
er für dich wie ein Heide oder ein Zöllner.
18 Amen, ich sage euch: Alles, was ihr auf Er-
den binden werdet, das wird auch im Himmel
gebunden sein, und alles, was ihr auf Erden
lösen werdet, das wird auch im Himmel ge-
löst sein.
19 Weiter sage ich euch: Alles, was zwei von
euch auf Erden gemeinsam erbitten, werden
sie von meinem himmlischen Vater erhalten.
20 Denn wo zwei oder drei in meinem Namen
versammelt sind, da bin ich mitten unter ih-
nen.

15: Lev 19,17 / 16: Dtn 19,15 / 18: 16,19 / 19: 7,7 / 20: 28,20.

18,17 Mit »Gemeinde« ist die Ortskirche gemeint.

132. Von der Pflicht zur Vergebung

Mt 18,21–22

21 Da trat Petrus zu ihm und fragte: Herr, wie
oft muß ich meinem Bruder vergeben, wenn
er sich gegen mich versündigt? Siebenmal?
22 Jesus sagte zu ihm: Nicht SIEBENMAL, son-
dern SIEBENUNDSIEBZIGMAL.

22: Gen 4,24.

18,22 Der griechische Text ist zu übersetzen mit »siebenundsiebzigmal«, nicht mit siebzigmal siebenmal wie in manchen Übersetzungen. Der Ausdruck hat den Sinn: immer, ohne Einschränkung.

(Lk 9,50)

herrschen über einen einzigen Sünder, der umkehrt, als über neunundneunzig Gerechte, die es nicht nötig haben umzukehren.

Zu Mt 18,12f Thomasevangelium Logion 107: Das Reich ist gleich einem Hirten, der 100 Schafe hat. Eins von ihnen, das größte, verlief sich. Er ließ die 99 zurück und suchte nach diesem einen, bis er es fand. Als er sich abgemüht hatte, sagte er zu dem Schaf: Ich liebe dich mehr als die 99!

Lk 17,3 (vgl. Nr. 176)

[3] *Seht euch vor! Wenn dein Bruder sündigt, weise ihn zurecht; und wenn er sich ändert, vergib ihm.*

Joh 20,23

[23] *Wem ihr die Sünden vergebt, dem sind sie vergeben; wem ihr die Vergebung verweigert, dem ist sie verweigert.*

Zu Mt 18,15ff Didache 15,3: Weiset euch einander zurecht, nicht im Zorn, sondern im Frieden, wie es im Evangelium steht. Hat sich jemand gegen seinen Nächsten vergangen, sprecht nicht mit ihm, hört auf kein Wort von ihm, bis er Buße getan hat.

Zu Mt 18,20 Papyrus Oxyrhynchos 1,26–31: Jesus spricht: ... wo einer allein ist, sage ich: Ich bin bei ihm. Richte den Stein auf, und dort wirst du mich finden. Spalte das Holz, und ich bin dort.

Lk 17,4 (vgl. Nr. 176)

[4] *Und wenn er sich siebenmal am Tag gegen dich versündigt und siebenmal wieder zu dir kommt und sagt: Ich will mich ändern!, so sollst du ihm vergeben.*

Zu Mt 18,21f Didache 15,3, vgl. Nr. 131 und Nazaräerevangelium (Hieronymus, Pelag III,2): Wenn dein Bruder, spricht ER, durch das Wort gesündigt und dir Genugtuung geleistet hat, nimm ihn siebenmal am Tage auf. Da sprach sein Jünger Simon zu ihm: Siebenmal am Tage? Der Herr antwortete und sprach zu ihm: Ja, ich sage dir, sogar bis zu siebzig mal siebenmal. Denn auch in den Propheten findet sich, nachdem sie mit dem heiligen Geist gesalbt wurden, sündhafte Rede.

133. Das Gleichnis vom unbarmherzigen Gläubiger

Mt 18,23–35

[23] Mit dem Himmelreich ist es deshalb wie mit einem König, der beschloß, von seinen Dienern Rechenschaft zu verlangen. [24] Als er nun mit der Abrechnung begann, brachte man einen zu ihm, der ihm zehntausend Talente schuldig war. [25] Weil er aber das Geld nicht zurückzahlen konnte, befahl der Herr, ihn mit Frau und Kindern und allem, was er besaß, zu verkaufen und so die Schuld zu begleichen. [26] Da fiel der Diener vor ihm auf die Knie und bat: Hab Geduld mit mir! Ich werde dir alles zurückzahlen. [27] Der Herr hatte Mitleid mit dem Diener, ließ ihn gehen und schenkte ihm die Schuld. [28] Als nun der Diener hinausging, traf er einen anderen Diener seines Herrn, der ihm hundert Denare schuldig war. Er packte ihn, würgte ihn und rief: Bezahl, was du mir schuldig bist! [29] Da fiel der andere vor ihm nieder und flehte: Hab Geduld mit mir! Ich werde es dir zurückzahlen. [30] Er aber wollte nicht, sondern ging weg und ließ ihn ins Gefängnis werfen, bis er die Schuld bezahlt habe. [31] Als die übrigen Diener das sahen, waren sie sehr betrübt; sie gingen zu ihrem Herrn und berichteten ihm alles, was geschehen war. [32] Da ließ ihn sein Herr rufen und sagte zu ihm: Du elender Diener! Deine ganze Schuld habe ich dir erlassen, weil du mich so angefleht hast. [33] Hättest nicht auch du mit jenem, der gemeinsam mit dir in meinem Dienst steht, Erbarmen haben müssen, so wie ich mit dir Erbarmen hatte? [34] Und in seinem Zorn übergab ihn der Herr den Folterknechten, bis er die ganze Schuld bezahlt habe. [35] Ebenso wird mein himmlischer Vater jeden von euch behandeln, der seinem Bruder nicht von ganzem Herzen vergibt.

23: 25,19 / 27: Lk 7,42 / 35: 6,15.

18,23–25 Ein Talent (griechische Rechnungseinheit) entsprach sechstausend Drachmen. Ein Denar war damals einer Drachme gleichwertig und war der Tageslohn eines Arbeiters. Die Schuld umfaßte also eine ungeheure Summe, die kaum aufzubringen war. Die Jahreseinkünfte Herodes' des Großen betrugen 900 Talente, das Steueraufkommen von ganz Galiläa und Peräa im Jahr 4 n.Chr. 200 Talente.

Unter dem »Diener« kann man sich etwa den Finanzminister eines orientalischen Königs vorstellen, dessen Beamte als Sklaven oder Diener des Herrschers angesehen wurden. Die Folter diente dazu, Auskünfte über beiseite geschafftes Geld zu erlangen.

(Lk 9,50)

C. Auf dem Weg nach Jerusalem (Lk 9,51–18,14)

134. Die ungastlichen Samariter

Mt 19,1–2 (vgl. Nr. 184)

[1] *Als Jesus diese Reden beendet hatte, verließ er Galiläa und zog in das Gebiet von Judäa jenseits des Jordan.* [2] *Viele Menschen folgten ihm dorthin, und er heilte sie.*

Mk 10,1 (vgl. Nr. 184)

[1] *Von dort brach Jesus auf und kam nach Judäa und in das Gebiet jenseits des Jordan. Wieder versammelten sich viele Leute bei ihm, und er lehrte sie, wie er es gewohnt war.*

135. Von der Nachfolge

Mt 8,19–22 (vgl. Nr. 47)

[19] *Da kam ein Schriftgelehrter zu ihm und sagte: Meister, ich will dir folgen, wohin du auch gehst.* [20] *Jesus antwortete ihm: Die Füchse haben ihre Höhlen und die Vögel ihre Nester; der Menschensohn aber hat keinen Ort, wo er sein Haupt hinlegen kann.*
[21] *Ein anderer aber, einer seiner Jünger, sagte zu ihm: Herr, laß mich zuerst heimgehen und meinen Vater begraben!* [22] *Jesus erwiderte: Folge mir nach; laß die Toten ihre Toten begraben!*

Zu Lk 9,58.60.62 Thomasevangelium Logion 82: Der, der mir nahe ist, ist dem Feuer nahe, und der mir fern ist, ist dem Himmelreich fern.

Lk 9,51–56

[51]Als die Zeit herankam, in der er (in den
Himmel) aufgenommen werden sollte, ent-
schloß sich Jesus, nach Jerusalem zu gehen.
[52]Und er schickte Boten vor sich her. Diese
kamen in ein samaritisches Dorf und wollten
eine Unterkunft für ihn besorgen. [53]Aber
man nahm ihn nicht auf, weil er auf dem Weg
nach Jerusalem war. [54]Als die Jünger Jako-
bus und Johannes das sahen, sagten sie:
Herr, sollen wir befehlen, daß Feuer vom
Himmel fällt und sie vernichtet? [55]Da
wandte er sich um und wies sie zurecht.
[56]Und sie gingen zusammen in ein anderes
Dorf.

51: Apg 1,9.

9,51–56 Vgl. die Anmerkung zu Joh 4,4–6.

9,51 entschloß sich Jesus, wörtlich: richtete er sein Gesicht fest darauf.

Joh 3,17

[17]*Denn Gott hat seinen Sohn nicht in die Welt gesandt, damit er die Welt richtet, sondern damit die Welt durch ihn gerettet wird.*

Zu Lk 9,54 Einige Textzeugen fügen am Ende des Verses hinzu: wie es auch Elija getan hat; vgl. 2Chr 1,10–12.

Zu Lk 9,55 Einige Textzeugen fügen am Ende des Verses hinzu: und sagte: Ihr wißt nicht, was für ein Geist aus euch spricht. Der Menschensohn ist nicht gekommen, um Menschen zu vernichten, sondern um sie zu retten. Vgl. Lk 19,10.

Lk 9,57–62

[57]Als sie auf ihrem Weg weiterzogen, redete
ein Mann Jesus an und sagte: Ich will dir fol-
gen, wohin du auch gehst. [58]Jesus antwortete
ihm: Die Füchse haben ihre Höhlen und die
Vögel ihre Nester; der Menschensohn aber
hat keinen Ort, wo er sein Haupt hinlegen
kann. [59]Zu einem anderen sagte er: Folge
mir nach! Der erwiderte: Laß mich zuerst
heimgehen und meinen Vater begraben.
[60]Jesus sagte zu ihm: Laß die Toten ihre To-
ten begraben; du aber geh und verkünde das
Reich Gottes! [61]Wieder ein anderer sagte:
Ich will dir nachfolgen, Herr. Zuvor aber laß
mich von meiner Familie Abschied nehmen.
[62]Jesus erwiderte ihm: Keiner, der die Hand
an den Pflug gelegt hat und nochmals zu-
rückblickt, taugt für das Reich Gottes.

9,59 Viele alte Textzeugen haben hier: Herr, laß mich . . .

136. Die Aussendung der zweiundsiebzig Jünger

Mt 9,37–38; 10,7–16; 11,21–23a; 10,40
(vgl. Nr. 56.64.61)

9,37 *Da sagte er zu seinen Jüngern: Die Ernte*
ist groß, aber es gibt nur wenig Arbeiter.
38 *Bittet also den Herrn der Ernte, Arbeiter für*
seine Ernte auszusenden.
10,16 *Seht, ich sende euch wie Schafe mitten*
unter die Wölfe; seid daher klug wie die
Schlangen und arglos wie die Tauben!
9 *Steckt nicht Gold, Silber und Kupfermünzen*
in euren Gürtel. 10 *Nehmt keine Vorratstasche*
mit auf den Weg, kein zweites Hemd, keine
Schuhe, keinen Wanderstab; . . . 11 *Wenn ihr*
in eine Stadt oder in ein Dorf kommt, erkun-
digt euch, wer es wert ist, euch aufzunehmen;
bei ihm bleibt, bis ihr den Ort wieder verlaßt.
12 *Wenn ihr in ein Haus kommt, dann wünscht*
ihm Frieden. 13 *Wenn das Haus es wert ist, soll*
der Friede, den ihr ihm wünscht, bei ihm ein-
kehren. Ist das Haus es aber nicht wert, dann
soll der Friede zu euch zurückkehren.

10b *denn wer arbeitet, hat ein Recht auf seinen*
Unterhalt.

7 *Geht und verkündet: Das Himmelreich ist*
nahe. 8 *Heilt Kranke, weckt Tote auf, macht*
Aussätzige rein, treibt Dämonen aus! Um-
sonst habt ihr empfangen, umsonst sollt ihr
geben.
14 *Wenn man euch aber in einem Haus oder in*
einer Stadt nicht aufnimmt und eure Worte
nicht hören will, dann geht weg, und schüttelt
den Staub von euren Füßen.

15 *Amen, das sage ich euch: Dem Gebiet von*
Sodom und Gomorra wird es am Tag des Ge-
richts nicht so schlimm ergehen wie dieser
Stadt.
11,21 *Weh dir, Chorazin! Weh dir, Betsaida!*
Wenn einst in Tyrus und Sidon die Wunder
geschehen wären, die bei euch geschehen sind
– man hätte dort in Sack und Asche Buße ge-
tan. 22 *Ja, das sage ich euch: Tyrus und Sidon*
wird es am Tag des Gerichts nicht so schlimm
ergehen wie euch. 23a *Und du, Kafarnaum,*
meinst du etwa, »du wirst bis zum Himmel er-

Lk 10,1–16

1 Danach suchte der Herr zweiundsiebzig an-
dere aus und sandte sie zu zweit voraus in alle
Städte und Ortschaften, in die er selbst gehen
wollte. 2 Er sagte zu ihnen: Die Ernte ist
groß, aber es gibt nur wenig Arbeiter. Bittet
also den Herrn der Ernte, Arbeiter für seine
Ernte auszusenden.
3 Geht! Ich sende euch wie Schafe mitten un-
ter die Wölfe.

4 Nehmt keinen Geldbeutel mit, keine Vor-
ratstasche und keine Schuhe! Grüßt niemand
unterwegs!

5 Wenn ihr in ein Haus kommt, so sagt als er-
stes: Friede diesem Haus!
6 Und wenn dort ein Mann des Friedens
wohnt, wird der Friede, den ihr ihm wünscht,
auf ihm ruhen; andernfalls wird er zu euch
zurückkehren. 7 Bleibt in diesem Haus, eßt
und trinkt, was man euch anbietet; denn wer
arbeitet, hat ein Recht auf seinen Lohn.
Zieht nicht von einem Haus in ein anderes!
8 Wenn ihr in eine Stadt kommt und man
euch aufnimmt, so eßt, was man euch vor-
setzt. 9 Heilt die Kranken, die dort sind, und
sagt den Leuten: Das Reich Gottes ist euch
nahe.

10 Wenn ihr aber in eine Stadt kommt, in der
man euch nicht aufnimmt, dann stellt euch
auf die Straße und ruft: 11 Selbst den Staub
eurer Stadt, der an unseren Füßen klebt, las-
sen wir euch zurück; doch das sollt ihr wis-
sen: Das Reich Gottes ist nahe.
12 Ich sage euch: Sodom wird es an jenem Tag
nicht so schlimm ergehen wie dieser Stadt.

13 Weh dir, Chorazin! Weh dir, Betsaida!
Wenn einst in Tyrus und Sidon die Wunder
geschehen wären, die bei euch geschehen
sind – man hätte dort in Sack und Asche
Buße getan. 14 Tyrus und Sidon wird es beim
Gericht nicht so schlimm ergehen wie euch.
15 Und du, Kafarnaum, meinst du etwa, DU
WIRST BIS ZUM HIMMEL ERHOBEN? NEIN, IN DIE

Joh 4,35; 5,23b; 15,23

*4,35 Sagt ihr nicht:
Noch vier Monate dauert es bis zur Ernte? Ich
aber sage euch: Blickt umher und seht, daß die
Felder weiß sind, reif zur Ernte.*

hoben? Nein, in die Unterwelt wirst du hinab-geworfen.«
10,40 *Wer euch aufnimmt, der nimmt mich auf, und wer mich aufnimmt, nimmt den auf, der mich gesandt hat.*

137. Der Lohn der Jünger

Mk 16,17–18 (vgl. S. 182)

17 *Und durch die, die zum Glauben gekommen sind, werden folgende Zeichen geschehen: In meinem Namen werden sie Dämonen austreiben; sie werden in neuen Sprachen reden;*

18 *wenn sie Schlangen anfassen oder tödliches Gift trinken, wird es ihnen nicht schaden; und die Kranken, denen sie die Hände auflegen, werden gesund werden.*

138. Der Dank Jesu an den Vater

Mt 11,25–27 (vgl. Nr. 65)

25 *In jener Zeit sprach Jesus: Ich preise dich, Vater, Herr des Himmels und der Erde, weil du all das den Weisen und Klugen verborgen,*

UNTERWELT WIRST DU HINABGEWORFEN.

[16]Wer euch hört, der hört mich, und wer euch ablehnt, der lehnt mich ab; wer aber mich ablehnt, der lehnt den ab, der mich gesandt hat.

[5,23b]Wer den Sohn nicht ehrt, ehrt auch den Vater nicht, der ihn gesandt hat. [15,23]Wer mich haßt, haßt auch meinen Vater.

1–12: 9,1–6; Mk 6,8–11 / 4: 22,35 / 9: Mt 4,17 / 15: Jes 14,13.15 / 16: Joh 13,20.

10,1–12 Vgl. die Anmerkung zu Mt 9,35–11,1.

10,1.17 Statt »zweiundsiebzig« haben zahlreiche alte Textzeugen »siebzig«.

10,6 Mann des Friedens, wörtlich: Sohn des Friedens.

10,13–15 Vgl. die Anmerkung zu Mt 11,21f.

Zu Lk 10,5ff Thomasevangelium Logion 14, vgl. Nr. 56.
Zu Lk 10,13 Nazaräerevangelium (Hist. Lukaskom. z.St.): In diesen Städten (sc. Chorazin und Betsaida) sind viele Wunder vollbracht worden. Das »Hebräerevangelium« gibt 53 an.

Lk 10,17–20

Joh 12,31

[17]Die Zweiundsiebzig kehrten zurück und berichteten voll Freude: Herr, sogar die Dämonen gehorchen uns, wenn wir deinen Namen aussprechen. [18]Da sagte er zu ihnen: Ich sah den Satan wie einen Blitz vom Himmel fallen. [19]Seht, ich habe euch die Vollmacht gegeben, auf Schlangen und Skorpione zu treten und die ganze Macht des Feindes zu überwinden. Nichts wird euch schaden können. [20]Doch freut euch nicht darüber, daß euch die Geister gehorchen, sondern freut euch darüber, daß eure Namen im Himmel verzeichnet sind.

[31]Jetzt wird Gericht gehalten über diese Welt; jetzt wird der Herrscher dieser Welt hinausgeworfen werden.

17: 9,10; Mk 6,30f / 19: Ps 91,13.

10,19 Andere Übersetzungsmöglichkeit: überwinden, und er (das heißt der Feind) wird euch in keiner Weise schaden können.

Lk 10,21–22

Joh 3,35; 17,2; 10,15a

[21]In dieser Stunde rief Jesus, vom Heiligen Geist erfüllt, voll Freude aus: Ich preise dich, Vater, Herr des Himmels und der Erde, weil

[3,35]Der Vater liebt den Sohn und hat alles in seine Hand gegeben.

den Unmündigen aber offenbart hast. [26]Ja, Vater, so hat es dir gefallen. [27]Mir ist von meinem Vater alles übergeben worden; niemand kennt den Sohn, nur der Vater, und niemand kennt den Vater, nur der Sohn und der, dem es der Sohn offenbaren will.

139. Die Seligpreisung der Jünger

Mt 13,16–17 (vgl. Nr. 90)

[16]Ihr aber seid selig, denn eure Augen sehen und eure Ohren hören. [17]Amen, ich sage euch: Viele Propheten und Gerechte haben sich danach gesehnt zu sehen, was ihr seht, und haben es nicht gesehen, und zu hören, was ihr hört, und haben es nicht gehört.

140. Die Frage nach dem Gebot

Mt 22,34–40 (vgl. Nr. 205)

[34]Als die Pharisäer hörten, daß Jesus die Sadduzäer zum Schweigen gebracht hatte, kamen sie (bei ihm) zusammen. [35]Einer von ihnen, ein Gesetzeslehrer, wollte ihn auf die Probe stellen und fragte ihn:
[36]Meister, welches Gebot im Gesetz ist das wichtigste? [37]Er antwortete ihm:
»Du sollst den Herrn, deinen Gott, lieben mit ganzem Herzen, mit ganzer Seele« und mit all deinen Gedanken.

[38]Das ist das wichtigste und erste Gebot.
[39]Ebenso wichtig ist das zweite:
»Du sollst deinen Nächsten lieben wie dich selbst.«
[40]An diesen beiden Geboten hängt das ganze Gesetz samt den Propheten.

Mk 12,28–31 (vgl. Nr. 205)

[28]Ein Schriftgelehrter hatte ihrem Streit zugehört; und da er bemerkt hatte, wie treffend Jesus ihnen antwortete, ging er zu ihm hin und fragte ihn:

Welches Gebot ist das erste von allen?
[29]Jesus antwortete: Das erste ist:
»Höre, Israel, der Herr, unser Gott, ist der einzige Herr. [30]Darum sollst du den Herrn, deinen Gott, lieben mit ganzem Herzen und ganzer Seele«, mit all deinen Gedanken »und all deiner Kraft«.

[31]Als zweites kommt hinzu:
»Du sollst deinen Nächsten lieben wie dich selbst.«
Kein anderes Gebot ist größer als diese beiden.

du all das den Weisen und Klugen verborgen,
den Unmündigen aber offenbart hast. Ja,
Vater, so hat es dir gefallen. 22 Mir ist von
meinem Vater alles übergeben worden; nie-
mand weiß, wer der Sohn ist, nur der Vater,
und niemand weiß, wer der Vater ist, nur der
Sohn und der, dem es der Sohn offenbaren
will.

21: Jes 29,14 G.

10,21 Einige Textzeugen haben: vom Geist erfüllt.

17,2 Denn du hast ihm Macht über alle Menschen gegeben, damit er allen, die du ihm gegeben hast, ewiges Leben schenkt.
10,15a Wie mich der Vater kennt und ich den Vater kenne.

Lk 10,23–24

23 Jesus wandte sich an die Jünger und sagte
zu ihnen allein: Selig sind die, deren Augen
sehen, was ihr seht. 24 Ich sage euch: Viele
Propheten und Könige wollten sehen, was ihr
seht, und haben es nicht gesehen, und woll-
ten hören, was ihr hört, und haben es nicht
gehört.

24: 1Petr 1,10–12.

Lk 10,25–28

25 Da stand ein Gesetzeslehrer auf, und um
Jesus auf die Probe zu stellen, fragte er ihn:
Meister, was muß ich tun, um das ewige Le-
ben zu gewinnen? 26 Jesus sagte zu ihm: Was
steht im Gesetz? Was liest du dort?

27 Er antwortete:
DU SOLLST DEN HERRN, DEINEN GOTT, LIEBEN MIT GANZEM HERZEN UND GANZER SEELE, MIT ALL DEINER KRAFT und all deinen Gedanken,

und: DEINEN NÄCHSTEN SOLLST DU LIEBEN WIE DICH SELBST.
28 Jesus sagte zu ihm: Du hast richtig geant-
wortet. Handle danach, und du wirst leben.

25: 18,18 / 27: Dtn 6,5; Lev 19,18; Mt 5,43; Röm 13,9; Gal 5,14 / 28: Lev 18,5.

(Mt 18,35) (Mt 9,50)

141. Das Beispiel vom barmherzigen Samariter

142. Maria und Marta

Lk 10,29–37

29 Der Gesetzeslehrer wollte seine Frage
rechtfertigen und sagte zu Jesus: Und wer ist
mein Nächster?
30 Darauf antwortete ihm Jesus: Ein Mann
ging von Jerusalem nach Jericho hinab und
wurde von Räubern überfallen. Sie plünder-
ten ihn aus und schlugen ihn nieder; dann
gingen sie weg und ließen ihn halbtot liegen.
31 Zufällig kam ein Priester denselben Weg
herab; er sah ihn und ging weiter. 32 Auch ein
Levit kam zu der Stelle; er sah ihn und ging
weiter. 33 Dann kam ein Mann aus Samarien,
der auf der Reise war. Als er ihn sah, hatte er
Mitleid, 34 ging zu ihm hin, goß Öl und Wein
auf seine Wunden und verband sie. Dann
hob er ihn auf sein Reittier, brachte ihn zu ei-
ner Herberge und sorgte für ihn. 35 Am an-
dern Morgen holte er zwei Denare hervor,
gab sie dem Wirt und sagte: Sorge für ihn,
und wenn du mehr für ihn brauchst, werde
ich es dir bezahlen, wenn ich wiederkomme.
36 Was meinst du: Wer von diesen dreien hat
sich als der Nächste dessen erwiesen, der von
den Räubern überfallen wurde? 37 Der Ge-
setzeslehrer antwortete: Der, der barmher-
zig an ihm gehandelt hat. Da sagte Jesus zu
ihm: Dann geh und handle genauso!

29: Lev 19,16–18.

Zu Lk 10,29 seine Frage, wörtlich: sich.

Zu Lk 10,33–37 Vgl. 9,51–56 und die Anmerkung zu Joh 4,4–6.

Lk 10,38–42

38 Sie zogen zusammen weiter, und er kam in
ein Dorf. Eine Frau namens Marta nahm ihn
freundlich auf. 39 Sie hatte eine Schwester,
die Maria hieß. Maria setzte sich dem Herrn
zu Füßen und hörte seinen Worten zu.
40 Marta aber war ganz davon in Anspruch
genommen, für ihn zu sorgen. Sie kam zu ihm
und sagte: Herr, kümmert es dich nicht, daß
meine Schwester die ganze Arbeit mir allein
überläßt? Sag ihr doch, sie soll mir helfen!
41 Der Herr antwortete: Marta, Marta, du
machst dir viele Sorgen und Mühen. 42 Aber
nur eines ist notwendig. Maria hat das Bes-
sere gewählt, das soll ihr nicht genommen
werden.

10,38 Statt »freundlich« haben viele Textzeugen »in ihr Haus«.

Joh 11,1; 12,1–3

11,1 Ein Mann war krank, Lazarus aus Beta-
nien, dem Dorf, in dem Maria und ihre
Schwester Marta wohnten.
12,1 Sechs Tage vor dem Paschafest kam Jesus
nach Betanien, wo Lazarus war, den er von
den Toten auferweckt hatte. 2 Dort bereiteten
sie ihm ein Mahl; Marta bediente, und Laza-
rus war unter denen, die mit Jesus bei Tisch
waren. 3 Da nahm Maria ein Pfund echtes,
kostbares Nardenöl, salbte Jesus die Füße und
trocknete sie mit ihrem Haar. Das Haus
wurde vom Duft des Öls erfüllt.

Zu Lk 10,42 Zahlreiche Textzeugen haben statt dessen: Aber wenig ist notwendig oder nur eines. – das Bessere, andere Übersetzungsmöglichkeit: das Richtige.

143. Das Gebet des Herrn

Mt 6,9–13 (vgl. Nr. 29)

9 *So sollt ihr beten:*
Unser Vater im Himmel,
dein Name werde geheiligt,
10 *dein Reich komme,*
dein Wille geschehe
wie im Himmel, so auf der Erde.
11 *Gib uns heute das Brot, das wir brauchen.*
12 *Und erlaß uns unsere Schulden,*
wie auch wir sie unseren Schuldnern erlassen haben.
13 *Und führe uns nicht in Versuchung,*
sondern rette uns vor dem Bösen.

144. Das Gleichnis vom bittenden Freund

145. Vom Vertrauen beim Beten

Mt 7,7–11 (vgl. Nr. 36)

7 *Bittet, dann wird euch gegeben; sucht, dann werdet ihr finden; klopft an, dann wird euch geöffnet.*
8 *Denn wer bittet, der empfängt; wer sucht, der findet; und wer anklopft, dem wird*

Lk 11,1–4

[1] Jesus betete einmal an einem Ort; und als er das Gebet beendet hatte, sagte einer seiner Jünger zu ihm: Herr, lehre uns beten, wie schon Johannes seine Jünger beten gelehrt
hat. [2] Da sagte er zu ihnen: Wenn ihr betet, so sprecht:
Vater,
dein Name werde geheiligt.
Dein Reich komme.

[3] Gib uns täglich das Brot, das wir brauchen.
[4] Und erlaß uns unsere Sünden;
denn auch wir erlassen jedem, was er uns schuldig ist.
Und führe uns nicht in Versuchung.

11,2 Bei zahlreichen Textzeugen ist der Vaterunser-Text des Lukas an den des Matthäus angeglichen.

Zu Lk 11,3 Nazaräerevangelium, vgl. Nr. 29.

Lk 11,5–8

[5] Dann sagte er zu ihnen: Wenn einer von euch einen Freund hat und um Mitternacht zu ihm geht und sagt: Freund, leih mir drei
Brote; [6] denn einer meiner Freunde, der auf Reisen ist, ist zu mir gekommen, und ich
habe ihm nichts anzubieten!, [7] wird dann etwa der Mann drinnen antworten: Laß mich in Ruhe, die Tür ist schon verschlossen, und meine Kinder schlafen bei mir; ich kann nicht
aufstehen und dir etwas geben? [8] Ich sage euch: Wenn er schon nicht deswegen aufsteht und ihm seine Bitte erfüllt, weil er sein Freund ist, so wird er doch wegen seiner Zudringlichkeit aufstehen und ihm geben, was er braucht.

Lk 11,9–13

Joh 15,7

[9] Darum sage ich euch: Bittet, dann wird euch gegeben; sucht, dann werdet ihr finden;
klopft an, dann wird euch geöffnet. [10] Denn
wer bittet, der empfängt; wer sucht, der findet;

geöffnet. [9] Oder ist einer unter euch, der seinem Sohn einen Stein gibt, wenn er um Brot bittet, [10] oder eine Schlange, wenn er um einen Fisch bittet?

[11] Wenn nun schon ihr, die ihr böse seid, euren Kindern gebt, was gut ist, wieviel mehr wird euer Vater im Himmel denen Gutes geben, die ihn bitten.

Zu Lk 11,9 Hebräerevangelium (Clemens Alexandrinus Strom. V,14,96): Wer sucht, wird nicht ruhen, bis er findet; wer aber gefunden hat, wird sich verwundern; wer sich aber verwundert, wird die Herrschaft antreten; wer aber die Herrschaft angetreten hat, wird ruhen.

Zu Lk 11,9 Thomasevangelium Logion 92: Suchet, so werdet ihr finden. Wonach ihr mich in diesen Tagen fragtet, das habe ich euch damals nicht gesagt. Jetzt will ich es sagen, und ihr suchet nicht danach.

146. Verteidigungsrede Jesu

Mt 12,22–30 (vgl. Nr. 83.84)

[22] Damals brachte man zu ihm einen Besessenen, der blind und stumm war. Jesus heilte ihn, so daß der Stumme wieder reden und sehen konnte. [23] Da gerieten alle Leute außer sich und sagten: Ist er etwa der Sohn Davids? [24] Als die Pharisäer das hörten, sagten sie: Nur mit Hilfe von Beelzebul, dem Anführer der Dämonen, kann er die Dämonen austreiben. [25] Doch Jesus wußte, was sie dachten, und sagte zu ihnen:

Jedes Reich, das in sich gespalten ist, geht zugrunde, und keine Stadt und keine Familie, die in sich gespalten ist, wird Bestand haben. [26] Wenn also der Satan den Satan austreibt, dann liegt der Satan mit sich selbst im Streit. Wie kann sein Reich dann Bestand haben? [27] Und wenn ich die Dämonen durch Beelzebul austreibe, durch wen treiben dann eure Anhänger sie aus? Sie selbst also sprechen euch das Urteil. [28] Wenn ich aber die Dämonen durch den Geist Gottes austreibe, dann ist das Reich Gottes schon zu euch gekommen. [29] Wie kann einer in das Haus eines starken Mannes einbrechen, und ihm den Hausrat rauben, wenn er den Mann nicht vorher fesselt? Erst dann kann er sein Haus plündern.

[30] Wer nicht für mich ist, der ist gegen mich; wer nicht mit mir sammelt, der zerstreut.

Mk 3,22–27; 9,40 (vgl. Nr. 83.84.127)

[3,22] Die Schriftgelehrten, die von Jerusalem herabgekommen waren, sagten: Er ist von Beelzebul besessen; mit Hilfe des Anführers der Dämonen treibt er die Dämonen aus.

[23] Da rief er sie zu sich und belehrte sie in Form von Gleichnissen: Wie kann der Satan den Satan austreiben? [24] Wenn ein Reich in sich gespalten ist, kann es keinen Bestand haben. [25] Wenn eine Familie in sich gespalten ist, kann sie keinen Bestand haben. [26] Und wenn sich der Satan gegen sich selbst erhebt und mit sich selbst im Streit liegt, kann er keinen Bestand haben, sondern es ist um ihn geschehen.

[27] Es kann aber auch keiner in das Haus eines starken Mannes einbrechen und ihm den Hausrat rauben, wenn er den Mann nicht vorher fesselt; erst dann kann er sein Haus plündern.

[9,40] Denn wer nicht gegen uns ist, der ist für uns.

Zu Lk 11,17f Thomasevangelium Logion 35: Unmöglich ist es, in das Haus des Starken zu gehen und es zu nehmen, außer man bindet dessen Hände. Dann wird er dessen Haus durcheinander bringen.

und wer anklopft, dem wird geöffnet. [11] Oder
ist unter euch ein Vater, der seinem Sohn
eine Schlange gibt, wenn er um einen Fisch
bittet, [12] oder einen Skorpion, wenn er um
ein Ei bittet?
[13] Wenn nun schon ihr, die ihr böse seid, euren Kindern gebt, was gut ist, wieviel mehr wird der Vater im Himmel den Heiligen Geist denen geben, die ihn bitten.

[7] Wenn ihr in mir bleibt und wenn meine Worte in euch bleiben, dann bittet um alles, was ihr wollt: Ihr werdet es erhalten.

9: Mk 11,24; Joh 14,13f; 16,24.

11,13 Andere Übersetzungsmöglichkeit (nach einigen alten Textzeugen): wird der Vater denen, die ihn bitten, aus dem Himmel den Heiligen Geist geben.

Lk 11,14–23

[14] Jesus trieb einen Dämon aus, der stumm war. Als der Dämon den Stummen verlassen hatte, konnte der Mann reden. Alle Leute staunten.
[15] Einige von ihnen aber sagten: Mit Hilfe
von Beelzebul, dem Anführer der Dämonen,
treibt er die Dämonen aus. [16] Andere wollten
ihn auf die Probe stellen und forderten von
ihm ein Zeichen vom Himmel.
[17] Doch er wußte, was sie dachten, und sagte zu ihnen:
Jedes Reich, das in sich gespalten ist, wird veröden, und ein Haus ums andere stürzt ein.
[18] Wenn also der Satan mit sich selbst im Streit liegt, wie kann sein Reich dann Bestand haben? Ihr sagt doch, daß ich die Dämonen mit Hilfe von Beelzebul austreibe.
[19] Wenn ich die Dämonen durch Beelzebul austreibe, durch wen treiben dann eure Anhänger sie aus? Sie selbst also sprechen euch das Urteil.
[20] Wenn ich aber die Dämonen durch den Finger Gottes austreibe, dann ist doch das Reich Gottes schon zu euch gekommen.
[21] Solange ein bewaffneter starker Mann seinen Hof bewacht, ist sein Besitz sicher;
[22] wenn ihn aber ein Stärkerer angreift und
besiegt, dann nimmt ihm der Stärkere all
seine Waffen weg, auf die er sich verlassen
hat, und verteilt die Beute. [23] Wer nicht für
mich ist, der ist gegen mich; wer nicht mit mir
sammelt, der zerstreut.

Joh 10,20

[20] Viele von ihnen sagten: Er ist von einem Dämon besessen und redet im Wahn. Warum hört ihr ihm zu?

14–15: Mt 9,32–34 / 15: Mt 10,25 / 16: 11,29–32; Mt 16,1–4; Mk 8,11–13; Joh 6,30; 1Kor 1,22 / 20: Ex 8,15; Ps 8,4; Lk 17,21 / 21: Jes 49,24.

Zu Lk 11,15 Vgl. die Anmerkung zu Mt 12,24.
Zu Lk 11,19 Anhänger, wörtlich: Söhne.

147. Von der Rückkehr der unreinen Geister

Mt 12,43–45 (vgl. Nr. 86)

43 *Ein unreiner Geist, der einen Menschen verlassen hat, wandert durch die Wüste und sucht einen Ort, wo er bleiben kann. Wenn er aber keinen findet,* 44 *dann sagt er: Ich will in mein Haus zurückkehren, das ich verlassen habe. Und wenn er es bei seiner Rückkehr leer antrifft, sauber und geschmückt,* 45 *dann geht er und holt sieben andere Geister, die noch schlimmer sind als er selbst. Sie ziehen dort ein und lassen sich nieder. So wird es mit diesem Menschen am Ende schlimmer werden als vorher. Dieser bösen Generation wird es genauso gehen.*

148. Zweierlei Seligpreisungen

Zu Lk 11,27 Thomasevangelium Logion 79 ergänzt: Es werden Tage kommen, da werdet ihr sagen: Selig ist der Leib, der nicht empfangen hat, die Brüste, die nicht Milch geben.

149. Die Verweigerung eines Zeichens

Mt 12,38–42 (vgl. Nr. 85)

38 *Zu dieser Zeit sagten einige Schriftgelehrte und Pharisäer zu ihm: Meister, wir möchten von dir ein Zeichen sehen.* 39 *Er antwortete ihnen: Diese böse und treulose Generation fordert ein Zeichen, aber es wird ihr kein anderes gegeben werden als das Zeichen des Propheten Jona.*

40 *Denn wie »Jona drei Tage und drei Nächte im Bauch des Fisches« war, so wird auch der Menschensohn drei Tage und drei Nächte im Innern der Erde sein.*
42 *Die Königin des Südens wird beim Gericht gegen diese Generation auftreten und sie verurteilen; denn sie kam vom Ende der Erde, um die Weisheit Salomos zu hören. Hier aber*

Mk 8,11–12 (vgl. Nr. 116)

11 *Da kamen die Pharisäer und begannen ein Streitgespräch mit ihm; sie forderten von ihm ein Zeichen vom Himmel, um ihn auf die Probe zu stellen.* 12 *Da seufzte er tief auf und sagte: Was fordert diese Generation ein Zeichen? Amen, das sage ich euch: Dieser Generation wird niemals ein Zeichen gegeben werden.*

Lk 11,24–26

24 Ein unreiner Geist, der einen Menschen verlassen hat, wandert durch die Wüste und sucht einen Ort, wo er bleiben kann. Wenn er keinen findet, sagt er: Ich will in mein Haus zurückkehren, das ich verlassen habe. 25 Und wenn er es bei seiner Rückkehr sauber und geschmückt antrifft, 26 dann geht er und holt sieben andere Geister, die noch schlimmer sind als er selbst. Sie ziehen dort ein und lassen sich nieder. So wird es mit diesem Menschen am Ende schlimmer werden als vorher.

Lk 11,27–28

27 Als er das sagte, rief eine Frau aus der Menge ihm zu: Selig die Frau, deren Leib dich getragen und deren Brust dich genährt hat. 28 Er aber erwiderte: Selig sind vielmehr die, die das Wort Gottes hören und es befolgen.

28: 8,21.

Lk 11,29–32

29 Als immer mehr Menschen zu ihm kamen, sagte er:

Diese Generation ist böse. Sie fordert ein Zeichen; aber es wird ihr kein anderes gegeben werden als das Zeichen des Jona.

30 Denn wie Jona für die Einwohner von Ninive ein Zeichen war, so wird es auch der Menschensohn für diese Generation sein.

31 Die Königin des Südens wird beim Gericht gegen die Männer dieser Generation auftreten und sie verurteilen; denn sie kam vom Ende der Erde, um die Weisheit Salomos zu

(Mt 16,1.2.4) (vgl. Nr. 116)

1 *Da kamen die Pharisäer und Sadduzäer zu Jesus, um ihn auf die Probe zu stellen. Sie baten ihn: Laß uns ein Zeichen vom Himmel sehen.* 2 *Er antwortete ihnen:* [3] 4 *Diese böse und treulose Generation fordert ein Zeichen, aber es wird ihr kein anderes gegeben werden als das Zeichen des Jona. Und er ließ sie stehen und ging weg.*

ist einer, der mehr ist als Salomo.

[41]*Die Männer von Ninive werden beim Gericht gegen diese Generation auftreten und sie verurteilen; denn sie haben sich nach der Predigt des Jona bekehrt. Hier aber ist einer, der mehr ist als Jona.*

150. Vom Licht und vom Auge

Mt 5,15; 6,22–23 (vgl. Nr. 19.32)

[5,15]*Man zündet auch nicht ein Licht an und stülpt ein Gefäß darüber, sondern man stellt es auf den Leuchter; dann leuchtet es allen im Haus.*
[6,22]*Das Auge gibt dem Körper Licht. Wenn dein Auge gesund ist, dann wird dein ganzer Körper hell sein.* [23]*Wenn aber dein Auge krank ist, dann wird dein ganzer Körper finster sein.*

Wenn nun das Licht in dir Finsternis ist, wie groß muß dann die Finsternis sein!

Mk 4,21 (vgl. Nr. 92)

[21]*Er sagte zu ihnen: Zündet man etwa ein Licht an und stülpt ein Gefäß darüber oder stellt es unter das Bett? Stellt man es nicht auf den Leuchter?*

151. Worte gegen die Pharisäer und die Schriftgelehrten

Mt 23,4.6.7.13.23.25–27.29–31.34–36; 16,6.12 (vgl. Nr. 207.117)

[25]*Weh euch, ihr Schriftgelehrten und Pharisäer, ihr Heuchler! Ihr haltet Becher und Schüsseln außen sauber, innen aber sind sie voll von dem, was ihr in eurer Maßlosigkeit zusammengeraubt habt.* [26]*Du blinder Pharisäer! Mach den Becher zuerst innen sauber, dann ist er auch außen rein.*

[23]*Weh euch, ihr Schriftgelehrten und Pharisäer, ihr Heuchler! Ihr gebt den Zehnten von Minze, Dill und Kümmel und laßt das Wich-*

Mk 8,15 (vgl. Nr. 117)

hören. Hier aber ist einer, der mehr ist als Salomo.
[32]Die Männer von Ninive werden beim Gericht gegen diese Generation auftreten und sie verurteilen; denn sie haben sich nach der Predigt des Jona bekehrt. Hier aber ist einer, der mehr ist als Jona.

29: 11,16; Joh 6,30 / 31: 1Kön 10,1–10 / 32: Jona 3,5.

Lk 11,33–36

[33]Niemand zündet ein Licht an und stellt es in einen versteckten Winkel oder stülpt ein Gefäß darüber, sondern man stellt es auf einen Leuchter, damit alle, die eintreten, es leuchten sehen. [34]Dein Auge gibt dem Körper Licht. Wenn dein Auge gesund ist, dann wird auch dein ganzer Körper hell sein. Wenn es aber krank ist, dann wird dein Körper finster sein. [35]Achte also darauf, daß in dir nicht Finsternis statt Licht ist. [36]Wenn dein ganzer Körper von Licht erfüllt und nichts Finsteres in ihm ist, dann wird er so hell sein, wie wenn die Lampe dich mit ihrem Schein beleuchtet.

33: 8,16.

11,33 Vgl. die Anmerkung zu Mt 5,15.

Joh 8,12

[12]*Als Jesus ein andermal zu ihnen redete, sagte er: Ich bin das Licht der Welt. Wer mir nachfolgt, wird nicht in der Finsternis umhergehen, sondern wird das Licht des Lebens haben.*

Zu Lk 11,33 Thomasevangelium Logion 33, vgl. Nr. 19.

Lk 11,37–12,1

[37]Nach dieser Rede lud ein Pharisäer Jesus zum Essen ein. Jesus ging zu ihm und setzte sich zu Tisch. [38]Als der Pharisäer sah, daß er sich vor dem Essen nicht die Hände wusch, war er verwundert. [39]Da sagte der Herr zu ihm: O ihr Pharisäer! Ihr haltet zwar Becher und Teller außen sauber, innen aber seid ihr voll Raubgier und Bosheit. [40]Ihr Unverständigen! Hat nicht der, der das Äußere schuf, auch das Innere geschaffen? [41]Gebt lieber, was in den Schüsseln ist, den Armen, dann ist für euch alles rein.
[42]Doch weh euch Pharisäern! Ihr gebt den Zehnten von Minze, Gewürzkraut und allem Gemüse, die Gerechtigkeit aber und die

tigste im Gesetz außer acht: Gerechtigkeit,
Barmherzigkeit und Treue. Man muß das eine
tun, ohne das andere zu lassen.
6*. . . bei jedem Festmahl möchten sie den Eh-*
renplatz und in der Synagoge die vordersten
Sitze haben, 7*und auf den Straßen und Plät-*
zen lassen sie sich gern grüßen und von den
Leuten Rabbi (Meister) nennen.
27*Weh euch, ihr Schriftgelehrten und Phari-*
säer, ihr Heuchler! Ihr seid wie die Gräber, die
außen weiß angestrichen sind und schön aus-
sehen; innen aber sind sie voll Knochen,
Schmutz und Verwesung.

4*Sie schnüren schwere Lasten zusammen und*
legen sie den Menschen auf die Schultern,
wollen selber aber keinen Finger rühren, um
die Lasten zu tragen.
29*Weh euch, ihr Schriftgelehrten und Phari-*
säer, ihr Heuchler! Ihr errichtet den Prophe-
ten Grabstätten und schmückt die Denkmäler
der Gerechten 30*und sagt dabei: Wenn wir in*
den Tagen unserer Väter gelebt hätten, wären
wir nicht wie sie am Tod der Propheten schul-
dig geworden. 31*Damit bestätigt ihr selbst,*
daß ihr die Söhne der Prophetenmörder seid.
34*Darum hört: Ich sende Propheten, Weise*
und Schriftgelehrte zu euch; ihr aber werdet
einige von ihnen töten, ja sogar kreuzigen, an-
dere in euren Synagogen auspeitschen und
von Stadt zu Stadt verfolgen. 35*So wird all das*
unschuldige Blut über euch kommen, das auf
Erden vergossen worden ist, vom Blut Abels,
des Gerechten, bis zum Blut des Zacharias,
Barachias' Sohn, den ihr im Vorhof zwischen
dem Tempelgebäude und dem Altar ermordet
habt. 36*Amen, das sage ich euch: Das alles*
wird über diese Generation kommen.
13*Weh euch, ihr Schriftgelehrten und Phari-*
säer, ihr Heuchler! Ihr verschließt den Men-
schen das Himmelreich. Ihr selbst geht nicht
hinein; aber ihr laßt auch die nicht hinein, die
hineingehen wollen.

16,6*Und Jesus sagte zu ihnen: Gebt acht, hütet*

15*Und er warnte sie: Gebt acht, hütet euch vor*

Liebe zu Gott vergeßt ihr. Man muß das eine
tun, ohne das andere zu unterlassen.

43 Weh euch Pharisäern! Ihr wollt in den Syn-
agogen den vordersten Sitz haben und auf
den Straßen und Plätzen von allen gegrüßt
werden.

44 Weh euch: Ihr seid wie Gräber, die man
nicht mehr sieht; die Leute gehen darüber,
ohne es zu merken.

45 Darauf erwiderte ihm ein Gesetzeslehrer:
Meister, damit beleidigst du auch uns. 46 Er
antwortete:
Weh auch euch Gesetzeslehrern! Ihr ladet
den Menschen Lasten auf, die sie kaum tra-
gen können, selbst aber rührt ihr keinen Fin-
ger dafür.

47 Weh euch! Ihr errichtet Denkmäler für die
Propheten, die von euren Vätern umge-
bracht wurden. 48 Damit bestätigt und billigt
ihr, was eure Väter getan haben. Sie haben
die Propheten umgebracht, ihr errichtet ih-
nen Bauten.

49 Deshalb hat auch die Weisheit Gottes ge-
sagt: Ich werde Propheten und Apostel zu
ihnen senden, und sie werden einige von ih-
nen töten und andere verfolgen,
50 damit das Blut aller Propheten, das seit der
Erschaffung der Welt vergossen worden ist,
an dieser Generation gerächt wird, 51 vom
Blut Abels bis zum Blut des Zacharias, der
im Vorhof zwischen Altar und Tempel um-
gebracht wurde. Ja, das sage ich euch: An
dieser Generation wird es gerächt werden.
52 Weh euch Gesetzeslehrern! Ihr habt den
Schlüssel (der Tür) zur Erkenntnis wegge-
nommen. Ihr selbst seid nicht hineingegan-
gen, und die, die hineingehen wollten, habt
ihr daran gehindert.
53 Als Jesus das Haus verlassen hatte, began-
nen die Schriftgelehrten und die Pharisäer,
ihn mit vielerlei Fragen hartnäckig zu be-
drängen; 54 sie versuchten, ihm eine Falle zu
stellen, damit er sich in seinen eigenen Wor-
ten verfange.

12,1 Unterdessen strömten Tausende von
Menschen zusammen, so daß es ein gefährli-
ches Gedränge gab. Jesus wandte sich zuerst
an seine Jünger und sagte: Hütet euch vor

euch vor dem Sauerteig der Pharisäer und Sadduzäer!
[12] *Da verstanden sie, daß er nicht gemeint hatte, sie sollten sich vor dem Sauerteig hüten, mit dem man Brot backt, sondern vor der Lehre der Pharisäer und Sadduzäer.*

dem Sauerteig der Pharisäer und dem Sauerteig des Herodes!

Zu Lk 11,39ff Papyrus Oxyrhynchos 840: Da sprach der Heiland zu ihm: Wehe euch, ihr Blinden, die ihr nicht seht. In dem ausgegossenen Wasser, in dem Hunde und Schweine Tag und Nacht liegen, hast du dich gebadet. Du hast dich gewaschen und die äußere Haut abgerieben, die auch die Huren und Flötenspielerinnen salben, baden, abreiben und schminken, um die Begierde der Männer anzureizen, inwendig sind sie aber voller Skorpione und Schlechtigkeit.

152. Aufforderung zum furchtlosen Bekenntnis

Mt 10,26–33; 12,32; 10,19
(vgl. Nr. 58.84.57)

[10,26] *Darum fürchtet euch nicht vor ihnen! Denn nichts ist verhüllt, was nicht enthüllt wird, und nichts ist verborgen, was nicht bekannt wird.* [27] *Was ich euch im Dunkeln sage, davon redet am hellen Tag, und was man euch ins Ohr flüstert, das verkündet von den Dächern.*

[28] *Fürchtet euch nicht vor denen, die den Leib töten, die Seele aber nicht töten können, sondern fürchtet euch vor dem, der Seele und Leib ins Verderben der Hölle stürzen kann.*

[29] *Verkauft man nicht zwei Spatzen für ein paar Pfennig? Und doch fällt keiner von ihnen zur Erde ohne den Willen eures Vaters.*
[30] *Bei euch aber sind sogar die Haare auf dem Kopf alle gezählt.* [31] *Fürchtet euch also nicht! Ihr seid mehr wert als viele Spatzen.*
[32] *Wer sich nun vor den Menschen zu mir bekennt, zu dem werde auch ich mich vor meinem Vater im Himmel bekennen.* [33] *Wer mich aber vor den Menschen verleugnet, den werde auch ich vor meinem Vater im Himmel verleugnen.*
[12,32] *Auch dem, der etwas gegen den Menschensohn sagt, wird vergeben werden; wer aber etwas gegen den Heiligen Geist sagt, dem wird nicht vergeben, weder in dieser noch in der zukünftigen Welt.*

[10,19] *Wenn man euch vor Gericht stellt, macht euch keine Sorgen, wie und was ihr reden sollt;*

Mk 4,22; 8,38; 3,28–29; 13,11
(vgl. Nr. 92.120.84.212)

[4,22] *Es gibt nichts Verborgenes, das nicht offenbar wird, und nichts Geheimes, das nicht an den Tag kommt.*

[8,38] *Denn wer sich vor dieser treulosen und sündigen Generation meiner und meiner Worte schämt, dessen wird sich auch der Menschensohn schämen, wenn er mit den heiligen Engeln in der Hoheit seines Vaters kommt.*
[3,28] *Amen, das sage ich euch: Alle Vergehen und Lästerungen werden den Menschen vergeben werden, so viel sie auch lästern mögen;*
[29] *wer aber den Heiligen Geist lästert, der findet in Ewigkeit keine Vergebung, sondern seine Sünde wird ewig an ihm haften.*
[13,11] *Und wenn man euch abführt und vor Gericht stellt, dann macht euch nicht im voraus Sorgen, was ihr sagen sollt; sondern was euch in jener Stunde eingegeben wird, das sagt!*

dem Sauerteig der Pharisäer, das heißt vor
der Heuchelei.

38: Mt 15,2; Mk 7,2; Kol 2,21f / 43: 20,46; Mk 12,38f / 51: Gen 4,8.10; 2Chr 24,20–22.

11,41 Wörtlich: Gebt lieber den Inhalt als Almosen, dann . . .

Lk 12,2–12

Joh 14,26

2 Nichts ist verhüllt, was nicht enthüllt wird,
und nichts ist verborgen, was nicht bekannt
wird. 3 Deshalb wird man alles, was ihr im
Dunkeln redet, am hellen Tag hören, und
was ihr einander hinter verschlossenen Türen ins Ohr flüstert, das wird man auf den
Dächern verkünden.
4 Euch aber, meinen Freunden, sage ich:
Fürchtet euch nicht vor denen, die den Leib
töten, euch aber sonst nichts tun können.
5 Ich will euch zeigen, wen ihr fürchten sollt:
Fürchtet euch vor dem, der nicht nur töten
kann, sondern die Macht hat, euch auch noch
in die Hölle zu werfen. Ja, das sage ich euch:
Ihn sollt ihr fürchten. 6 Verkauft man nicht
fünf Spatzen für ein paar Pfennig? Und doch
vergißt Gott nicht einen von ihnen. 7 Bei euch
aber sind sogar die Haare auf dem Kopf alle
gezählt. Fürchtet euch nicht! Ihr seid mehr
wert als viele Spatzen.
8 Ich sage euch: Wer sich vor den Menschen
zu mir bekennt, zu dem wird sich auch der
Menschensohn vor den Engeln Gottes bekennen. 9 Wer mich aber vor den Menschen
verleugnet, der wird auch vor den Engeln
Gottes verleugnet werden.
10 Jedem, der etwas gegen den Menschensohn sagt, wird vergeben werden; wer aber
den Heiligen Geist lästert, dem wird nicht
vergeben.

11 Wenn man euch vor die Gerichte der Synagogen und vor die Herrscher und Machthaber schleppt, dann macht euch keine Sorgen,
wie ihr euch verteidigen oder was ihr sagen

26 *Der Beistand aber, der Heilige Geist, den
der Vater in meinem Namen senden wird, der*

(Mt 18,35)

denn es wird euch in jener Stunde eingegeben, was ihr sagen sollt.

(Mk 9,50)

Denn nicht ihr werdet dann reden, sondern der Heilige Geist.

153. Das Beispiel von der falschen Selbstsicherheit des reichen Mannes

154. Von der falschen und der rechten Sorge. Vom wahren Schatz

Mt 6,25–33.19–21 (vgl. Nr. 34.31)

25 *Deswegen sage ich euch: Sorgt euch nicht um euer Leben und darum, daß ihr etwas zu essen habt, noch um euren Leib und darum,*

sollt. [12]Denn der Heilige Geist wird euch in der gleichen Stunde eingeben, was ihr sagen müßt.

11f: 21,12–15.

12,3 hinter verschlossenen Türen, wörtlich: in den Kammern.

12,6 ein paar Pfennig, wörtlich: zwei As. Das As war die zweitkleinste römische Münze.

wird euch alles lehren und euch an alles erin nern, was ich euch gesagt habe.

Zu Lk 12,2 Papyrus Oxyrhynchos 654,27–31, vgl. Nr. 58.
Zu Lk 12,4.5. 2. Clemens 5,2–4, vgl. Nr. 58.

Lk 12,13–21

[13]Einer aus der Volksmenge bat Jesus: Meister, sag meinem Bruder, er soll das Erbe mit
mir teilen. [14]Er erwiderte ihm: Mensch, wer hat mich zum Richter oder Schlichter bei
euch gemacht? [15]Dann sagte er zu den Leuten: Gebt acht, hütet euch vor jeder Art von Habgier. Denn der Sinn des Lebens besteht nicht darin, daß ein Mensch aufgrund seines großen Vermögens im Überfluß lebt.
[16]Und er erzählte ihnen folgendes Beispiel: Auf den Feldern eines reichen Mannes stand
eine gute Ernte. [17]Da überlegte er hin und her: Was soll ich tun? Ich weiß nicht, wo ich
meine Ernte unterbringen soll. [18]Schließlich sagte er: So will ich es machen: Ich werde meine Scheunen abreißen und größere bauen; dort werde ich mein ganzes Getreide und
meine Vorräte unterbringen. [19]Dann kann ich zu mir selber sagen: Nun hast du einen großen Vorrat, der für viele Jahre reicht. Ruh dich aus, iß und trink, und freu dich des
Lebens! [20]Da sprach Gott zu ihm: Du Narr! Noch in dieser Nacht wird man dein Leben von dir zurückfordern. Wem wird dann all
das gehören, was du angehäuft hast? [21]So geht es jedem, der nur für sich selbst Schätze sammelt, aber vor Gott nicht reich ist.

14: Ex 2,14.

Lk 12,22–34

[22]Und er sagte zu seinen Jüngern: Deswegen sage ich euch: Sorgt euch nicht um euer Leben und darum, daß ihr etwas zu essen habt,

daß ihr etwas anzuziehen habt. Ist nicht das Leben wichtiger als die Nahrung und der Leib wichtiger als die Kleidung? 26 Seht euch die Vögel des Himmels an: Sie säen nicht, sie ernten nicht und sammeln keine Vorräte in Scheunen; euer himmlischer Vater ernährt sie. Seid ihr nicht viel mehr wert als sie? 27 Wer von euch kann mit all seiner Sorge sein Leben auch nur um eine kleine Zeitspanne verlängern? 28 Und was sorgt ihr euch um eure Kleidung? Lernt von den Lilien, die auf dem Feld wachsen: Sie arbeiten nicht und spinnen nicht. 29 Doch ich sage euch: Selbst Salomo war in all seiner Pracht nicht gekleidet wie eine von ihnen. 30 Wenn aber Gott schon das Gras so prächtig kleidet, das heute auf dem Feld steht und morgen ins Feuer geworfen wird, wieviel mehr dann euch, ihr Kleingläubigen! 31 Macht euch also keine Sorgen und fragt nicht: Was sollen wir essen? Was sollen wir trinken? Was sollen wir anziehen?

32 Denn um all das geht es den Heiden. Euer himmlischer Vater weiß, daß ihr das alles braucht. 33 Euch aber muß es zuerst um sein Reich und um seine Gerechtigkeit gehen; dann wird euch alles andere dazugegeben.

19 Sammelt euch nicht Schätze hier auf der Erde, wo Motte und Wurm sie zerstören und wo Diebe einbrechen und sie stehlen, 20 sondern sammelt euch Schätze im Himmel, wo weder Motte noch Wurm sie zerstören und keine Diebe einbrechen und sie stehlen. 21 Denn wo dein Schatz ist, da ist auch dein Herz.

155. Das Gleichnis vom treuen und vom schlechten Knecht

Mt 24,43–51 (vgl. Nr. 220.221)

Mk 13,33–37 (vgl. Nr. 217)

33 Seht euch also vor, und bleibt wach! Denn ihr wißt nicht, wann die Zeit da ist. 34 Es ist wie mit einem Mann, der sein Haus verließ, um auf Reisen zu gehen: Er übertrug alle Verantwortung seinen Dienern, jedem eine bestimmte Aufgabe; dem Türhüter befahl er,

noch um euren Leib und darum, daß ihr et-
was anzuziehen habt. 23 Das Leben ist wichti-
ger als die Nahrung und der Leib wichtiger
als die Kleidung. 24 Seht auf die Raben: Sie
säen nicht und ernten nicht, sie haben keinen
Speicher und keine Scheune; denn Gott er-
nährt sie. Wieviel mehr seid ihr wert als die
Vögel! 25 Wer von euch kann mit all seiner
Sorge sein Leben auch nur um eine kleine
Zeitspanne verlängern? 26 Wenn ihr nicht
einmal etwas so Geringes könnt, warum
macht ihr euch dann Sorgen um all das übri-
ge? 27 Seht euch die Lilien an: Sie arbeiten
nicht und spinnen nicht. Doch ich sage euch:
Selbst Salomo war in all seiner Pracht nicht
gekleidet wie eine von ihnen. 28 Wenn aber
Gott schon das Gras so prächtig kleidet, das
heute auf dem Feld steht und morgen ins
Feuer geworfen wird, wieviel mehr dann
euch, ihr Kleingläubigen! 29 Darum fragt
nicht, was ihr essen und was ihr trinken sollt,
und ängstigt euch nicht!
30 Denn um all das geht es den Heiden in der
Welt. Euer Vater weiß, daß ihr das braucht.
31 Euch jedoch muß es um sein Reich gehen;
dann wird euch das andere dazugegeben.

32 Fürchte dich nicht, du kleine Herde! Denn
euer Vater hat beschlossen, euch das Reich
zu geben.
33 Verkauft eure Habe, und gebt den Erlös
den Armen! Macht euch Geldbeutel, die
nicht zerreißen. Verschafft euch einen
Schatz, der nicht abnimmt, droben im Him-
mel, wo kein Dieb ihn findet und keine Motte
ihn frißt.
34 Denn wo euer Schatz ist, da ist auch euer
Herz.

33: Mt 19,21; Lk 18,22.

12,25 Andere Übersetzungsmöglichkeit: kann ... seiner Körpergröße auch nur eine Elle hinzufügen.

Lk 12,35–48

35 Legt euren Gürtel nicht ab, und laßt eure
Lampen brennen! 36 Seid wie Menschen, die
auf die Rückkehr ihres Herrn warten, der auf
einer Hochzeit ist, und die ihm öffnen, sobald
er kommt und anklopft. 37 Selig die Knechte,
die der Herr wach findet, wenn er kommt.

Joh 13,4.5

4 *... stand vom Mahl auf, legte sein Gewand ab und umgürtete sich mit einem Leinentuch.*

[43] *Bedenkt: Wenn der Herr des Hauses wüßte, zu welcher Stunde in der Nacht der Dieb kommt, würde er wach bleiben und nicht zulassen, daß man in sein Haus einbricht.* [44] *Darum haltet auch ihr euch bereit! Denn der Menschensohn kommt zu einer Stunde, in der ihr es nicht erwartet.*

[45] *Wer ist nun der treue und kluge Knecht, den der Herr eingesetzt hat, damit er dem Gesinde zur rechten Zeit gibt, was sie zu essen brauchen?* [46] *Selig der Knecht, den der Herr damit beschäftigt findet, wenn er kommt!* [47] *Amen, das sage ich euch: Er wird ihn zum Verwalter seines ganzen Vermögens machen.* [48] *Wenn aber der Knecht schlecht ist und denkt: Mein Herr kommt noch lange nicht!,* [49] *und anfängt, seine Mitknechte zu schlagen, wenn er mit Trinkern Gelage feiert,* [50] *dann wird der Herr an einem Tag kommen, an dem der Knecht es nicht erwartet, und zu einer Stunde, die er nicht kennt;* [51] *und der Herr wird ihn in Stücke hauen und ihm seinen Platz unter den Heuchlern zuweisen. Dort wird er heulen und mit den Zähnen knirschen.*

wachsam zu sein. [35] *Seid also wachsam! Denn ihr wißt nicht, wann der Hausherr kommt, ob am Abend oder um Mitternacht, ob beim Hahnenschrei oder erst am Morgen.* [36] *Er soll euch, wenn er plötzlich kommt, nicht schlafend antreffen.* [37] *Was ich aber euch sage, das sage ich allen: Seid wachsam!*

Zu Lk 12,39 Thomasevangelium Logion 103: Selig ist der Mensch, der weiß, wo die Räuber hereinkommen, damit er aufsteht, seine Kraft sammelt und sich gürtet um die Hüften, bevor sie hereingekommen sind.

156. Von Frieden und Zwietracht

Mt 10,34–36 (vgl. Nr. 59)

Amen, ich sage euch: Er wird sich gürten, sie
am Tisch Platz nehmen lassen und sie der
Reihe nach bedienen. [38]Und kommt er erst
in der zweiten oder dritten Nachtwache und
findet sie wach – selig sind sie. [39]Bedenkt:
Wenn der Herr des Hauses wüßte, in welcher
Stunde der Dieb kommt, so würde er verhin-
dern, daß man in sein Haus einbricht. [40]Hal-
tet auch ihr euch bereit! Denn der Men-
schensohn kommt zu einer Stunde, in der ihr
es nicht erwartet.
[41]Da sagte Petrus: Herr, meinst du mit die-
sem Gleichnis nur uns oder auch all die ande-
ren? [42]Der Herr antwortete: Wer ist denn
der treue und kluge Verwalter, den der Herr
einsetzen wird, damit er seinem Gesinde zur
rechten Zeit die Nahrung zuteilt? [43]Selig der
Knecht, den der Herr damit beschäftigt fin-
det, wenn er kommt. [44]Wahrhaftig, das sage
ich euch: Er wird ihn zum Verwalter seines
ganzen Vermögens machen. [45]Wenn aber
der Knecht denkt: Mein Herr kommt noch
lange nicht zurück!, und anfängt, die
Knechte und Mägde zu schlagen; wenn er ißt
und trinkt und sich berauscht, [46]dann wird
der Herr an einem Tag kommen, an dem der
Knecht es nicht erwartet, und zu einer Stun-
de, die er nicht kennt; und der Herr wird ihn
in Stücke hauen und ihm seinen Platz unter
den Ungläubigen zuweisen.
[47]Der Knecht, der den Willen seines Herrn
kennt, sich aber nicht darum kümmert und
nicht danach handelt, der wird viele Schläge
bekommen. [48]Wer aber, ohne den Willen
des Herrn zu kennen, etwas tut, was Schläge
verdient, der wird wenig Schläge bekommen.
Wem viel gegeben wurde, von dem wird viel
zurückgefordert werden, und wem man viel
anvertraut hat, von dem wird man um so
mehr verlangen.

35: Mt 25,1 / 39: 1Thess 5,2; 2Petr 3,10 / 44: Mt 25,21.23.

12,35.38 Bei Nacht ließ man gern eine Öllampe brennen, da das Feuermachen schwierig war. – Die Nacht teilte man in vier Abschnitte von je drei Stunden ein (»Nachtwachen«); vgl. die Anmerkung zu Mt 27,45.

[5]Dann goß er Wasser in eine Schüssel und be-
gann, den Jüngern die Füße zu waschen und
mit dem Leinentuch abzutrocknen, mit dem er
umgürtet war.

Lk 12,49–53

[49]Ich bin gekommen, um Feuer auf die Erde
zu werfen. Wie froh wäre ich, es würde schon
brennen! [50]Ich muß mit einer Taufe getauft
werden, und ich bin sehr bedrückt, solange

Joh 12,27

[27]Jetzt ist meine Seele erschüttert. Was soll ich
sagen: Vater, rette mich aus dieser Stunde?
Aber deshalb bin ich in diese Stunde gekom-
men.

34 *Denkt nicht, ich sei gekommen, um Frieden auf die Erde zu bringen. Ich bin nicht gekommen, um Frieden zu bringen, sondern das Schwert.*

35 *Denn ich bin gekommen, um »den Sohn mit seinem Vater« zu entzweien »und die Tochter mit ihrer Mutter und die Schwiegertochter mit ihrer Schwiegermutter«,* 36 *und »die Hausgenossen eines Menschen werden seine Feinde sein«.*

Zu Lk 12,49 (Origenes, Hom. zu Jer 20,3): So spricht der Heiland selbst: Wer mir nahe ist, der ist dem Feuer nahe. Wer mir fern ist, der ist dem Reiche fern.

Zu Lk 12,51–53 Thomasevangelium Logion 16, vgl. Nr. 59.

157. Von den Zeichen der Zeit

158. Von der Versöhnung

Mt 5,25–26 (vgl. Nr. 21)

25 *Schließ ohne Zögern Frieden mit deinem Gegner, solange du mit ihm noch auf dem Weg zum Gericht bist. Sonst wird dich dein Gegner vor den Richter bringen, und der Richter wird dich dem Gerichtsdiener übergeben, und du wirst ins Gefängnis geworfen.* 26 *Amen, das sage ich dir: Du kommst von dort nicht heraus, bis du den letzten Pfennig bezahlt hast.*

Lk 12,51–59

sie noch nicht vollzogen ist. 51 Meint ihr, ich
sei gekommen, um Frieden auf die Erde zu
bringen? Nein, sage ich euch, nicht Frieden,
sondern Spaltung. 52 Denn von nun an wird
es so sein: Wenn fünf Menschen im gleichen
Haus leben, wird Zwietracht herrschen: Drei
werden gegen zwei stehen und zwei gegen
drei, 53 der Vater gegen den Sohn und DER
SOHN GEGEN DEN VATER, die Mutter gegen
die Tochter und DIE TOCHTER GEGEN DIE
MUTTER, die Schwiegermutter gegen ihre
Schwiegertochter und DIE SCHWIEGERTOCHTER GEGEN DIE SCHWIEGERMUTTER.

50: Mk 10,38f / 53: Mi 7,6.

Lk 12,54–57

54 Außerdem sagte Jesus zu den Leuten: Sobald ihr im Westen Wolken aufsteigen seht,
sagt ihr: Es gibt Regen. Und es kommt so.
55 Und wenn der Südwind weht, dann sagt
ihr: Es wird heiß. Und es trifft ein. 56 Ihr
Heuchler! Das Aussehen der Erde und des
Himmels könnt ihr deuten. Warum könnt ihr
dann die Zeichen dieser Zeit nicht deuten?
57 Warum findet ihr nicht schon von selbst
das rechte Urteil?

54–56: Mt 16,2f.

12,54f Die Verse setzen die geographischen und klimatischen Verhältnisse von Palästina voraus. Im Westen liegt das Mittelmeer, im Süden die Wüste Sinai.

12,56 Wörtlich: Warum könnt ihr dann diese Zeit nicht deuten?

Lk 12,58–59

58 Wenn du mit deinem Gegner vor Gericht
gehst, bemüh dich noch auf dem Weg, dich
mit ihm zu einigen. Sonst wird er dich vor den
Richter schleppen, und der Richter wird dich
dem Gerichtsdiener übergeben, und der Gerichtsdiener wird dich ins Gefängnis werfen.
59 Ich sage dir: Du kommst von dort nicht
heraus, bis du auch den letzten Pfennig bezahlt hast.

12,59 den letzten Pfennig, wörtlich: das letzte Leptón. Das Leptón war die kleinste griechische Münze.

(Mt 18,35) (Mk 9,50)

159. Mahnung zur Umkehr

160. Die Heilung einer Frau am Sabbat

Lk 13,1–9

1 Zu dieser Zeit kamen einige Leute zu Jesus
und berichteten ihm von den Galiläern, die
Pilatus beim Opfern umbringen ließ, so daß
sich ihr Blut mit dem ihrer Opfertiere ver-
mischte. 2 Da sagte er zu ihnen: Meint ihr,
daß nur diese Galiläer Sünder waren, weil
das mit ihnen geschehen ist, alle anderen Ga-
liläer aber nicht? 3 Nein, im Gegenteil: Ihr
alle werdet genauso umkommen, wenn ihr
euch nicht bekehrt. 4 Oder jene achtzehn
Menschen, die beim Einsturz des Turms von
Schiloach erschlagen wurden – meint ihr, daß
nur sie Schuld auf sich geladen hatten, alle
anderen Einwohner von Jerusalem aber
nicht? 5 Nein, im Gegenteil: Ihr alle werdet
genauso umkommen, wenn ihr euch nicht
bekehrt. 6 Und er erzählte ihnen dieses
Gleichnis: Ein Mann hatte in seinem Wein-
berg einen Feigenbaum; und als er kam und
nachsah, ob er Früchte trug, fand er keine.
7 Da sagte er zu seinem Weingärtner: Jetzt
komme ich schon drei Jahre und sehe nach,
ob dieser Feigenbaum Früchte trägt, und
finde nichts. Hau ihn um! Was soll er weiter
dem Boden seine Kraft nehmen? 8 Der
Weingärtner erwiderte: Herr, laß ihn dieses
Jahr noch stehen; ich will den Boden um ihn
herum aufgraben und düngen. 9 Vielleicht
trägt er doch noch Früchte; wenn nicht, dann
laß ihn umhauen.

6: Mt 21,19.

13,1–4 Wörtlich: von den Galiläern, deren Blut Pilatus mit dem ihrer Opfertiere vermischte. – Über diesen wohl politisch begründeten Mord an galiläischen Festpilgern, die während des Paschafestes ihre Opfertiere im Tempel darbringen wollten, gibt es keine weiteren Nachrichten. Dasselbe gilt vom Einsturz eines Turmes, wohl der Stadtmauer, am Schiloach-Teich, der im Südosten von Jerusalem liegt und die Wasser der Gihon-Quelle sammelt. – Jesus wendet sich hier gegen die jüdische Auffassung, alles Leiden sei Strafe für Sünden.

Lk 13,10–17

10 Am Sabbat lehrte Jesus in einer Synagoge.
11 Dort saß eine Frau, die seit achtzehn Jah-
ren krank war, weil sie von einem Dämon
geplagt wurde; ihr Rücken war verkrümmt,

(Mt 18,35)

(Mk 9,50)

161. Die Gleichnisse vom Senfkorn und vom Sauerteig

Mt 13,31–33 (vgl. Nr. 95)

[31] *Er erzählte ihnen ein weiteres Gleichnis und sagte: Mit dem Himmelreich ist es wie mit einem Senfkorn, das ein Mann auf seinen Acker säte.* [32] *Es ist das kleinste von allen Samenkörnern; sobald es aber hochgewachsen ist, ist es größer als die anderen Gewächse und wird zu einem »Baum«, so daß »die Vögel des Himmels« kommen und »in seinen Zweigen nisten«.*

[33] *Und er erzählte ihnen noch ein Gleichnis: Mit dem Himmelreich ist es wie mit dem Sauerteig, den eine Frau unter einen großen Trog Mehl mischte, bis das Ganze durchsäuert war.*

Mk 4,30–32 (vgl. Nr. 95)

[30] *Er sagte: Womit sollen wir das Reich Gottes vergleichen, mit welchem Gleichnis sollen wir es beschreiben?* [31] *Es gleicht einem Senfkorn. Dieses ist das kleinste von allen Samenkörnern, die man in die Erde sät.* [32] *Ist es aber gesät, dann geht es auf und wird größer als alle anderen Gewächse und »treibt« große »Zweige«, so daß »in seinem Schatten die Vögel des Himmels nisten« können.*

162. Von der engen und von der verschlossenen Tür

Mt 7,13–14; 25,10–12; 7,22–23; 8,11.12; 19,30; 20,16
(vgl. Nr. 38.222.40.44.186.187)

[7,13] *Geht durch das enge Tor! Denn das Tor ist weit, das ins Verderben führt, und der Weg*

Mk 10,31 (vgl. Nr. 186)

und sie konnte nicht mehr aufrecht gehen.
12 Als Jesus sie sah, rief er sie zu sich und sag-
te: Frau, du bist von deinem Leiden erlöst.
13 Und er legte ihr die Hände auf. Im gleichen
Augenblick richtete sie sich auf und pries
Gott. 14 Der Synagogenvorsteher aber war
empört darüber, daß Jesus am Sabbat heilte,
und sagte zu den Leuten: Sechs Tage sind
zum Arbeiten da. Kommt also an diesen Ta-
gen und laßt euch heilen, nicht am Sabbat!
15 Der Herr erwiderte ihm: Ihr Heuchler!
Bindet nicht jeder von euch am Sabbat sei-
nen Ochsen oder Esel von der Krippe los und
führt ihn zur Tränke? 16 Diese Tochter
Abrahams aber, die der Satan schon seit
achtzehn Jahren gefesselt hielt, sollte am
Sabbat nicht davon befreit werden dürfen?
17 Durch diese Worte wurden alle seine Geg-
ner beschämt; das ganze Volk aber freute
sich über all die großen Taten, die er voll-
brachte.

14: Ex 20,9f.

Zu Lk 13,11 Wörtlich: eine Frau, die seit achtzehn Jahren einen Krankheitsgeist hatte.

Zu Lk 13,14 Vgl. 14,3 und die Anmerkung zu Mk 3,1–6.

Lk 13,18–21

18 Er sagte: Wem ist das Reich Gottes ähn-
lich, womit soll ich es vergleichen?
19 Es ist wie ein Senfkorn, das ein Mann in
seinem Garten in die Erde steckte;
es wuchs und wurde zu einem BAUM, und DIE
VÖGEL DES HIMMELS NISTETEN IN SEINEN
ZWEIGEN.

20 Außerdem sagte er: Womit soll ich das
Reich Gottes vergleichen? 21 Es ist wie der
Sauerteig, den eine Frau unter einen großen
Trog Mehl mischte, bis das Ganze durch-
säuert war.

19: Dan 4,8f.18; Ez 17,23 / 21: 1Kor 5,6; Gal 5,9.

13,21 Vgl. die Anmerkung zu Mt 13,33.

Lk 13,22–30

22 Auf seinem Weg nach Jerusalem zog er
von Stadt zu Stadt und von Dorf zu Dorf und

dahin ist breit, und viele gehen auf ihm.
14 *Aber das Tor, das zum Leben führt, ist eng, und der Weg dahin ist schmal, und nur wenige finden ihn.*
25,10 *Während sie noch unterwegs waren, um das Öl zu kaufen, kam der Bräutigam; die Jungfrauen, die bereit waren, gingen mit ihm in den Hochzeitssaal, und die Tür wurde zugeschlossen.*
11 *Später kamen auch die anderen Jungfrauen und riefen: Herr, Herr, mach uns auf!*
12 *Er aber antwortete ihnen: Amen, ich sage euch: Ich kenne euch nicht.*
7,22 *Viele werden an jenem Tag zu mir sagen: Herr, Herr, sind wir nicht in deinem Namen als Propheten aufgetreten, und haben wir nicht mit deinem Namen Dämonen ausgetrieben und mit deinem Namen viele Wunder vollbracht?*
23 *Dann werde ich ihnen antworten: Ich kenne euch nicht. »Weg von mir, ihr Übertreter des Gesetzes!«*

8,11 *Ich sage euch: Viele werden von Osten und Westen kommen und mit Abraham, Isaak und Jakob im Himmelreich zu Tisch sitzen;*
12 *die aber, für die das Reich bestimmt war, werden hinausgeworfen in die äußerste Finsternis; dort werden sie heulen und mit den Zähnen knirschen.*
19,30 *Viele aber, die jetzt die Ersten sind, werden dann die Letzten sein, und die Letzten werden die Ersten sein.*
20,16 *So werden die Letzten die Ersten sein und die Ersten die Letzten.*

31 *Viele aber, die jetzt die Ersten sind, werden dann die Letzten sein, und die Letzten werden die Ersten sein.*

163. Der Abschied von Galiläa

Lk 13,23–33

lehrte. 23 Da fragte ihn einer: Herr, sind es
nur wenige, die gerettet werden? Er sagte zu
ihnen: 24 Bemüht euch mit allen Kräften,
durch die enge Tür zu gelangen; denn viele,
sage ich euch, werden versuchen hineinzu-
kommen, aber es wird ihnen nicht gelingen.

25 Wenn der Herr des Hauses aufsteht und
die Tür verschließt, dann steht ihr draußen,
klopft an die Tür und ruft: Herr, mach uns
auf! Er aber wird euch antworten: Ich weiß
nicht, woher ihr seid. 26 Dann werdet ihr sa-
gen: Wir haben doch mit dir gegessen und ge-
trunken, und du hast auf unseren Straßen ge-
lehrt.

27 Er aber wird erwidern: Ich sage euch, ich
weiß nicht, woher ihr seid. WEG VON MIR, IHR
HABT ALLE UNRECHT GETAN! 28 Da werdet ihr
heulen und mit den Zähnen knirschen, wenn
ihr seht, daß Abraham, Isaak und Jakob und
alle Propheten im Reich Gottes sind, ihr
selbst aber ausgeschlossen seid.
29 Und man wird von Osten und Westen und
von Norden und Süden kommen und im
Reich Gottes zu Tisch sitzen.

30 Dann werden manche von den Letzten die
Ersten sein und manche von den Ersten die
Letzten.

27: Ps 6,9.

Lk 13,31–33

31 Zu dieser Zeit kamen einige Pharisäer zu
ihm und sagten: Geh weg, verlaß dieses Ge-
biet, denn Herodes will dich töten. 32 Er ant-
wortete ihnen: Geht und sagt diesem Fuchs:
Ich treibe Dämonen aus und heile Kranke,
heute und morgen, und am dritten Tag werde
ich mein Werk vollenden. 33 Doch heute und
morgen und am folgenden Tag muß ich wei-
terwandern; denn ein Prophet darf nir-
gendwo anders als in Jerusalem umkommen.

13,32 werde ich mein Werk vollenden, wörtlich: werde ich vollendet sein. Andere Übersetzungsmöglichkeit: werde ich am Ziel (meines Weges) sein.

164. Wehklage über Jerusalem

Mt 23,37–39 (vgl. Nr. 208)

37 *Jerusalem, Jerusalem, du tötest die Propheten und steinigst die Boten, die zu dir gesandt sind. Wie oft wollte ich deine Kinder um mich sammeln, so wie eine Henne ihre Küken unter ihre Flügel nimmt; aber ihr habt nicht gewollt.*

38 *Darum wird euer Haus (von Gott) verlassen.* 39 *Und ich sage euch: Von jetzt an werdet ihr mich nicht mehr sehen, bis ihr ruft: »Gesegnet sei er, der kommt im Namen des Herrn!«*

165. Die Heilung eines Wassersüchtigen am Sabbat

166. Mahnung zur Bescheidenheit

Lk 13,34–35

34 Jerusalem, Jerusalem, du tötest die Pro-
pheten und steinigst die Boten, die zu dir ge-
sandt sind. Wie oft wollte ich deine Kinder
um mich sammeln, so wie eine Henne ihre
Küken unter ihre Flügel nimmt; aber ihr habt
nicht gewollt.
35 Darum wird euer Haus (von Gott) verlas-
sen. Ich sage euch: Ihr werdet mich nicht
mehr sehen, bis die Zeit kommt, in der ihr
ruft: GESEGNET SEI ER, DER KOMMT IM NAMEN
DES HERRN!

35: Jer 12,7; 22,5; Ps 69,26; 118,26; Mt 21,9; Mk 11,9.

13,35 Wörtlich: Darum wird euch euer Haus überlassen.

Lk 14,1–6 (vgl. Nr. 68.160)

1 Als Jesus an einem Sabbat in das Haus eines
führenden Pharisäers zum Essen kam, beob-
achtete man ihn genau. 2 Da stand auf einmal
ein Mann vor ihm, der an Wassersucht litt.
3 Jesus wandte sich an die Gesetzeslehrer und
die Pharisäer und fragte: Ist es am Sabbat er-
laubt zu heilen, oder nicht? 4 Sie schwiegen.
Da berührte er den Mann, heilte ihn und ließ
ihn gehen. 5 Zu ihnen aber sagte er: Wer von
euch wird seinen Sohn oder seinen Ochsen,
der in den Brunnen fällt, nicht sofort heraus-
ziehen, auch am Sabbat? 6 Darauf konnten
sie ihm nichts erwidern.

14,5 seinen Sohn, andere Lesart: seinen Esel.

Lk 14,7–14

7 Als er bemerkte, wie sich die Gäste die Eh-
renplätze aussuchten, nahm er das zum An-
laß, ihnen eine Lehre zu erteilen. Er sagte zu
ihnen: 8 Wenn du zu einer Hochzeit eingela-
den bist, such dir nicht den Ehrenplatz aus.
Denn es könnte ein anderer eingeladen sein,
der vornehmer ist als du, 9 und dann würde
der Gastgeber, der dich und ihn eingeladen
hat, kommen und zu dir sagen: Mach diesem
hier Platz! Du aber wärst beschämt und müß-
test den untersten Platz einnehmen. 10 Wenn

Zu Lk 14,8–10 (eine bis ins 2. Jh. zurückgehende Tradition fügt Mt 20,28 folgendes hinzu): Ihr aber sucht, vom Kleinen her groß zu werden und vom Größeren her gering zu sein. Geht ihr aber in ein Haus und seid zum Essen eingeladen, so setzt euch nicht auf die besten Plätze, damit nicht einer, der vornehmer ist als du, hereinkommt und der Gastgeber herantritt und sagt: Rücke weiter hinunter! und du beschämt wirst. Setzt du dich aber auf den unteren Platz und einer kommt, der geringer als du ist, dann wird der Gastgeber zu dir sagen: Rücke weiter herauf, und das wird dir nützlich sein.

166a. Von den rechten Gästen

167. Das Gleichnis vom Festmahl

Mt 22,1–10 (vgl. Nr. 202)

1 *Jesus erzählte ihnen noch ein anderes*
Gleichnis: 2 *Mit dem Himmelreich ist es wie*
mit einem König, der die Hochzeit seines
Sohnes vorbereitete. 3 *Er schickte seine Die-*
ner, um die eingeladenen Gäste zur Hochzeit
rufen zu lassen. Sie aber wollten nicht kom-
men. 4 *Da schickte er noch einmal Diener und*
trug ihnen auf: Sagt den Eingeladenen: Mein
Mahl ist fertig, die Ochsen und das Mastvieh
sind geschlachtet, alles ist bereit. Kommt zur
Hochzeit! 5 *Sie aber kümmerten sich nicht*
darum, sondern der eine ging auf seinen Ak-
ker, der andere in seinen Laden, 6 *wieder an-*
dere fielen über seine Diener her, mißhandel-
ten sie und brachten sie um.

du also eingeladen bist, setz dich lieber, wenn du hinkommst, auf den untersten Platz; dann wird der Gastgeber zu dir kommen und sagen: Mein Freund, rück weiter hinauf! Das wird für dich eine Ehre sein vor allen anderen Gästen. [11] Denn wer sich selbst erhöht, wird erniedrigt, und wer sich selbst erniedrigt, wird erhöht werden.

7: 20,46; Mt 23,6 / 11: 18,14; Mt 23,12.

Lk 14,12–14

[12] Dann sagte er zu dem Gastgeber: Wenn du mittags oder abends ein Essen gibst, so lade nicht deine Freunde oder deine Brüder, deine Verwandten oder reiche Nachbarn ein; sonst laden auch sie dich ein, und damit ist dir wieder alles vergolten. [13] Nein, wenn du ein Essen gibst, dann lade Arme, Krüppel, Lahme und Blinde ein. [14] Du wirst selig sein, denn sie können es dir nicht vergelten; es wird dir vergolten werden bei der Auferstehung der Gerechten.

Lk 14,15–24

[15] Als einer der Gäste das hörte, sagte er zu Jesus: Selig, wer im Reich Gottes am Mahl teilnehmen darf. [16] Jesus sagte zu ihm: Ein Mann veranstaltete ein großes Festmahl und lud viele dazu ein. [17] Als das Fest beginnen sollte, schickte er seinen Diener und ließ den Gästen, die er eingeladen hatte, sagen: Kommt, es steht alles bereit! [18] Aber einer nach dem andern ließ sich entschuldigen. Der erste ließ ihm sagen: Ich habe einen Akker gekauft und muß jetzt gehen und ihn besichtigen. Bitte, entschuldige mich! [19] Ein anderer sagte: Ich habe fünf Ochsengespanne gekauft und bin auf dem Weg, sie mir genauer anzusehen. Bitte, entschuldige mich! [20] Wieder ein anderer sagte: Ich habe geheiratet und kann deshalb nicht kommen. [21] Der Diener kehrte zurück und berichtete alles seinem Herrn.

[7] *Da wurde der König zornig; er schickte sein Heer, ließ die Mörder töten und ihre Stadt in Schutt und Asche legen.* [8] *Dann sagte er zu seinen Dienern: Das Hochzeitsmahl ist vorbereitet, aber die Gäste waren es nicht wert (eingeladen zu werden).* [9] *Geht also hinaus auf die Straßen und ladet alle, die ihr trefft, zur Hochzeit ein.* [10] *Die Diener gingen auf die Straßen hinaus und holten alle zusammen, die sie trafen, Böse und Gute, und der Festsaal füllte sich mit Gästen.*

168. Vom Ernst der Nachfolge

Mt 10,37–38; 5,13 (vgl. Nr. 60.19)

Mk 9,50 (vgl. Nr. 129)

[10,37] *Wer Vater oder Mutter mehr liebt als mich, ist meiner nicht würdig, und wer Sohn oder Tochter mehr liebt als mich, ist meiner nicht würdig.* [38] *Und wer nicht sein Kreuz auf sich nimmt und mir nachfolgt, ist meiner nicht würdig.*

[5,13] *Ihr seid das Salz der Erde. Wenn das Salz seinen Geschmack verliert, womit kann man es wieder salzig machen? Es taugt zu nichts mehr; es wird weggeworfen und von den Leuten zertreten.*

[50] *Das Salz ist etwas Gutes. Wenn das Salz die Kraft zum Salzen verliert, womit wollt ihr ihm seine Würze wiedergeben? Habt Salz in euch, und haltet Frieden untereinander!*

Zu Lk 14,26f Thomasevangelium Logion 55: Wer nicht seinen Vater und seine Mutter haßt, wird nicht mein Jünger sein können. Wer nicht seine Brüder und Schwestern haßt und nicht sein Kreuz trägt wie ich, wird meiner nicht würdig sein.

Da wurde der Herr zornig und sagte zu sei-
nem Diener: Geh schnell auf die Straßen und
Gassen der Stadt und hol die Armen und die
Krüppel, die Blinden und die Lahmen her-
bei. 22 Bald darauf meldete der Diener: Herr,
dein Auftrag ist ausgeführt; aber es ist immer
noch Platz. 23 Da sagte der Herr zu dem Die-
ner: Dann geh auf die Landstraßen und vor
die Stadt hinaus und nötige die Leute zu
kommen, damit mein Haus voll wird. 24 Das
aber sage ich euch: Keiner von denen, die
eingeladen waren, wird an meinem Mahl
teilnehmen.

Zu Lk 14,15ff Thomasevangelium Logion 64, vgl. Nr. 202.

Lk 14,25–35

25 Viele Menschen begleiteten ihn; da
wandte er sich an sie und sagte: 26 Wenn je-
mand zu mir kommt und nicht Vater und
Mutter, Frau und Kinder, Brüder und
Schwestern, ja sogar sein Leben gering ach-
tet, dann kann er nicht mein Jünger sein.
27 Wer nicht sein Kreuz trägt und mir nach-
folgt, der kann nicht mein Jünger sein.
28 Wenn einer von euch einen Turm bauen
will, setzt er sich dann nicht zuerst hin und
rechnet, ob seine Mittel für das ganze Vor-
haben ausreichen? 29 Sonst könnte es ge-
schehen, daß er das Fundament gelegt hat,
dann aber den Bau nicht fertigstellen kann.
Und alle, die es sehen, würden ihn verspotten
30 und sagen: Der da hat einen Bau begonnen
und konnte ihn nicht zu Ende führen.
31 Oder wenn ein König gegen einen anderen
in den Krieg zieht, setzt er sich dann nicht zu-
erst hin und überlegt, ob er sich mit seinen
zehntausend Mann dem entgegenstellen
kann, der mit zwanzigtausend gegen ihn an-
rückt? 32 Kann er es nicht, dann schickt er
eine Gesandtschaft, solange der andere noch
weit weg ist, und bittet um Frieden.
33 Darum kann keiner von euch mein Jünger
sein, wenn er nicht auf seinen ganzen Besitz
verzichtet.
34 Das Salz ist etwas Gutes. Wenn aber das
Salz seinen Geschmack verliert, womit kann
man ihm die Würze wiedergeben? 35 Es taugt
weder für den Acker noch für den Misthau-
fen, man wirft es weg. Wer Ohren hat zum
Hören, der höre!

27: 9,23; Mt 16,24; Mk 8,34 / 35: Mt 11,15.

169. Die Gleichnisse vom verlorenen Schaf und von der verlorenen Drachme

Mt 18,12–14 (vgl. Nr. 130)

[12] *Was meint ihr? Wenn jemand hundert Schafe hat und eines von ihnen sich verirrt, läßt er dann nicht die neunundneunzig auf den Bergen zurück und sucht das verirrte?* [13] *Und wenn er es findet – amen, ich sage euch: er freut sich über dieses eine mehr als über die neunundneunzig, die sich nicht verirrt haben.*

[14] *So will auch euer himmlischer Vater nicht, daß einer von diesen Kleinen verlorengeht.*

Zu Lk 15,4–6 Thomasevangelium Logion 107: Das Reich ist gleich einem Hirten, der 100 Schafe hat. Eins von ihnen, das größte, verlief sich. Er ließ die 99 zurück und suchte nach diesem einen, bis er es fand. Als er sich abgemüht hatte, sagte er zu dem Schaf: Ich liebe dich mehr als die 99!

170. Das Gleichnis vom verlorenen Sohn

Lk 15,1–10

1 Alle Zöllner und Sünder kamen zu ihm, um
ihn zu hören. 2 Die Pharisäer und die Schrift-
gelehrten empörten sich darüber und sagten:
Er gibt sich mit Sündern ab und ißt sogar mit
ihnen.
3 Da erzählte er ihnen ein Gleichnis und sag-
te: 4 Wenn einer von euch hundert Schafe hat
und eines davon verliert, läßt er dann nicht
die neunundneunzig in der Steppe zurück
und geht dem verlorenen nach, bis er es fin-
det? 5 Und wenn er es gefunden hat, nimmt er
es voll Freude auf die Schultern, 6 und wenn
er nach Hause kommt, ruft er seine Freunde
und Nachbarn zusammen und sagt zu ihnen:
Freut euch mit mir; ich habe mein Schaf wie-
dergefunden, das verloren war. 7 Ich sage
euch: Ebenso wird auch im Himmel mehr
Freude herrschen über einen einzigen Sün-
der, der umkehrt, als über neunundneunzig
Gerechte, die es nicht nötig haben umzu-
kehren.
8 Oder wenn eine Frau zehn Drachmen hat
und eine davon verliert, zündet sie dann nicht
eine Lampe an, fegt das ganze Haus und
sucht unermüdlich, bis sie das Geldstück fin-
det? 9 Und wenn sie es gefunden hat, ruft sie
ihre Freundinnen und Nachbarinnen zu-
sammen und sagt: Freut euch mit mir; ich
habe die Drachme wiedergefunden, die ich
verloren hatte. 10 Ich sage euch: Ebenso
herrscht auch bei den Engeln Gottes Freude
über einen einzigen Sünder, der umkehrt.

1: 5,29f; 7,34; 19,7; Mt 9,10f; Mk 2,15f / 3–7: Joh 10,11–15.

Lk 15,11–32

11 Weiter sagte Jesus: Ein Mann hatte zwei
Söhne. 12 Der jüngere von ihnen sagte zu sei-
nem Vater: Vater, gib mir das Erbteil, das
mir zusteht. Da teilte der Vater das Vermö-
gen auf. 13 Nach wenigen Tagen packte der
jüngere Sohn alles zusammen und zog in ein
fernes Land. Dort führte er ein zügelloses
Leben und verschleuderte sein Vermögen.
14 Als er alles durchgebracht hatte, kam eine
große Hungersnot über das Land, und es ging
ihm sehr schlecht. 15 Da ging er zu einem
Bürger des Landes und drängte sich ihm auf;

Zu Lk 15,31.32 Hebräerevangelium (Hieronymus, Kom. zu Eph 5,4): Wie wir im Hebräerevangelium gelesen haben, sagt der Herr zu seinen Jüngern: Und niemals sollt ihr fröhlich sein, wenn ihr nicht auf euren Bruder in Liebe blickt.

der schickte ihn aufs Feld zum Schweinehü-
ten. 16 Er hätte gern seinen Hunger mit den
Futterschoten gestillt, die die Schweine fra-
ßen; aber niemand gab ihm davon. 17 Da ging
er in sich und sagte: Wie viele Tagelöhner
meines Vaters haben mehr als genug zu es-
sen, und ich komme hier vor Hunger um.
18 Ich will aufbrechen und zu meinem Vater
gehen und zu ihm sagen: Vater, ich habe
mich gegen den Himmel und gegen dich ver-
sündigt. 19 Ich bin nicht mehr wert, dein Sohn
zu sein; mach mich zu einem deiner Tagelöh-
ner. 20 Dann brach er auf und ging zu seinem
Vater. Der Vater sah ihn schon von weitem
kommen, und er hatte Mitleid mit ihm. Er
lief dem Sohn entgegen, fiel ihm um den Hals
und küßte ihn. 21 Da sagte der Sohn: Vater,
ich habe mich gegen den Himmel und gegen
dich versündigt; ich bin nicht mehr wert, dein
Sohn zu sein. 22 Der Vater aber sagte zu sei-
nen Knechten: Holt schnell das beste Ge-
wand, und zieht es ihm an, steckt ihm einen
Ring an die Hand, und zieht ihm Schuhe an.
23 Bringt das Mastkalb her, und schlachtet es;
wir wollen essen und fröhlich sein. 24 Denn
mein Sohn war tot und lebt wieder; er war
verloren und ist wiedergefunden worden.
Und sie begannen, ein fröhliches Fest zu
feiern.
25 Sein älterer Sohn war unterdessen auf dem
Feld. Als er heimging und in die Nähe des
Hauses kam, hörte er Musik und Tanz. 26 Da
rief er einen der Knechte und fragte, was das
bedeuten solle. 27 Der Knecht antwortete:
Dein Bruder ist gekommen, und dein Vater
hat das Mastkalb schlachten lassen, weil er
ihn heil und gesund wiederbekommen hat.
28 Da wurde er zornig und wollte nicht hin-
eingehen. Sein Vater aber kam heraus und
redete ihm gut zu. 29 Doch er erwiderte dem
Vater: So viele Jahre schon diene ich dir, und
nie habe ich gegen deinen Willen gehandelt;
mir aber hast du nie auch nur einen Ziegen-
bock geschenkt, damit ich mit meinen
Freunden ein Fest feiern konnte. 30 Kaum
aber ist der hier gekommen, dein Sohn, der
dein Vermögen mit Dirnen durchgebracht
hat, da hast du für ihn das Mastkalb ge-
schlachtet. 31 Der Vater antwortete ihm:
Mein Kind, du bist immer bei mir, und alles,
was mein ist, ist auch dein. 32 Aber jetzt müs-
sen wir uns doch freuen und ein Fest feiern;
denn dein Bruder war tot und lebt wieder;
er war verloren und ist wiedergefunden
worden.

11: Mt 21,28.

Zu Lk 15,12 Das Erbteil schon zu Lebzeiten des Vaters zu fordern, war erlaubt, galt aber als unschicklich.

Zu Lk 15,21 Am Schluß des Verses fügen manche Textzeugen hinzu: Mach mich zu einem deiner Tagelöhner. Vgl. Vers 19.

171. Das Gleichnis vom klugen Verwalter. Vom rechten Gebrauch des Reichtums

Mt 6,24 (vgl. Nr. 33)

24 *Niemand kann zwei Herren dienen; er wird entweder den einen hassen und den andern lieben, oder er wird zu dem einen halten und den andern verachten. Ihr könnt nicht beiden dienen, Gott und dem Mammon.*

Zu Lk 16,10–12 2. Clemens 8,5f: Denn der Herr sagt im Evangelium: Wenn ihr das Geringe verliert, wer wird euch das Große geben? Denn ich sage euch: Wer im Geringsten treu ist, ist auch in Vielem treu. Das bedeutet: Bewahrt das Fleisch rein und das Siegel unbefleckt, damit wir das ewige Leben empfangen.

Zu Lk 16,13 2. Clemens 6,1: Der Herr aber sagt: Kein Knecht kann zwei Herren dienen. Wenn wir Gott und dem Mammon dienen wollen, ist das uns nichts nütze.

Lk 16,1–13

1 Jesus sagte zu den Jüngern: Ein reicher
Mann hatte einen Verwalter. Diesen be-
schuldigte man bei ihm, er verschleudere sein
Vermögen. 2 Darauf ließ er ihn rufen und
sagte zu ihm: Was höre ich über dich? Leg
Rechenschaft ab über deine Verwaltung! Du
kannst nicht länger mein Verwalter sein. 3 Da
überlegte der Verwalter: Mein Herr entzieht
mir die Verwaltung. Was soll ich jetzt tun?
Zu schwerer Arbeit tauge ich nicht, und zu
betteln schäme ich mich. 4 Doch – ich weiß,
was ich tun muß, damit mich die Leute in ihre
Häuser aufnehmen, wenn ich als Verwalter
abgesetzt bin. 5 Und er ließ die Schuldner
seines Herrn, einen nach dem andern, zu sich
kommen und fragte den ersten: Wieviel bist
du meinem Herrn schuldig? 6 Er antwortete:
Hundert Faß Öl. Da sagte er zu ihm: Nimm
deinen Schuldschein, setz dich gleich hin,
und schreib »fünfzig«. 7 Dann fragte er einen
andern: Wieviel bist du schuldig? Der ant-
wortete: Hundert Sack Weizen. Da sagte er
zu ihm: Nimm deinen Schuldschein, und
schreib »achtzig«.
8 Und der Herr lobte die Klugheit des unehr-
lichen Verwalters und sagte: Die Kinder die-
ser Welt sind im Umgang mit ihresgleichen
klüger als die Kinder des Lichtes.
9 Ich sage euch: Macht euch Freunde mit
Hilfe des ungerechten Mammons, damit ihr
in die ewigen Wohnungen aufgenommen
werdet, wenn es (mit euch) zu Ende geht.
10 Wer in den kleinsten Dingen zuverlässig
ist, der ist es auch in den großen, und wer bei
den kleinsten Dingen Unrecht tut, der tut es
auch bei den großen. 11 Wenn ihr im Umgang
mit dem ungerechten Reichtum nicht zuver-
lässig gewesen seid, wer wird euch dann das
wahre Gut anvertrauen?
12 Und wenn ihr im Umgang mit dem frem-
den Gut nicht zuverlässig gewesen seid, wer
wird euch dann euer (wahres) Eigentum
geben?
13 Kein Sklave kann zwei Herren dienen; er
wird entweder den einen hassen und den an-
dern lieben, oder er wird zu dem einen halten
und den andern verachten. Ihr könnt nicht
beiden dienen, Gott und dem Mammon.

10: 19,17; Mt 25,21.

16,6 Faß, wörtlich: Bat. Ein Bat sind etwa vierzig Liter.

16,7 Sack, wörtlich: Kor. Ein Kor sind etwa vierhundert Liter.

Zu Lk 16,9.11.13 Der ursprüngliche Sinn des hebräischen und aramäischen Wortes »Mammon« ist umstritten, vielleicht: das, worauf jemand vertraut, oder: das Sichergestellte, Gesicherte. Es wurde dann zur allgemeinen Bezeichnung für Besitz und Geld. Im Neuen Testament wird es Mt 6,24; Lk 16,9.11.13 im abwertenden Sinn für die dämonische Macht des Besitzes gebraucht.

Zu Lk 16,9 Andere Übersetzungsmöglichkeit: wenn es (mit dem Reichtum) zu Ende geht (das heißt: wenn ihr nichts mehr habt).

Zu Lk 16,12 Manche Textzeugen haben: wer wird euch dann unser Eigentum geben?

172. Das Urteil Jesu über die Pharisäer

173. Vom Gesetz und von der Ehescheidung

Mt 11,12–13; 5,18.32 (vgl. Nr. 63.20.23)

[11,12]*Seit den Tagen Johannes' des Täufers bis heute wird dem Himmelreich Gewalt angetan; die Gewalttätigen reißen es an sich.* [13]*Denn bis hin zu Johannes haben alle Propheten und das Gesetz (über diese Dinge) geweissagt.*
[5,18]*Amen, das sage ich euch: Bis Himmel und Erde vergehen, wird auch nicht der kleinste Buchstabe des Gesetzes vergehen, bevor nicht alles geschehen ist.*
[5,32]*Ich aber sage euch: Wer seine Frau entläßt, obwohl kein Fall von Unzucht vorliegt, liefert sie dem Ehebruch aus; und wer eine Frau heiratet, die aus der Ehe entlassen worden ist, begeht Ehebruch.*

Mk 10,11–12 (vgl. Nr. 184)

[11]*Er antwortete ihnen: Wer seine Frau aus der Ehe entläßt und eine andere heiratet, begeht ihr gegenüber Ehebruch.* [12]*Auch eine Frau begeht Ehebruch, wenn sie ihren Mann aus der Ehe entläßt und einen anderen heiratet.*

174. Das Beispiel vom reichen Mann und vom armen Lazarus

Lk 16,14–15

14 Das alles hörten auch die Pharisäer, die sehr am Geld hingen, und sie lachten über ihn. 15 Da sagte er zu ihnen: Ihr redet den Leuten ein, daß ihr gerecht seid; aber Gott kennt euer Herz. Denn was die Menschen für großartig halten, das ist in den Augen Gottes ein Greuel.

15: Mt 23,28.

Lk 16,16–18

16 Bis zu Johannes hatte man nur das Gesetz und die Propheten. Seitdem wird das Evangelium vom Reich Gottes verkündet, und alle drängen sich danach, hineinzukommen.

17 Aber eher werden Himmel und Erde vergehen, als daß auch nur der kleinste Buchstabe im Gesetz wegfällt.

18 Wer seine Frau aus der Ehe entläßt und eine andere heiratet, begeht Ehebruch; auch wer eine Frau heiratet, die von ihrem Mann aus der Ehe entlassen worden ist, begeht Ehebruch.

18: 1Kor 7,10f.

16,16 Andere Übersetzungsmöglichkeit: und alle wollen mit Gewalt hineinkommen.

16,17 nur der kleinste Buchstabe, wörtlich: nur ein kleiner Strich (an einem Buchstaben).

(Mt 19,9) (vgl. Nr. 184)

9 Ich sage euch: Wer seine Frau entläßt, obwohl kein Fall von Unzucht vorliegt, und eine andere heiratet, der begeht Ehebruch.

Lk 16,19–31

19 Es war einmal ein reicher Mann, der sich in Purpur und feines Leinen kleidete und Tag für Tag herrlich und in Freuden lebte. 20 Vor der Tür des Reichen aber lag ein armer Mann namens Lazarus, dessen Leib voller Geschwüre war. 21 Er hätte gern seinen Hunger mit dem gestillt, was vom Tisch des Reichen

175. Warnung vor der Verführung

Mt 18,6–7 (vgl. Nr. 128)

6 *Wer einen von diesen Kleinen, die an mich glauben, zum Bösen verführt, für den wäre es besser, wenn er mit einem Mühlstein um den Hals im tiefen Meer versenkt würde.* 7 *Wehe der Welt mit ihrer Verführung! Es muß zwar Verführung geben; doch wehe dem Menschen, der sie verschuldet.*

Mk 9,42 (vgl. Nr. 128)

42 *Wer einen von diesen Kleinen, die an mich glauben, zum Bösen verführt, für den wäre es besser, wenn er mit einem Mühlstein um den Hals ins Meer geworfen würde.*

herunterfiel. Statt dessen kamen die Hunde
und leckten an seinen Geschwüren. 22 Als
nun der Arme starb, wurde er von den En-
geln in Abrahams Schoß getragen. Auch der
Reiche starb und wurde begraben. 23 In der
Unterwelt, wo er qualvolle Schmerzen litt,
blickte er auf und sah von weitem Abraham,
und Lazarus in seinem Schoß. 24 Da rief er:
Vater Abraham, hab Erbarmen mit mir, und
schick Lazarus zu mir; er soll wenigstens die
Spitze seines Fingers ins Wasser tauchen und
mir die Zunge kühlen, denn ich leide große
Qual in diesem Feuer. 25 Abraham erwider-
te: Mein Kind, denk daran, daß du schon zu
Lebzeiten deinen Anteil am Guten erhalten
hast, Lazarus aber nur Schlechtes. Jetzt wird
er dafür getröstet, du aber mußt leiden.
26 Außerdem ist zwischen uns und euch ein
tiefer, unüberwindlicher Abgrund, so daß
niemand von hier zu euch oder von dort zu
uns kommen kann, selbst wenn er wollte.
27 Da sagte der Reiche: Dann bitte ich dich,
Vater, schick ihn in das Haus meines Vaters!
28 Denn ich habe noch fünf Brüder. Er soll sie
warnen, damit nicht auch sie an diesen Ort
der Qual kommen. 29 Abraham aber sagte:
Sie haben Mose und die Propheten, auf die
sollen sie hören. 30 Er erwiderte: Nein, Vater
Abraham, nur wenn einer von den Toten zu
ihnen kommt, werden sie umkehren. 31 Dar-
auf sagte Abraham: Wenn sie auf Mose und
die Propheten nicht hören, werden sie sich
auch nicht überzeugen lassen, wenn einer
von den Toten aufersteht.

16,20 Lazarus (hebräische Namensform: Eleasar), bedeutet »Gotthilf«.

16,23 Zu »Unterwelt« vgl. die Anmerkung zu Mt 16,18. – Die Unterwelt ist in verschiedene Räume aufgeteilt, wo die Guten (Abraham, Lazarus) und die Bösen (der reiche Mann) auf das Endgericht warten. – Abraham galt als der Vater Israels, besonders der Frommen.

Lk 17,1–2

1 Er sagte zu seinen Jüngern: Es ist unver-
meidlich, daß Verführungen kommen. Aber
wehe dem, der sie verschuldet. 2 Es wäre bes-
ser für ihn, man würde ihn mit einem Mühl-
stein um den Hals ins Meer werfen, als daß er
einen von diesen Kleinen zum Bösen ver-
führt. 3a Seht euch vor!

17,2 Vgl. die Anmerkung zu Mt 18,6.

176. Von der Pflicht zur Vergebung

Mt 18,15.21–22 (vgl. Nr. 131.132)

15 *Wenn dein Bruder sündigt, dann geh zu ihm und weise ihn unter vier Augen zurecht. Hört er auf dich, so hast du deinen Bruder zurückgewonnen.*
21 *Da trat Petrus zu ihm und fragte: Herr, wie oft muß ich meinem Bruder vergeben, wenn er sich gegen mich versündigt? Siebenmal?* 22 *Jesus sagte zu ihm: Nicht »siebenmal«, sondern »siebenundsiebzigmal«.*

177. Von der Macht des Glaubens

Mt 17,20 (vgl. Nr. 123)

20 *Er antwortete: Weil euer Glaube so klein ist. Amen, das sage ich euch: Wenn euer Glaube auch nur so groß ist wie ein Senfkorn, dann werdet ihr zu diesem Berg sagen: Rück von hier nach dort!, und er wird wegrücken. Nichts wird euch unmöglich sein.*

Zu Lk 17,5–6 Thomasevangelium Logion 48: Wenn zwei miteinander Frieden schließen in einem Hause, werden sie zum Berge sagen: Hebe dich weg! Und er wird sich wegheben.

178. Das Gleichnis vom unnützen Sklaven

Lk 17,3b–10

Lk 17,3b–4

3b Wenn dein Bruder sündigt, weise ihn zurecht; und wenn er sich ändert, vergib ihm.

4 Und wenn er sich siebenmal am Tag gegen dich versündigt und siebenmal wieder zu dir kommt und sagt: Ich will mich ändern!, so sollst du ihm vergeben.

3: Lev 19,17.

Zu Lk 17,3 Didache 15,3 vgl. Nr. 132.

Zu Lk 17,4 Nazaräerevangelium, vgl. Nr. 132.

Lk 17,5–6

5 Die Apostel baten den Herrn: Stärke unseren Glauben! 6 Der Herr erwiderte: Wenn euer Glaube auch nur so groß wäre wie ein Senfkorn, würdet ihr zu dem Maulbeerbaum hier sagen: Heb dich samt deinen Wurzeln aus dem Boden, und verpflanz dich ins Meer!, und er würde euch gehorchen.

6: Mt 21,21; Mk 11,23.

Lk 17,7–10

7 Wenn einer von euch einen Sklaven hat, der pflügt oder das Vieh hütet, wird er etwa zu ihm, wenn er vom Feld kommt, sagen: Nimm gleich Platz zum Essen? 8 Wird er nicht vielmehr zu ihm sagen: Mach mir etwas zu essen, gürte dich, und bediene mich; wenn ich gegessen und getrunken habe, kannst auch du essen und trinken. 9 Bedankt er sich etwa bei dem Sklaven, weil er getan hat, was ihm befohlen wurde? 10 So soll es auch bei euch sein: Wenn ihr alles getan habt, was euch befohlen wurde, sollt ihr sagen: Wir sind unnütze Sklaven; wir haben nur unsere Schuldigkeit getan.

179. Der dankbare Samariter

180. Vom Kommen des Gottesreiches

Zu Lk 17,20f Thomasevangelium Logion 113: Seine Jünger fragten ihn: Wann wird das Reich kommen? – Es wird nicht kommen, wenn ihr danach ausschaut. Man wird auch nicht sagen: Siehe hier!, oder: dort! Denn das Reich des Vaters ist über die Erde ausgebreitet und die Menschen sehen es nicht.

Zu Lk 17,21 Papyrus Oxyrhynchos 654,3: . . . und das Reich der Himmel ist inwendig in euch, (und wer sich selbst) erkennt, wird dieses finden.

181. Vom Kommen des Menschensohnes

Mt 24,26–27.37–39.17–18; 16,25; 24,40–41.28
(vgl. Nr. 213.219.120)

Mk 8,35 (vgl. Nr. 120)

24,26 *Wenn sie also zu euch sagen: Seht, er ist draußen in der Wüste!, so geht nicht hinaus;*

Lk 17,11–19

[11]Auf dem Weg nach Jerusalem zog Jesus
durch das Grenzgebiet von Samarien und
Galiläa. [12]Als er in ein Dorf hineingehen
wollte, kamen ihm zehn Aussätzige entge-
gen. Sie blieben in der Ferne stehen [13]und
riefen: Jesus, Meister, hab Erbarmen mit
uns! [14]Als er sie sah, sagte er zu ihnen: Geht,
ZEIGT EUCH DEN PRIESTERN! Und während sie
zu den Priestern gingen, wurden sie rein.
[15]Einer von ihnen aber kehrte um, als er sah,
daß er geheilt war; und er lobte Gott mit lau-
ter Stimme. [16]Er warf sich vor den Füßen
Jesu zu Boden und dankte ihm. Dieser Mann
war aus Samarien. [17]Da sagte Jesus: Es sind
doch alle zehn rein geworden. Wo sind die
übrigen neun? [18]Ist denn keiner umgekehrt,
um Gott zu ehren, außer diesem Fremden?
[19]Und er sagte zu ihm: Steh auf und geh!
Dein Glaube hat dir geholfen.

11: Mk 9,30 / 14: Lev 13,49; 14,2–32; Lk 5,14 / 19: 7,50; 8,48; 18,42; Mt 9,22; Mk 5,34; 10,52.

17,11–19 Vgl. die Anmerkung zu Mk 1,40.

Lk 17,20–21

[20]Als Jesus von den Pharisäern gefragt wur-
de, wann das Reich Gottes komme, antwor-
tete er: Das Reich Gottes kommt nicht so,
daß man es an äußeren Zeichen erkennen
könnte. [21]Man kann auch nicht sagen: Seht,
hier ist es!, oder: Dort ist es! Denn: Das
Reich Gottes ist (schon) mitten unter euch.

21: 11,20; Mt 12,28.

Zu Lk 17,21 Andere Übersetzungsmöglichkeiten: Das Reich Gottes ist (eines Tages plötzlich) unter euch da. Oder: Das Reich Gottes ist in euch. – Gegen die zweite Möglichkeit spricht, daß die Evangelien das Wirken Gottes im Innern des Menschen nicht als »Reich Gottes« bezeichnen.

Lk 17,22–37

Joh 12,25

[22]Er sagte zu den Jüngern: Es wird eine Zeit
kommen, in der ihr euch danach sehnt, auch
nur einen von den Tagen des Menschensoh-
nes zu erleben; aber ihr werdet ihn nicht er-
leben. [23]Und wenn man zu euch sagt: Dort

und wenn sie sagen: Seht, er ist im Haus!, so glaubt es nicht. [27]*Denn wie der Blitz bis zum Westen hin leuchtet, wenn er im Osten aufflammt, so wird es bei der Ankunft des Menschensohnes sein.*

[37]*Denn wie es in den Tagen des Noach war, so wird es bei der Ankunft des Menschensohnes sein.* [38]*Wie die Menschen in den Tagen vor der Flut aßen und tranken und heirateten, bis zu dem Tag, »an dem Noach in die Arche ging«,* [39]*und nichts ahnten, bis die Flut hereinbrach und alle wegraffte, so wird es auch bei der Ankunft des Menschensohnes sein.*

[17]*wer gerade auf dem Dach ist, soll nicht mehr ins Haus gehen, um seine Sachen mitzunehmen;* [18]*wer auf dem Feld ist, soll nicht zurückkehren, um seinen Mantel zu holen.*

[16,25]*Denn wer sein Leben retten will, wird es verlieren; wer aber sein Leben um meinetwillen verliert, wird es gewinnen.*

[35]*Denn wer sein Leben retten will, wird es verlieren; wer aber sein Leben um meinetwillen und um des Evangeliums willen verliert, wird es retten.*

[24,40]*Dann wird von zwei Männern, die auf dem Feld arbeiten, einer mitgenommen und einer zurückgelassen.* [41]*Und von zwei Frauen, die mit derselben Mühle mahlen, wird eine mitgenommen und eine zurückgelassen.*

[28]*Überall wo ein Aas ist, da sammeln sich die Geier.*

Zu Lk 17,31ff Clemens Alexandrinus (Exc. ex Theod. 2,2): Rette dich und dein Leben (oder: deine Seele)!

182. Das Gleichnis vom gottlosen Richter und der Witwe

ist er! Hier ist er!, so geht nicht hin, und lauft
nicht hinterher! 24 Denn wie der Blitz von ei-
nem Ende des Himmels bis zum andern
leuchtet, so wird der Menschensohn an sei-
nem Tag erscheinen. 25 Vorher aber muß er
vieles erleiden und von dieser Generation
verworfen werden. 26 Und wie es zur Zeit des
Noach war, so wird es auch in den Tagen des
Menschensohnes sein. 27 Die Menschen aßen
und tranken und heirateten bis zu dem Tag,
an dem NOACH IN DIE ARCHE GING; dann kam
die Flut und vernichtete alle. 28 Und es wird
ebenso sein, wie es zur Zeit des Lot war: Sie
aßen und tranken, kauften und verkauften,
pflanzten und bauten. 29 Aber an dem Tag,
als Lot Sodom verließ, REGNETE ES FEUER
UND SCHWEFEL VOM HIMMEL, und alle kamen
um. 30 Ebenso wird es an dem Tag sein, an
dem sich der Menschensohn offenbart.
31 Wer dann auf dem Dach ist und seine Sa-
chen im Haus hat, soll nicht hinabsteigen, um
sie zu holen, und wer auf dem Feld ist, soll
nicht zurückkehren. 32 Denkt an die Frau des
Lot!
33 Wer sein Leben zu bewahren sucht, wird es
verlieren; wer es dagegen verliert, wird es
gewinnen. 34 Ich sage euch:

Wer an seinem Leben hängt, verliert es; wer aber sein Leben in dieser Welt geringachtet, wird es bewahren bis ins ewige Leben.

Von zwei Männern, die in jener Nacht auf ei-
nem Bett liegen, wird der eine mitgenommen
und der andere zurückgelassen. 35 Von zwei
Frauen, die mit derselben Mühle Getreide
mahlen, wird die eine mitgenommen und die
andere zurückgelassen. [36] 37 Da fragten sie
ihn: Wo wird das geschehen, Herr? Er ant-
wortete: Wo ein Aas ist, da sammeln sich
auch die Geier.

22: 21,7–36 / 23: Mk 13,21 / 25: 9,22.44; 18,32 / 26: Gen 6,11–13; 7,7–23 / 27: Gen 7,7; 2Petr 2,5 / 28: Gen 18,20 / 29: Gen 19,15.23f; 2Petr 2,7 / 31: Mk 13,15f / 33: 9,24; Mt 10,39.

Zu Lk 17,36 Spätere Textzeugen fügen entsprechend Mt 24,40 hinzu: Wenn zwei Männer auf dem Feld sind, wird der eine mitgenommen und der andere zurückgelassen.

Lk 18,1–8

1 Jesus sagte ihnen durch ein Gleichnis, daß
sie allezeit beten und darin nicht nachlassen
sollten: 2 In einer Stadt lebte ein Richter, der
Gott nicht fürchtete und auf keinen Men-
schen Rücksicht nahm. 3 In der gleichen
Stadt lebte auch eine Witwe, die immer wie-
der zu ihm kam und sagte: Verschaff mir
Recht gegen meinen Feind! 4 Lange wollte er
nichts davon wissen. Dann aber sagte er sich:

183. Das Beispiel vom Pharisäer und vom Zöllner

Ich fürchte zwar Gott nicht und nehme auch
auf keinen Menschen Rücksicht; [5] trotzdem
will ich dieser Witwe zu ihrem Recht verhel-
fen, denn sie läßt mich nicht in Ruhe. Sonst
kommt sie am Ende noch und schlägt mich
ins Gesicht. [6] Und der Herr fügte hinzu: Be-
denkt, was der ungerechte Richter sagt.
[7] Sollte Gott seinen Auserwählten, die Tag
und Nacht zu ihm schreien, nicht zu ihrem
Recht verhelfen, sondern zögern? [8] Ich sage
euch: Er wird ihnen unverzüglich ihr Recht
verschaffen. Wird jedoch der Menschen-
sohn, wenn er kommt, auf der Erde (noch)
Glauben vorfinden?

18,7 sondern zögern, andere Übersetzungsmöglichkeit: während er ihnen geduldig zuhört.

Lk 18,9–14

[9] Einigen, die von ihrer eigenen Gerechtig-
keit überzeugt waren und die anderen ver-
achteten, erzählte Jesus dieses Beispiel:
[10] Zwei Männer gingen zum Tempel hinauf,
um zu beten; der eine war ein Pharisäer, der
andere ein Zöllner. [11] Der Pharisäer stellte
sich hin und sprach leise dieses Gebet: Gott,
ich danke dir, daß ich nicht wie die anderen
Menschen bin, die Räuber, Betrüger, Ehe-
brecher oder auch wie dieser Zöllner dort.
[12] Ich faste zweimal in der Woche und gebe
dem Tempel den zehnten Teil meines ganzen
Einkommens. [13] Der Zöllner aber blieb ganz
hinten stehen und wagte nicht einmal, seine
Augen zum Himmel zu erheben, sondern
schlug sich an die Brust und betete: Gott, sei
mir Sünder gnädig! [14] Ich sage euch: Dieser
kehrte als Gerechter nach Hause zurück, der
andere nicht. Denn wer sich selbst erhöht,
wird erniedrigt, wer sich aber selbst ernie-
drigt, wird erhöht werden.

12: Mt 23,23 / 13: Ps 51,3 / 14: 14,11; Mt 23,12.

D. Jesu Wirken in Judäa und in Jerusalem
(Mt 19–25; Mk 10–13; Lk 18,15–21,38)

1. Der Weg nach Jerusalem (Mt 19–20; Mk 10; Lk 18,15–19,27)

184. Von Ehescheidung und Ehelosigkeit

Mt 19,1–12

1 Als Jesus diese Reden beendet hatte, verließ er Galiläa und zog in das Gebiet von Judäa jenseits des Jordan. 2 Viele Menschen folgten ihm dorthin, und er heilte sie.
3 Da kamen Pharisäer zu ihm, die ihm eine Falle stellen wollten, und fragten: Darf man seine Frau aus jedem beliebigen Grund aus der Ehe entlassen?
7 Da sagten sie zu ihm: Wozu hat dann Mose vorgeschrieben, daß man (der Frau) eine »Scheidungsurkunde geben muß«, wenn man sich trennen will?

8 Er antwortete: Nur weil ihr so hartherzig seid, hat Mose euch erlaubt, eure Frauen aus der Ehe zu entlassen. Am Anfang war das nicht so.
4 Er antwortete: Habt ihr nicht gelesen, daß der Schöpfer die Menschen am Anfang als MANN UND FRAU GESCHAFFEN HAT 5 und daß er gesagt hat: DARUM WIRD DER MANN VATER UND MUTTER VERLASSEN UND SICH AN SEINE FRAU BINDEN, UND DIE ZWEI WERDEN EIN FLEISCH SEIN?
6 Sie sind also nicht mehr zwei, sondern eins. Was aber Gott verbunden hat, das darf der Mensch nicht trennen.
7 Da sagten sie zu ihm: Wozu hat dann Mose vorgeschrieben, daß man (der Frau) eine SCHEIDUNGSURKUNDE GEBEN MUSS, wenn man sich trennen will? 8 Er antwortete: Nur weil ihr so hartherzig seid, hat Mose euch erlaubt, eure Frauen aus der Ehe zu entlassen. Am Anfang war das nicht so.

9 Ich sage euch: Wer seine Frau entläßt, obwohl kein Fall von Unzucht vorliegt, und eine andere heiratet, der begeht Ehebruch.

10 Da sagten die Jünger zu ihm: Wenn das die Stellung des Mannes in der Ehe ist, dann ist es nicht gut zu heiraten. 11 Jesus sagte zu ihnen: Nicht alle können dieses Wort erfassen, sondern nur die, denen es gegeben ist.

Mk 10,1–12

1 Von dort brach Jesus auf und kam nach Judäa und in das Gebiet jenseits des Jordan. Wieder versammelten sich viele Leute bei ihm, und er lehrte sie, wie er es gewohnt war.
2 Da kamen Pharisäer zu ihm und fragten: Darf ein Mann seine Frau aus der Ehe entlassen? Damit wollten sie ihm eine Falle stellen.

3 Er antwortete ihnen: Was hat euch Mose vorgeschrieben? 4 Sie sagten: Mose hat erlaubt, EINE SCHEIDUNGSURKUNDE AUSZUSTELLEN UND (die Frau) AUS DER EHE ZU ENTLASSEN.
5 Jesus entgegnete ihnen: Nur weil ihr so hartherzig seid, hat er euch dieses Gebot gegeben.

6 Am Anfang der Schöpfung aber HAT GOTT SIE ALS MANN UND FRAU GESCHAFFEN. 7 DARUM WIRD DER MANN VATER UND MUTTER VERLASSEN, 8 UND DIE ZWEI WERDEN EIN FLEISCH SEIN.

Sie sind also nicht mehr zwei, sondern eins. 9 Was aber Gott verbunden hat, das darf der Mensch nicht trennen.

4 Sie sagten: Mose hat erlaubt, »eine Scheidungsurkunde auszustellen und« (die Frau) »aus der Ehe zu entlassen«. 5 Jesus entgegnete ihnen: Nur weil ihr so hartherzig seid, hat er euch dieses Gebot gegeben.

10 Zu Hause befragten ihn die Jünger noch einmal darüber. 11 Er antwortete ihnen: Wer seine Frau aus der Ehe entläßt und eine andere heiratet, begeht ihr gegenüber Ehebruch. 12 Auch eine Frau begeht Ehebruch, wenn sie ihren Mann aus der Ehe entläßt und einen anderen heiratet.

Lk 9,51; 16,18 (vgl. Nr. 134.173)

9,51 *Als die Zeit herankam, in der er (in den Himmel) aufgenommen werden sollte, entschloß sich Jesus, nach Jerusalem zu gehen.*

16,18 *Wer seine Frau aus der Ehe entläßt und eine andere heiratet, begeht Ehebruch; auch wer eine Frau heiratet, die von ihrem Mann aus der Ehe entlassen worden ist, begeht Ehebruch.*

(Mt 5,31–32) (vgl. Nr. 23)

31 *Ferner ist gesagt worden: »Wer seine Frau aus der Ehe entläßt, muß ihr eine Scheidungsurkunde geben«.*

32 *Ich aber sage euch: Wer seine Frau entläßt, obwohl kein Fall von Unzucht vorliegt, liefert sich dem Ehebruch aus; und wer eine Frau heiratet, die aus der Ehe entlassen worden ist, begeht Ehebruch.*

[12] Denn es ist so: Manche sind von Geburt an zur Ehe unfähig, manche sind von den Menschen dazu gemacht, und manche haben sich selbst dazu gemacht – um des Himmelreiches willen. Wer das erfassen kann, der erfasse es.

4: Gen 1,27 / 5: Gen 2,24 / 7: Dtn 24,1 / 9: 1Kor 7,10f.

19,3.7f Die Entlassung der Frau aus der Ehe war durch das Gesetz des Mose erlaubt (vgl. Dtn 24,1); umstritten war lediglich, welche Gründe dies rechtfertigten: nach der strengeren Auffassung des Schriftgelehrten Schammai Ehebruch, ansteckende Krankheit, Geisteskrankheit, Kinderlosigkeit, nach der Auffassung des Schriftgelehrten Hillel, die zur Zeit Jesu vorherrschend war, alles, was dem Mann an seiner Frau mißfiel.

4: Dtn 24,1 / 6: Gen 1,27 / 7: Gen 2,24 / 11f: 1Kor 7,10f.

10,2–12 Vgl. die Anmerkung zu Mt 19,3 und 19,4.

10,7 Einige alte Textzeugen fügen nach »verlassen« hinzu: und sich an seine Frau binden (vgl. Gen 2,24; Mt 19,5).

185. Die Segnung der Kinder

Mt 19,13–15; *18,3* (vgl. Nr. 126)

[13] Da brachte man Kinder zu ihm, damit er ihnen die Hände auflegte und für sie betete. Die Jünger aber wiesen die Leute schroff ab.

[14] Doch Jesus sagte: Laßt die Kinder zu mir kommen; hindert sie nicht daran! Denn Menschen wie ihnen gehört das Himmelreich.
[18, 3] *und sagte: Amen, das sage ich euch: Wenn ihr nicht umkehrt und wie die Kinder werdet, könnt ihr nicht in das Himmelreich kommen.*

[15] Dann legte er ihnen die Hände auf und zog weiter.

Mk 10,13–16

[13] Da brachte man Kinder zu ihm, damit er ihnen die Hände auflegte.

Die Jünger aber wiesen die Leute schroff ab.
[14] Als Jesus das sah, wurde er unwillig und sagte zu ihnen: Laßt die Kinder zu mir kommen; hindert sie nicht daran! Denn Menschen wie ihnen gehört das Reich Gottes.

[15] Amen, das sage ich euch: Wer das Reich Gottes nicht so annimmt, wie ein Kind, der wird nicht hineinkommen.
[16] Und er nahm die Kinder in seine Arme; dann legte er ihnen die Hände auf und segnete sie.

186. Von Reichtum und Nachfolge

Mt 19,16–30

[16] Es kam ein Mann zu Jesus und fragte: Meister, was muß ich Gutes tun, um das ewige Leben zu gewinnen? [17] Er antwortete: Was fragst du mich nach dem Guten? Nur einer ist »der Gute«. Wenn du aber das Leben erlangen willst, halte die Gebote!

Mk 10,17–31

[17] Als sich Jesus wieder auf den Weg machte, lief ein Mann auf ihn zu, fiel vor ihm auf die Knie und fragte ihn: Guter Meister, was muß ich tun, um das ewige Leben zu gewinnen?
[18] Jesus antwortete: Warum nennst du mich gut? Niemand ist gut außer Gott, dem Einen.

Zu Mt 19,12 Ägypterevangelium (Clemens Alexandrinus Strom. III,6,45,3): Und als sich Salome beim Herrn erkundigte: Bis wann wird der Tod Gewalt haben?, antwortete der Herr (nicht als sei das Leben etwas Schlechtes und die Schöpfung etwas Böses): Solange ihr Frauen gebärt! (sondern um die natürliche Gesetzmäßigkeit zu lehren). – (III,9,64,1) . . . sagt Salome: Bis wann werden die Menschen sterben? . . . antwortete der Herr: Solange die Frauen gebären! i.e. die Begierden mächtig sind. – (III,9,63,2) Ich bin gekommen, die Werke des Weibes aufzulösen! – (III,9,66,2) . . . als sie (sc. Salome) nämlich sagte: Ich hätte also gut daran getan, nicht zu gebären? als ob es ungehörig sei, . . . antwortete der Herr: Iß jede Pflanze; die aber, die Bitterkeit hat, iß nicht.

Lk 18,15–17

15 Man brachte auch kleine Kinder zu ihm, damit er ihnen die Hände auflegte. Als die Jünger das sahen, wiesen sie die Leute schroff ab.
16 Jesus aber rief die Kinder zu sich und sagte: Laßt die Kinder zu mir kommen; hindert sie nicht daran! Denn Menschen wie ihnen gehört das Reich Gottes.

17 Amen, das sage ich euch: Wer das Reich Gottes nicht so annimmt, wie ein Kind, der wird nicht hineinkommen.

18,15 Wörtlich: damit er sie berührte.

Joh 3,3.5

3 Jesus antwortete ihm: Amen, amen, ich sage dir: Wenn jemand nicht von neuem geboren wird, kann er das Reich Gottes nicht sehen.
5 Jesus antwortete ihm: Amen, amen, ich sage dir: Wenn jemand nicht aus Wasser und Geist geboren wird, kann er nicht in das Reich Gottes kommen.

Lk 18,18–30; *22,28–30; 13,30*
(vgl. Nr. 232.162)

18 Einer von den führenden Männern fragte ihn: Guter Meister, was muß ich tun, um das ewige Leben zu gewinnen? 19 Jesus antwortete: Warum nennst du mich gut? Niemand ist gut außer Gott, dem Einen.

18 Darauf fragte er ihn: Welche? Jesus ant-
wortete:
DU SOLLST NICHT TÖTEN, DU SOLLST NICHT DIE
EHE BRECHEN, DU SOLLST NICHT STEHLEN, DU
SOLLST NICHT FALSCH AUSSAGEN; 19 EHRE VA-
TER UND MUTTER! Und: DU SOLLST DEINEN
NÄCHSTEN LIEBEN WIE DICH SELBST!
20 Der junge Mann erwiderte ihm: Alle diese
Gebote habe ich befolgt. Was fehlt mir jetzt
noch? 21 Jesus antwortete ihm: Wenn du
vollkommen sein willst, geh, verkauf deinen
Besitz und gib das Geld den Armen; so wirst
du einen bleibenden Schatz im Himmel ha-
ben; dann komm und folge mir nach. 22 Als
der junge Mann das hörte, ging er traurig
weg; denn er hatte ein großes Vermögen.

23 Da sagte Jesus zu seinen Jüngern: Amen,
das sage ich euch: Ein Reicher wird nur
schwer in das Himmelreich kommen.

24 Nochmals sage ich euch: Eher geht ein
Kamel durch ein Nadelöhr, als daß ein Rei-
cher in das Reich Gottes gelangt. 25 Als die
Jünger das hörten, erschraken sie sehr und
sagten: Wer kann dann noch gerettet wer-
den? 26 Jesus sah sie an und sagte zu ihnen:
Für Menschen ist das unmöglich, FÜR GOTT
aber IST ALLES MÖGLICH.
27 Da antwortete Petrus: Du weißt, wir haben
alles verlassen und sind dir nachgefolgt. Was
werden wir dafür bekommen? 28 Jesus erwi-
derte ihnen: Amen, ich sage euch: Wenn die
Welt neu geschaffen wird und der Menschen-
sohn sich auf den Thron der Herrlichkeit
setzt, werdet ihr, die ihr mir nachgefolgt seid,
auf zwölf Thronen sitzen und die zwölf
Stämme Israels richten.

29 Und jeder, der um meines Namens willen
Häuser oder Brüder, Schwestern, Vater,
Mutter, Kinder oder Äcker verlassen hat,
wird dafür das Hundertfache erhalten

und das ewige Leben gewinnen.
30 Viele aber, die jetzt die Ersten sind, wer-
den dann die Letzten sein, und die Letzten
werden die Ersten sein.

18: Ex 20,12–16; Dtn 5,16–20 / 19: Lev 19,18 / 21: 6,20; 8,22 / 26: Gen 18,14; Ijob 42,2; Lk 1,37 / 28: 25,31; Offb 3,21 / 30: 20,16.

19 Du kennst doch die Gebote:

DU SOLLST NICHT TÖTEN, DU SOLLST NICHT DIE
EHE BRECHEN, DU SOLLST NICHT STEHLEN, DU
SOLLST NICHT FALSCH AUSSAGEN, du sollst
keinen Raub begehen; EHRE DEINEN VATER
UND DEINE MUTTER!
20 Er erwiderte ihm: Meister, alle diese Ge-
bote habe ich von Jugend an befolgt. 21 Da
sah ihn Jesus an, und weil er ihn liebte, sagte
er: Eines fehlt dir noch: Geh, verkaufe, was
du hast, gib das Geld den Armen, und du
wirst einen bleibenden Schatz im Himmel
haben; dann komm und folge mir nach!
22 Der Mann aber war betrübt, als er das hör-
te, und ging traurig weg; denn er hatte ein
großes Vermögen.
23 Da sah Jesus seine Jünger an und sagte zu
ihnen: Wie schwer ist es für Menschen, die
viel besitzen, in das Reich Gottes zu kom-
men! 24 Die Jünger waren über seine Worte
bestürzt. Jesus aber sagte noch einmal zu ih-
nen: Meine Kinder, wie schwer ist es, in das
Reich Gottes zu kommen! 25 Eher geht ein
Kamel durch ein Nadelöhr, als daß ein Rei-
cher in das Reich Gottes gelangt. 26 Sie aber
erschraken noch mehr und sagten zueinan-
der: Wer kann dann noch gerettet werden?
27 Jesus sah sie an und sagte: Für Menschen
ist das unmöglich, aber nicht für Gott; denn
FÜR GOTT IST ALLES MÖGLICH.
28 Da sagte Petrus zu ihm: Du weißt, wir ha-
ben alles verlassen und sind dir nachgefolgt.
29 Jesus antwortete: Amen, ich sage euch:

Jeder, der um meinetwillen und um des
Evangeliums willen Haus oder Brüder,
Schwestern, Mutter, Vater, Kinder oder Äk-
ker verlassen hat, 30 wird das Hundertfache
dafür empfangen: Jetzt in dieser Zeit wird er
Häuser, Brüder, Schwestern, Mütter, Kinder
und Äcker erhalten, wenn auch unter Ver-
folgungen, und in der kommenden Welt das
ewige Leben. 31 Viele aber, die jetzt die Er-
sten sind, werden dann die Letzten sein, und
die Letzten werden die Ersten sein.

18: Dtn 6,4 / 19: Ex 20,12–16; Dtn 5,16–20 / 21: Mt 8,22 / 27: Gen 18,14; Ijob 42,2; Lk 1,37 / 31: Mt 20,16.

10,18 Vgl. die Anmerkung zu 2,7.

20 Du kennst doch die Gebote:

DU SOLLST NICHT DIE EHE BRECHEN, DU SOLLST NICHT TÖTEN, DU SOLLST NICHT STEHLEN, DU SOLLST NICHT FALSCH AUSSAGEN; EHRE DEINEN VATER UND DEINE MUTTER!

21 Er erwiderte: Alle diese Gebote habe ich
von Jugend an befolgt. 22 Als Jesus das hörte,
sagte er: Eines fehlt dir noch: Verkauf alles, was du hast, verteil das Geld an die Armen, und du wirst einen bleibenden Schatz im Himmel haben; dann komm und folge mir
nach! 23 Der Mann aber wurde sehr traurig,
als er das hörte; denn er war überaus reich.

24 Jesus sah ihn an und sagte: Wie schwer ist es für Menschen, die viel besitzen, in das Reich Gottes zu kommen!

25 Denn eher geht ein Kamel durch ein Nadelöhr, als daß ein Reicher in das Reich
Gottes gelangt. 26 Die Leute, die das hörten,
fragten: Wer kann dann noch gerettet werden?

27 Er erwiderte: Was für Menschen unmöglich ist, ist FÜR GOTT MÖGLICH.

28 Da sagte Petrus: Du weißt, wir haben unser Eigentum verlassen und sind dir nachgefolgt.

29 Jesus antwortete ihnen: Amen, ich sage euch:

22,28 *In allen meinen Prüfungen habt ihr bei*
mir ausgeharrt. 29 *Darum vermache ich euch*
das Reich, wie es mein Vater mir vermacht
hat: 30 *Ihr sollt in meinem Reich mit mir an meinem Tisch essen und trinken, und ihr sollt auf Thronen sitzen und die zwölf Stämme Israels richten.*

18,29b Jeder, der um des Reiches Gottes willen Haus oder Frau, Brüder, Eltern oder
Kinder verlassen hat, 30 wird dafür schon in
dieser Zeit das Vielfache erhalten

und in der kommenden Welt das ewige Le-
ben. 13,30 *Dann werden manche von den Letzten die Ersten sein und manche von den Ersten die Letzten.*

18: 10,25 / 19: Dtn 6,4 / 20: Ex 20,12–16; Dtn 5,16–20 / 22: 12,33; Mt 8,22 / 27: Gen 18,14; Ijob 42,2; Lk 1,37.

Zu Mt 19,29 das Hundertfache, nach einigen alten Textzeugen: ein Vielfaches; vgl. Lk 18,30.

187. Das Gleichnis von den Arbeitern im Weinberg

Mt 20,1–16

1 Denn mit dem Himmelreich ist es wie mit
einem Gutsbesitzer, der früh am Morgen sein
Haus verließ, um Arbeiter für seinen Wein-
berg anzuwerben. 2 Er einigte sich mit den
Arbeitern auf einen Denar für den Tag und
schickte sie in seinen Weinberg. 3 Um die
dritte Stunde ging er wieder auf den Markt
und sah andere dastehen, die keine Arbeit
hatten. 4 Er sagte zu ihnen: Geht auch ihr in
meinen Weinberg! Ich werde euch geben,
was recht ist. 5 Und sie gingen. Um die sech-
ste und um die neunte Stunde ging der Guts-
herr wieder auf den Markt und machte es
ebenso. 6 Als er um die elfte Stunde noch
einmal hinging, traf er wieder einige, die dort
herumstanden. Er sagte zu ihnen: Was steht
ihr hier den ganzen Tag untätig herum? 7 Sie
antworteten: Niemand hat uns angeworben.
Da sagte er zu ihnen: Geht auch ihr in mei-
nen Weinberg! 8 Als es nun Abend geworden
war, sagte der Besitzer des Weinbergs zu sei-
nem Verwalter: Ruf die Arbeiter, und zahl
ihnen den Lohn aus, angefangen bei den letz-
ten, bis hin zu den ersten. 9 Da kamen die
Männer, die er um die elfte Stunde angewor-
ben hatte, und jeder erhielt einen Denar.
10 Als dann die ersten an der Reihe waren,
glaubten sie, mehr zu bekommen. Aber auch
sie erhielten nur einen Denar. 11 Da began-
nen sie, über den Gutsherrn zu murren,
12 und sagten: Diese letzten haben nur eine
Stunde gearbeitet, und du hast sie uns gleich-
gestellt; wir aber haben den ganzen Tag über
die Last der Arbeit und die Hitze ertragen.
13 Da erwiderte er einem von ihnen: Mein
Freund, dir geschieht kein Unrecht. Hast du
nicht einen Denar mit mir vereinbart?
14 Nimm dein Geld und geh! Ich will dem
letzten ebensoviel geben wie dir. 15 Darf ich
mit dem, was mir gehört, nicht tun, was ich

Zu Mt 19,16–24 par. Nazaräerevangelium (Origines, Kom. zu Mt 15,14): Es sprach zu ihm ein anderer der beiden Reichen: Meister, was soll ich Gutes tun, daß ich lebe? Er sprach zu ihm: Mensch, erfülle das Gesetz und die Propheten. Er antwortete ihm: Ich habe es getan. Da sagte er zu ihm: Geh, verkaufe alles, was du besitzt und verteile es unter die Armen und komm, folge mir nach! Da begann der Reiche sich seinen Kopf zu kratzen, und es wollte ihm nicht gefallen. Da sagte der Herr zu ihm: Wie kannst du sagen: ich habe das Gesetz und die Propheten gehalten? Weil bekanntermaßen im Gesetz geschrieben steht: Du sollst deinen Nächsten lieben wie dich selbst. Und siehe, viele deiner Brüder, Abrahams Söhne, sind mit Staub bedeckt, sterben vor Hunger, und dein Haus ist voll von vielen Gütern, und nie kommt aus ihm etwas zu ihnen. Und er wandte sich um zu Simon und sprach zu Simon, der bei ihm saß: Simon, Jonas Sohn, es ist leichter, daß ein Kamel durch ein Nadelöhr geht als ein Reicher ins Himmelreich.

Zu Mt 19,30 par. Thomasevangelium Logion 4: Ein Greis wird in seinen Tagen nicht zögern ein kleines Kind von 7 Tagen nach dem Ort des Leben zu fragen. Und er wird leben.

will? Oder bist du neidisch, weil ich (zu anderen) gütig bin? 16 So werden die Letzten die Ersten sein und die Ersten die Letzten.

8: Lev 19,13; Dtn 24,15 / 16: 19,30; Mk 10,31; Lk 13,30.

20,16 Spätere Textzeugen fügen am Ende des Verses entsprechend Mt 22,14 hinzu: Denn viele sind gerufen, aber nur wenige auserwählt.

188. Die dritte Ankündigung von Leiden und Auferstehung

Mt 20,17–19

17 Als Jesus nach Jerusalem hinaufzog,

nahm er unterwegs die zwölf Jünger beiseite und sagte zu ihnen:
18 Wir gehen jetzt nach Jerusalem hinauf; dort wird der Menschensohn den Hohenpriestern und Schriftgelehrten ausgeliefert; sie werden ihn zum Tod verurteilen
19 und den Heiden übergeben, damit er verspottet, gegeißelt und gekreuzigt wird;

aber am dritten Tag wird er auferstehen.

18f: 16,21; 17,22f / 19: 27,63; 28,6; Lk 9,22; 24,7.46; Apg 10,40; 1Kor 15,4.

Mk 10,32–34

32 Während sie auf dem Weg hinauf nach Jerusalem waren, ging Jesus voraus. Die Leute wunderten sich über ihn, die Jünger aber hatten Angst. Da versammelte er die Zwölf wieder um sich und kündigte ihnen an, was ihm bevorstand.
33 Er sagte: Wir gehen jetzt nach Jerusalem hinauf; dort wird der Menschensohn den Hohenpriestern und den Schriftgelehrten ausgeliefert; sie werden ihn zum Tod verurteilen und den Heiden übergeben;
34 sie werden ihn verspotten, anspucken, geißeln und töten.
Aber nach drei Tagen wird er auferstehen.

33f: 8,31; 9,31 / 34: 16,6.

189. Vom Herrschen und vom Dienen

Mt 20,20–28

20 Damals kam die Frau des Zebedäus mit ihren Söhnen zu Jesus und fiel vor ihm nieder, weil sie ihn um etwas bitten wollte.
21 Er fragte sie: Was willst du? Sie antwortete: Versprich, daß meine beiden Söhne in deinem Reich rechts und links neben dir sitzen dürfen.
22 Jesus erwiderte: Ihr wißt nicht, um was ihr bittet. Könnt ihr den Kelch trinken, den ich trinken werde?
Sie sagten zu ihm: Wir können es.
23 Da antwortete er ihnen: Ihr werdet meinen Kelch trinken;
doch den Platz zu meiner Rechten und zu meiner Linken habe nicht ich zu vergeben;

Mk 10,35–45

35 Da traten Jakobus und Johannes, die Söhne des Zebedäus, zu ihm und sagten: Meister, wir möchten, daß du uns eine Bitte erfüllst.
36 Er antwortete: Was soll ich für euch tun?
37 Sie sagten zu ihm: Laß in deinem Reich einen von uns rechts und den andern links neben dir sitzen.
38 Jesus erwiderte: Ihr wißt nicht, um was ihr bittet. Könnt ihr den Kelch trinken, den ich trinke, oder die Taufe auf euch nehmen, mit der ich getauft werde?
39 Sie antworteten: Wir können es. Da sagte Jesus zu ihnen: Ihr werdet den Kelch trinken, den ich trinke, und die Taufe empfangen, mit der ich getauft werde.
40 Doch den Platz zu meiner Rechten und zu meiner Linken habe

Lk 18,31–34

31 Jesus versammelte die Zwölf um sich und
sagte zu ihnen:
Wir gehen jetzt nach Jerusalem hinauf; dort
wird sich alles erfüllen, was bei den Prophe-
ten über den Menschensohn steht: 32 Er wird
den Heiden ausgeliefert, wird verspottet,
mißhandelt und angespuckt werden, 33 und
man wird ihn geißeln und töten.

Aber am dritten Tag wird er auferstehen.
34 Doch die Zwölf verstanden das alles nicht;
der Sinn der Worte war ihnen verschlossen,
und sie begriffen nicht, was er sagte.

32: 9,22.44; 17,25 / 33: 24,6f / 34: 9,45.

Lk 12,50; 22,24–27 (vgl. Nr. 157.232)

Joh 13,12–17

12,50 *Ich muß mit einer Taufe getauft werden, und ich bin sehr bedrückt, solange sie noch nicht vollzogen ist.*

dort werden die sitzen, für die mein Vater
diese Plätze bestimmt hat.
24 Als die zehn anderen Jünger das hörten,
wurden sie sehr ärgerlich über die beiden
Brüder. 25 Da rief Jesus sie zu sich und sagte:
Ihr wißt, daß die Herrscher ihre Völker un-
terdrücken und die Mächtigen ihre Macht
über die Menschen mißbrauchen. 26 Bei euch
soll es nicht so sein, sondern wer bei euch
groß sein will, der soll euer Diener sein,
27 und wer bei euch der Erste sein will, soll
euer Sklave sein.
28 Denn auch der Menschensohn ist nicht ge-
kommen, um sich dienen zu lassen, sondern
um zu dienen und sein Leben hinzugeben als
Lösegeld für viele.

22: 26,39; Joh 18,11 / 26: 23,11; Mk 9,35; Lk 9,48 / 28: Jes 53,12; 1Tim 2,6.

20,20 die Frau des Zebedäus, wörtlich: die Mutter der Söhne des Zebedäus.

20,22f »Jemandes Kelch trinken« bedeutet soviel wie »an jemandes Schicksal teilhaben«.

nicht ich zu vergeben; dort werden die sitzen,
für die diese Plätze bestimmt sind.
41 Als die zehn anderen Jünger das hörten,
wurden sie sehr ärgerlich über Jakobus und
Johannes. 42 Da rief Jesus sie zu sich und sag-
te: Ihr wißt, daß die, die als Herrscher gelten,
ihre Völker unterdrücken und die Mächtigen
ihre Macht über die Menschen mißbrauchen.
43 Bei euch aber soll es nicht so sein, sondern
wer bei euch groß sein will, der soll euer Die-
ner sein, 44 und wer bei euch der Erste sein
will, soll der Sklave aller sein.
45 Denn auch der Menschensohn ist nicht ge-
kommen, um sich dienen zu lassen, sondern
um zu dienen und sein Leben hinzugeben als
Lösegeld für viele.

38f: 14,36 / 43f: 9,35; Mt 23,11 / 45: Jes 53,10–12.

10,37 in deinem Reich, wörtlich: in deiner Herrlichkeit.

10,38 Zu »Kelch trinken« vgl. die Anmerkung zu Mt 20,22f. »Taufe« ist bildlicher Hinweis auf das Eintauchen in Leiden und Tod (vgl. Ps 69,2f; 2Sam 22,5; Jes 43,2; Röm 6,3–5).

190. Die Heilung von Blinden bei Jericho

Mt 20,29–34

29 Als sie Jericho verließen, folgte ihnen eine
große Zahl von Menschen. 30 An der Straße
aber saßen zwei Blinde, und als sie hörten,
daß Jesus vorbeikam, riefen sie laut: Herr,
Sohn Davids, hab Erbarmen mit uns!
31 Die Leute aber wurden ärgerlich und be-
fahlen ihnen zu schweigen. Sie aber schrien
noch lauter: Herr, Sohn Davids, hab Erbar-
men mit uns! 32 Jesus blieb stehen, rief sie zu
sich

und sagte: Was soll ich euch tun? 33 Sie ant-
worteten: Herr, wir möchten, daß unsere
Augen geöffnet werden. 34 Da hatte Jesus
Mitleid mit ihnen und berührte ihre Augen.
Im gleichen Augenblick konnten sie wieder
sehen, und sie folgten ihm.

30: 15,22.

Mk 10,46–52

46 Sie kamen nach Jericho. Als er mit seinen
Jüngern und einer großen Menschenmenge
Jericho wieder verließ, saß an der Straße ein
blinder Bettler, Bartimäus, der Sohn des Ti-
mäus. 47 Sobald er hörte,
daß es Jesus von Nazaret war, rief er laut:
Sohn Davids, Jesus, hab Erbarmen mit mir!
48 Viele wurden ärgerlich und befahlen ihm
zu schweigen. Er aber schrie noch viel lauter:
Sohn Davids, hab Erbarmen mit mir! 49 Jesus
blieb stehen und sagte: Ruft ihn her! Sie rie-
fen den Blinden und sagten zu ihm: Hab nur
Mut, steh auf, er ruft dich. 50 Da warf er sei-
nen Mantel weg, sprang auf und lief auf Jesus
zu. 51 Und Jesus fragte ihn: Was soll ich dir
tun? Der Blinde antwortete: Rabbuni, ich
möchte wieder sehen können. 52 Da sagte Je-
sus zu ihm: Geh! Dein Glaube hat dir gehol-
fen. Im gleichen Augenblick konnte er wie-
der sehen, und er folgte Jesus auf seinem
Weg.

52: 5,34; Mt 9,22; Lk 7,50; 8,48; 17,19.

10,51 »Rabbuni« (»Mein Meister«) ist eine ehrfurchtsvollere Anrede als das schlichte »Rabbi«.

[22,24] *Es entstand unter ihnen ein Streit darüber, wer von ihnen wohl der Größte sei.* [25] *Da sagte Jesus: Die Könige herrschen über ihre Völker, und die Mächtigen lassen sich Wohltäter nennen.*

[26] *Bei euch aber soll es nicht so sein, sondern der Größte unter euch soll werden wie der Kleinste, und der Führende soll werden wie der Dienende.*
[27] *Welcher von beiden ist größer: wer bei Tisch sitzt oder wer bedient? Natürlich der, der bei Tisch sitzt. Ich aber bin unter euch wie der, der bedient.*

[12] *Als er ihnen die Füße gewaschen, sein Gewand wieder angelegt und Platz genommen hatte, sagte er zu ihnen: Begreift ihr, was ich an euch getan habe?* [13] *Ihr sagt zu mir Meister und Herr, und ihr nennt mich mit Recht so; denn ich bin es.* [14] *Wenn nun ich, der Herr und Meister, euch die Füße gewaschen habe, dann müßt auch ihr einander die Füße waschen.* [15] *Ich habe euch ein Beispiel gegeben, damit auch ihr so handelt, wie ich an euch gehandelt habe.* [16] *Amen, amen, ich sage euch: Der Sklave ist nicht größer als sein Herr, und der Abgesandte ist nicht größer als der, der ihn gesandt hat.* [17] *Selig seid ihr, wenn ihr das wißt und danach handelt.*

Zu Mt 20,28 fügt eine alte Tradition etwas hinzu, vgl. Nr. 166.

Lk 18,35–43

[35] Als Jesus in die Nähe von Jericho kam, saß ein Blinder an der Straße und bettelte. [36] Er hörte, daß viele Menschen vorbeigingen, und fragte: Was hat das zu bedeuten? [37] Man sagte ihm: Jesus von Nazaret geht vorüber. [38] Da rief er: Jesus, Sohn Davids, hab Erbarmen mit mir!
[39] Die Leute, die vorausgingen, wurden ärgerlich und befahlen ihm zu schweigen. Er aber schrie noch viel lauter: Sohn Davids, hab Erbarmen mit mir! [40] Jesus blieb stehen und ließ ihn zu sich herführen.

Als der Mann vor ihm stand, fragte ihn Jesus: [41] Was soll ich dir tun? Er antwortete: Herr, ich möchte wieder sehen können. [42] Da sagte Jesus zu ihm: Du sollst wieder sehen. Dein Glaube hat dir geholfen. [43] Im gleichen Augenblick konnte er wieder sehen. Da pries er Gott und folgte Jesus. Und alle Leute, die das gesehen hatten, lobten Gott.

42: 7,50; 8,48; Mt 9,22; Mk 5,34.

(Mt 9,27–31) (vgl. Nr. 54)

[27] *Als Jesus weiterging, folgten ihm zwei Blinde und schrien:*

Hab Erbarmen mit uns, Sohn Davids!

[28] *Nachdem er ins Haus gegangen war, kamen die Blinden zu ihm.*

Er sagte zu ihnen: Glaubt ihr, daß ich euch helfen kann? Sie antworteten: Ja, Herr. [29] *Darauf berührte er ihre Augen und sagte: Wie ihr geglaubt habt, so soll es geschehen.* [30] *Da wurden ihre Augen geöffnet. Jesus aber befahl ihnen: Nehmt euch in acht! Niemand darf es erfahren.* [31] *Doch sie gingen weg und erzählten von ihm in der ganzen Gegend.*

(Mt 20,34) (Mk 10,52)

191. Jesus im Haus des Zöllners Zachäus

192. Das Gleichnis vom anvertrauten Geld

Mt 25,14–30 (vgl. Nr. 223)

[14] *Es ist wie mit einem Mann, der auf Reisen ging: Er rief seine Diener und vertraute ihnen sein Vermögen an.* [15] *Dem einen gab er fünf Talente Silbergeld, einem anderen zwei, wieder einem anderen eines, jedem nach seinen Fähigkeiten. Dann reiste er ab. Sofort* [16] *begann der Diener, der fünf Talente erhalten hatte, mit ihnen zu wirtschaften, und er gewann noch fünf dazu.* [17] *Ebenso gewann der, der zwei erhalten hatte, noch zwei dazu.* [18] *Der aber, der das eine Talent erhalten hatte, ging und grub ein Loch in die Erde und versteckte das Geld seines Herrn.*

Lk 19,1–10

1 Dann kam er nach Jericho und ging durch
die Stadt. 2 Dort wohnte ein Mann namens
Zachäus; er war der oberste Zollpächter und
war sehr reich. 3 Er wollte gern sehen, wer
dieser Jesus sei, doch die Menschenmenge
versperrte ihm die Sicht; denn er war klein.
4 Darum lief er voraus und stieg auf einen
Maulbeerfeigenbaum, um Jesus zu sehen,
der dort vorbeikommen mußte. 5 Als Jesus
an die Stelle kam, schaute er hinauf und sagte
zu ihm: Zachäus, komm schnell herunter!
Denn ich muß heute in deinem Haus zu Gast
sein. 6 Da stieg er schnell herunter und nahm
Jesus freudig bei sich auf. 7 Als die Leute das
sahen, empörten sie sich und sagten: Er ist
bei einem Sünder eingekehrt. 8 Zachäus aber
wandte sich an den Herrn und sagte: Herr,
die Hälfte meines Vermögens will ich den
Armen geben, und wenn ich von jemand zu
viel gefordert habe, gebe ich ihm das Vierfa-
che zurück. 9 Da sagte Jesus zu ihm: Heute ist
diesem Haus das Heil geschenkt worden,
weil auch dieser Mann ein Sohn Abrahams
ist. 10 Denn der Menschensohn ist gekom-
men, um zu suchen und zu retten, was verlo-
ren ist.

7: 5,30; 7,34 / 10: 5,32; Mt 9,13; Mk 2,17.

19,1–10 In Jericho befand sich eine römische Zollstätte (vgl. die Anmerkung zu Mk 2,16). In Jericho lebten auch viele Priester und Leviten.

Lk 19,11–27

11 Weil Jesus schon nahe bei Jerusalem war,
meinten die Menschen, die von all dem hör-
ten, das Reich Gottes werde sofort erschei-
nen. Daher erzählte er ihnen ein weiteres
Gleichnis. 12 Er sagte: Ein Mann von vor-
nehmer Herkunft wollte in ein fernes Land
reisen, um die Königswürde zu erlangen und
dann zurückzukehren. 13 Er rief zehn seiner
Diener zu sich, verteilte unter sie Geld im
Wert von zehn Minen und sagte: Macht Ge-
schäfte damit, bis ich wiederkomme.

14 Da ihn aber die Einwohner seines Landes

19 Nach langer Zeit kehrte der Herr zurück, um von den Dienern Rechenschaft zu verlangen.

*20 Da kam der, der die fünf Talente erhalten
hatte, brachte fünf weitere und sagte: Herr,
fünf Talente hast du mir gegeben; sieh her, ich
habe noch fünf dazugewonnen. 21 Sein Herr
sagte zu ihm: Sehr gut, du bist ein tüchtiger
und treuer Diener. Du bist im Kleinen ein
treuer Verwalter gewesen, ich will dir eine
große Aufgabe übertragen. Komm, nimm teil
an der Freude deines Herrn! 22 Dann kam der
Diener, der zwei Talente erhalten hatte, und
sagte: Herr, du hast mir zwei Talente gegeben;
sieh her, ich habe noch zwei dazugewonnen.
23 Sein Herr sagte zu ihm: Sehr gut, du bist ein
tüchtiger und treuer Diener. Du bist im Kleinen ein treuer Verwalter gewesen, ich will dir
eine große Aufgabe übertragen. Komm,
nimm teil an der Freude deines Herrn! 24 Zu-
letzt kam auch der Diener, der das eine Talent
erhalten hatte, und sagte: Herr, ich wußte, daß
du ein strenger Mann bist; du erntest, wo du
nicht gesät hast, und sammelst, wo du nicht
ausgestreut hast; 25 weil ich Angst hatte, habe
ich dein Geld in der Erde versteckt. Hier hast
du es wieder. 26 Sein Herr antwortete ihm: Du
bist ein schlechter und fauler Diener! Du hast
doch gewußt, daß ich ernte, wo ich nicht gesät
habe, und sammle, wo ich nicht ausgestreut
habe. 27 Hättest du mein Geld wenigstens auf
die Bank gebracht, dann hätte ich es bei meiner Rückkehr mit Zinsen zurückerhalten.
28 Darum nehmt ihm das Talent weg und gebt
es dem, der die zehn Talente hat!*

*29 Denn wer hat, dem wird gegeben, und er
wird im Überfluß haben; wer aber nicht hat,
dem wird auch noch weggenommen, was er
hat. 30 Werft den nichtsnutzigen Diener hinaus
in die äußerste Finsternis! Dort wird er heulen
und mit den Zähnen knirschen.*

Zu Lk 19,11–27 Nazaräerevangelium (Eusebius, Theoph. zu Mt 25,14f): Da (das Nazaräerevangelium) . . . die Drohung nicht gegen den erhebt, der (den Zentner) verbarg, sondern gegen den, der schwelgerisch gelebt hatte – ›denn er (sc. der Herr) hatte drei Knechte: einen, der das Vermögen des Herren mit Dirnen und Flötenspielerinnen verpraßte, einen anderen, der den Gewinn vervielfältigte, und einen, der das Talent verbarg. Danach ist der eine gelobt, der andere nur getadelt, der andere aber ins Gefängnis gesperrt worden‹ – so überlege ich, ob nicht die Drohung bei Mt, die nach dem Wort gegen den Nichtstuer ausgesprochen ist, nicht diesem gilt, sondern durch Rückgriff dem ersten, dem, der mit den Trunkenen gepraßt und getrunken hat, gilt.

haßten, schickten sie eine Gesandtschaft hin-
ter ihm her und ließen sagen: Wir wollen
nicht, daß dieser Mann unser König wird.
15 Dennoch wurde er als König eingesetzt.
Nach seiner Rückkehr ließ er die Diener, de-
nen er das Geld gegeben hatte, zu sich rufen.
Er wollte sehen, welchen Gewinn jeder bei
seinen Geschäften erzielt hatte. 16 Der erste
kam und sagte:
Herr, ich habe mit deiner Mine zehn Minen
erwirtschaftet. 17 Da sagte der König zu ihm:
Sehr gut, du bist ein tüchtiger Diener. Weil
du im Kleinsten zuverlässig warst, sollst du
Herr über zehn Städte werden.

18 Der zweite kam und sagte: Herr, ich habe
mit deiner Mine fünf Minen erwirtschaftet.
19 Zu ihm sagte der König: Du sollst über fünf
Städte herrschen.

20 Nun kam ein anderer und sagte: Herr, hier
hast du dein Geld zurück. Ich habe es in ein
Tuch eingebunden und aufbewahrt; 21 denn
ich hatte Angst vor dir, weil du ein strenger
Mann bist: Du hebst ab, was du nicht einge-
zahlt hast, und erntest, was du nicht gesät
hast. 22 Der König antwortete: Aufgrund
deiner eigenen Worte spreche ich dir das Ur-
teil. Du bist ein schlechter Diener. Du hast
gewußt, daß ich ein strenger Mann bin? Daß
ich abhebe, was ich nicht eingezahlt habe,
und ernte, was ich nicht gesät habe?
23 Warum hast du dann mein Geld nicht auf
die Bank gebracht? Dann hätte ich es bei der
Rückkehr mit Zinsen abheben können.
24 Und zu den anderen, die dabeistanden,
sagte er: Nehmt ihm das Geld weg, und gebt
es dem, der die zehn Minen hat. 25 Sie sagten
zu ihm: Herr, er hat doch schon zehn.
26 (Da erwiderte er:) Ich sage euch: Wer hat,
dem wird gegeben werden; wer aber nicht
hat, dem wird auch noch weggenommen, was
er hat. 27 Doch meine Feinde, die nicht woll-
ten, daß ich ihr König werde – bringt sie her,
und macht sie vor meinen Augen nieder!

17: 16,10; Mt 24,45–47 / 26: 8,18; Mt 13,12; Mk 4,25.
19,13 Eine Mine (griechische Rechnungseinheit) entsprach hundert Drachmen. Eine Drachme war der Tageslohn eines Arbeiters.

19,20 dein Geld, wörtlich: deine Mine.

Zu Lk 19,17 2. Clemens 8,5f: Denn der Herr sagt im Evangelium: Wenn ihr das Geringe verliert, wer wird euch das Große geben? Denn ich sage euch: Wer im Geringen treu ist, ist auch in Vielem treu. Das bedeutet: Bewahrt das Fleisch rein und das Siegel unbefleckt, damit wir das ewige Leben empfangen.

2. Jesus in Jerusalem (Mt 21–25; Mk 11–13; Lk 19,28–21,38)

193. Der Einzug in Jerusalem

Mt 21,1–9

[1] Als sich Jesus mit seinen Begleitern Jerusalem näherte und nach Betfage am Ölberg kam, schickte er zwei Jünger voraus [2] und sagte zu ihnen: Geht in das Dorf, das vor euch liegt; dort werdet ihr eine Eselin angebunden finden und ein Fohlen bei ihr.

Bindet sie los, und bringt sie zu mir! [3] Und wenn euch jemand zur Rede stellt, dann sagt: Der Herr braucht sie, er läßt sie aber bald zurückbringen.
[4] Das ist geschehen, damit sich erfüllte, was durch den Propheten gesagt worden ist:
[5] SAGT DER TOCHTER ZION: / SIEHE, DEIN KÖNIG KOMMT ZU DIR.
ER IST FRIEDFERTIG, / UND ER REITET AUF EINER ESELIN / UND AUF EINEM FOHLEN, / DEM JUNGEN EINES LASTTIERS.
[6] Die Jünger gingen

und taten,

was Jesus ihnen aufgetragen hatte. [7] Sie brachten die Eselin und das Fohlen, legten ihre Kleider auf sie, und er setzte sich darauf.
[8] Viele Menschen breiteten ihre Kleider auf der Straße aus, andere schnitten Zweige von den Bäumen und streuten sie auf den Weg.

[9] Die Leute aber, die vor ihm hergingen und die ihm folgten, riefen:
HOSANNA dem Sohn Davids! / GESEGNET SEI ER, DER KOMMT IM NAMEN DES HERRN. /

HOSANNA in der Höhe!

5: Jes 62,11; Sach 9,9 / 9: Ps 118,25f; Mt 23,39; Lk 13,35.

21,1ff Anmerkungen in der 4. Spalte.

Mk 11,1–10

[1] Als sie in die Nähe von Jerusalem kamen, nach Betfage und Betanien am Ölberg, schickte er zwei seiner Jünger voraus. [2] Er sagte zu ihnen: Geht in das Dorf, das vor euch liegt; gleich wenn ihr hineinkommt, werdet ihr einen jungen Esel angebunden finden, auf dem noch nie ein Mensch gesessen hat. Bindet ihn los, und bringt ihn her!
[3] Und wenn jemand zu euch sagt: Was tut ihr da?, dann antwortet: Der Herr braucht ihn; er läßt ihn bald wieder zurückbringen.

[4] Da machten sie sich auf den Weg und fanden außen an einer Tür an der Straße einen jungen Esel angebunden, und sie banden ihn los. [5] Einige, die dabeistanden, sagten zu ihnen: Wie kommt ihr dazu, den Esel loszubinden? [6] Sie gaben ihnen zur Antwort, was Jesus gesagt hatte, und man ließ sie gewähren.
[7] Sie brachten den jungen Esel zu Jesus, legten ihre Kleider auf das Tier, und er setzte sich darauf. [8] Und viele breiteten ihre Kleider auf der Straße aus; andere rissen auf den Feldern Zweige (von den Büschen) ab und streuten sie auf den Weg.

[9] Die Leute, die vor ihm hergingen und die ihm folgten, riefen:
HOSANNA! / GESEGNET SEI ER, DER KOMMT IM NAMEN DES HERRN!
[10] Gesegnet sei das Reich unseres Vaters David, / das nun kommt. /
HOSANNA in der Höhe!

9: Ps 118,25f; Mt 23,39; Lk 13,35.

11,9f Zu »Hosanna« vgl. die Anmerkung zu Mt 21,9.15.

Lk 19,28–38

[28]Nach dieser Rede zog Jesus weiter und ging nach Jerusalem hinauf. [29]Als er in die Nähe von Betfage und Betanien kam, an den Berg, der Ölberg heißt, schickte er zwei seiner Jünger voraus [30]und sagte: Geht in das Dorf, das vor uns liegt. Wenn ihr hineinkommt, werdet ihr dort einen jungen Esel angebunden finden, auf dem noch nie ein Mensch gesessen hat. Bindet ihn los, und bringt ihn her! [31]Und wenn euch jemand fragt: Warum bindet ihr ihn los?, dann antwortet: Der Herr braucht ihn.

[32]Die beiden machten sich auf den Weg und fanden alles so, wie er es ihnen gesagt hatte. [33]Als sie den jungen Esel losbanden, sagten die Leute, denen er gehörte: Warum bindet ihr den Esel los?
[34]Sie antworteten: Der Herr braucht ihn.
[35]Dann führten sie ihn zu Jesus, legten ihre Kleider auf das Tier und halfen Jesus hinauf.
[36]Während er dahinritt, breiteten die Jünger ihre Kleider auf der Straße aus.

[37]Als er an die Stelle kam, wo der Weg vom Ölberg hinabführt, begannen alle Jünger freudig und mit lauter Stimme Gott zu loben wegen all der Wundertaten, die sie erlebt hatten. [38]Sie riefen:
GESEGNET SEI der König, DER KOMMT IM NAMEN DES HERRN. Im Himmel Friede

und Herrlichkeit in der Höhe!

38: Ps 118,26; Lk 2,14.

19,28–40 Vgl. die Anmerkung zu Mt 21,1–11.

Joh 12,12–19

[12]*Am Tag darauf hörte die Volksmenge, die sich zum Fest eingefunden hatte, Jesus komme nach Jerusalem.* [13]*Da nahmen sie Palmzweige, zogen hinaus, um ihn zu empfangen, und riefen:*
»Hosanna! / Gesegnet sei er, der kommt im Namen des Herrn«, / der König Israels!

[14]*Jesus fand einen jungen Esel und setzte sich darauf – wie es in der Schrift heißt:*

[15]*»Fürchte dich nicht, Tochter Zion! Siehe, dein König kommt; er sitzt auf dem Fohlen einer Eselin.«*
[16]*Das alles verstanden seine Jünger zunächst nicht; als Jesus aber verherrlicht war, da wurde ihnen bewußt, daß es so über ihn in der Schrift stand und daß man so an ihm gehandelt hatte.* [17]*Die Leute, die bei Jesus gewesen waren, als er Lazarus aus dem Grab rief und von den Toten auferweckte, legten Zeugnis für ihn ab.* [18]*Eben deshalb war die Menge ihm entgegengezogen: weil sie gehört hatte, er habe dieses Zeichen getan.* [19]*Die Pharisäer aber sagten zueinander: Ihr seht, daß ihr nichts ausrichtet; alle Welt läuft ihm nach.*

Zu Mt 21,1–9 Der Evangelist deutet den Einzug Jesu im Licht von Sacharja 9,9: Der Messias wird als Vertreter der armen Leute eine friedliche, sozial gerechte Herrschaft aufrichten.

Zu Mt 21,3 Andere Übersetzungsmöglichkeit: Der Herr braucht sie. Und er (der Besitzer, der euch zur Rede stellt) wird sie euch sofort mitgeben.

Zu Mt 21,9.15 Ursprüngliche Bedeutung von »Hosanna«: Bring doch Hilfe!; später ist das Wort unter Verlust des ursprünglichen Sinns zur liturgischen Formel geworden.

194. Die Ankündigung der Zerstörung Jerusalems

195. Die Tempelreinigung

Mt 21,10–17

[10] Als er in Jerusalem einzog, geriet die ganze Stadt in Aufregung, und man fragte: Wer ist das? [11] Die Leute sagten: Das ist der Prophet Jesus von Nazaret in Galiläa.
[12] Jesus ging in den Tempel
und trieb alle Händler und Käufer aus dem Tempel hinaus; er stieß die Tische der Geldwechsler und die Stände der Taubenhändler um

[13] und sagte: In der Schrift steht:

MEIN HAUS SOLL EIN HAUS DES GEBETES SEIN. Ihr aber macht daraus EINE RÄUBERHÖHLE.
[14] Im Tempel kamen Lahme und Blinde zu ihm, und er heilte sie. [15] Als nun die Hohenpriester und die Schriftgelehrten die Wunder sahen, die er tat, und die Kinder im Tempel rufen hörten: Hosanna dem Sohn Davids!, da wurden sie ärgerlich [16] und sagten zu ihm: Hörst du, was sie rufen? Jesus antwortete ihnen: Ja, ich höre es. Habt ihr nie gelesen: AUS DEM MUND DER KINDER UND SÄUGLINGE SCHAFFST DU DIR LOB?

Mk 11,11.*15b–17* (vgl. Nr. 197)

[11a] Und er zog nach Jerusalem hinein,

in den Tempel;
[15b] *und begann, die Händler und Käufer aus dem Tempel hinauszutreiben; er stieß die Tische der Geldwechsler und die Stände der Taubenhändler um* [16] *und ließ nicht zu, daß jemand irgend etwas durch den Tempelbezirk trug.*
[17] *Er belehrte sie und sagte: Heißt es nicht in der Schrift:*
»Mein Haus soll ein Haus des Gebetes für alle Völker sein«? Ihr aber habt daraus »eine Räuberhöhle« gemacht.

Lk 19,39–44

39 Da riefen ihm einige Pharisäer aus der
Menge zu: Meister, bring deine Jünger zum
Schweigen! 40 Er erwiderte: Ich sage euch:
Wenn sie schweigen, werden die Steine
schreien.
41 Als er näher kam und die Stadt sah, weinte
er über sie 42 und sagte: Wenn doch auch du
an diesem Tag erkannt hättest, was dir Frie-
den bringt. Jetzt aber bleibt es vor deinen
Augen verborgen. 43 Es wird eine Zeit für
dich kommen, in der deine Feinde rings um
dich einen Wall aufwerfen, dich einschließen
und von allen Seiten bedrängen. 44 Sie wer-
den dich und deine Kinder zerschmettern
und keinen Stein auf dem andern lassen;
denn du hast die Zeit der Gnade nicht er-
kannt.

40: Hab 2,11 / 44: Ps 137,9; Lk 21,6; Mt 24,2; Mk 13,2.

Lk 19,45–46

45 Dann ging er in den Tempel
und begann, die Händler hinauszutreiben.

46 Er sagte zu ihnen: In der Schrift steht:

MEIN HAUS SOLL EIN HAUS DES GEBETES SEIN.
Ihr aber habt daraus EINE RÄUBERHÖHLE gemacht.

[17] Und er ließ sie stehen und ging aus der Stadt hinaus nach Betanien; dort übernachtete er.

12–17: Joh 2,13–16 / 13: Jes 56,7; Jer 7,11 / 16: Ps 8,3.

21,12 Im Tempelbezirk konnten die Tempelbesucher Opfertiere kaufen und zur Bezahlung der Tempelsteuer heidnisches Geld in Münzen ohne heidnische Götter- oder Herrscherbilder wechseln.
21,15 Vgl. die Anmerkung zu 21,9.

[11b] nachdem er sich alles angesehen hatte, ging er spät am Abend mit den Zwölf nach Betanien hinaus.

196. Die Verfluchung eines Feigenbaums

Mt 21,18–19

[18] Als er am Morgen in die Stadt zurückkehrte, hatte er Hunger. [19] Da sah er am Weg einen Feigenbaum
und ging auf ihn zu,
fand aber nur Blätter daran.
Da sagte er zu ihm: In Ewigkeit soll keine Frucht mehr an dir wachsen. Und der Feigenbaum verdorrte auf der Stelle.

19: Lk 13,6.

21,18–19 Der unfruchtbare Feigenbaum ist Bild für das Volk Gottes, das den Glauben verweigert (vgl. Jer 8,13; Lk 13,6–9).

Mk 11,12–14

[12] Als sie am nächsten Tag Betanien verließen, hatte er Hunger. [13] Da sah er von weitem einen Feigenbaum mit Blättern und ging hin, um nach Früchten zu suchen. Aber er fand an dem Baum nichts als Blätter; denn es war nicht die Zeit der Feigenernte. [14] Da sagte er zu ihm: In Ewigkeit soll niemand mehr eine Frucht von dir essen. Und seine Jünger hörten es.

11,12–14 Vgl. die Anmerkung zu Mt 21,18–19.

197. Die Tempelreinigung

Mt 21,12–13; 22,33
(vgl. Nr. 195.204)

[12] *Jesus ging in den Tempel und trieb alle Händler und Käufer aus dem Tempel hinaus; er stieß die Tische der Geldwechsler und die Stände der Taubenhändler um*

[13] *und sagte: In der Schrift steht:*
»Mein Haus soll ein Haus des Gebetes sein.«

Ihr aber macht daraus »eine Räuberhöhle«.

Mk 11,15–19

[15] Dann kamen sie nach Jerusalem. Jesus ging in den Tempel und begann, die Händler und Käufer aus dem Tempel hinauszutreiben; er stieß die Tische der Geldwechsler und die Stände der Taubenhändler um [16] und ließ nicht zu, daß jemand irgend etwas durch den Tempelbezirk trug. [17] Er belehrte sie und sagte: Heißt es nicht in der Schrift:
MEIN HAUS SOLL EIN HAUS DES GEBETES FÜR ALLE VÖLKER SEIN?
Ihr aber habt daraus EINE RÄUBERHÖHLE gemacht.
[18] Die Hohenpriester und die Schriftgelehrten hörten davon und suchten nach einer Möglichkeit, ihn umzubringen. Denn sie fürchteten ihn, weil alle Leute von seiner Lehre sehr beeindruckt waren.

45–46: Joh 2,13–16 / 46: Jes 56,7; Jer 7,11.

19,45 Vgl. die Anmerkung zu Mt 21,12.

Lk 19,*45–46*.47–48; *21,37*
(vgl. Nr. 195.225)

[45]*Dann ging er in den Tempel und begann, die Händler hinauszutreiben.*

[46]*Er sagte zu ihnen: In der Schrift steht: »Mein Haus soll ein Haus des Gebetes sein.«*

Ihr aber habt daraus »eine Räuberhöhle« gemacht.
[47]Er lehrte täglich im Tempel. Die Hohenpriester, die Schriftgelehrten und die übrigen Führer des Volkes aber suchten ihn umzubringen. [48]Sie wußten jedoch nicht, wie sie es machen sollten, denn das ganze Volk hing an ihm und hörte ihn gern.

Joh 2,13–17

[13]*Das Paschafest der Juden war nahe, und Jesus zog nach Jerusalem hinauf.* [14]*Im Tempel fand er die Verkäufer von Rindern, Schafen und Tauben und die Geldwechsler, die dort saßen.* [15]*Er machte eine Geißel aus Stricken und trieb sie alle aus dem Tempel hinaus, dazu die Schafe und Rinder; das Geld der Wechsler schüttete er aus, und ihre Tische stieß er um.* [16]*Zu den Taubenhändlern sagte er: Schafft das hier weg, macht das Haus meines Vaters nicht zu einer Markthalle!* [17]*Seine Jünger erinnerten sich an das Wort der Schrift: »Der Eifer für dein Haus verzehrt mich.«*

22,33 *Als das Volk das hörte, war es über seine Lehre bestürzt.*

19 Als es Abend wurde, verließ Jesus mit seinen Jüngern die Stadt.

17: Jes 56,7; Jer 7,11 / 18: 12,12; 14,1f.

11,15–19 Vgl. die Anmerkung zu Mt 21,12.

198. Vom Glauben (vgl. Nr. 196)

Mt 21,20–22; *6,14* (vgl. Nr. 29)

20 Als die Jünger das sahen, fragten sie erstaunt:

Wie konnte der Feigenbaum so plötzlich verdorren? 21 Jesus antwortete ihnen: Amen, das sage ich euch: Wenn ihr Glauben habt und nicht zweifelt, dann werdet ihr nicht nur das vollbringen, was ich mit dem Feigenbaum getan habe; selbst wenn ihr zu diesem Berg sagt: Heb dich empor, und stürz dich ins Meer!,

wird es geschehen. 22 Und alles, was ihr im Gebet erbittet, werdet ihr erhalten, wenn ihr glaubt.

6,14 *Denn wenn ihr den Menschen ihre Verfehlungen vergebt, dann wird euer himmlischer Vater auch euch vergeben.*

21: Lk 17,6 / 22: 7,7.

21,20 Vgl. die Anmerkung zu 21,18–19.

Mk 11,20–25

20 Als sie am nächsten Morgen an dem Feigenbaum vorbeikamen, sahen sie, daß er bis zu den Wurzeln verdorrt war. 21 Da erinnerte sich Petrus und sagte zu Jesus: Rabbi, sieh doch, der Feigenbaum, den du verflucht hast, ist verdorrt. 22 Jesus sagte zu ihnen: Ihr müßt Glauben an Gott haben. 23 Amen, das sage ich euch:

Wenn jemand zu diesem Berg sagt: Hebe dich empor, und stürz dich ins Meer!, und wenn er in seinem Herzen nicht zweifelt, sondern glaubt, daß geschieht, was er sagt, dann wird es geschehen. 24 Darum sage ich euch: Alles, worum ihr betet und bittet – glaubt nur, daß ihr es schon erhalten habt, dann wird es euch zuteil. 25 Und wenn ihr beten wollt und ihr habt einem anderen etwas vorzuwerfen, dann vergebt ihm, damit auch euer Vater im Himmel euch eure Verfehlungen vergibt. [26]

23: Mt 17,20; Lk 17,6 / 24: Mt 7,7 / 25: Lk 6,37.

11,26 Spätere Textzeugen haben im Anschluß an Mt 6,15 hier eingefügt: Wenn ihr aber nicht vergebt, dann wird euch euer Vater im Himmel eure Verfehlungen auch nicht vergeben.

199. Die Frage nach der Vollmacht Jesu

Mt 21,23–27

23 Als er in den Tempel ging und dort lehrte, kamen die Hohenpriester und die Ältesten des Volkes zu ihm und fragten:

Mk 11,27–33

27 Sie kamen wieder nach Jerusalem. Als er im Tempel umherging, kamen die Hohenpriester, die Schriftgelehrten und die Ältesten zu ihm 28 und fragten ihn:

[21,37] *Tagsüber lehrte Jesus im Tempel; abends aber ging er zum Ölberg hinaus und verbrachte dort die Nacht.*

47: Mt 26,55; Mk 14,49; Joh 18,20; Lk 20,19; 22,2.

Joh 14,13.14; 16,23

[14,13] *Alles, um was ihr in meinem Namen bittet, werde ich tun, damit der Vater im Sohn verherrlicht wird.* [14] *Wenn ihr mich um etwas in meinem Namen bittet, werde ich es tun.*
[16,23] *An jenem Tag werdet ihr mich nichts mehr fragen. Amen, amen, ich sage euch: Was ihr vom Vater erbitten werdet, das wird er euch in meinem Namen geben.*

Zu Mt 21,21 par. Thomasevangelium Logion 48, vgl. Nr. 123.

Lk 20,1–8

[1] Als er eines Tages im Tempel das Volk lehrte und das Evangelium verkündete, kamen die Hohenpriester und die Schriftgelehrten mit den Ältesten hinzu [2] und fragten ihn: Sag uns: Mit welchem Recht tust du das alles? Wer hat dir dazu die Vollmacht gege-

Joh 2,18–22

[18] *Da stellten ihn die Juden zur Rede: Welches Zeichen läßt du uns sehen als Beweis, daß du dies tun darfst?* [19] *Jesus antwortete ihnen:*

Mt 21,24–32

Mit welchem Recht tust du das alles? Wer hat
dir dazu die Vollmacht gegeben? 24 Jesus
antwortete ihnen: Auch ich will euch eine
Frage stellen. Wenn ihr mir darauf antwor-
tet, dann werde ich euch sagen, mit welchem
Recht ich das tue. 25 Woher stammte die
Taufe des Johannes? Vom Himmel oder von
den Menschen? Da überlegten sie und sagten
zueinander: Wenn wir antworten: Vom
Himmel!, so wird er zu uns sagen: Warum
habt ihr ihm dann nicht geglaubt? 26 Wenn
wir aber antworten: Von den Menschen!,
dann müssen wir uns vor den Leuten fürch-
ten; denn alle halten Johannes für einen Pro-
pheten.

27 Darum antworteten sie Jesus: Wir wissen
es nicht. Da erwiderte er: Dann sage auch ich
euch nicht, mit welchem Recht ich das alles
tue.

26: 14,5.

Mk 11,29–33

Mit welchem Recht tust du das alles? Wer hat
dir die Vollmacht gegeben, das zu tun? 29 Je-
sus sagte zu ihnen: Zuerst will ich euch eine
Frage vorlegen. Antwortet mir, dann werde
ich euch sagen, mit welchem Recht ich das
tue. 30 Stammte die Taufe des Johannes vom
Himmel oder von den Menschen? Antwortet
mir! 31 Da überlegten sie und sagten zuein-
ander: Wenn wir antworten: Vom Himmel!,
so wird er sagen: Warum habt ihr ihm dann
nicht geglaubt? 32 Sollen wir also antworten:
Von den Menschen? Sie fürchteten sich aber
vor den Leuten; denn alle glaubten, daß Jo-
hannes wirklich ein Prophet war.

33 Darum antworteten sie Jesus: Wir wissen
es nicht. Jesus erwiderte: Dann sage auch ich
euch nicht, mit welchem Recht ich das alles
tue.

200. Das Gleichnis von den ungleichen Söhnen

Mt 21,28–32

28 Was meint ihr? Ein Mann hatte zwei Söh-
ne. Er ging zum ersten und sagte: Mein Sohn,
geh und arbeite heute im Weinberg! 29 Er
antwortete: Ja, Herr!, ging aber nicht. 30 Da
wandte er sich an den zweiten Sohn und sagte
zu ihm dasselbe. Dieser antwortete: Ich will
nicht. Später aber reute es ihn, und er ging
doch. 31 Wer von den beiden hat den Willen
seines Vaters erfüllt? Sie antworteten: Der
zweite. Da sagte Jesus zu ihnen: Amen, das
sage ich euch: Zöllner und Dirnen gelangen
eher in das Reich Gottes als ihr. 32 Denn Jo-
hannes ist gekommen, um euch den Weg der
Gerechtigkeit zu zeigen, und ihr habt ihm
nicht geglaubt; aber die Zöllner und die Dir-
nen haben ihm geglaubt. Ihr habt es gesehen,
und doch habt ihr nicht bereut und ihm nicht
geglaubt.

31: Lk 7,29f.

21,29–31 In einer Reihe wichtiger Textzeugen sagt der erste Sohn nein, geht aber dann doch; der zweite Sohn sagt ja, geht aber nicht. In diesem Fall hat der erste Sohn den Willen des Vaters erfüllt.

ben? [3]Er antwortete ihnen: Auch ich will euch eine Frage stellen. Sagt mir:

[4]Stammte die Taufe des Johannes vom Himmel oder von den Menschen? [5]Da überlegten sie und sagten zueinander: Wenn wir antworten: Vom Himmel!, so wird er sagen: Warum habt ihr ihm dann nicht geglaubt? [6]Wenn wir aber antworten: Von den Menschen!, dann wird das ganze Volk uns steinigen; denn sie sind überzeugt, daß Johannes ein Prophet gewesen ist.

[7]Darum antworteten sie: Wir wissen nicht, woher. [8]Jesus erwiderte: Dann sage auch ich euch nicht, mit welchem Recht ich das alles tue.

Reißt diesen Tempel nieder, in drei Tagen werde ich ihn wieder aufrichten. [20]Da sagten die Juden: Sechsundvierzig Jahre wurde an diesem Tempel gebaut, und du willst ihn in drei Tagen wieder aufrichten? [21]Er aber meinte den Tempel seines Leibes. [22]Als er von den Toten auferstanden war, erinnerten sich seine Jünger, daß er dies gesagt hatte, und sie glaubten der Schrift und dem Wort, das Jesus gesprochen hatte.

201. Das Gleichnis von den bösen Winzern

Mt 21,33–46

33 Hört noch ein anderes Gleichnis: Es war ein Gutsbesitzer, der LEGTE EINEN WEINBERG AN, ZOG RINGSHERUM EINEN ZAUN, HOB EINE KELTER AUS UND BAUTE EINEN TURM. Dann verpachtete er den Weinberg an Winzer und reiste in ein anderes Land. 34 Als nun die Erntezeit kam, schickte er seine Knechte zu den Winzern, um seinen Anteil an den Früchten holen zu lassen. 35 Die Winzer aber packten seine Knechte; den einen prügelten sie, den andern brachten sie um, einen dritten steinigten sie.

36 Darauf schickte er andere Knechte, mehr als das erstemal; mit ihnen machten sie es genauso.

37 Zuletzt sandte er seinen Sohn zu ihnen; denn er dachte: Vor meinem Sohn werden sie Achtung haben. 38 Als die Winzer den Sohn sahen, sagte sie zueinander: Das ist der Erbe. Auf, wir wollen ihn töten, damit wir seinen Besitz erben. 39 Und sie packten ihn, warfen ihn aus dem Weinberg hinaus und brachten ihn um. 40 Wenn nun der Besitzer des Weinbergs kommt: Was wird er mit solchen Winzern tun? 41 Sie sagten zu ihm: Er wird diesen bösen Menschen ein böses Ende bereiten und den Weinberg an andere Winzer verpachten, die ihm die Früchte abliefern, wenn es Zeit dafür ist.
42 Und Jesus sagte zu ihnen: Habt ihr nie in der Schrift gelesen:

DER STEIN, DEN DIE BAULEUTE VERWORFEN HABEN, / ER IST ZUM ECKSTEIN GEWORDEN; / DAS HAT DER HERR VOLLBRACHT, / VOR UNSEREN AUGEN GESCHAH DIESES WUNDER?

44 Und wer auf diesen Stein fällt, der wird zerschellen; auf wen der Stein aber fällt, den wird er zermalmen. 43 Darum sage ich euch: Das Reich Gottes wird euch weggenommen und einem Volk gegeben werden, das die erwarteten Früchte bringt.

45 Als die Hohenpriester und die Pharisäer seine Gleichnisse hörten, merkten sie, daß er von ihnen sprach. 46 Sie hätten ihn gern verhaften lassen; aber sie fürchteten sich vor den

Mk 12,1–12

1 Jesus begann zu ihnen (wieder) in Form von Gleichnissen zu reden. (Er sagte:) Ein Mann LEGTE EINEN WEINBERG AN, ZOG RINGSHERUM EINEN ZAUN, HOB EINE KELTER AUS UND BAUTE EINEN TURM. Dann verpachtete er den Weinberg an Winzer und reiste in ein anderes Land. 2 Als nun die Zeit dafür gekommen war, schickte er einen Knecht zu den Winzern, um bei ihnen seinen Anteil an den Früchten des Weinbergs holen zu lassen. 3 Sie aber packten und prügelten ihn und jagten ihn mit leeren Händen fort.

4 Darauf schickte er einen anderen Knecht zu ihnen; auch ihn mißhandelten und beschimpften sie. 5 Als er einen dritten schickte, brachten sie ihn um. Ähnlich ging es vielen anderen; die einen wurden geprügelt, die andern umgebracht. 6 Schließlich blieb ihm nur noch einer: sein geliebter Sohn. Ihn sandte er als letzten zu ihnen, denn er dachte: Vor meinem Sohn werden sie Achtung haben. 7 Die Winzer aber sagten zueinander: Das ist der Erbe. Auf, wir wollen ihn töten, dann gehört sein Erbgut uns. 8 Und sie packten ihn und brachten ihn um und warfen ihn aus dem Weinberg hinaus.

9 Was wird nun der Besitzer des Weinbergs tun? Er wird kommen und die Winzer töten und den Weinberg anderen geben.

10 Habt ihr nicht das Schriftwort gelesen:

DER STEIN, DEN DIE BAULEUTE VERWORFEN HABEN, / ER IST ZUM ECKSTEIN GEWORDEN; 11 DAS HAT DER HERR VOLLBRACHT, / VOR UNSEREN AUGEN GESCHAH DIESES WUNDER?

12 Daraufhin hätten sie Jesus gern verhaften lassen; aber sie fürchteten die Menge. Denn

Lk 20,9–19

[9] Er erzählte dem Volk dieses Gleichnis: Ein
Mann legte einen Weinberg an,

verpachtete ihn an Winzer und reiste für län-
gere Zeit in ein anderes Land. [10] Als nun die
Zeit dafür gekommen war, schickte er einen
Knecht zu den Winzern, damit sie ihm seinen
Anteil am Ertrag des Weinbergs ablieferten.
Die Winzer aber prügelten ihn und jagten ihn
mit leeren Händen fort.

[11] Darauf schickte er einen anderen Knecht;
auch ihn prügelten und beschimpften sie und
jagten ihn mit leeren Händen fort. [12] Er
schickte noch einen dritten Knecht; aber
auch ihn schlugen sie blutig und warfen ihn
hinaus. [13] Da sagte der Besitzer des Wein-
bergs: Was soll ich tun? Ich will meinen ge-
liebten Sohn zu ihnen schicken. Vielleicht
werden sie vor ihm Achtung haben. [14] Als die
Winzer den Sohn sahen, überlegten sie und
sagten zueinander: Das ist der Erbe; wir wol-
len ihn töten, damit das Erbgut uns gehört.
[15] Und sie warfen ihn aus dem Weinberg hin-
aus und brachten ihn um.

Was wird nun der Besitzer des Weinbergs mit
ihnen tun? [16] Er wird kommen und diese
Winzer töten und den Weinberg anderen ge-
ben. Als sie das hörten, sagten sie: Das darf
nicht geschehen!

[17] Da sah Jesus sie an und sagte: Was bedeu-
tet das Schriftwort:

DER STEIN, DEN DIE BAULEUTE VERWORFEN HABEN, / ER IST ZUM ECKSTEIN GEWORDEN?

[18] Jeder, der auf diesen Stein fällt, wird zerschellen; auf wen der Stein aber fällt, den wird er zermalmen.

[19] Die Schriftgelehrten und die Hohenpriester hätten ihn gern noch in derselben Stunde festgenommen; aber sie fürchteten das Volk.

Leuten, weil alle ihn für einen Propheten hielten.

33: Jes 5,1f G / 35: 22,6 / 42: Ps 118,22f G / 46: 26,4f.

21,33–46 Mit dem Weinberg Gottes ist Israel gemeint (vgl. Jes 5,1–7).

21,42 Die Übersetzung »das hat der Herr vollbracht« nimmt Rücksicht auf den hebräischen Text von Ps 118,22. Der griechische Text lautet wörtlich übersetzt: ihn hat der Herr gemacht, und er ist wunderbar in unseren Augen.

21,44 Dieser Vers, der bei einigen alten Textzeugen fehlt, ist irrtümlicherweise hinter Vers 43 überliefert.

sie hatten gemerkt, daß er mit diesem Gleichnis sie meinte. Da ließen sie ihn stehen und gingen weg.

1: Jes 5,1f G / 6: 1,11; 9,7 / 10: Ps 118,22f G / 12: 11,18; 14,1f.

12,1f Vgl. die Anmerkung zu Mt 21,33–46.

12,10f Vgl. die Anmerkung zu Mt 21,42.

202. Das Gleichnis vom königlichen Hochzeitsmahl

Mt 22,1–14

1 Jesus erzählte ihnen noch ein anderes
Gleichnis: 2 Mit dem Himmelreich ist es wie
mit einem König, der die Hochzeit seines
Sohnes vorbereitete. 3 Er schickte seine Die-
ner, um die eingeladenen Gäste zur Hochzeit
rufen zu lassen. Sie aber wollten nicht kom-
men. 4 Da schickte er noch einmal Diener
und trug ihnen auf: Sagt den Eingeladenen:
Mein Mahl ist fertig, die Ochsen und das
Mastvieh sind geschlachtet, alles ist bereit.
Kommt zur Hochzeit! 5 Sie aber kümmerten
sich nicht darum, sondern der eine ging auf
seinen Acker, der andere in seinen Laden,
6 wieder andere fielen über seine Diener her,
mißhandelten sie und brachten sie um. 7 Da
wurde der König zornig; er schickte sein
Heer, ließ die Mörder töten und ihre Stadt in
Schutt und Asche legen. 8 Dann sagte er zu
seinen Dienern: Das Hochzeitsmahl ist vor-
bereitet, aber die Gäste waren es nicht wert
(eingeladen zu werden). 9 Geht also hinaus
auf die Straßen und ladet alle, die ihr trefft,
zur Hochzeit ein. 10 Die Diener gingen auf
die Straßen hinaus und holten alle zusam-
men, die sie trafen, Böse und Gute, und der
Festsaal füllte sich mit Gästen.
11 Als sie sich gesetzt hatten und der König
eintrat, um sich die Gäste anzusehen, be-
merkte er unter ihnen einen Mann, der kein
Hochzeitsgewand anhatte. 12 Er sagte zu
ihm: Mein Freund, wie konntest du hier ohne
Hochzeitsgewand erscheinen? Darauf wußte
der Mann nichts zu sagen. 13 Da befahl der
König seinen Dienern: Bindet ihm Hände
und Füße, und werft ihn hinaus in die äußer-
ste Finsternis! Dort wird er heulen und mit

Lk 20,19

Denn sie hatten gemerkt, daß er sie mit die-
sem Gleichnis meinte.

9: Jes 5,1f G / 13: 3,22 / 17: Ps 118,22 / 19: 19,47f; 22,2.

20,9–19 Vgl. die Anmerkung zu Mt 21,33–46.

Lk 14,16–24 (vgl. Nr. 167)

16 *Jesus sagte zu ihm: Ein Mann veranstaltete
ein großes Festmahl und lud viele dazu ein.*
17 *Als das Fest beginnen sollte, schickte er sei-
nen Diener und ließ den Gästen, die er einge-
laden hatte, sagen: Kommt, es steht alles be-
reit!* 18 *Aber einer nach dem andern ließ sich
entschuldigen. Der erste ließ ihm sagen: Ich
habe einen Acker gekauft und muß jetzt gehen
und ihn besichtigen. Bitte, entschuldige mich!*
19 *Ein anderer sagte: Ich habe fünf Ochsenge-
spanne gekauft und bin auf dem Weg, sie mir
genauer anzusehen. Bitte, entschuldige mich!*
20 *Wieder ein anderer sagte: Ich habe geheira-
tet und kann deshalb nicht kommen.* 21 *Der
Diener kehrte zurück und berichtete alles sei-
nem Herrn. Da wurde der Herr zornig und
sagte zu seinem Diener: Geh schnell auf die
Straßen und Gassen der Stadt und hol die
Armen und die Krüppel, die Blinden und die
Lahmen herbei.* 22 *Bald darauf meldete der
Diener: Herr, dein Auftrag ist ausgeführt;
aber es ist immer noch Platz.* 23 *Da sagte der
Herr zu dem Diener: Dann geh auf die Land-
straßen und vor die Stadt hinaus und nötige
die Leute zu kommen, damit mein Haus voll
wird.* 24 *Das aber sage ich euch: Keiner von
denen, die eingeladen waren, wird an meinem
Mahl teilnehmen.*

den Zähnen knirschen. [14] Denn viele sind gerufen, aber nur wenige auserwählt.

6: 21,35 / 13: 8,12.

22,2–10.11–13 Matthäus hat zwei selbständige Gleichnisse miteinander verknüpft. Der zweite Teil besagt, daß der Eintritt in das Reich Gottes die Umkehr des Sünders voraussetzt.

203. Die Frage nach der kaiserlichen Steuer

Mt 22,15–22

[15] Damals kamen die Pharisäer zusammen und beschlossen, Jesus mit einer Frage eine Falle zu stellen. [16] Sie veranlaßten ihre Jünger, zusammen mit den Anhängern des Herodes zu ihm zu gehen und zu sagen:

Meister, wir wissen, daß du immer die Wahrheit sagst und wirklich den Weg Gottes lehrst, ohne auf jemand Rücksicht zu nehmen; denn du siehst nicht auf die Person. [17] Sag uns also: Ist es nach deiner Meinung erlaubt, dem Kaiser Steuern zu zahlen, oder nicht?

[18] Jesus aber erkannte ihre böse Absicht und sagte: Ihr Heuchler, warum stellt ihr mir eine Falle? [19] Zeigt mir die Münze, mit der ihr eure Steuern bezahlt! Da hielten sie ihm einen Denar hin. [20] Er fragte sie: Wessen Bild und Aufschrift ist das?

[21] Sie antworteten: Des Kaisers. Darauf sagte er zu ihnen: So gebt dem Kaiser, was dem Kaiser gehört, und Gott, was Gott gehört!

[22] Als sie das hörten, waren sie sehr überrascht, wandten sich um und gingen weg.

22,15–22 Im Jahr 6/7 n.Chr. wurde der Zensus, die römische Kopf- und Grundsteuer, auch in Judäa und Samarien eingeführt. Die jüdischen Frommen, vor allem die sogenannten Zeloten, sahen in der Steuerzahlung einen Verrat an Gott. Der römische Silber-Denar trug damals ein Bild des Kaisers Tiberius (14–37 n.Chr.) und die Aufschrift: »Tiberius, Cäsar, des göttlichen Augustus Sohn, Augustus«.

Mk 12,13–17

[13] Einige Pharisäer und einige Anhänger des Herodes wurden zu Jesus geschickt, um ihn mit einer Frage in eine Falle zu locken. [14] Sie kamen zu ihm und sagten:

Meister, wir wissen, daß du immer die Wahrheit sagst und dabei auf niemand Rücksicht nimmst; denn du siehst nicht auf die Person, sondern lehrst wirklich den Weg Gottes. Ist es erlaubt, dem Kaiser Steuer zu zahlen, oder nicht? Sollen wir sie zahlen oder nicht zahlen?

[15] Er aber durchschaute ihre Heuchelei und sagte zu ihnen: Warum stellt ihr mir eine Falle? Bringt mir einen Denar, ich will ihn sehen. [16] Man brachte ihm einen. Da fragte er sie: Wessen Bild und Aufschrift ist das?

Sie antworteten ihm: Des Kaisers. [17] Da sagte Jesus zu ihnen: So gebt dem Kaiser, was dem Kaiser gehört, und Gott, was Gott gehört!

Und sie waren sehr erstaunt über ihn.

12,13–17 Vgl. die Anmerkung zu Mt 22,15–22.

Zu Mt 22,15–18 par. Papyrus Egerton 2: Sie traten zu ihm, um ihn auf die Probe zu stellen und zu versuchen, indem sie sagten: Meister Jesus, wir wissen, daß du von Gott gekommen bist; was du nämlich tust, gibt dir ein Zeugnis, das über das aller Propheten hinausgeht. Sage uns nun: Ist es erlaubt, den Königen, die der Obrigkeit zukommenden Steuern zu zahlen? Sollen wir ihnen zahlen oder nicht? Jesus aber durchschaute ihren Plan, wurde unwillig und sprach zu ihnen: Was nennt ihr mich mit eurem Munde Meister und tut

Zu Mt 22,1–14 Thomasevangelium Logion 64: Ein Mann hatte Gäste. Als er das Mahl bereitet hatte, sandte er seinen Knecht, die Gäste zu laden. Er ging zum ersten und sagte: Mein Herr lädt dich ein! Er antwortete: Ich habe Geldforderungen an Kaufleute. Sie kommen am Abend, und ich werde gehen und ihnen Aufträge geben. Ich entschuldige mich für das Mahl. – Er kam zu einem anderen . . . Er sagte zu ihm: Ich habe ein Haus gekauft. Man braucht mich für einen Tag. Ich werde keine Zeit haben. – Er kam zu einem anderen . . . Er sagte zu ihm: Mein Freund wird heiraten, und ich sein Fest ausrichten. Ich werde nicht kommen können. Entschuldige mich für das Mahl. – Er kam zu einem anderen . . . Er sagte zu ihm: Ich habe ein Gut gekauft und gehe die Pacht holen. Ich werde nicht kommen können. – Der Knecht ging und sagte seinem Herrn: Die du zum Mahle eingeladen hast, lassen sich entschuldigen. Der Herr befahl seinem Knecht: Gehe hinaus auf die Straßen und bringe, wen du findest, damit sie am Mahl teilnehmen. Käufer und Händler werden nicht in die Orte meines Vaters eingehen.

Lk 20,20–26

20 Daher lauerten sie ihm auf und schickten Spitzel, die sich fromm stellen und ihn bei einer (unüberlegten) Antwort ertappen sollten. Denn sie wollten ihn der Gerichtsbarkeit des Statthalters übergeben. 21 Die Spitzel fragten ihn:
Meister, wir wissen, daß du aufrichtig redest und lehrst und nicht auf die Person siehst, sondern wirklich den Weg Gottes lehrst.
22 Ist es uns erlaubt, dem Kaiser Steuer zu zahlen, oder nicht?

23 Er aber durchschaute ihre Hinterlist und sagte zu ihnen: 24 Zeigt mir einen Denar! Wessen Bild und Aufschrift sind darauf?

Sie antworteten: Die des Kaisers. 25 Da sagte er zu ihnen: Dann gebt dem Kaiser, was dem Kaiser gehört, und Gott, was Gott gehört!
26 So gelang es ihnen nicht, ihn öffentlich bei einem (unüberlegten) Wort zu ertappen. Sie waren von seiner Antwort sehr überrascht und schwiegen.

20: 11,54.

20,20–26 Vgl. die Anmerkung zu Mt 22,15–22.

Joh 3,2

2 Der suchte Jesus bei Nacht auf und sagte zu ihm: Rabbi, wir wissen, du bist ein Lehrer, der von Gott gekommen ist; denn niemand kann die Zeichen tun, die du tust, wenn nicht Gott mit ihm ist.

doch nicht, was ich sage? Jesaja hat recht über euch geweissagt, als er sprach (29,13): Dieses Volk ehrt mich mit seinen Lippen, aber ihr Herz ist weit weg von mir. Vergeblich ist ihr Gottesdienst. Menschensatzung lehren sie!

Zu Mt 22,19–21 par. Thomasevangelium Logion 100: Sie zeigten Jesus ein Goldstück und sagten: Die Kaiserlichen fordern von uns Tribut. Er antwortete: Gebt dem Kaiser was des Kaisers, gebt Gott was Gottes ist, und was mein ist, das gebt mir!

204. Die Frage nach der Auferstehung der Toten

Mt 22,23–33

[23] Am selben Tag kamen zu Jesus einige von den Sadduzäern, die behaupten, es gebe keine Auferstehung. Sie fragten ihn: [24] Meister, Mose hat gesagt:
WENN EIN MANN STIRBT, OHNE KINDER ZU HABEN, DANN SOLL SEIN BRUDER DESSEN FRAU HEIRATEN UND seinem BRUDER NACHKOMMEN VERSCHAFFEN.

[25] Bei uns lebten einmal sieben Brüder. Der erste heiratete und starb, und weil er keine Nachkommen hatte, hinterließ er seine Frau seinem Bruder, [26] ebenso der zweite und der dritte und so weiter bis zum siebten.

[27] Als letzte von allen starb die Frau. [28] Wessen Frau wird sie nun bei der Auferstehung sein? Alle sieben haben sie doch zur Frau gehabt. [29] Jesus antwortete ihnen: Ihr irrt euch; ihr kennt weder die Schrift noch die Macht Gottes.

[30] Denn nach der Auferstehung werden die Menschen nicht mehr heiraten, sondern sein wie die Engel im Himmel. [31] Habt ihr im übrigen nicht gelesen, was Gott euch über die Auferstehung der Toten mit den Worten gesagt hat:

[32] ICH BIN DER GOTT ABRAHAMS, DER GOTT ISAAKS UND DER GOTT JAKOBS?
Er ist doch nicht der Gott der Toten, sondern der Gott der Lebenden. [33] Als das Volk das hörte, war es über seine Lehre bestürzt.

23: Apg 23,8 / 24: Dtn 25,5f; Gen 38,8 / 32: Ex 3,6.

22,23–33 Zur Zeit Jesu hofften die Pharisäer und ein großer Teil des jüdischen Volkes auf eine allgemeine Auferstehung der Toten am Ende der Zeit; die Sadduzäer lehnten diese Vorstellung ab.

Mk 12,18–27

[18] Von den Sadduzäern, die behaupten, es gebe keine Auferstehung, kamen einige zu Jesus und fragten ihn: [19] Meister, Mose hat uns vorgeschrieben:
WENN EIN MANN, DER EINEN BRUDER HAT, STIRBT UND eine Frau HINTERLÄSST, aber KEIN KIND, DANN SOLL SEIN BRUDER DIE FRAU HEIRATEN UND seinem BRUDER NACHKOMMEN VERSCHAFFEN.
[20] Es lebten einmal sieben Brüder. Der erste nahm sich eine Frau, und als er starb, hinterließ er keine Nachkommen.

[21] Da nahm sie der zweite; auch er starb, ohne Nachkommen zu hinterlassen, und ebenso der dritte. [22] Keiner der sieben hatte Nachkommen. Als letzte von allen starb die Frau. [23] Wessen Frau wird sie nun bei der Auferstehung sein? Alle sieben haben sie doch zur Frau gehabt. [24] Jesus sagte zu ihnen: Ihr irrt euch, ihr kennt weder die Schrift noch die Macht Gottes.

[25] Wenn nämlich die Menschen von den Toten auferstehen, werden sie nicht mehr heiraten,
sondern sie werden sein wie die Engel im Himmel. [26] Daß aber die Toten auferstehen, habt ihr das nicht im Buch des Mose gelesen, in der Geschichte vom Dornbusch, in der Gott zu Mose spricht:
ICH BIN DER GOTT ABRAHAMS, DER GOTT ISAAKS UND DER GOTT JAKOBS?
[27] Er ist doch nicht ein Gott von Toten, sondern von Lebenden. Ihr irrt euch sehr.

18: Apg 23,8 / 19: Dtn 25,5f; Gen 38,8 / 26: Ex 3,6.

12,18–27 Vgl. die Anmerkung zu Mt 22,23–33.

Lk 20,27–40

27 Von den Sadduzäern, die die Auferste-
hung leugnen, kamen einige zu Jesus und
fragten ihn: 28 Meister, Mose hat uns vorge-
schrieben:
WENN EIN MANN, DER EINEN BRUDER HAT,
STIRBT und eine Frau HINTERLÄSST, OHNE
KINDER ZU HABEN, DANN SOLL SEIN BRUDER
DIE FRAU HEIRATEN UND seinem BRUDER
NACHKOMMEN VERSCHAFFEN.
29 Nun lebten einmal sieben Brüder. Der er-
ste nahm sich eine Frau, starb aber kinderlos.

30 Da nahm sie der zweite, 31 danach der drit-
te, und ebenso die anderen bis zum siebten;
sie alle hinterließen keine Kinder, als sie
starben. 32 Schließlich starb auch die Frau.
33 Wessen Frau wird sie nun bei der Aufer-
stehung sein? Alle sieben haben sie doch zur
Frau gehabt. 34 Da sagte Jesus zu ihnen: Nur
in dieser Welt heiraten die Menschen.

35 Die aber, die Gott für würdig hält, an jener
Welt und an der Auferstehung von den To-
ten teilzuhaben, werden dann nicht mehr
heiraten.
36 Sie können auch nicht mehr sterben, weil
sie den Engeln gleich und durch die Aufer-
stehung zu Söhnen Gottes geworden sind.
37 Daß aber die Toten auferstehen, hat schon
Mose in der Geschichte vom Dornbusch an-
gedeutet, in der er den Herrn
DEN GOTT ABRAHAMS, DEN GOTT ISAAKS UND
DEN GOTT JAKOBS nennt.
38 Er ist doch kein Gott von Toten, sondern
von Lebenden; denn für ihn sind alle leben-
dig. 39 Da sagten einige Schriftgelehrte: Mei-
ster, du hast gut geantwortet. 40 Und man
wagte nicht mehr, ihn etwas zu fragen.

27: Apg 23,8 / 28: Dtn 25,5f; Gen 38,8 / 37: Ex 3,6 / 39: Mk 12,32 / 40: Mt 22,46; Mk 12,34.

20,27–40 Vgl. die Anmerkung zu Mt 22,23–33.

20,34 Wörtlich: Nur in dieser Welt heiraten sie (nämlich die Männer) und werden geheiratet (nämlich die Frauen). Ähnlich im Vers 35.

205. Die Frage nach dem wichtigsten Gebot

Mt 22,34–40

34 Als die Pharisäer hörten, daß Jesus die Sadduzäer zum Schweigen gebracht hatte, kamen sie (bei ihm) zusammen. 35 Einer von ihnen, ein Gesetzeslehrer, wollte ihn auf die Probe stellen und fragte ihn: 36 Meister, welches Gebot im Gesetz ist das wichtigste? 37 Er antwortete ihm:
DU SOLLST DEN HERRN, DEINEN GOTT, LIEBEN MIT GANZEM HERZEN, MIT GANZER SEELE und mit all deinen Gedanken. 38 Das ist das wichtigste und erste Gebot.

39 Ebenso wichtig ist das zweite: DU SOLLST DEINEN NÄCHSTEN LIEBEN WIE DICH SELBST.
40 An diesen beiden Geboten hängt das ganze Gesetz samt den Propheten.

37: Dtn 6,5 / 39: Lev 19,18; Mt 5,43; Röm 13,9; Gal 5,14 / 40: 7,12.

22,34–40 Ob die zahlreichen Gebote und Gesetzesvorschriften alle gleich wichtig seien, war im rabbinischen Judentum eine strittige Frage. Für Jesus ist das doppelte Liebesgebot der Inbegriff des ganzen Gesetzes, das eine Hauptgebot, an dem alle anderen Gesetze hängen (vgl. die Anmerkung zu 23,4).

Mk 12,28–34

28 Ein Schriftgelehrter hatte ihrem Streit zugehört; und da er bemerkt hatte, wie treffend Jesus ihnen antwortete, ging er zu ihm hin und fragte ihn:
Welches Gebot ist das erste von allen? 29 Jesus antwortete: Das erste ist:

HÖRE, ISRAEL, DER HERR, UNSER GOTT, IST DER EINZIGE HERR. 30 DARUM SOLLST DU DEN HERRN, DEINEN GOTT, LIEBEN MIT GANZEM HERZEN UND GANZER SEELE, mit all deinen Gedanken UND ALL DEINER KRAFT.
31 Als zweites kommt hinzu: DU SOLLST DEINEN NÄCHSTEN LIEBEN WIE DICH SELBST. Kein anderes Gebot ist größer als diese beiden.

32 Da sagte der Schriftgelehrte zu ihm: Sehr gut, Meister! Ganz richtig hast du gesagt: Er allein ist der Herr, und es gibt keinen anderen außer ihm, 33 und ihn mit ganzem Herzen, ganzem Verstand und ganzer Kraft zu lieben und den Nächsten zu lieben wie sich selbst, ist weit mehr als alle Brandopfer und anderen Opfer. 34 Jesus sah, daß er mit Verständnis geantwortet hatte, und sagte zu ihm: Du bist nicht fern vom Reich Gottes. Und keiner wagte mehr, Jesus eine Frage zu stellen.

29f: Dtn 6,4f / 31: Lev 19,18 / 32: Lk 20,39; Dtn 4,35; 6,4f / 33: 1Sam 15,22 / 34: Mt 22,46; Lk 20,40.

12,28–34 Vgl. die Anmerkung zu Mt 22,34–40.

206. Die Frage nach dem Messias

Mt 22,41–46

41 Danach fragte Jesus die Pharisäer, die bei ihm versammelt waren: 42 Was denkt ihr über den Messias? Wessen Sohn ist er? Sie antworteten ihm: Der Sohn Davids. 43 Er sagte zu ihnen: Wie kann ihn dann David, vom Geist (Gottes) erleuchtet, »Herr« nennen? Denn er sagt:
44 DER HERR SPRACH ZU MEINEM HERRN:

Mk 12,35–37a

35 Als Jesus im Tempel lehrte, sagte er: Wie können die Schriftgelehrten behaupten, der Messias sei der Sohn Davids?
36 Denn David hat, vom Heiligen Geist erfüllt, selbst gesagt:

DER HERR SPRACH ZU MEINEM HERRN: SETZE

Lk 10,25–28 (vgl. Nr. 140)

[25]*Da stand ein Gesetzeslehrer auf, und um Jesus auf die Probe zu stellen, fragte er ihn: Meister, was muß ich tun, um das ewige Leben zu gewinnen?* [26]*Jesus sagte zu ihm: Was steht im Gesetz? Was liest du dort?* [27]*Er antwortete:*

»Du sollst den Herrn, deinen Gott, lieben mit ganzem Herzen und ganzer Seele, mit all deiner Kraft« und all deinen Gedanken

und: »Deinen Nächsten sollst du lieben wie dich selbst.«

[28]*Jesus sagte zu ihm: Du hast richtig geantwortet. Handle danach, und du wirst leben.*

Zu Mt 22,37–39 par. Didache 1,2, vgl. Nr. 73. Didache 2,7: Du sollst keinen Menschen hassen, sondern die einen ermahnen, für andere beten, die dritten mehr als dein Leben lieben.

Zu Mt 22,39 par. Thomasevangelium Logion 25: Liebe deinen Bruder wie deine Seele, bewahre ihn wie deinen Augapfel.

Zu Mk 12,33 2. Clemens 3,4: Wodurch bekennen wir ihn? Daß wir tun, was er befiehlt und seine Gebote nicht überhören und nicht nur mit den Lippen ihn ehren, sondern mit vollem Herzen und Gemüt.

Lk 20,41–44

[41]Da fragte er sie: Wie kann man behaupten, der Messias sei der Sohn Davids?
[42]Denn David selbst sagt im Buch der Psalmen:

DER HERR SPRACH ZU MEINEM HERRN: SETZE

SETZE DICH MIR ZUR RECHTEN, UND ICH LEGE DIR DEINE FEINDE UNTER DIE FÜSSE.
45 Wenn ihn also David »Herr« nennt, wie kann er dann Davids Sohn sein? 46 Niemand konnte ihm darauf etwas erwidern, und von diesem Tag an wagte keiner mehr, ihm eine Frage zu stellen.

44: Ps 110,1 / 46: Mk 12,34; Lk 20,40.

DICH MIR ZUR RECHTEN, UND ICH LEGE DIR DEINE FEINDE UNTER DIE FÜSSE.
37a David selbst also nennt ihn »Herr«. Wie kann er dann Davids Sohn sein?

36: Ps 110,1.

207. Worte gegen die Schriftgelehrten und gegen die Pharisäer (vgl. Nr. 151)

Mt 23,1–36

1 Darauf wandte sich Jesus an das Volk und an seine Jünger 2 und sagte: Die Schriftgelehrten und die Pharisäer haben sich auf den Stuhl des Mose gesetzt. 3 Tut und befolgt also alles, was sie euch sagen, aber richtet euch nicht nach dem, was sie tun; denn sie reden nur, tun selbst aber nicht, was sie sagen. 4 Sie schnüren schwere Lasten zusammen und legen sie den Menschen auf die Schultern, wollen selber aber keinen Finger rühren, um die Lasten zu tragen. 5 Alles, was sie tun, tun sie nur, damit die Menschen es sehen: Sie machen ihre Gebetsriemen breit und die Quasten an ihren Gewändern lang,

6 bei jedem Festmahl möchten sie den Ehrenplatz und in der Synagoge die vordersten Sitze haben, 7 und auf den Straßen und Plätzen lassen sie sich gern grüßen und von den Leuten Rabbi (Meister) nennen. 8 Ihr aber sollt euch nicht Rabbi nennen lassen; denn nur einer ist euer Meister, ihr alle aber seid Brüder. 9 Auch sollt ihr niemand auf Erden euren Vater nennen; denn nur einer ist euer Vater, der im Himmel. 10 Auch sollt ihr euch nicht Lehrer nennen lassen; denn nur einer ist euer Lehrer, Christus. 11 Der Größte von euch soll euer Diener sein.
12 Denn wer sich selbst erhöht, wird erniedrigt, und wer sich selbst erniedrigt, wird erhöht werden.
13 Weh euch, ihr Schriftgelehrten und Pharisäer, ihr Heuchler! Ihr verschließt den Menschen das Himmelreich. Ihr selbst geht nicht

Mk 12,37b–40; *9,35b* (vgl. Nr. 126)

37b Es war eine große Menschenmenge versammelt und hörte ihm mit Freude zu. 38 Er lehrte sie und sagte:

Nehmt euch in acht vor den Schriftgelehrten! Sie gehen gern in langen Gewändern umher, lieben es, wenn man sie auf den Straßen und Plätzen grüßt, 39 und sie wollen in der Synagoge die vordersten Sitze und bei jedem Festmahl die Ehrenplätze haben.

9,35b Wer der Erste sein will, soll der Letzte von allen und der Diener aller sein.

DICH MIR ZUR RECHTEN, [43] UND ICH LEGE DIR DEINE FEINDE ALS SCHEMEL UNTER DIE FÜSSE.
[44] David nennt ihn also »Herr«. Wie kann er dann Davids Sohn sein?

42: Ps 110,1.

Lk 20,45–47; *11,46; 18,14b; 11,52.39–42.44.47–51*
(vgl. Nr. 151.183)

[45] Jesus sagte vor dem ganzen Volk zu seinen Jüngern:

[11,46] *Er antwortete: Weh auch euch Gesetzeslehrern! Ihr ladet den Menschen Lasten auf, die sie kaum tragen können, selbst aber rührt ihr keinen Finger dafür.*

[20,46] Hütet euch vor den Schriftgelehrten! Sie gehen gern in langen Gewändern umher, lieben es, wenn man sie auf den Straßen und Plätzen grüßt, und wollen in der Synagoge die vordersten Sitze und bei jedem Festmahl die Ehrenplätze haben.

[18,14b] *Denn wer sich selbst erhöht, wird erniedrigt, wer sich aber selbst erniedrigt, wird erhöht werden.*
[11,52] *Weh euch Gesetzeslehrern! Ihr habt den Schlüssel (der Tür) zur Erkenntnis weggenommen. Ihr selbst seid nicht hineingegan-*

hinein; aber ihr laßt auch die nicht hinein, die
hineingehen wollen. [14]

15 Weh euch, ihr Schriftgelehrten und Phari-
säer, ihr Heuchler! Ihr zieht über Land und
Meer, um einen einzigen Menschen für euren
Glauben zu gewinnen; und wenn er gewon-
nen ist, dann macht ihr ihn zu einem Sohn der
Hölle, der doppelt so schlimm ist wie ihr
selbst.
16 Weh euch, ihr seid blinde Führer! Ihr sagt:
Wenn einer beim Tempel schwört, so ist das
kein Eid; wer aber beim Gold des Tempels
schwört, der ist an seinen Eid gebunden.
17 Ihr blinden Narren! Was ist wichtiger: das
Gold oder der Tempel, der das Gold erst hei-
lig macht? 18 Auch sagt ihr: Wenn einer beim
Altar schwört, so ist das kein Eid; wer aber
bei dem Opfer schwört, das auf dem Altar
liegt, der ist an seinen Eid gebunden. 19 Ihr
Blinden! Was ist wichtiger: das Opfer oder
der Altar, der das Opfer erst heilig macht?
20 Wer beim Altar schwört, der schwört bei
ihm und bei allem, was darauf liegt. 21 Und
wer beim Tempel schwört, der schwört bei
ihm und bei dem, der darin wohnt. 22 Und
wer beim Himmel schwört, der schwört beim
Thron Gottes und bei dem, der darauf sitzt.
23 Weh euch, ihr Schriftgelehrten und Phari-
säer, ihr Heuchler! Ihr gebt den Zehnten von
Minze, Dill und Kümmel und laßt das Wich-
tigste im Gesetz außer acht: Gerechtigkeit,
Barmherzigkeit und Treue. Man muß das
eine tun, ohne das andere zu lassen. 24 Blinde
Führer seid ihr: Ihr siebt Mücken aus und
verschluckt Kamele.
25 Weh euch, ihr Schriftgelehrten und Phari-
säer, ihr Heuchler! Ihr haltet Becher und
Schüsseln außen sauber, innen aber sind sie
voll von dem, was ihr in eurer Maßlosigkeit
zusammengeraubt habt. 26 Du blinder Phari-
säer! Mach den Becher zuerst innen sauber,
dann ist er auch außen rein.
27 Weh euch, ihr Schriftgelehrten und Phari-
säer, ihr Heuchler! Ihr seid wie die Gräber,
die außen weiß angestrichen sind und schön
aussehen; innen aber sind sie voll Knochen,
Schmutz und Verwesung. 28 So erscheint
auch ihr von außen den Menschen gerecht,
innen aber seid ihr voll Heuchelei und Unge-
horsam gegen Gottes Gesetz.

29 Weh euch, ihr Schriftgelehrten und Phari-
säer, ihr Heuchler! Ihr errichtet den Prophe-

12,40 Sie bringen die Witwen um ihre Häuser
und verrichten in ihrer Scheinheiligkeit lange
Gebete. Aber um so härter wird das Urteil
sein, das sie erwartet.

gen, und die, die hineingehen wollten, habt ihr daran gehindert.

20,47 Sie bringen die Witwen um ihre Häuser und verrichten in ihrer Scheinheiligkeit lange Gebete. Aber um so härter wird das Urteil sein, das sie erwartet.

11,42 *Doch weh euch Pharisäern! Ihr gebt den Zehnten von Minze, Gewürzkraut und allem Gemüse, die Gerechtigkeit aber und die Liebe zu Gott vergeßt ihr. Man muß das eine tun, ohne das andere zu unterlassen.*

11,39 *Da sagte der Herr zu ihm: O ihr Pharisä-
er! Ihr haltet zwar Becher und Teller außen
sauber, innen aber seid ihr voll Raubgier und
Bosheit.* 40 *Ihr Unverständigen! Hat nicht der,
der das Äußere schuf, auch das Innere ge-
schaffen?* 41 *Gebt lieber, was in den Schüsseln
ist, den Armen, dann ist für euch alles rein.*
11,44 *Weh euch: Ihr seid wie Gräber, die man nicht mehr sieht; die Leute gehen darüber, ohne es zu merken.*

11,47 *Weh euch! Ihr errichtet Denkmäler für*

ten Grabstätten und schmückt die Denkmäler der Gerechten 30 und sagt dabei: Wenn wir in den Tagen unserer Väter gelebt hätten, wären wir nicht wie sie am Tod der Propheten schuldig geworden. 31 Damit bestätigt ihr selbst, daß ihr die Söhne der Prophetenmörder seid. 32 Macht nur das Maß eurer Väter voll! 33 Ihr Nattern, ihr Schlangenbrut! Wie wollt ihr dem Strafgericht der Hölle entrinnen?
34 Darum hört: Ich sende Propheten, Weise und Schriftgelehrte zu euch; ihr aber werdet einige von ihnen töten, ja sogar kreuzigen, andere in euren Synagogen auspeitschen und von Stadt zu Stadt verfolgen. 35 So wird all das unschuldige Blut über euch kommen, das auf Erden vergossen worden ist, vom Blut Abels, des Gerechten, bis zum Blut des Zacharias, Barachias' Sohn, den ihr im Vorhof zwischen dem Tempelgebäude und dem Altar ermordet habt. 36 Amen, das sage ich euch: Das alles wird über diese Generation kommen.

16–22: 5,34–37 / 3: Mal 2,7f / 5: Ex 13,9; Num 15,38f / 6: Lk 14,7 / 8: Joh 13,13 / 11: 20,26f; 10,43; Lk 9,48; 22,26 / 12: Lk 14,11 / 16: 5,34 / 23: Lev 27,30; Lk 18,12 / 25: Mk 7,4 / 27: Apg 23,3 / 28: Lk 16,15 / 30: 5,12; Apg 7,52 / 33: 3,7 / 34: 1Thess 2,15 / 35: Gen 4,8.10; 2Chr 24,20–22.

23,1–36 Die große Rede Jesu gegen die Schriftgelehrten und die Pharisäer verdankt ihre heutige Gestalt der Hand des Evangelisten. Sie ist gegliedert durch 7 Weherufe (Verse 13.15.16.23.25.27.29).

23,2 Als »Stuhl des Mose« wurde in den Synagogen ein steinerner Ehrensessel bezeichnet, auf den sich die Schriftgelehrten bei der Auslegung des Alten Testamentes setzten. Es war das Zeichen ihrer religiösen Lehrautorität.

23,4 Die »schweren Lasten« sind die vielen Gebote und Verbote, die die Schriftgelehrten aus dem Alten Testament, vor allem aus dem Gesetz des Mose, ableiteten. Zur Zeit Jesu zählte man 613 solcher heiligen Vorschriften.

38: Lk 11,43.

Weitere Anmerkungen zu Mt:

23,14 Spätere Textzeugen fügen aus Mk 12,40 noch hinzu: Weh euch, ihr Schriftgelehrten und Pharisäer, ihr Heuchler! Ihr bringt die Witwen um ihre Häuser und verrichtet lange, scheinheilige Gebete. Deshalb wird das Urteil, das euch erwartet, um so härter sein.

23,30 am Tod, wörtlich: am Blut.

23,35 Hier liegt eine Verwechslung vor zwischen Secharja (griech. Zacharias), dem Sohn Jojadas, der nach 2Chr 24,20–22 ermordet wurde, und dem Propheten Sacharja, dem Sohn des Berechja (griech. Barachias), Sach 1,1.7.

208. Wehklage über Jerusalem

Mt 23,37–39

37 Jerusalem, Jerusalem, du tötest die Propheten und steinigst die Boten, die zu dir gesandt sind. Wie oft wollte ich deine Kinder um mich sammeln, so wie eine Henne ihre Küken unter ihre Flügel nimmt; aber ihr habt nicht gewollt.
38 Darum wird euer Haus (von Gott) verlassen. 39 Und ich sage euch: Von jetzt an werdet ihr mich nicht mehr sehen, bis ihr ruft:

(Lk 20,47)

*die Propheten, die von euren Vätern umgebracht wurden.
48 Damit bestätigt und billigt ihr, was eure Väter getan haben. Sie haben die Propheten umgebracht, ihr errichtet ihnen Bauten.*

49 Deshalb hat auch die Weisheit Gottes gesagt: Ich werde Propheten und Apostel zu ihnen senden, und sie werden einige von ihnen töten und andere verfolgen,

*50 damit das Blut aller Propheten, das seit der Erschaffung der Welt vergossen worden ist, an dieser Generation gerächt wird,
51 vom Blut Abels bis zum Blut des Zacharias, der im Vorhof zwischen Altar und Tempel umgebracht wurde. Ja, das sage ich euch: An dieser Generation wird es gerächt werden.*

46: 11,43; 14,7.

Zu Mt 23,8f Thomasevangelium Logion 13, vgl. Nr. 119.

Zu Mt 23,13 Papyrus Oxyrhynchos 655: Die Pharisäer und Schriftgelehrten haben die Schlüssel des Reiches empfangen und verborgen. Sie selbst gehen nicht hinein und verbieten denen hineinzugehen, die hineingehen wollen. Ihr aber seid klug wie die Schlangen und ohne Falsch wie die Tauben.

Zu Mt 23,25–28 Thomasevangelium Logion 89: Warum wascht ihr die Außenseite des Bechers? Versteht ihr nicht? Wer die Innenseite bildete, machte auch die Außenseite.

Zu Mt 23,27f Papyrus Oxyrhynchos 840: Da sprach der Heiland zu ihm: Wehe euch, ihr Blinden, die ihr nicht seht. In dem ausgegossenen Wasser, in dem Hunde und Schweine Tag und Nacht liegen, hast du dich gebadet. Du hast dich gewaschen und die äußere Haut abgerieben, die auch die Huren und Flötenspielerinnen salben, baden, abreiben und schminken, um die Begierde der Männer anzureizen, inwendig sind sie aber voller Skorpione und Schlechtigkeit.

Lk 13,34–35 (vgl. Nr. 164)

34 Jerusalem, Jerusalem, du tötest die Propheten und steinigst die Boten, die zu dir gesandt sind. Wie oft wollte ich deine Kinder um mich sammeln, so wie eine Henne ihre Küken unter ihre Flügel nimmt; aber ihr habt nicht gewollt.

35 Darum wird euer Haus (von Gott) verlassen. Ich sage euch: Ihr werdet mich nicht mehr sehen, bis die Zeit kommt, in der ihr ruft:

GESEGNET SEI ER, DER KOMMT IM NAMEN DES HERRN!

38: Jer 12,7; 22,5; Ps 69,26 / 39: Ps 118,26; Mt 21,9.

23,38 Wörtlich: Darum wird euch euer Haus überlassen. Zahlreiche Textzeugen haben statt dessen: ... verödet überlassen.

Zu Mt 23,39 Die große Rede Jesu gegen die Schriftgelehrten und die Pharisäer wird abgeschlossen durch ein Drohwort gegen Jerusalem. In Vers 39 klingt die Hoffnung an, daß auch Israel einst Jesus als Messias anerkennen wird.

209. Das Opfer der Witwe

Mk 12,41–44

41 Als Jesus einmal dem Opferkasten gegenübersaß, sah er zu, wie die Leute Geld in den Kasten warfen. Viele Reiche kamen und gaben viel.
42 Da kam auch eine arme Witwe und warf zwei kleine Münzen hinein.
43 Er rief seine Jünger zu sich und sagte: Amen, ich sage euch: Diese arme Witwe hat mehr in den Opferkasten hineingeworfen als alle andern.
44 Denn sie alle haben nur etwas von ihrem Überfluß hergegeben; diese Frau aber, die kaum das Nötigste zum Leben hat, sie hat alles gegeben, was sie besaß, ihren ganzen Lebensunterhalt.

12,41 Im Vorhof der Frauen, zu dem beide Geschlechter Zutritt hatten, befand sich die Schatzkammer mit dreizehn trompetenförmigen Opferstöcken. Die Opfermünzen wurden von einem Priester überprüft und dann in den Opferstock geworfen.

12,42 Wörtlich: und warf zwei Leptá hinein, das ist ein Quadrans.

Die Rede über die Endzeit (Mt 24,1–25,46; Mk 13,1–37; Lk 21,5–36)

210. Die Ankündigung der Zerstörung des Tempels und die Frage nach den Zeichen der Endzeit

Mt 24,1–3

1 Als Jesus den Tempel verlassen hatte, wandten sich seine Jünger an ihn und wiesen ihn auf die gewaltigen Bauten des Tempels hin.
2 Er sagte zu ihnen: Seht ihr das alles? Amen, das sage ich euch: Kein Stein wird hier auf dem andern bleiben; alles wird niedergerissen werden.
3 Als er auf dem Ölberg saß, wandten sich die

Mk 13,1–4

1 Als Jesus den Tempel verließ, sagte einer von seinen Jüngern zu ihm: Meister, sieh, was für Steine und was für Bauten!
2 Jesus sagte zu ihm: Siehst du diese großen Bauten? Kein Stein wird auf dem andern bleiben, alles wird niedergerissen.

3 Und als er auf dem Ölberg saß, dem Tempel

»Gesegnet sei er, der kommt im Namen des Herrn!«

Lk 21,1–4

1 Er blickte auf und sah, wie die Reichen ihre Gaben in den Opferkasten legten.

2 Dabei sah er auch eine arme Witwe, die zwei kleine Münzen hineinwarf.

3 Da sagte er: Wahrhaftig, ich sage euch: Diese arme Witwe hat mehr hineingeworfen
als alle anderen. 4 Denn sie alle haben nur
etwas von ihrem Überfluß geopfert; diese Frau aber, die kaum das Nötigste zum Leben hat, sie hat ihren ganzen Lebensunterhalt hergegeben.

21,1–4 Vgl. die Anmerkung zu Mk 12,41.

21,2 zwei kleine Münzen, wörtlich: zwei Leptá. Vgl. die Anmerkung zu 12,6.

Lk 21,5–7

5 Als einige darüber sprachen, daß der Tempel mit schönen Steinen und Weihegeschenken geschmückt sei, sagte Jesus: 6 Es wird
eine Zeit kommen, da wird von allem, was ihr hier seht, kein Stein auf dem andern bleiben; alles wird niedergerissen werden.

7 Sie fragten ihn:

Jünger, die mit ihm allein waren, an ihn und fragten:

Sag uns, wann wird das geschehen, und was ist das Zeichen für deine Ankunft und das Ende der Welt?

2: Lk 19,44.

24,1–25,46 Die umfangreiche Rede von den letzten Dingen wurde vom Evangelisten zusammengestellt. Er rechnet noch mit einem nahen Weltuntergang (vgl. 24,29: »sofort nach jenen Tagen«).

gegenüber, fragten ihn Petrus, Jakobus, Johannes und Andreas, die mit ihm allein waren:
4 Sag uns, wann wird das geschehen, und an welchem Zeichen wird man erkennen, daß das Ende von all dem bevorsteht?

2: Lk 19,44.

13,1–37 Die Rede über die Endzeit ist aus verschiedenen Überlieferungen zusammengewachsen.

211. Vom Anfang der Not

Mt 24,4–8

4 Jesus antwortete: Gebt acht, daß euch niemand irreführt!
5 Denn viele werden unter meinem Namen auftreten und sagen: Ich bin der Messias!, und sie werden viele irreführen.
6 Ihr werdet von Kriegen hören, und Nachrichten über Kriege werden euch beunruhigen. Gebt acht, laßt euch nicht erschrecken! Das MUSS GESCHEHEN. Es ist aber noch nicht das Ende.
7 Denn ein Volk wird sich gegen das andere erheben und ein Reich gegen das andere, und an vielen Orten wird es Hungersnöte und Erdbeben geben.

8 Doch das alles ist erst der Anfang der Wehen.

6: Dan 2,28 G / 7: Jes 19,2.

Mk 13,5–8

5 Jesus sagte zu ihnen: Gebt acht, daß euch niemand irreführt!
6 Viele werden unter meinem Namen auftreten und sagen: Ich bin es! Und sie werden viele irreführen.

7 Wenn ihr dann von Kriegen hört und Nachrichten über Kriege euch beunruhigen, laßt euch nicht erschrecken! Das MUSS GESCHEHEN. Es ist aber noch nicht das Ende.

8 Denn ein Volk wird sich gegen das andere erheben und ein Reich gegen das andere. Und an vielen Orten wird es Erdbeben und Hungersnöte geben.

Doch das ist erst der Anfang der Wehen.

7: Dan 2,28 G / 8: Jes 19,2.

212. Weissagungen über die Endzeit

Mt 24,9–14; *10,17–21* (vgl. Nr. 57)

9a Dann wird man euch in große Not bringen und euch töten,
10,17 *Nehmt euch aber vor den Menschen in acht! Denn sie werden euch vor die Gerichte bringen und in ihren Synagogen auspeitschen.*
18 *Ihr werdet um meinetwillen vor Statthalter und Könige geführt, damit ihr vor ihnen und den Heiden Zeugnis ablegt.*

Mk 13,9–13

9 Ihr aber, macht euch darauf gefaßt: Man wird euch um meinetwillen vor die Gerichte bringen, in den Synagogen mißhandeln und vor Statthalter und Könige stellen, damit ihr vor ihnen Zeugnis ablegt.
10 Vor dem Ende aber muß allen Völkern das Evangelium verkündet werden.

Meister, wann wird das geschehen, und an welchem Zeichen wird man erkennen, daß es beginnt?

6: 19,44.

21,5–36 Vgl. die Anmerkung zu Mt 24,1–25,46. Im Unterschied zur Endzeitrede des Markus und des Matthäus spricht Lukas nicht vom Aufstellen eines Götzenbildes im Tempel und trennt zwischen dem Untergang Jerusalems und dem Ende der Welt.

Lk 21,8–11

8 Er antwortete: Gebt acht, daß man euch nicht irreführt! Denn viele werden unter meinem Namen auftreten und sagen: Ich bin es!, und: Die Zeit ist da. – Lauft ihnen nicht nach!
9 Und wenn ihr von Kriegen und Unruhen hört, laßt euch dadurch nicht erschrecken! Denn das MUSS als erstes GESCHEHEN; aber
das Ende kommt noch nicht sofort. 10 Dann
sagte er zu ihnen:
Ein Volk wird sich gegen das andere erheben
und ein Reich gegen das andere. 11 Es wird
gewaltige Erdbeben und an vielen Orten Seuchen und Hungersnöte geben; schreckliche Dinge werden geschehen, und am Himmel wird man gewaltige Zeichen sehen.

9: Dan 2,28 G / 10: Jes 19,2.

Lk 21,12–19

12 Aber bevor das alles geschieht, wird man euch festnehmen und euch verfolgen. Man wird euch um meines Namens willen den Gerichten der Synagogen übergeben, ins Gefängnis werfen und vor Könige und Statthalter bringen. 13 Dann werdet ihr Zeugnis able-

Joh 16,2; 14,26; 15,21

16,2 *Sie werden euch aus der Synagoge ausstoßen, ja es kommt die Stunde, in der jeder, der euch tötet, meint, Gott einen heiligen Dienst zu leisten.*

Mt:

19 *Wenn man euch vor Gericht stellt, macht euch keine Sorgen, wie und was ihr reden sollt; denn es wird euch in jener Stunde eingegeben, was ihr sagen sollt.* 20 *Nicht ihr werdet dann reden, sondern der Geist eures Vaters wird durch euch reden.* 21 *Brüder werden einander dem Tod ausliefern und Väter ihre Kinder, und die Kinder werden sich gegen ihre Eltern auflehnen und sie in den Tod schicken.*

24,9b und ihr werdet von allen Völkern um meines Namens willen gehaßt. 10 Dann werden viele zu Fall kommen und einander hassen und verraten. 11 Viele falsche Propheten werden auftreten, und sie werden viele irreführen. 12 Und weil die Mißachtung von Gottes Gesetz überhandnimmt, wird die Liebe bei vielen erkalten. 13 Wer jedoch bis zum Ende standhaft bleibt, der wird gerettet. 14 Aber dieses Evangelium vom Reich wird auf der ganzen Welt verkündet werden, damit alle Völker es hören; dann erst kommt das Ende.

9–13: Joh 16,1–4a / 11: 24,23 / 14: 28,19.

24,14 damit alle Völker es hören, wörtlich: allen Völkern zum Zeugnis.

Mk:

11 Und wenn man euch abführt und vor Gericht stellt, dann macht euch nicht im voraus Sorgen, was ihr sagen sollt; sondern was euch in jener Stunde eingegeben wird, das sagt! Denn nicht ihr werdet dann reden, sondern der Heilige Geist. 12 Brüder werden einander dem Tod ausliefern und Väter ihre Kinder, und die Kinder werden sich gegen ihre Eltern auflehnen und sie in den Tod schicken.

13 Und ihr werdet um meines Namens willen von allen gehaßt werden;

wer aber bis zum Ende standhaft bleibt, der wird gerettet.

10 *Vor dem Ende aber muß allen Völkern das Evangelium verkündet werden.*

9–13: Joh 16,1–4a / 11: Lk 12,11f / 12: Mi 7,6 / 13: Joh 15,18.

13,9 damit ihr vor ihnen Zeugnis ablegt, andere Übersetzungsmöglichkeit: zum Zeugnis gegen sie.

213. Vom Höhepunkt der Not

Mt 24,15–28

15 Wenn ihr dann am heiligen Ort den UNHEILVOLLEN GREUEL stehen seht, der durch den Propheten Daniel vorhergesagt worden ist – der Leser begreife –,
16 dann sollen die Bewohner von Judäa in die Berge fliehen; 17 wer gerade auf dem Dach ist, soll nicht mehr ins Haus gehen, um seine Sachen mitzunehmen; 18 wer auf dem Feld ist, soll nicht zurückkehren, um seinen Mantel zu holen. 19 Weh aber den Frauen, die in jenen Tagen schwanger sind oder ein Kind stillen. 20 Betet darum, daß ihr nicht im Winter oder an einem Sabbat fliehen müßt.
21 Denn es wird eine so große NOT kommen, WIE ES NOCH NIE EINE GEGEBEN HAT, SEIT DIE WELT BESTEHT, UND WIE ES AUCH KEINE MEHR GEBEN WIRD.

Mk 13,14–23

14 Wenn ihr aber den UNHEILVOLLEN GREUEL an dem Ort seht, wo er nicht stehen darf – der Leser begreife –,

dann sollen die Bewohner von Judäa in die Berge fliehen; 15 wer gerade auf dem Dach ist, soll nicht hinabsteigen und ins Haus gehen, um etwas mitzunehmen; 16 wer auf dem Feld ist, soll nicht zurückkehren, um seinen Mantel zu holen. 17 Weh aber den Frauen, die in jenen Tagen schwanger sind oder ein Kind stillen. 18 Betet darum, daß dies alles nicht im Winter eintritt.
19 Denn jene Tage werden eine NOT bringen, WIE ES NOCH NIE EINE GEGEBEN HAT, SEIT Gott DIE WELT erschuf, UND WIE ES AUCH KEINE MEHR GEBEN WIRD.

gen können. 14 Nehmt euch fest vor, nicht im voraus für eure Verteidigung zu sorgen;

15 denn ich werde euch die Worte und die Weisheit eingeben, so daß alle eure Gegner nicht dagegen ankommen und nichts dagegen sagen können. 16 Sogar eure Eltern und Geschwister, eure Verwandten und Freunde werden euch ausliefern, und manche von euch wird man töten.
17 Und ihr werdet um meines Namens willen von allen gehaßt werden. 18 Und doch wird euch kein Haar gekrümmt werden.

14,26 Der Beistand aber, der Heilige Geist, den der Vater in meinem Namen senden wird, der wird euch alles lehren und euch an alles erinnern, was ich euch gesagt habe.

15,21 Das alles werden sie euch um meines Namens willen antun; denn sie kennen den nicht, der mich gesandt hat.

19 Wenn ihr standhaft bleibt, werdet ihr das Leben gewinnen.

12: Joh 16,1–4b; Lk 12,11f / 18: Mt 10,30.

Lk 21,20–24; *17,21.23.24.37b*
(vgl. Nr. 180.181)

20 Wenn ihr aber seht, daß Jerusalem von einem Heer eingeschlossen wird, dann könnt ihr daran erkennen, daß die Stadt bald verwüstet wird.
21 Dann sollen die Bewohner von Judäa in die Berge fliehen; wer in der Stadt ist, soll sie verlassen, und wer auf dem Land ist, soll nicht in die Stadt gehen. 22 Denn das sind die TAGE DER VERGELTUNG, an denen alles in Erfüllung gehen soll, was in der Schrift steht. 23 Wehe den Frauen, die in jenen Tagen schwanger sind oder ein Kind stillen.

Denn eine große Not wird über das Land hereinbrechen: Der Zorn (Gottes) wird über dieses Volk kommen. 24 Mit scharfem Schwert wird man sie erschlagen, als Gefangene wird man sie in alle Länder verschlep-

Mt 24,22–31

[22] Und wenn jene Zeit nicht verkürzt würde, dann würde kein Mensch gerettet; doch um der Auserwählten willen wird jene Zeit verkürzt werden.
[23] Wenn dann jemand zu euch sagt: Seht, hier ist der Messias!, oder: Da ist er!, so glaubt es nicht!
[24] Denn es wird mancher falsche Messias und mancher falsche Prophet auftreten, und sie werden große Zeichen und Wunder tun, um, wenn möglich, auch die Auserwählten irrezuführen.
[25] Denkt daran: Ich habe es euch vorausge-
sagt. [26] Wenn sie also zu euch sagen: Seht, er
ist draußen in der Wüste!, so geht nicht hinaus; und wenn sie sagen: Seht, er ist im
Haus!, so glaubt es nicht. [27] Denn wie der
Blitz bis zum Westen hin leuchtet, wenn er im Osten aufflammt, so wird es bei der Ankunft
des Menschensohnes sein. [28] Überall wo ein
Aas ist, da sammeln sich die Geier.

15: Dan 9,27; 11,31; 12,11; 1Makk 1,54 / 17: Mk 13,15f; Lk 17,31 / 21: Dan 12,1; Joël 2,2.

24,15 Der »unheilvolle Greuel« ist bei Dan 9,27; 11,31; 12,11 ein im Tempel aufgestellter Altar (oder ein Standbild) des griechischen Gottes Zeus.

Mk 13,20–27

[20] Und wenn der Herr diese Zeit nicht verkürzen würde, dann würde kein Mensch gerettet; aber um seiner Auserwählten willen hat er diese Zeit verkürzt.
[21] Wenn dann jemand zu euch sagt: Seht, hier ist der Messias!, oder: Seht, dort ist er!, so glaubt es nicht!
[22] Denn es wird mancher falsche Messias und mancher falsche Prophet auftreten, und sie werden Zeichen und Wunder tun, um, wenn möglich, die Auserwählten irrezuführen.

[23] Ihr aber, seht euch vor! Ich habe euch alles vorausgesagt.

14: Dan 9,27; 11,31; 12,11; 1Makk 1,54 / 15: Lk 17,31 / 19: Dan 12,1; Joël 2,2.

13,14 Vgl. die Anmerkung zu Mt 24,15.

214. Vom Kommen des Menschensohnes

Mt 24,29–31

[29] Sofort nach den Tagen der großen Not WIRD SICH DIE SONNE VERFINSTERN, UND DER MOND WIRD NICHT MEHR SCHEINEN; DIE STERNE WERDEN vom Himmel FALLEN,

und die Kräfte des Himmels werden erschüt-
tert werden. [30] Danach wird das Zeichen des
Menschensohnes am Himmel erscheinen; dann WERDEN ALLE VÖLKER DER ERDE JAMMERN UND KLAGEN, und sie werden den MENSCHENSOHN mit großer Macht und Herrlich-
keit AUF DEN WOLKEN DES HIMMELS KOMMEN
sehen. [31] Er wird seine Engel unter lautem
Posaunenschall aussenden, und sie werden die von ihm Auserwählten AUS ALLEN VIER WINDRICHTUNGEN ZUSAMMENFÜHREN, von einem Ende des Himmels bis zum andern.

29: Jes 13,10; 34,4 G; Joël 2,10; Hag 2,6.21; 2Petr 3,10 / 30: Sach 12,10.12; Dan 7,13; Mt 26,64; Mk 14,62; Offb 1,7 / 31: Sach 2,10 G.

Mk 13,24–27

[24] Aber in jenen Tagen, nach der großen Not, WIRD SICH DIE SONNE VERFINSTERN, UND DER
MOND WIRD NICHT MEHR SCHEINEN; [25] DIE
STERNE WERDEN vom Himmel FALLEN,

und die Kräfte des Himmels werden erschüt-
tert werden. [26] Dann

wird man den MENSCHENSOHN mit großer Macht und Herrlichkeit AUF DEN WOLKEN
KOMMEN sehen. [27] Und er wird die Engel aus-
senden

und die von ihm Auserwählten AUS ALLEN VIER WINDRICHTUNGEN ZUSAMMENFÜHREN, vom Ende der Erde bis zum Ende des Himmels.

24f: Jes 13,10; 34,4 G; Joël 2,10; Hag 2,6.21; 2Petr 3,10 / 26: Dan 7,13; Mt 26,64; Mk 14,62; Offb 1,7 / 27: Sach 2,10 G.

pen, und JERUSALEM wird von DEN HEIDEN ZERTRETEN werden, bis die Zeiten der Heiden sich erfüllen.

[17,21] *Man kann auch nicht sagen: Seht, hier ist es!, oder: Dort ist es! Denn: Das Reich Gottes ist (schon) mitten unter euch.*

[23] *Und wenn man zu euch sagt: Dort ist er! Hier ist er!, so geht nicht hin, und lauft nicht hinterher!*
[24] *Denn wie der Blitz von einem Ende des Himmels bis zum andern leuchtet, so wird der Menschensohn an seinem Tag erscheinen.*
[37b] *Wo ein Aas ist, da sammeln sich auch die Geier.*

22: Dtn 32,35 / 24· Sach 12,3 G.

Lk 21,25–28

[25] Es werden Zeichen sichtbar werden an Sonne, Mond und Sternen, und auf der Erde werden die Völker bestürzt und ratlos sein über das Toben und Donnern des Meeres.
[26] Die Menschen werden vor Angst vergehen in der Erwartung der Dinge, die über die Erde kommen; denn die Kräfte des Himmels werden erschüttert werden. [27] Dann

wird man den MENSCHENSOHN mit großer Macht und Herrlichkeit AUF EINER WOLKE KOMMEN sehen.

[28] Wenn (all) das beginnt, dann richtet euch auf, und erhebt eure Häupter; denn eure Erlösung ist nahe.

25: Jes 13,10; 34,4 G; Joël 2,10 / 26: Hag 2,6.21; 2Petr 3,10 / 27: Dan 7,13; Mt 26,64; Mk 14,62; Offb 1,7.

215. Das Gleichnis vom grünenden Feigenbaum

Mt 24,32–33

32 Lernt etwas aus dem Vergleich mit dem Feigenbaum! Sobald seine Zweige saftig werden und Blätter treiben, wißt ihr, daß der Sommer nahe ist. 33 Genauso sollt ihr erkennen, wenn ihr das alles seht, daß das Ende vor der Tür steht.

Mk 13,28–29

28 Lernt etwas aus dem Vergleich mit dem Feigenbaum! Sobald seine Zweige saftig werden und Blätter treiben, wißt ihr, daß der Sommer nahe ist. 29 Genauso sollt ihr erkennen, wenn ihr (all) das geschehen seht, daß das Ende vor der Tür steht.

216. Vom Zeitpunkt der Wiederkunft

Mt 24,34–36

34 Amen, ich sage euch: Diese Generation wird nicht vergehen, bis das alles eintrifft. 35 Himmel und Erde werden vergehen, aber meine Worte werden nicht vergehen. 36 Doch jenen Tag und jene Stunde kennt niemand, auch nicht die Engel im Himmel, nicht einmal der Sohn, sondern nur der Vater.

34: 16,28; Mk 9,1; Lk 9,27.

Mk 13,30–32

30 Amen, ich sage euch: Diese Generation wird nicht vergehen, bis das alles eintrifft. 31 Himmel und Erde werden vergehen, aber meine Worte werden nicht vergehen. 32 Doch jenen Tag und jene Stunde kennt niemand, auch nicht die Engel im Himmel, nicht einmal der Sohn, sondern nur der Vater.

30: 9,1; Mt 16,28; Lk 9,27.

217. Das Gleichnis vom Türhüter (Markus-Schluß der Endzeitrede)

Mt 25,13–14.15b; 24,42 (vgl. Nr. 223.220.222)

25,14 *Es ist wie mit einem Mann, der auf Reisen ging: Er rief seine Diener und vertraute ihnen sein Vermögen an.* 15b *. . . jedem nach seinen Fähigkeiten.*

24,42 *Seid also wachsam! Denn ihr wißt nicht, an welchem Tag euer Herr kommt.*

25,13 *Seid also wachsam! Denn ihr wißt weder den Tag noch die Stunde.*

Mk 13,33–37

33 Seht euch also vor, und bleibt wach! Denn ihr wißt nicht, wann die Zeit da ist. 34 Es ist wie mit einem Mann, der sein Haus verließ, um auf Reisen zu gehen: Er übertrug alle Verantwortung seinen Dienern, jedem eine bestimmte Aufgabe; dem Türhüter befahl er, wachsam zu sein. 35 Seid also wachsam! Denn ihr wißt nicht, wann der Hausherr kommt, ob am Abend oder um Mitternacht, ob beim Hahnenschrei oder erst am Morgen. 36 Er soll euch, wenn er plötzlich kommt, nicht schlafend antreffen. 37 Was ich aber euch sage, das sage ich allen: Seid wachsam!

218. Mahnungen im Hinblick auf das Ende (Lukas-Schluß der Endzeitrede)

Lk 21,29–35

Lk 21,29–31

29 Und er gebrauchte einen Vergleich und sagte: Seht euch den Feigenbaum und die anderen Bäume an: 30 Sobald ihr merkt, daß sie Blätter treiben, wißt ihr, daß der Sommer nahe ist. 31 Genauso sollt ihr erkennen, wenn ihr (all) das geschehen seht, daß das Reich Gottes nahe ist.

Lk 21,32–33

32 Amen, ich sage euch: Diese Generation wird nicht vergehen, bis alles eintrifft. 33 Himmel und Erde werden vergehen, aber meine Worte werden nicht vergehen.

32: 9,27; Mt 16,28; Mk 9,1.

Lk 12,35–38 (vgl. Nr. 155)

35 *Legt euren Gürtel nicht ab, und laßt eure Lampen brennen!* 36 *Seid wie Menschen, die auf die Rückkehr ihres Herrn warten, der auf einer Hochzeit ist, und die ihm öffnen, sobald er kommt und anklopft.* 37 *Selig die Knechte, die der Herr wach findet, wenn er kommt. Amen, ich sage euch: Er wird sich gürten, sie am Tisch Platz nehmen lassen und sie der Reihe nach bedienen.*

38 *Und kommt er erst in der zweiten oder dritten Nachtwache und findet sie wach – selig sind sie.*

Lk 21,34–36

34 Nehmt euch in acht, daß Rausch und Trunkenheit und die Sorgen des Alltags euch nicht verwirren und daß jener Tag euch nicht plötzlich überrascht, 35 (so) wie (man in) eine

219. Mahnungen im Hinblick auf das Ende

Mt 24,37–41

[37] Denn wie es in den Tagen des Noach war, so wird es bei der Ankunft des Menschensohnes sein. [38] Wie die Menschen in den Tagen vor der Flut aßen und tranken und heirateten, bis zu dem Tag, AN DEM NOACH IN DIE ARCHE GING, [39] und nichts ahnten, bis die Flut hereinbrach und alle wegraffte, so wird es auch bei der Ankunft des Menschensohnes sein.
[40] Dann wird von zwei Männern, die auf dem Feld arbeiten, einer mitgenommen und einer zurückgelassen. [41] Und von zwei Frauen, die mit derselben Mühle mahlen, wird eine mitgenommen und eine zurückgelassen.

37: Gen 6,11–13; 7,7–13 / 38: Gen 7,7.

220. Das Gleichnis vom wachsamen Hausherrn

Mt 24,42–44

[42] Seid also wachsam! Denn ihr wißt nicht, an welchem Tag euer Herr kommt. [43] Bedenkt: Wenn der Herr des Hauses wüßte, zu welcher Stunde in der Nacht der Dieb kommt, würde er wach bleiben und nicht zulassen, daß man in sein Haus einbricht. [44] Darum haltet auch ihr euch bereit! Denn der Menschensohn kommt zu einer Stunde, in der ihr es nicht erwartet.

42: 25,13; Lk 21,36 / 43: 1Thess 5,2; 2Petr 3,10.

Mk 13,33 (vgl. Nr. 217)

[33] *Seht euch also vor, und bleibt wach! Denn ihr wißt nicht, wann die Zeit da ist.*

221. Das Gleichnis vom treuen und vom schlechten Knecht

Mt 24,45–51

[45] Wer ist nun der treue und kluge Knecht, den der Herr eingesetzt hat, damit er dem

Falle (gerät); denn er wird über alle Bewohner der ganzen Erde hereinbrechen. [36] Wacht und betet allezeit, damit ihr allem, was geschehen wird, entrinnen und vor den Menschensohn hintreten könnt.

36: Mt 24,42; 25,13; Mk 13,35.

21,35 Eine Reihe von Textzeugen hat: denn wie eine Falle wird er über alle Bewohner . . . hereinbrechen.

Lk 17,26–27.34–35 (vgl. Nr. 181)

[26] *Und wie es zur Zeit des Noach war, so wird es auch in den Tagen des Menschensohnes sein.* [27] *Die Menschen aßen und tranken und heirateten bis zu dem Tag, an dem »Noach in die Arche ging«; dann kam die Flut und vernichtete alle.*

[34] *Ich sage euch: Von zwei Männern, die in jener Nacht auf einem Bett liegen, wird der eine mitgenommen und der andere zurückgelassen.* [35] *Von zwei Frauen, die mit derselben Mühle Getreide mahlen, wird die eine mitgenommen und die andere zurückgelassen.*

Lk 12,39–40 (vgl. Nr. 155)

[39] *Bedenkt: Wenn der Herr des Hauses wüßte, in welcher Stunde der Dieb kommt, so würde er verhindern, daß man in sein Haus einbricht.* [40] *Haltet auch ihr euch bereit! Denn der Menschensohn kommt zu einer Stunde, in der ihr es nicht erwartet.*

Lk 12,42–46 (vgl. Nr. 155)

[42] *Der Herr antwortete: Wer ist denn der treue und kluge Verwalter, den der Herr einsetzen*

Gesinde zur rechten Zeit gibt, was sie zu es-
sen brauchen?
46 Selig der Knecht, den der Herr damit be-
schäftigt findet, wenn er kommt! 47 Amen,
das sage ich euch: Er wird ihn zum Verwalter
seines ganzen Vermögens machen. 48 Wenn
aber der Knecht schlecht ist und denkt: Mein
Herr kommt noch lange nicht!, 49 und an-
fängt, seine Mitknechte zu schlagen, wenn er
mit Trinkern Gelage feiert,
50 dann wird der Herr an einem Tag kommen,
an dem der Knecht es nicht erwartet, und zu
einer Stunde, die er nicht kennt; 51 und der
Herr wird ihn in Stücke hauen und ihm sei-
nen Platz unter den Heuchlern zuweisen.
Dort wird er heulen und mit den Zähnen
knirschen.

47: 25,21.23 / 50: 24,42.44 / 51: 8,12.

222. Das Gleichnis von den zehn Jungfrauen

Mt 25,1–13

1 Dann wird es mit dem Himmelreich sein wie
mit zehn Jungfrauen, die ihre Lampen nah-
men und dem Bräutigam entgegengingen.
2 Fünf von ihnen waren töricht, und fünf wa-
ren klug. 3 Die törichten nahmen ihre Lam-
pen mit, aber kein Öl, 4 die klugen aber nah-
men außer den Lampen noch Öl in Krügen
mit. 5 Als nun der Bräutigam lange nicht
kam, wurden sie alle müde und schliefen ein.
6 Mitten in der Nacht aber hörte man plötz-
lich laute Rufe: Der Bräutigam kommt! Geht
ihm entgegen! 7 Da standen die Jungfrauen
alle auf und machten ihre Lampen zurecht.
8 Die törichten aber sagten zu den klugen:
Gebt uns von eurem Öl, sonst gehen unsere
Lampen aus. 9 Die klugen erwiderten ihnen:
Dann reicht es weder für uns noch für euch;
geht doch zu den Händlern und kauft, was ihr
braucht. 10 Während sie noch unterwegs wa-
ren, um das Öl zu kaufen, kam der Bräuti-
gam; die Jungfrauen, die bereit waren, gin-
gen mit ihm in den Hochzeitssaal, und die
Tür wurde zugeschlossen. 11 Später kamen
auch die anderen Jungfrauen und riefen:
Herr, Herr, mach uns auf! 12 Er aber antwor-
tete ihnen: Amen, ich sage euch: Ich kenne
euch nicht.
13 Seid also wachsam! Denn ihr wißt weder
den Tag noch die Stunde.

1: Lk 12,35f / 11f: Lk 13,25–27 / 12: 7,23 / 13: 24,42.50.

Mk 13,35a (vgl. Nr. 217)

35a *Seid also wachsam! Denn ihr wißt nicht,
wann der Hausherr kommt.*

wird, damit er seinem Gesinde zur rechten Zeit die Nahrung zuteilt? [43] *Selig der Knecht, den der Herr damit beschäftigt findet, wenn er kommt.* [44] *Wahrhaftig, das sage ich euch: Er wird ihn zum Verwalter seines ganzen Vermögens machen.* [45] *Wenn aber der Knecht denkt: Mein Herr kommt noch lange nicht zurück!, und anfängt, die Knechte und Mägde zu schlagen; wenn er ißt und trinkt und sich berauscht,*
[46] *dann wird der Herr an einem Tag kommen, an dem der Knecht es nicht erwartet, und zu einer Stunde, die er nicht kennt; und der Herr wird ihn in Stücke hauen und ihm seinen Platz unter den Ungläubigen zuweisen.*

Zu Mt 25,1–13 Justin, Dial. 47,5: Darum hat unser Herr Jesus Christus gesagt: Worin ich euch antreffe, darin werde ich euch auch richten.

Mt 24,14–27 (Mk 13,37)

223. Das Gleichnis vom anvertrauten Geld

Mt 25,14–30

14 Es ist wie mit einem Mann, der auf Reisen
ging: Er rief seine Diener und vertraute ih-
nen sein Vermögen an. 15 Dem einen gab er
fünf Talente Silbergeld, einem anderen zwei,
wieder einem anderen eines, jedem nach sei-
nen Fähigkeiten. Dann reiste er ab. Sofort
16 begann der Diener, der fünf Talente erhal-
ten hatte, mit ihnen zu wirtschaften, und er
gewann noch fünf dazu. 17 Ebenso gewann
der, der zwei erhalten hatte, noch zwei dazu.
18 Der aber, der das eine Talent erhalten hat-
te, ging und grub ein Loch in die Erde und
versteckte das Geld seines Herrn.
19 Nach langer Zeit kehrte der Herr zurück,
um von den Dienern Rechenschaft zu ver-
langen.

20 Da kam der, der die fünf Talente erhalten
hatte, brachte fünf weitere und sagte: Herr,
fünf Talente hast du mir gegeben; sieh her,
ich habe noch fünf dazugewonnen.
21 Sein Herr sagte zu ihm: Sehr gut, du bist
ein tüchtiger und treuer Diener. Du bist im
Kleinen ein treuer Verwalter gewesen, ich
will dir eine große Aufgabe übertragen.
Komm, nimm teil an der Freude deines
Herrn! 22 Dann kam der Diener, der zwei Ta-
lente erhalten hatte, und sagte: Herr, du hast
mir zwei Talente gegeben; sieh her, ich habe
noch zwei dazugewonnen. 23 Sein Herr sagte
zu ihm: Sehr gut, du bist ein tüchtiger und
treuer Diener. Du bist im Kleinen ein treuer
Verwalter gewesen, ich will dir eine große
Aufgabe übertragen. Komm, nimm teil an
der Freude deines Herrn! 24 Zuletzt kam
auch der Diener, der das eine Talent erhalten
hatte, und sagte: Herr, ich wußte, daß du ein
strenger Mann bist; du erntest, wo du nicht
gesät hast, und sammelst, wo du nicht ausge-
streut hast; 25 weil ich Angst hatte, habe ich
dein Geld in der Erde versteckt. Hier hast du
es wieder.
26 Sein Herr antwortete ihm: Du bist ein
schlechter und fauler Diener! Du hast doch
gewußt, daß ich ernte, wo ich nicht gesät
habe, und sammle, wo ich nicht ausgestreut
habe. 27 Hättest du mein Geld wenigstens auf

Mk 13,34 (vgl. Nr. 217)

34 Es ist wie mit einem Mann, der sein Haus
verließ, um auf Reisen zu gehen: Er übertrug
alle Verantwortung seinen Dienern, jedem
eine bestimmte Aufgabe; dem Türhüter befahl
er, wachsam zu sein.

(Lk 21,36)

Lk 19,11–27 (vgl. Nr. 192)

11 *Weil Jesus schon nahe bei Jerusalem war,*
meinten die Menschen, die von all dem hör-
ten, das Reich Gottes werde sofort erscheinen.
Daher erzählte er ihnen ein weiteres Gleich-
nis. 12 *Er sagte: Ein Mann von vornehmer*
Herkunft wollte in ein fernes Land reisen, um
die Königswürde zu erlangen und dann zu-
rückzukehren. 13 *Er rief zehn seiner Diener zu*
sich, verteilte unter sie Geld im Wert von zehn
Minen und sagte: Macht Geschäfte damit, bis
ich wiederkomme.

14 *Da ihn aber die Einwohner seines Landes*
haßten, schickten sie eine Gesandtschaft hin-
ter ihm her und ließen sagen: Wir wollen
nicht, daß dieser Mann unser König wird.
15 *Dennoch wurde er als König eingesetzt.*
Nach seiner Rückkehr ließ er die Diener, de-
nen er das Geld gegeben hatte, zu sich rufen.
Er wollte sehen, welchen Gewinn jeder bei
seinen Geschäften erzielt hatte.
16 *Der erste kam*
und sagte: Herr, ich habe mit deiner Mine
zehn Minen erwirtschaftet.

17 *Da sagte der König zu ihm: Sehr gut, du bist*
ein tüchtiger Diener. Weil du im Kleinsten zu-
verlässig warst, sollst du Herr über zehn
Städte werden.

18 *Der zweite kam*
und sagte: Herr, ich habe mit deiner Mine fünf
Minen erwirtschaftet. 19 *Zu ihm sagte der Kö-*
nig: Du sollst über fünf Städte herrschen.

20 *Nun kam ein anderer*
und sagte: Herr, hier hast du dein Geld zu-
rück. Ich habe es in ein Tuch eingebunden
und aufbewahrt; 21 *denn ich hatte Angst vor*
dir, weil du ein strenger Mann bist: Du hebst
ab, was du nicht eingezahlt hast, und erntest,
was du nicht gesät hast.

22 *Der König antwortete:*
Aufgrund deiner eigenen Worte spreche ich
dir das Urteil. Du bist ein schlechter Diener.
Du hast gewußt, daß ich ein strenger Mann
bin? Daß ich abhebe, was ich nicht eingezahlt

die Bank gebracht, dann hätte ich es bei meiner Rückkehr mit Zinsen zurückerhalten.

[28] Darum nehmt ihm das Talent weg und gebt es dem, der die zehn Talente hat!

[29] Denn wer hat, dem wird gegeben, und er wird im Überfluß haben; wer aber nicht hat, dem wird auch noch weggenommen, was er
hat. [30] Werft den nichtsnutzigen Diener hinaus in die äußerste Finsternis! Dort wird er heulen und mit den Zähnen knirschen.

19: 18,23 / 21: 24,45–47; Lk 16,10 / 23: Lk 12,44 / 29: 13,12; Mk 4,25; Lk 8,18 / 30: 8,12.

25,15 Vgl. die Anmerkung zu 18,23–35.

224. Vom Weltgericht

Mt 25,31–46

[31] Wenn der Menschensohn in seiner Herrlichkeit KOMMT und alle ENGEL MIT IHM, dann wird er sich auf den Thron seiner Herrlich-
keit setzen. [32] Und alle Völker werden vor ihm zusammengerufen werden, und er wird sie voneinander scheiden, wie der Hirt die
Schafe von den Böcken scheidet. [33] Er wird die Schafe zu seiner Rechten versammeln,
die Böcke aber zur Linken. [34] Dann wird der König denen auf der rechten Seite sagen: Kommt her, die ihr von meinem Vater gesegnet seid, nehmt das Reich in Besitz, das seit der Erschaffung der Welt für euch be-
stimmt ist. [35] Denn ich war hungrig, und ihr habt mir zu essen gegeben; ich war durstig, und ihr habt mir zu trinken gegeben; ich war fremd und obdachlos, und ihr habt mich auf-
genommen; [36] ich war nackt, und ihr habt mir Kleidung gegeben; ich war krank, und ihr habt mich besucht; ich war im Gefängnis,
und ihr seid zu mir gekommen. [37] Dann werden ihm die Gerechten antworten: Herr, wann haben wir dich hungrig gesehen und dir zu essen gegeben, oder durstig und dir zu
trinken gegeben? [38] Und wann haben wir dich fremd und obdachlos gesehen und aufgenommen, oder nackt und dir Kleidung ge-
geben? [39] Und wann haben wir dich krank oder im Gefängnis gesehen und sind zur dir

(Lk 21,36)

habe, und ernte, was ich nicht gesät habe?
23 Warum hast du dann mein Geld nicht auf
die Bank gebracht? Dann hätte ich es bei der
Rückkehr mit Zinsen abheben können.
24 Und zu den anderen, die dabeistanden,
sagte er:
Nehmt ihm das Geld weg, und gebt es dem,
der die zehn Minen hat. 25 Sie sagten zu ihm:
Herr, er hat doch schon zehn.
26 (Da erwiderte er:) Ich sage euch: Wer hat,
dem wird gegeben werden; wer aber nicht hat,
dem wird auch noch weggenommen, was er
hat. 27 Doch meine Feinde, die nicht wollten,
daß ich ihr König werde – bringt sie her, und
macht sie vor meinen Augen nieder!

Zu Mt 25,14–30 Nazaräerevangelium und 2. Clemens 8,5–6, vgl. Nr. 192.

Joh 5,29

gekommen? [40]Darauf wird der König ihnen
antworten: Amen, ich sage euch: Was ihr für
einen meiner geringsten Brüder getan habt,
das habt ihr mir getan.
[41]Dann wird er sich auch an die auf der linken Seite wenden und zu ihnen sagen: Weg
von mir, ihr Verfluchten, in das ewige Feuer,
das für den Teufel und seine Engel bestimmt
ist! [42]Denn ich war hungrig, und ihr habt mir
nichts zu essen gegeben; ich war durstig, und
ihr habt mir nichts zu trinken gegeben; [43]ich
war fremd und obdachlos, und ihr habt mich
nicht aufgenommen; ich war nackt, und ihr
habt mir keine Kleidung gegeben; ich war
krank und im Gefängnis, und ihr habt mich
nicht besucht. [44]Dann werden auch sie antworten: Herr, wann haben wir dich hungrig
oder durstig oder obdachlos oder nackt oder
krank oder im Gefängnis gesehen und haben
dir nicht geholfen? [45]Darauf wird er ihnen
antworten: Amen, ich sage euch: Was ihr für
einen dieser Geringsten nicht getan habt, das
habt ihr auch mir nicht getan. [46]Und sie werden weggehen und die ewige Strafe erhalten,
die Gerechten aber das ewige Leben.

31: 16,27; Dtn 33,2 G; Mt 19,28; Offb 3,21 / 32: Ez 34,17 / 41: Offb 20,10 / 46: Dan 12,2.

Zu Mt 25,32 Die Übersetzung »Schafe« und »Böcke« nimmt Rücksicht auf die sprichwörtliche deutsche Redeweise. Wahrscheinlichere Übersetzung: die Schafe von den Ziegen. In Palästina waren die Schafe weiß und die Ziegen schwarz. Die Trennung der Tiere erfolgt nach deren Farbe: Die schwarzen Ziegen kommen auf die Unheilsseite links, die weißen Schafe auf die Heilsseite rechts.

Zu Mt 25,37.44 Beide Verse setzen voraus, daß alle Menschen, also auch Nichtchristen, nach diesem Maßstab gerichtet werden.

225. Die Lehrtätigkeit Jesu im Tempel

Mt 21,17 (vgl. Nr. 195)

[17]*Und er ließ sie stehen und ging aus der Stadt hinaus nach Betanien; dort übernachtete er.*

Mk 11,19 (vgl. Nr. 197)

[19]*Als es Abend wurde, verließ Jesus mit seinen Jüngern die Stadt.*

E. Das Leiden und die Auferstehung Jesu

(Mt 26–28; Mk 14–16; Lk 22–24; Joh 18–20)

226. Der Beschluß des Hohen Rates

Mt 26,1–5

[1]Als Jesus seine Reden beendet hatte, sagte
er zu seinen Jüngern: [2]Ihr wißt, daß in zwei
Tagen das Paschafest beginnt; da wird der
Menschensohn ausgeliefert und gekreuzigt
werden.

Mk 14,1–2

[1]Es war zwei Tage vor dem Pascha und dem
Fest der Ungesäuerten Brote.

[29] und herauskommen werden: Die das Gute getan haben, werden zum Leben auferstehen, die das Böse getan haben, zum Gericht.

Lk 21,37–38

[37] Tagsüber lehrte Jesus im Tempel; abends aber ging er zum Ölberg hinaus und verbrachte dort die Nacht. [38] Schon früh am Morgen kam das ganze Volk zu ihm in den Tempel, um ihn zu hören.

37: 19,47; 22,53; 22,39.

Lk 22,1–2

[1] Das Fest der Ungesäuerten Brote, das Pascha genannt wird, war nahe.

Joh 11,47–53

[47] Da beriefen die Hohenpriester und die Pharisäer eine Versammlung des Hohen Rates ein. Sie sagten: Was sollen wir tun? Dieser Mensch tut viele Zeichen. [48] Wenn wir ihn gewähren lassen, werden alle an ihn glauben.

Mt 26,3–13

[3] Um die gleiche Zeit versammelten sich die Hohenpriester und die Ältesten des Volkes im Palast des Hohenpriesters, der Kajaphas hieß, [4] und beschlossen, Jesus mit List in ihre Gewalt zu bringen und ihn zu töten. [5] Sie sagten aber: Ja nicht am Fest, damit kein Aufruhr im Volk entsteht.

2: 16,21 / 4f: 21,46.

26,1–28,20 Über Markus hinaus, dem Matthäus in seinem Passionsbericht weithin folgt, bietet Matthäus folgendes Sondergut: Traum der Frau des Pilatus (27,19), Ende des Judas (27,3–10), Übernahme der Verantwortung für den Tod Jesu durch das Volk (27,24f), Öffnung der Gräber beim Tod Jesu (27,51–53), Geschichte von den Grabwächtern (27,62–66; 28,2–4.11–15).

Mk 14,2–9

Die Hohenpriester und die Schriftgelehrten

suchten nach einer Möglichkeit, Jesus mit List in ihre Gewalt zu bringen, um ihn zu töten. [2] Sie sagten aber: Ja nicht am Fest, damit es im Volk keinen Aufruhr gibt.

1: 11,18; 12,12.

14,1 Das jüdische Paschafest zum Gedenken an den Auszug aus Ägypten war mit dem Fest der Ungesäuerten Brote (Mazzot) verbunden und umfaßte zwei verschiedene Festelemente: die Feier des Paschamahls in der ersten Vollmondnacht nach der Frühjahrs-Tagundnachtgleiche, am 14. Nisan, und das anschließende, 7 Tage dauernde Wallfahrtsfest, das ursprünglich das neue Erntejahr einleitete (vgl. Ex 12; 34,18; Lev 23,5–8; Dtn 16,1–8). Am 14. Nisan wurde alles Sauerteigbrot aus den Häusern entfernt, und am Nachmittag dieses Tages wurden im Tempel die Lämmer geschlachtet. Es mußten männliche Tiere sein, einjährig und fehlerlos (Ex 12,5).

227. Die Salbung in Betanien (vgl. Nr. 81)

Mt 26,6–13

[6/7] Als Jesus in Betanien im Haus Simons des Aussätzigen bei Tisch war, kam eine Frau mit einem Alabastergefäß voll kostbarem, wohlriechendem Öl zu ihm und goß es über sein Haar. [8] Die Jünger wurden unwillig, als sie das sahen, und sagten: Wozu diese Verschwendung?
[9] Man hätte das Öl teuer verkaufen und das Geld den Armen geben können. [10] Jesus bemerkte ihren Unwillen und sagte zu ihnen: Warum laßt ihr die Frau nicht in Ruhe? Sie hat ein gutes Werk an mir getan. [11] Denn die Armen habt ihr immer bei euch, mich aber habt ihr nicht immer.

[12] Als sie das Öl über mich goß, hat sie meinen Leib für das Begräbnis gesalbt. [13] Amen, ich sage euch: Überall auf der Welt, wo dieses Evangelium verkündet wird, wird man sich an sie erinnern und erzählen, was sie getan hat.

11: Dtn 15,11.

Mk 14,3–9

[3] Als Jesus in Betanien im Haus Simons des Aussätzigen bei Tisch war, kam eine Frau mit einem Alabastergefäß voll echtem, kostbarem Nardenöl, zerbrach es und goß das Öl über sein Haar. [4] Einige aber wurden unwillig und sagten zueinander: Wozu diese Verschwendung?
[5] Man hätte das Öl um mehr als dreihundert Denare verkaufen und das Geld den Armen geben können. Und sie machten der Frau heftige Vorwürfe. [6] Jesus aber sagte: Hört auf! Warum laßt ihr sie nicht in Ruhe? Sie hat ein gutes Werk an mir getan. [7] Denn die Armen habt ihr immer bei euch, und ihr könnt ihnen Gutes tun, so oft ihr wollt; mich aber habt ihr nicht immer. [8] Sie hat getan, was sie konnte.
Sie hat im voraus meinen Leib für das Begräbnis gesalbt. [9] Amen, ich sage euch: Überall auf der Welt, wo das Evangelium verkündet wird, wird man sich an sie erinnern und erzählen, was sie getan hat.

3–9: Lk 7,36–50.

[2] Und die Hohenpriester und die Schriftgelehrten

suchten nach einer Möglichkeit, Jesus (unauffällig) zu beseitigen;

denn sie fürchteten sich vor dem Volk.

2: 19,47f; 20,19.

22,1–24,53 Der Passionsbericht des Lukas bietet über die Berichte des Markus und des Matthäus hinaus folgende Sonderüberlieferungen: Rangstreit unter den Jüngern (22,24–30), Verheißung an die Jünger (22,28–30), Mahnung an Simon (22,31f), Hinweis auf eine Engelserscheinung am Ölberg und auf den Blutschweiß (22,43f), Blick Jesu auf Petrus (22,61), Verspottung Jesu durch Herodes (23,6–12), Feststellen der Schuldlosigkeit Jesu durch Pilatus (23,13–16), Wort Jesu an die Frauen von Jerusalem (23,27–31), Wort Jesu an den reumütigen Verbrecher (23,40–43), Sterbegebet Jesu (23,46).

Dann werden die Römer kommen und uns die
heilige Stätte und das Volk nehmen. [49] Einer
von ihnen, Kajaphas, der Hohepriester jenes
Jahres, sagte zu ihnen: Ihr versteht überhaupt
nichts. [50] Ihr bedenkt nicht, daß es besser für
euch ist, wenn ein einziger Mensch für das
Volk stirbt, als wenn das ganze Volk zugrunde geht. [51] Das sagte er nicht aus sich
selbst; sondern weil er der Hohepriester jenes
Jahres war, sagte er aus prophetischer Eingebung, daß Jesus für das Volk sterben werde.
[52] Aber er sollte nicht nur für das Volk sterben, sondern auch, um die versprengten Kin-
der Gottes wieder zu sammeln. [53] Von diesem
Tag an waren sie entschlossen, ihn zu töten.

Zu Lk 22,1 Vgl. die Anmerkung zu Mk 14,1.

Zu Lk 22,2 Andere Übersetzungsmöglichkeit: denn sie fürchteten, das Volk (werde einen Aufstand machen).

Joh 12,1–8

[1] Sechs Tage vor dem Paschafest kam Jesus
nach Betanien, wo Lazarus war, den er von
den Toten auferweckt hatte. [2] Dort bereiteten
sie ihm ein Mahl; Marta bediente, und Lazarus war unter denen, die mit Jesus bei Tisch
waren. [3] Da nahm Maria ein Pfund echtes,
kostbares Nardenöl, salbte Jesus die Füße und
trocknete sie mit ihrem Haar. Das Haus
wurde vom Duft des Öls erfüllt. [4] Doch einer
von seinen Jüngern, Judas Iskariot, der ihn
später verriet, sagte: [5] Warum hat man dieses
Öl nicht für dreihundert Denare verkauft und
den Erlös den Armen gegeben? [6] Das sagte er
aber nicht, weil er ein Herz für die Armen gehabt hätte, sondern weil er ein Dieb war; er
hatte nämlich die Kasse und veruntreute die
Einkünfte. [7] Jesus erwiderte: Laß sie, damit
sie es für den Tag meines Begräbnisses tue.
[8] Die Armen habt ihr immer bei euch, mich
aber habt ihr nicht immer bei euch.

228. Der Verrat durch Judas

Mt 26,14–16

[14] Darauf ging einer der Zwölf namens Judas Iskariot
zu den Hohenpriestern [15] und sagte:

Was wollt ihr mir geben, wenn ich euch Jesus ausliefere? Und SIE ZAHLTEN ihm DREISSIG SILBERSTÜCKE. [16] Von da an suchte er nach einer Gelegenheit, ihn auszuliefern.

15: Joh 11,57; 13,2; Sach 11,12.

Mk 14,10–11

[10] Judas Iskariot, einer der Zwölf,

ging zu den Hohenpriestern. Er wollte Jesus

an sie ausliefern. [11] Als sie das hörten, freuten sie sich und versprachen, ihm Geld dafür zu geben. Von da an suchte er nach einer günstigen Gelegenheit, ihn auszuliefern.

229. Vorbereitung des Paschamahles

Mt 26,17–19

[17] Am ersten Tag des Festes der Ungesäuerten Brote gingen die Jünger zu Jesus und fragten:

Wo sollen wir das Paschamahl für dich vorbereiten?
[18] Er antwortete: Geht in die Stadt zu dem und dem

und sagt zu ihm: Der Meister läßt dir sagen: Meine Zeit ist da; bei dir will ich mit meinen Jüngern das Paschamahl feiern.

[19] Die Jünger taten, was Jesus ihnen aufgetragen hatte, und bereiteten das Paschamahl vor.

17: Ex 12,14–20.

Mk 14,12–16

[12] Am ersten Tag des Festes der Ungesäuerten Brote, an dem man das Paschalamm schlachtete, sagten die Jünger zu Jesus:

Wo sollen wir das Paschamahl für dich vorbereiten? [13] Da schickte er zwei seiner Jünger voraus und sagte zu ihnen: Geht in die Stadt; dort wird euch ein Mann begegnen, der einen Wasserkrug trägt. Folgt ihm, [14] bis er in ein Haus hineingeht; dann sagt zu dem Herrn des Hauses: Der Meister läßt dich fragen: Wo ist der Raum, in dem ich mit meinen Jüngern das Paschalamm essen kann? [15] Und der Hausherr wird euch einen großen Raum im Obergeschoß zeigen, der schon für das Festmahl hergerichtet und mit Polstern ausgestattet ist. Dort bereitet alles für uns vor! [16] Die Jünger machten sich auf den Weg und kamen in die Stadt. Sie fanden alles so, wie er es ihnen gesagt hatte, und bereiteten das Paschamahl vor.

12: Ex 12,14–20.

14,13f Normalerweise waren es Frauen, die das Wasser trugen. Insofern handelt es sich hier um ein auffälliges Erkennungszeichen.

Zu Mt 26,17 par. Ebionäerevangelium (Epiphanius, Haer. 30,22,4): Sie (sc. das Eb.-Ev.) entstellen das Wort . . . und ließen die Jünger sagen: Wo willst du, daß wir das Paschamahl zu essen bereiten? Und (ließen) ihn darauf antworten: Ich begehre nicht, an diesem Pascha Fleisch mit euch zu essen!

Lk 22,3–6

[3]Der Satan aber ergriff Besitz von Judas, genannt Iskariot, der zu den Zwölf gehörte.
[4]Judas ging zu den Hohenpriestern und den Hauptleuten
und beriet mit ihnen, wie er Jesus an sie ausliefern könnte. [5]Da freuten sie sich und kamen mit ihm überein, ihm Geld dafür zu geben. [6]Er sagte zu und suchte von da an nach einer Gelegenheit, ihn an sie auszuliefern, ohne daß das Volk es merkte.

Lk 22,7–13

[7]Dann kam der Tag der Ungesäuerten Brote, an dem das Paschalamm geschlachtet werden mußte. [8]Jesus schickte Petrus und Johannes in die Stadt und sagte: Geht und bereitet das Paschamahl für uns vor, damit wir es gemeinsam essen können. [9]Sie fragten ihn: Wo sollen wir es vorbereiten?

[10]Er antwortete ihnen: Wenn ihr in die Stadt kommt, wird euch ein Mann begegnen, der einen Wasserkrug trägt. Folgt ihm in das Haus, in das er hineingeht, [11]und sagt zu dem Herrn des Hauses: Der Meister läßt dich fragen: Wo ist der Raum, in dem ich mit meinen Jüngern das Paschalamm essen kann? [12]Und der Hausherr wird euch einen großen Raum im Obergeschoß zeigen, der mit Polstern ausgestattet ist. Dort bereitet alles vor! [13]Sie gingen

und fanden alles so, wie er es ihnen gesagt hatte, und bereiteten das Paschamahl vor.

7: Ex 12,14–20.

230. Jesus kündet den Verrat des Judas an

Mt 26,20–25

[20] Als es Abend wurde, begab er sich mit den zwölf Jüngern zu Tisch. [21] Und während sie aßen, sprach er: Amen, ich sage euch: Einer von euch wird mich verraten und ausliefern.

[22] Da waren sie sehr betroffen, und einer nach dem andern fragte ihn: Bin ich es etwa, Herr? [23] Er antwortete: Der, der die Hand mit mir in die Schüssel getaucht hat, wird mich verraten.
[24] Der Menschensohn muß zwar seinen Weg gehen, wie die Schrift über ihn sagt. Doch weh dem Menschen, durch den der Menschensohn verraten wird. Für ihn wäre es besser, wenn er nie geboren wäre. [25] Da fragte Judas, der ihn verriet: Bin ich es etwa, Rabbi? Jesus sagte zu ihm: Du sagst es.

24: Ps 22,7f.16–18; Jes 53,8f.

Mk 14,17–21

[17] Als es Abend wurde, kam Jesus mit den Zwölf. [18] Während sie nun bei Tisch waren und aßen, sagte er: Amen, ich sage euch: Einer von euch wird mich verraten und ausliefern, EINER VON DENEN, DIE ZUSAMMEN MIT MIR ESSEN.
[19] Da wurden sie traurig, und einer nach dem andern fragte ihn: Doch nicht etwa ich? [20] Er sagte zu ihnen: Einer von euch Zwölf, der mit mir aus derselben Schüssel ißt.

[21] Der Menschensohn muß zwar seinen Weg gehen, wie die Schrift über ihn sagt. Doch weh dem Menschen, durch den der Menschensohn verraten wird. Für ihn wäre es besser, wenn er nie geboren wäre.

18: Ps 41,10.

231. Das Abendmahl

Mt 26,26–29

[29] *Ich sage euch: Von jetzt an werde ich nicht mehr von der Frucht des Weinstocks trinken, bis zu dem Tag, an dem ich mit euch von neuem davon trinke im Reich meines Vaters.*
[26] Während des Mahls nahm Jesus das Brot und sprach den Lobpreis; dann brach er das Brot, reichte es den Jüngern und sagte: Nehmt und eßt; das ist mein Leib.
[27] Dann nahm er den Kelch, sprach das Dankgebet und reichte ihn den Jüngern mit den Worten: Trinkt alle daraus; [28] das ist mein Blut, DAS BLUT DES BUNDES, das für viele vergossen wird zur Vergebung der Sünden.

Mk 14,22–25

[25] *Amen, ich sage euch: Ich werde nicht mehr von der Frucht des Weinstocks trinken bis zu dem Tag, an dem ich von neuem davon trinke im Reich Gottes.*
[22] Während des Mahls nahm er das Brot und sprach den Lobpreis; dann brach er das Brot, reichte es ihnen und sagte: Nehmt, das ist mein Leib.
[23] Dann nahm er den Kelch, sprach das Dankgebet, reichte ihn den Jüngern, und sie tranken alle daraus. [24] Und er sagte zu ihnen: Das ist mein Blut, DAS BLUT DES BUNDES, das für viele vergossen wird.

Lk 22,14–20

Lk 22,14*21–23* (vgl. Nr. 232)

[14] Als die Stunde gekommen war, begab er
sich mit den Aposteln zu Tisch.

[21] *Doch seht, der Mann, der mich verrät und*
ausliefert, sitzt mit mir am Tisch.

[23] *Da fragte einer den andern, wer von ihnen*
das wohl sei, der so etwas tun werde.

[22] *Der Menschensohn muß zwar den Weg ge-*
hen, der ihm bestimmt ist. Aber weh dem
Menschen, durch den er verraten wird.

Joh 13,21–30

[21] *Nach diesen Worten war Jesus im Innersten*
erschüttert und bekräftigte: Amen, amen, das
sage ich euch: Einer von euch wird mich ver-
raten. [22] *Die Jünger blickten sich ratlos an,*
weil sie nicht wußten, wen er meinte. [23] *Einer*
von den Jüngern lag an der Seite Jesu; es war
der, den Jesus liebte. [24] *Simon Petrus nickte*
ihm zu, er solle fragen, von wem Jesus spre-
che. [25] *Da lehnte sich dieser zurück an die*
Brust Jesu und fragte ihn: Herr, wer ist es?
[26] *Jesus antwortete: Der ist es, dem ich den*
Bissen Brot, den ich eintauche, geben werde.
Dann tauchte er das Brot ein, nahm es und
gab es Judas, dem Sohn des Simon Iskariot.
[27] *Als Judas den Bissen Brot genommen hatte,*
fuhr der Satan in ihn. Jesus sagte zu ihm: Was
du tun willst, das tu bald! [28] *Aber keiner der*
Anwesenden verstand, warum er ihm das sag-
te. [29] *Weil Judas die Kasse hatte, meinten eini-*
ge, Jesus wolle ihm sagen: Kaufe, was wir zum
Fest brauchen!, oder Jesus trage ihm auf, den
Armen etwas zu geben. [30] *Als Judas den Bis-*
sen Brot genommen hatte, ging er sofort hin-
aus. Es war aber Nacht.

Lk 22,15–20

[15] Und er sagte zu ihnen: Ich habe mich sehr
danach gesehnt, vor meinem Leiden dieses
Paschamahl mit euch zu essen. [16] Denn ich
sage euch: Ich werde es nicht mehr essen, bis
das Mahl seine Erfüllung findet im Reich
Gottes. [17] Und er nahm den Kelch, sprach
das Dankgebet und sagte: Nehmt den Wein,
und verteilt ihn untereinander! [18] Denn ich
sage euch: von nun an werde ich nicht mehr
von der Frucht des Weinstocks trinken, bis
das Reich Gottes kommt.
[19] Und er nahm Brot, sprach das Dankgebet,
brach das Brot und reichte es ihnen mit den
Worten: Das ist mein Leib, der für euch hin-
gegeben wird. Tut dies zu meinem Gedächt-
nis! [20] Ebenso nahm er nach dem Mahl den
Kelch und sagte: Dieser Kelch ist der NEUE
BUND in meinem Blut, das für euch vergossen
wird.

(1Kor 11,23–26)

[23] *Denn ich habe vom Herrn empfangen, was*
ich euch dann überliefert habe: Jesus, der
Herr, nahm in der Nacht, in der er ausgelie-
fert wurde, Brot, [24] *sprach das Dankgebet,*
brach das Brot und sagte: Das ist mein Leib
für euch. Tut dies zu meinem Gedächtnis!
[25] *Ebenso nahm er nach dem Mahl den Kelch*
und sprach: Dieser Kelch ist der »Neue
Bund« in meinem Blut. Tut dies, sooft ihr
daraus trinkt, zu meinem Gedächtnis!

Mt 26,29

[29] Ich sage euch: Von jetzt an werde ich nicht mehr von der Frucht des Weinstocks trinken, bis zu dem Tag, an dem ich mit euch von neuem davon trinke im Reich meines Vaters.

27: 1Kor 10,16 / 28: Ex 24,8; Jer 31,31; Hebr 7,22; 9,15.

26,28 Die Wendung »Blut des Bundes« erinnert an den Abschluß des Bundes am Sinai und weist so auf den Sinn des Geschehens hin: die Stiftung des Neuen Bundes durch den Tod Jesu.

Mk 14,25

[25] Amen, ich sage euch: Ich werde nicht mehr von der Frucht des Weinstocks trinken bis zu dem Tag, an dem ich von neuem davon trinke im Reich Gottes.

20: Ex 24,8; Jes 53,11f; Jer 31,31; Hebr 7,22; 9,15.

14,24 Zu »Blut des Bundes« vgl. die Anmerkung zu Mt 26,28.

Zu Mt 26,27–28 par. Justin, Apologie 1,66,3: Die Apostel berichten in den von ihnen geschriebenen Erinnerungen, die Evangelien genannt werden, daß ihnen folgendes aufgetragen worden sei: Jesus habe das Brot genommen, das Dankgebet darüber gesprochen und gesagt: Dieses tut zu meinem Gedächtnis, das ist mein Leib! Und desgleichen habe er den Kelch genommen, das Dankgebet darüber gesprochen und gesagt: Das ist mein Blut! Ihnen allein aber habe er das mitgeteilt.

Zu Mt 26,26–29 par. Hebräerevangelium (Hieronymus, de viris ill. 2): Als aber der Herr dem Knecht des Priesters das Leinentuch gegeben hatte, ging er zu Jakobus und erschien ihm. Jakobus hatte nämlich geschworen, von jener Stunde an, in der er den Kelch des Herrn getrunken hatte, kein Brot mehr zu essen, bis er ihn von den Entschlafenen auferstanden sähe. Und kurz darauf sagte der Herr:

232. Abschiedsworte beim Abendmahl

Mt 26,21–25; 20,25–28; 19,28; 26,33–35 (vgl. 230.189.186.233)

[26,21] *Und während sie aßen, sprach er: Amen, ich sage euch: Einer von euch wird mich verraten und ausliefern.* [22] *Da waren sie sehr betroffen, und einer nach dem andern fragte ihn: Bin ich es etwa, Herr?* [23] *Er antwortete: Der, der die Hand mit mir in die Schüssel getaucht hat, wird mich verraten.*

[24] *Der Menschensohn muß zwar seinen Weg gehen, wie die Schrift über ihn sagt. Doch weh dem Menschen, durch den der Menschensohn verraten wird. Für ihn wäre es besser, wenn er nie geboren wäre.* [25] *Da fragte Judas, der ihn verriet: Bin ich es etwa, Rabbi? Jesus sagte zu ihm: Du sagst es.*

[20,25] *Da rief Jesus sie zu sich und sagte: Ihr wißt, daß die Herrscher ihre Völker unterdrücken und die Mächtigen ihre Macht über die Menschen mißbrauchen.* [26] *Bei euch soll es nicht so sein, sondern wer bei euch groß sein will, der soll euer Diener sein,* [27] *und wer bei euch der Erste sein will, soll euer Sklave sein.*

Mk 14,18–21; 10,42–45; 14,29–31 (vgl. Nr. 230.189.233)

[14,18] *Während sie nun bei Tisch waren und aßen, sagte er: Amen, ich sage euch: Einer von euch wird mich verraten und ausliefern, »einer von denen, die zusammen mit mir essen«.* [19] *Da wurden sie traurig, und einer nach dem andern fragte ihn: Doch nicht etwa ich?* [20] *Er sagte zu ihnen: Einer von euch Zwölf, der mit mir aus derselben Schüssel ißt.*

[21] *Der Menschensohn muß zwar seinen Weg gehen, wie die Schrift über ihn sagt. Doch weh dem Menschen, durch den der Menschensohn verraten wird. Für ihn wäre es besser, wenn er nie geboren wäre.*

[10,42] *Da rief Jesus sie zu sich und sagte: Ihr wißt, daß die, die als Herrscher gelten, ihre Völker unterdrücken und die Mächtigen ihre Macht über die Menschen mißbrauchen.* [43] *Bei euch aber soll es nicht so sein, sondern wer bei euch groß sein will, der soll euer Diener sein,* [44] *und wer bei euch der Erste sein*

[18] *Denn ich sage euch: von nun an werde ich nicht mehr von der Frucht des Weinstocks trinken, bis das Reich Gottes kommt.*

[26] *Denn sooft ihr von diesem Brot eßt und aus dem Kelch trinkt, verkündet ihr den Tod des Herrn, bis er kommt.*

22,17 Nehmt den Wein, wörtlich: Nehmt diesen (Kelch). – Beim jüdischen Paschamahl wird der Kelch mehrmals herumgereicht. Von dem bei der Einsetzung des Abendmahls gereichten Kelch ist erst in Vers 20 die Rede.

22,19f Der Abendmahlsbericht des Lukas spricht im Unterschied zu Markus und Matthäus ausdrücklich vom Neuen Bund, wie dies auch Paulus in 1Kor 11,25 tut.

Bring einen Tisch und Brot! ... Er nahm das Brot, segnete es und brach es und gab es Jakobus dem Gerechten und sprach zu ihm: Mein Bruder, iß dein Brot, denn der Menschensohn ist von den Entschlafenen auferstanden.

Zu Mt 26,26–28 par. Didache 9,1–4: Beim Abendmahl dankt 1. für den Kelch: Wir danken dir, unser Vater, für den heiligen Weinstock Davids, deines Knechtes, den du uns durch deinen Knecht Jesus kundgetan hast. Dir sei Ehre in Ewigkeit. 2. für das gebrochene Brot: Wir danken dir, unser Vater, für das Leben und die Erkenntnis, die du uns durch deinen Knecht Jesus kundgetan hast. Dir sei Ehre in Ewigkeit. Wie dieses Brot auf den Bergen zerstreut war und zusammengebracht eins war, so laß auch deine Kirche von den Enden der Erde in dein Reich zusammengebracht werden. Denn dein ist die Herrlichkeit und die Kraft durch Jesus Christus in Ewigkeit.

Lk 22,21–38

Joh 13,12–14.36–38

[21] Doch seht, der Mann, der mich verrät und ausliefert, sitzt mit mir am Tisch.

[22] Der Menschensohn muß zwar den Weg gehen, der ihm bestimmt ist. Aber weh dem Menschen, durch den er verraten wird.

[23] Da fragte einer den andern, wer von ihnen
das wohl sei, der so etwas tun werde. [24] Es
entstand unter ihnen ein Streit darüber, wer von ihnen wohl der Größte sei.
[25] Da sagte Jesus: Die Könige herrschen über ihre Völker, und die Mächtigen lassen sich Wohltäter nennen.

[26] Bei euch aber soll es nicht so sein, sondern der Größte unter euch soll werden wie der Kleinste, und der Führende soll werden wie

[28] *Denn auch der Menschensohn ist nicht gekommen, um sich dienen zu lassen, sondern um zu dienen und sein Leben hinzugeben als Lösegeld für viele.*

[19,28] *Jesus erwiderte ihnen: Amen, ich sage euch: Wenn die Welt neu geschaffen wird und der Menschensohn sich auf den Thron der Herrlichkeit setzt, werdet ihr, die ihr mir nachgefolgt seid, auf zwölf Thronen sitzen und die zwölf Stämme Israels richten.*

will, soll der Sklave aller sein. [45] *Denn auch der Menschensohn ist nicht gekommen, um sich dienen zu lassen, sondern um zu dienen und sein Leben hinzugeben als Lösegeld für viele.*

[26,33] *Petrus erwiderte ihm: Und wenn alle an dir Anstoß nehmen – ich niemals!* [34] *Jesus entgegnete ihm: Amen, ich sage dir: In dieser Nacht, noch ehe der Hahn kräht, wirst du mich dreimal verleugnen.* [35] *Da sagte Petrus zu ihm: Und wenn ich mit dir sterben müßte – ich werde dich nie verleugnen. Das gleiche sagten auch alle anderen Jünger.*

[14,29] *Da sagte Petrus zu ihm: Auch wenn alle (an dir) Anstoß nehmen – ich nicht!* [30] *Jesus antwortete ihm: Amen, ich sage dir: Noch heute nacht, ehe der Hahn zweimal kräht, wirst du mich dreimal verleugnen.* [31] *Petrus aber beteuerte: Und wenn ich mit dir sterben müßte – ich werde dich nie verleugnen. Das gleiche sagten auch alle anderen.*

233. Der Gang zum Ölberg

Mt 26,30–35

[30] Nach dem Lobgesang gingen sie zum Ölberg hinaus. [31] Da sagte Jesus zu ihnen: Ihr alle werdet in dieser Nacht an mir Anstoß nehmen und zu Fall kommen; denn in der Schrift steht:

ICH WERDE DEN HIRTEN ERSCHLAGEN, DANN WERDEN SICH DIE SCHAFE DER HERDE ZERSTREUEN.

Mk 14,26–31

[26] Nach dem Lobgesang gingen sie zum Ölberg hinaus. [27] Da sagte Jesus zu ihnen: Ihr werdet alle (an mir) Anstoß nehmen und zu Fall kommen; denn in der Schrift steht:

ICH WERDE DEN HIRTEN ERSCHLAGEN, DANN WERDEN SICH DIE SCHAFE ZERSTREUEN.

der Dienende. 27 Welcher von beiden ist größer: wer bei Tisch sitzt oder wer bedient? Natürlich der, der bei Tisch sitzt. Ich aber bin unter euch wie der, der bedient.
28 In allen meinen Prüfungen habt ihr bei mir ausgeharrt. 29 Darum vermache ich euch das Reich, wie es mein Vater mir vermacht hat: 30 Ihr sollt in meinem Reich mit mir an meinem Tisch essen und trinken, und ihr sollt auf Thronen sitzen und die zwölf Stämme Israels richten.
31 Simon, Simon, der Satan hat verlangt, daß er euch wie Weizen sieben darf. 32 Ich aber habe für dich gebetet, daß dein Glaube nicht erlischt. Und wenn du dich wieder bekehrt hast, dann stärke deine Brüder. 33 Darauf sagte Petrus zu ihm: Herr, ich bin bereit, mit dir sogar ins Gefängnis und in den Tod zu gehen. 34 Jesus erwiderte: Ich sage dir, Petrus, ehe heute der Hahn kräht, wirst du dreimal leugnen, mich zu kennen.

35 Dann sagte Jesus zu ihnen: Als ich euch ohne Geldbeutel aussandte, ohne Vorratstasche und ohne Schuhe, habt ihr da etwa Not gelitten? Sie antworteten: Nein. 36 Da sagte er: Jetzt aber soll der, der einen Geldbeutel hat, ihn mitnehmen, und ebenso die Tasche. Wer aber kein Geld hat, soll seinen Mantel verkaufen und sich dafür ein Schwert kaufen. 37 Ich sage euch: An mir muß sich das Schriftwort erfüllen: ER WURDE ZU DEN VERBRECHERN GERECHNET. Denn alles, was über mich gesagt ist, geht in Erfüllung. 38 Da sagten sie: Herr, hier sind zwei Schwerter. Er erwiderte: Genug davon!

21–23: Joh 13,2.21–26 / 24–26: 9,46–48: Mt 18,1; Mk 9,33f / 26f: Joh 13,4f.12–17 / 31: Mt 16,18; Joh 21,15–17 / 34: 22,61 / 35: 9,2f; 10,4 / 37: Jes 53,12; Joh 19,28.

22,21 Wörtlich: Doch siehe, die Hand dessen, der mich verrät und ausliefert, (ist) mit mir auf dem Tisch.

12 Als er ihnen die Füße gewaschen, sein Gewand wieder angelegt und Platz genommen hatte, sagte er zu ihnen: Begreift ihr, was ich an euch getan habe? 13 Ihr sagt zu mir Meister und Herr, und ihr nennt mich mit Recht so; denn ich bin es. 14 Wenn nun ich, der Herr und Meister, euch die Füße gewaschen habe, dann müßt auch ihr einander die Füße waschen.

36 Simon Petrus sagte zu ihm: Herr, wohin willst du gehen? Jesus antwortete: Wohin ich gehe, dorthin kannst du mir jetzt nicht folgen. Du wirst mir aber später folgen. 37 Petrus sagte zu ihm: Herr, warum kann ich dir jetzt nicht folgen? Mein Leben will ich für dich hingeben. 38 Jesus entgegnete: Du willst für mich dein Leben hingeben? Amen, amen, das sage ich dir: Noch bevor der Hahn kräht, wirst du mich dreimal verleugnen.

Lk 22,39; *22,33–34* (vgl. Nr. 232)

39 Dann verließ Jesus die Stadt und ging, wie er es gewohnt war, zum Ölberg; seine Jünger folgten ihm.

Joh 16,32; 13,36–38

16,32 Die Stunde kommt, und sie ist schon da, in der ihr versprengt werdet, jeder in sein Haus, und mich werdet ihr allein lassen. Aber ich bin nicht allein, denn der Vater ist bei mir.

32 Aber nach meiner Auferstehung werde ich euch nach Galiläa vorausgehen. 33 Petrus erwiderte ihm: Und wenn alle an dir Anstoß nehmen – ich niemals! 34 Jesus entgegnete ihm: Amen, ich sage dir: In dieser Nacht, noch ehe der Hahn kräht, wirst du mich dreimal verleugnen.

35 Da sagte Petrus zu ihm: Und wenn ich mit dir sterben müßte – ich werde dich nie verleugnen. Das gleiche sagten auch alle anderen Jünger.

30: Joh 18,1 / 31: 26,56; Sach 13,7 / 32: 28,7.16 / 34: 26,75.

28 Aber nach meiner Auferstehung werde ich euch nach Galiläa vorausgehen. 29 Da sagte Petrus zu ihm: Auch wenn alle (an dir) Anstoß nehmen – ich nicht! 30 Jesus antwortete ihm: Amen, ich sage dir: Noch heute nacht, ehe der Hahn zweimal kräht, wirst du mich dreimal verleugnen.

31 Petrus aber beteuerte: Und wenn ich mit dir sterben müßte – ich werde dich nie verleugnen. Das gleiche sagten auch alle anderen.

26: Joh 18,1 / 27: Sach 13,7 / 30–31: 14,72.

Zu Mt 26,31–34 par. Fajjumfragment: . . . da sprach Er: In dieser Nacht werdet ihr alle Anstoß nehmen, wie geschrieben steht: Ich werde den Hirten schlagen, und die Schafe werden sich zerstreuen. Als Petrus gesagt hatte: Und wenn alle, ich nicht!, sagte Jesus: Ehe der Hahn zweimal krähen wird, wirst du mich dreimal verleugnen.

234. Das Gebet in Getsemani

Mt 26,36–46

36 Darauf kam Jesus mit den Jüngern zu einem Grundstück, das man Getsemani nennt, und sagte zu ihnen: Setzt euch und wartet hier, während ich dort bete. 37 Und er nahm Petrus und die beiden Söhne des Zebedäus mit sich. Da ergriff ihn Angst und Traurigkeit, 38 und er sagte zu ihnen: Meine Seele ist zu Tode betrübt. Bleibt hier und wacht mit mir! 39 Und er ging ein Stück weiter, warf sich zu Boden

und betete: Mein Vater, wenn es möglich ist, gehe dieser Kelch an mir vorüber. Aber nicht wie ich will, sondern wie du willst.

40 Und er ging zu den Jüngern zurück und fand sie schlafend. Da sagte er zu Petrus: Konntet ihr nicht einmal eine Stunde mit mir wachen? 41 Wacht und betet, damit ihr nicht in Versuchung geratet. Der Geist ist willig, aber das Fleisch ist schwach. 42 Dann ging er zum zweitenmal weg und betete: Mein Vater, wenn dieser Kelch an mir nicht vorübergehen kann, ohne daß ich ihn trinke, geschehe dein Wille. 43 Als er zurückkam, fand er sie wieder schlafend, denn die Augen waren ihnen zugefallen.

44 Und er ging wieder von ihnen weg und betete zum drittenmal mit den gleichen Worten. 45 Danach kehrte er zu den Jüngern zurück und sagte zu ihnen: Schlaft ihr immer

Mk 14,32–42

32 Sie kamen zu einem Grundstück, das Getsemani heißt, und er sagte zu seinen Jüngern: Setzt euch und wartet hier, während ich bete. 33 Und er nahm Petrus, Jakobus und Johannes mit sich. Da ergriff ihn Furcht und Angst, 34 und er sagte zu ihnen: Meine Seele ist zu Tode betrübt. Bleibt hier und wacht! 35 Und er ging ein Stück weiter, warf sich auf die Erde nieder

und betete, daß die Stunde, wenn möglich, an ihm vorübergehe. 36 Er sprach: Abba, Vater, alles ist dir möglich. Nimm diesen Kelch von mir! Aber nicht, was ich will, sondern was du willst (soll geschehen).

37 Und er ging zurück und fand sie schlafend. Da sagte er zu Petrus: Simon, du schläfst? Konntest du nicht einmal eine Stunde wach bleiben? 38 Wacht und betet, damit ihr nicht in Versuchung geratet. Der Geist ist willig, aber das Fleisch ist schwach. 39 Und er ging wieder weg und betete mit den gleichen Worten.

40 Als er zurückkam, fand er sie wieder schlafend, denn die Augen waren ihnen zugefallen; und sie wußten nicht, was sie ihm antworten sollten.

41 Und er kam zum drittenmal und sagte zu ihnen: Schlaft ihr immer noch und ruht euch aus? Es ist genug. Die Stunde ist gekommen;

[33]*Darauf sagte Petrus zu ihm: Herr, ich bin bereit, mit dir sogar ins Gefängnis und in den Tod zu gehen.* [34]*Jesus erwiderte: Ich sage dir, Petrus, ehe heute der Hahn kräht, wirst du dreimal leugnen, mich zu kennen.*

[13,36]*Simon Petrus sagte zu ihm: Herr, wohin willst du gehen? Jesus antwortete: Wohin ich gehe, dorthin kannst du mir jetzt nicht folgen. Du wirst mir aber später folgen.* [37]*Petrus sagte zu ihm: Herr, warum kann ich dir jetzt nicht folgen? Mein Leben will ich für dich hingeben.* [38]*Jesus entgegnete: Du willst für mich dein Leben hingeben? Amen, amen, das sage ich dir: Noch bevor der Hahn kräht, wirst du mich dreimal verleugnen.*

39: 21,37; Joh 18,1f.

Lk 22,40–46

[40]Als er dort war, sagte er zu ihnen: Betet darum, daß ihr nicht in Versuchung geratet!

[41]Dann entfernte er sich von ihnen ungefähr einen Steinwurf weit, kniete nieder

und betete: [42]Vater, wenn du willst, nimm diesen Kelch von mir! Aber nicht mein, sondern dein Wille soll geschehen. [43]Da erschien ihm ein Engel vom Himmel und gab ihm (neue) Kraft. [44]Und er betete in seiner Angst noch inständiger, und sein Schweiß war wie Blut, das auf die Erde tropfte.
[45]Nach dem Gebet stand er auf, ging zu den Jüngern zurück und fand sie schlafend; denn sie waren vor Kummer erschöpft. [46]Da sagte er zu ihnen: Wie könnt ihr schlafen? Steht auf und betet, damit ihr nicht in Versuchung geratet.

Joh 18,1; 12,27; 18,11

[18,1]*Nach diesen Worten ging Jesus mit seinen Jüngern hinaus, auf die andere Seite des Baches Kidron. Dort war ein Garten; in den ging er mit seinen Jüngern hinein.*
[12,27]*Jetzt ist meine Seele erschüttert. Was soll ich sagen: Vater, rette mich aus dieser Stunde? Aber deshalb bin ich in diese Stunde gekommen.* [18,11]*Da sagte Jesus zu Petrus: Steck das Schwert in die Scheide! Der Kelch, den mir der Vater gegeben hat – soll ich ihn nicht trinken?*

noch und ruht euch aus? Die Stunde ist gekommen; jetzt wird der Menschensohn den Sündern ausgeliefert. [46] Steht auf, wir wollen gehen! Seht, der Verräter, der mich ausliefert, ist da.

37: Hebr 5,7 / 38: Ps 42,6.12; 43,5 / 39: Mt 20,22; Joh 6,38; Hebr 10,9 / 45: Joh 2,4; 7,30; 8,20; 12,23; 13,1; 17,1.

jetzt wird der Menschensohn den Sündern ausgeliefert. [42] Steht auf, wir wollen gehen! Seht, der Verräter, der mich ausliefert, ist da.

34: Ps 42,6.12; 43,5.

14,36 Abba: im Aramäischen die vertrauliche Form, in der man den Familienvater anredet (vgl. Röm 8,15; Gal 4,6).

235. Die Gefangennahme

Mt 26,47–56

[47] Während er noch redete, kam Judas, einer der Zwölf, mit einer großen Schar von Männern, die mit Schwertern und Knüppeln bewaffnet waren; sie waren von den Hohenpriestern und den Ältesten des Volkes geschickt worden.
[48] Der Verräter hatte mit ihnen ein Zeichen verabredet und gesagt: Der, den ich küssen werde, der ist es; nehmt ihn fest. [49] Sogleich ging er auf Jesus zu und sagte: Sei gegrüßt, Rabbi! Und er küßte ihn. [50] Jesus erwiderte ihm: Freund, dazu bist du gekommen?

Da gingen sie auf Jesus zu, ergriffen ihn und nahmen ihn fest. [51] Doch einer von den Begleitern Jesu zog sein Schwert, schlug auf den Diener des Hohenpriesters ein und hieb ihm ein Ohr ab. [52] Da sagte Jesus zu ihm: Steck dein Schwert in die Scheide; denn alle, die zum Schwert greifen, werden durch das Schwert umkommen. [53] Oder glaubst du nicht, mein Vater würde mir sogleich mehr als zwölf Legionen Engel schicken, wenn ich ihn darum bitte? [54] Wie würde dann aber die Schrift erfüllt, nach der es so geschehen muß? [55] Darauf sagte Jesus zu den Männern: Wie gegen einen Räuber seid ihr mit Schwertern und Knüppeln ausgezogen, um mich festzunehmen. Tag für Tag saß ich im Tempel und lehrte, und ihr habt mich nicht verhaftet. [56] Das alles aber ist geschehen, damit die Schriften der Propheten in Erfüllung gehen. Da verließen ihn alle Jünger und flohen.

53: Lk 2,13 / 55: Lk 19,47 / 56: 26,31; Joh 16,32.

26,50 Andere Übersetzungsmöglichkeit: Freund, tu, wozu du gekommen bist. – Die herkömmliche Übersetzung »Freund, wozu bist du gekommen?« ist vom griechischen Text her nicht zu rechtfertigen.

Mk 14,43–52

[43] Noch während er redete, kam Judas, einer der Zwölf, mit einer Schar von Männern, die mit Schwertern und Knüppeln bewaffnet waren; sie waren von den Hohenpriestern, den Schriftgelehrten und den Ältesten geschickt worden.
[44] Der Verräter hatte mit ihnen ein Zeichen vereinbart und gesagt: Der, den ich küssen werde, der ist es. Nehmt ihn fest, führt ihn ab, und laßt ihn nicht entkommen. [45] Und als er kam, ging er sogleich auf Jesus zu und sagte: Rabbi! Und er küßte ihn.
[46] Da ergriffen sie ihn und nahmen ihn fest.

[47] Einer von denen, die dabeistanden, zog das Schwert, schlug auf den Diener des Hohenpriesters ein und hieb ihm ein Ohr ab.

[48] Da sagte Jesus zu ihnen:
Wie gegen einen Räuber seid ihr mit Schwertern und Knüppeln ausgezogen, um mich festzunehmen. [49] Tag für Tag war ich bei euch im Tempel und lehrte, und ihr habt mich nicht verhaftet; aber (das ist geschehen), damit die Schrift in Erfüllung geht.
[50] Da verließen ihn alle und flohen.
[51] Ein junger Mann aber, der nur mit einem leinenen Tuch bekleidet war, wollte ihm nachgehen. Da packten sie ihn; [52] er aber ließ das Tuch fallen und lief nackt davon.

49: Lk 19,47 / 50: Joh 16,32.

42: Mt 6,10.

22,43f Diese zwei Verse fehlen bei wichtigen Textzeugen; sie sind vermutlich nicht ursprünglich.

Zu Lk 22,46 par. Tertullian, De bapt. 20,2: Niemand kann das Himmelreich erlangen, der nicht versucht worden ist.

Lk 22,47–53

47 Während er noch redete, kam eine Schar Männer; Judas, einer der Zwölf, ging ihnen voran.

Er näherte sich Jesus, um ihn zu küssen.
48 Jesus aber sagte zu ihm: Judas, mit einem Kuß verrätst du den Menschensohn?
49 Als seine Begleiter merkten, was (ihm) drohte, fragten sie: Herr, sollen wir mit dem Schwert dreinschlagen?
50 Und einer von ihnen schlug auf den Diener des Hohenpriesters ein und hieb ihm das rechte Ohr ab.
51 Jesus aber sagte: Hört auf damit! Und er berührte das Ohr und heilte den Mann.

52 Zu den Hohenpriestern aber, den Hauptleuten der Tempelwache und den Ältesten, die vor ihm standen, sagte Jesus: Wie gegen einen Räuber seid ihr mit Schwertern und Knüppeln ausgezogen.
53 Tag für Tag war ich bei euch im Tempel, und ihr habt nicht gewagt, gegen mich vorzugehen. Aber das ist eure Stunde, jetzt hat die Finsternis die Macht.

Joh 18,2–11.20

2 Auch Judas, der Verräter, der ihn auslieferte, kannte den Ort, weil Jesus dort oft mit seinen Jüngern zusammengekommen war.
3 Judas holte die Soldaten und die Gerichtsdiener der Hohenpriester und der Pharisäer, und sie kamen dorthin mit Fackeln, Laternen und Waffen.
4 Jesus, der alles wußte, was mit ihm geschehen sollte, ging hinaus und fragte sie: Wen sucht ihr?
5 Sie antworteten ihm: Jesus von Nazaret. Er sagte zu ihnen: Ich bin es. Auch Judas, der Verräter, stand bei ihnen.
6 Als er zu ihnen sagte: Ich bin es!, wichen sie zurück und stürzten zu Boden.
7 Er fragte sie noch einmal: Wen sucht ihr? Sie sagten: Jesus von Nazaret.
8 Jesus antwortete: Ich habe euch gesagt, daß ich es bin. Wenn ihr mich sucht, dann laßt diese gehen!
9 So sollte sich das Wort erfüllen, das er gesagt hatte: Ich habe keinen von denen verloren, die du mir gegeben hast.
10 Simon Petrus aber, der ein Schwert bei sich hatte, zog es, schlug nach dem Diener des Hohenpriesters und hieb ihm das rechte Ohr ab; der Diener hieß Malchus.
11 Da sagte Jesus zu Petrus: Steck das Schwert in die Scheide! Der Kelch, den mir der Vater gegeben hat – soll ich ihn nicht trinken?
20 Jesus antwortete ihm: Ich habe offen vor aller Welt gesprochen. Ich habe immer in der Synagoge und im Tempel gelehrt, wo alle Juden zusammenkommen. Nichts habe ich im geheimen gesprochen.

53: 19,47; 21,37.

Zu Mt 26,53 Eine römische Legion umfaßte 6000 Mann.

Zu Mt 26,55 Darauf, wörtlich: In jener Stunde.

236. Das Verhör vor dem Hohen Rat

Mt 26,57–68; *27,1* (vgl. Nr. 238)

[57]Nach der Verhaftung führte man Jesus zum Hohenpriester Kajaphas, bei dem sich die Schriftgelehrten und die Ältesten versammelt hatten. [58]Petrus folgte Jesus von weitem bis zum Hof des hohepriesterlichen Palastes; er ging in den Hof hinein und setzte sich zu den Dienern, um zu sehen, wie alles ausgehen würde.

s.u. Vers 69–75 (Nr. 237)

Mk 14,53–65; *15,1* (vgl. Nr. 238)

[53]Darauf führten sie Jesus zum Hohenpriester, und es versammelten sich alle Hohenpriester und Ältesten und Schriftgelehrten. [54]Petrus aber war Jesus von weitem bis in den Hof des hohepriesterlichen Palastes gefolgt; nun saß er dort bei den Dienern und wärmte sich am Feuer.

s.u. Vers 66–72 (Nr. 237)

[27,1]*Als es Morgen wurde, faßten die Hohenpriester und die Ältesten des Volkes gemeinsam den Beschluß, Jesus hinrichten zu lassen.*

[59]Die Hohenpriester und der ganze Hohe Rat bemühten sich um falsche Zeugenaussagen gegen Jesus, um ihn zum Tod verurteilen zu können. [60]Sie erreichten aber nichts, obwohl viele falsche Zeugen auftraten.
Zuletzt kamen zwei Männer [61]und behaupteten: Er hat gesagt: Ich kann den Tempel Gottes niederreißen und in drei Tagen wieder aufbauen.

[62]Da stand der Hohepriester auf und fragte Jesus: Willst du nichts sagen zu dem, was diese Leute gegen dich vorbringen? [63]Jesus

[15,1]*Gleich in der Frühe faßten die Hohenpriester, die Ältesten und die Schriftgelehrten, also der ganze Hohe Rat, über Jesus einen Beschluß: Sie ließen ihn fesseln und abführen und lieferten ihn Pilatus aus.*

[55]Die Hohenpriester und der ganze Hohe Rat bemühten sich um Zeugenaussagen gegen Jesus, um ihn zum Tod verurteilen zu können; sie fanden aber nichts. [56]Viele machten zwar falsche Aussagen über ihn, aber die Aussagen stimmten nicht überein. [57]Einige der falschen Zeugen, die gegen ihn auftraten, behaupteten: [58]Wir haben ihn sagen hören: Ich werde diesen von Menschen erbauten Tempel niederreißen und in drei Tagen einen anderen errichten, der nicht von Menschenhand gemacht ist. [59]Aber auch in diesem Fall stimmten die Aussagen nicht überein. [60]Da stand der Hohepriester auf, trat in die Mitte und fragte Jesus: Willst du denn nichts sagen zu dem, was diese Leute

Lk 22,54–71; *63–65*

54 Darauf nahmen sie ihn fest, führten ihn ab und brachten ihn in das Haus des Hohenpriesters. Petrus folgte von weitem. 55 Mitten im Hof hatte man ein Feuer angezündet, und Petrus setzte sich zu den Leuten, die dort beieinandersaßen. 56 Eine Magd sah ihn am Feuer sitzen, schaute ihn genau an und sagte: Der war auch mit ihm zusammen. 57 Petrus aber leugnete es und sagte: Frau, ich kenne ihn nicht. 58 Kurz danach sah ihn ein anderer und bemerkte: Du gehörst auch zu ihnen. Petrus aber sagte: Nein, Mensch, ich nicht! 59 Etwa eine Stunde später behauptete wieder einer: Wahrhaftig, der war auch mit ihm zusammen; er ist doch auch ein Galiläer. 60 Petrus aber erwiderte: Mensch, ich weiß nicht, wovon du sprichst. Im gleichen Augenblick, noch während er redete, krähte ein Hahn. 61 Da wandte sich der Herr um und blickte Petrus an.
Und Petrus erinnerte sich an das, was der Herr zu ihm gesagt hatte: Ehe heute der Hahn kräht, wirst du mich dreimal verleugnen. 62 Und er ging hinaus und weinte bitterlich.
63 Die Wächter trieben ihren Spott mit Jesus. Sie schlugen ihn, 64 verhüllten ihm das Gesicht und fragten ihn: Du bist doch ein Prophet! Sag uns: Wer hat dich geschlagen? 65 Und noch mit vielen anderen Lästerungen verhöhnten sie ihn.
66 Als es Tag wurde, versammelten sich die Ältesten des Volkes, die Hohenpriester und die Schriftgelehrten, also der Hohe Rat, und sie ließen Jesus vorführen.

Joh 18,12–16.19–24

12 Die Soldaten, ihre Befehlshaber und die Gerichtsdiener der Juden nahmen Jesus fest, fesselten ihn 13 und führten ihn zuerst zu Hannas; er war nämlich der Schwiegervater des Kajaphas, der in jenem Jahr Hoherpriester war. 14 Kajaphas aber war es, der den Juden den Rat gegeben hatte: Es ist besser, daß ein einziger Mensch für das Volk stirbt.
15 Simon Petrus und ein anderer Jünger folgten Jesus. Dieser Jünger war mit dem Hohenpriester bekannt und ging mit Jesus in den Hof des hohepriesterlichen Palastes. 16 Petrus aber blieb draußen am Tor stehen. Da kam der andere Jünger, der Bekannte des Hohenpriesters, heraus; er sprach mit der Pförtnerin und führte Petrus hinein.

19 Der Hohepriester befragte Jesus über seine Jünger und über seine Lehre. 20 Jesus antwortete ihm: Ich habe offen vor aller Welt gesprochen. Ich habe immer in der Synagoge und im Tempel gelehrt, wo alle Juden zusammenkommen. Nichts habe ich im geheimen gesprochen. 21 Warum fragst du mich? Frag doch die, die mich gehört haben, was ich zu ihnen gesagt habe; sie wissen, was ich geredet habe. 22 Auf diese Antwort hin schlug einer von den Knechten, der dabeistand, Jesus ins Gesicht und sagte: Redest du so mit dem Hohenpriester? 23 Jesus entgegnete ihm: Wenn es nicht recht war, was ich gesagt habe, dann weise es nach; wenn es aber recht war, warum schlägst du mich? 24 Danach schickte ihn

aber schwieg. Darauf sagte der Hohepriester zu ihm: Ich beschwöre dich bei dem lebendigen Gott, sag uns: Bist du der Messias, der Sohn Gottes?

[64]Jesus antwortete: Du hast es gesagt. Doch ich erkläre euch: Von nun an werdet ihr DEN MENSCHENSOHN ZUR RECHTEN der Macht SITZEN und AUF DEN WOLKEN DES HIMMELS KOMMEN sehen. [65]Da zerriß der Hohepriester sein Gewand und rief: Er hat Gott gelästert! Wozu brauchen wir noch Zeugen? Jetzt habt ihr die Gotteslästerung selbst gehört. [66]Was ist eure Meinung? Sie antworteten: Er ist schuldig und muß sterben.
[67]Dann spuckten sie ihm ins Gesicht und schlugen ihn. Andere ohrfeigten ihn [68]und riefen: Messias, du bist doch ein Prophet! Sag uns: Wer hat dich geschlagen?

gegen dich vorbringen? [61]Er aber schwieg und gab keine Antwort. Da wandte sich der Hohepriester nochmals an ihn und fragte: Bist du der Messias, der Sohn des Hochgelobten?
[62]Jesus sagte: Ich bin es. Und ihr werdet DEN MENSCHENSOHN ZUR RECHTEN der Macht SITZEN und MIT DEN WOLKEN DES HIMMELS KOMMEN sehen. [63]Da zerriß der Hohepriester sein Gewand und rief: Wozu brauchen wir noch Zeugen? [64]Ihr habt die Gotteslästerung gehört. Was ist eure Meinung? Und sie fällten einstimmig das Urteil: Er ist schuldig und muß sterben.

[65]Und einige spuckten ihn an, verhüllten sein Gesicht, schlugen ihn und riefen: Zeig, daß du ein Prophet bist! Auch die Diener schlugen ihn ins Gesicht.

61: 27,40; Joh 2,19; Apg 6,14 / 63: Jes 53,7; Mt 16,16; Joh 10,24 / 64: Dan 7,13; Ps 110,1; Mt 24,30; Mk 13,26; Lk 21,27 / 65: Lev 24,16; Joh 19,7 / 67: Jes 50,6.

26,57 Josef Kajaphas war von 18 bis 37 n.Chr. amtierender Hoherpriester. – Das jüdische Prozeßrecht der Zeit Jesu ist nicht genau bekannt.

26,64 Der Ausdruck »die Macht« ist Umschreibung für Gott.

58: 15,29; Joh 2,19; Apg 6,14 / 61: 8,29; Joh 10,24 / 62: Dan 7,13; Ps 110,1; Mt 24,30; Mk 13,26.

14,53–65 Markus berichtet wie Matthäus von einem nächtlichen Verhör vor dem Hohenpriester und Mitgliedern des Hohen Rates, bei dem der Hohe Rat das Todesurteil fällte. Nach Lk 22,66–71 fand dieses Verhör am Morgen statt, ohne ausdrückliches Todesurteil. Nach Joh 18,12–24 wurde Jesus von dem Hohenpriester Hannas nach seiner Lehre und seinen Anhängern befragt und dann noch dem

237. Die Verleugnung durch Petrus

Mt 26,69–75

[69]Petrus aber saß draußen im Hof. Da trat eine Magd zu ihm

und sagte:
Auch du warst mit diesem Jesus aus Galiläa zusammen. [70]Doch er leugnete es vor allen Leuten und sagte: Ich weiß nicht, wovon du redest. [71]Und als er zum Tor hinausgehen wollte, sah ihn eine andere Magd und sagte zu denen, die dort standen:
Der war mit Jesus aus Nazaret zusammen.
[72]Wieder leugnete er und schwor: Ich kenne den Menschen nicht. [73]Kurz darauf kamen die Leute, die dort standen, zu Petrus und sagten: Wirklich, auch du gehörst zu ihnen, deine Mundart verrät dich. [74]Da fing er an, sich zu verfluchen und schwor: Ich kenne den Menschen nicht. Gleich darauf krähte ein Hahn,

Mk 14,66–72

[66]Als Petrus unten im Hof war, kam eine von den Mägden des Hohenpriesters. [67]Sie sah, wie Petrus sich wärmte, blickte ihn an und sagte:
Auch du warst mit diesem Jesus aus Nazaret zusammen. [68]Doch er leugnete es und sagte: Ich weiß nicht und verstehe nicht, wovon du redest. Dann ging er in den Vorhof hinaus.
[69]Als die Magd ihn dort bemerkte, sagte sie zu denen, die dabeistanden, noch einmal:
Der gehört zu ihnen.
[70]Er aber leugnete es wieder ab.
Wenig später sagten die Leute, die dort standen, von neuem zu Petrus:
Du gehörst wirklich zu ihnen; du bist doch auch ein Galiläer. [71]Da fing er an zu fluchen und schwor: Ich kenne diesen Menschen nicht, von dem ihr redet. [72]Gleich darauf krähte der Hahn zum zweitenmal,

[67]Sie sagten zu ihm: Wenn du der Messias bist, dann sag es uns! Er antwortete ihnen: Auch wenn ich es euch sage – ihr glaubt mir ja doch nicht; [68]und wenn ich euch etwas frage, antwortet ihr nicht. [69]Von nun an wird DER MENSCHENSOHN ZUR RECHTEN des allmächtigen GOTTES SITZEN. [70]Da sagten alle: Du bist also der Sohn Gottes. Er antwortete ihnen: Ihr sagt es – ich bin es. [71]Da riefen sie: Was brauchen wir noch Zeugenaussagen? Wir haben es selbst aus seinem eigenen Mund gehört.

Hannas gefesselt zum Hohenpriester Kajaphas.

[63]Die Wächter trieben ihren Spott mit Jesus. Sie schlugen ihn, [64]verhüllten ihm das Gesicht und fragten ihn: Du bist doch ein Prophet! Sag uns: Wer hat dich geschlagen? [65]Und noch mit vielen anderen Lästerungen verhöhnten sie ihn.

54–62: Mt 26,69–75; Mk 14,66–72; Joh 18,25–27 / 61: 22,34 / 67: 9,20; Joh 10,24 / 69: Dan 7,13; Ps 110,1.

amtierenden Hohenpriester Kajaphas vorgeführt. Von einem eigentlichen Verhör oder gar einer Verurteilung zum Tod durch die Juden wird bei Johannes nichts erzählt.

Zu Mk 14,61f Der Ausdruck »der Hochgelobte« ist ebenso wie »die Macht« Umschreibung für Gott.

Zu Mk 14,65 Zeig, daß du ein Prophet bist, wörtlich: Prophezei!

Lk 22,56–62 (vgl. Nr. 236)

[56]Eine Magd sah ihn am Feuer sitzen, schaute ihn genau an und sagte: Der war auch mit ihm zusammen. [57]Petrus aber leugnete es und sagte: Frau, ich kenne ihn nicht.

[58]Kurz danach sah ihn ein anderer und bemerkte: Du gehörst auch zu ihnen. Petrus aber sagte: Nein, Mensch, ich nicht! [59]Etwa eine Stunde später behauptete wieder einer: Wahrhaftig, der war auch mit ihm zusammen; er ist doch auch ein Galiläer. [60]Petrus aber erwiderte: Mensch, ich weiß nicht, wovon du sprichst. Im gleichen Augenblick, noch während er redete, krähte ein Hahn. [61]Da wandte

Joh 18,17.25–27

[17]Da sagte die Pförtnerin zu Petrus: Bist du nicht auch einer von den Jüngern dieses Menschen? Er antwortete: Nein. [25]Simon Petrus aber stand (am Feuer) und wärmte sich. Sie sagten zu ihm: Bist nicht auch du einer von seinen Jüngern? Er leugnete und sagte: Nein. [26]Einer von den Dienern des Hohenpriesters, ein Verwandter dessen, dem Petrus das Ohr abgehauen hatte, sagte: Habe ich dich nicht im Garten bei ihm gesehen? [27]Wieder leugnete Petrus, und gleich darauf krähte ein Hahn.

[75] und Petrus erinnerte sich an das, was Jesus gesagt hatte: Ehe der Hahn kräht, wirst du mich dreimal verleugnen. Und er ging hinaus und weinte bitterlich.

75: 26,34.

und Petrus erinnerte sich, daß Jesus zu ihm gesagt hatte: Ehe der Hahn zweimal kräht, wirst du mich dreimal verleugnen. Und er begann zu weinen.

72: 14,30.

14,68 Spätere Textzeugen fügen am Ende des Verses hinzu: Da krähte der Hahn.

238. Die Auslieferung an Pilatus

Mt 27,1–2

[1] Als es Morgen wurde, faßten die Hohenpriester und die Ältesten des Volkes gemeinsam den Beschluß, Jesus hinrichten zu lassen.

[2] Sie ließen ihn fesseln und abführen und lieferten ihn dem Statthalter Pilatus aus.

Mk 15,1

[1] Gleich in der Frühe faßten die Hohenpriester, die Ältesten und die Schriftgelehrten, also der ganze Hohe Rat, über Jesus einen Beschluß:
Sie ließen ihn fesseln und abführen und lieferten ihn Pilatus aus.

239. Das Ende des Judas

Mt 27,3–10

[3] Als nun Judas, der ihn verraten hatte, sah, daß Jesus zum Tod verurteilt war, reute ihn seine Tat. Er brachte den Hohenpriestern und den Ältesten die dreißig Silberstücke zurück [4] und sagte: Ich habe gesündigt, ich habe euch einen unschuldigen Menschen ausgeliefert. Sie antworteten: Was geht das uns an? Das ist deine Sache. [5] Da warf er die Silberstücke in den Tempel; dann ging er weg und erhängte sich. [6] Die Hohenpriester nahmen die Silberstücke und sagten: Man darf das Geld nicht in den Tempelschatz tun; denn es klebt Blut daran. [7] Und sie beschlossen, von dem Geld den Töpferacker zu kaufen als Begräbnisplatz für die Fremden. [8] Deshalb heißt dieser Acker bis heute Blutacker. [9] So erfüllte sich, was durch den Propheten Jere-

sich der Herr um und blickte Petrus an. Und Petrus erinnerte sich an das, was der Herr zu ihm gesagt hatte: Ehe heute der Hahn kräht, wirst du mich dreimal verleugnen. [62] *Und er ging hinaus und weinte bitterlich.*

Zu Mt 26,74 par. Nazaräerevangelium (Variante aus der Evangelienausgabe Zion): Und er verleugnete und schwur und verfluchte sich.

Lk 23,1; *22,66* (vgl. Nr. 236)

[22,66] *Als es Tag wurde, versammelten sich die Ältesten des Volkes, die Hohenpriester und die Schriftgelehrten, also der Hohe Rat, und sie ließen Jesus vorführen.*
[23,1] Daraufhin erhob sich die ganze Versammlung, und man führte Jesus zu Pilatus.

Joh 18,28–32

[28] *Von Kajaphas brachten sie Jesus zum Prätorium; es war früh am Morgen. Sie selbst gingen nicht in das Gebäude hinein, um nicht unrein zu werden, sondern das Paschalamm essen zu können.* [29] *Deshalb kam Pilatus zu ihnen heraus und fragte: Welche Anklage erhebt ihr gegen diesen Menschen?* [30] *Sie antworteten ihm: Wenn er kein Übeltäter wäre, hätten wir ihn dir nicht ausgeliefert.* [31] *Pilatus sagte zu ihnen: Nehmt ihr ihn doch, und richtet ihn nach eurem Gesetz! Die Juden antworteten ihm: Uns ist es nicht gestattet, jemand hinzurichten.* [32] *So sollte sich das Wort Jesu erfüllen, mit dem er angedeutet hatte, auf welche Weise er sterben werde.*

mia gesagt worden ist: SIE NAHMEN DIE DREISSIG SILBERSTÜCKE – DAS IST DER PREIS, DEN ER DEN ISRAELITEN WERT WAR – 10 UND KAUFTEN FÜR DAS GELD DEN TÖPFERACKER, WIE mir DER HERR BEFOHLEN HATTE.

3: Apg 1,16–19; Mt 26,15 / 6: Dtn 23,19 / 9: Sach 11,12f; Jer 18,2f; 32,8f; Ex 9,12 G.

27,4 einen unschuldigen Menschen, wörtlich: unschuldiges Blut.
27,9 Das dem Propheten Jeremia zugeschriebene Zitat ist eine freie Verbindung von Stellen aus Sacharja, Jeremia und Exodus.

240. Die Anklage vor Pilatus

Mt 27,11–14

11 Als Jesus vor dem Statthalter stand, fragte ihn dieser: Bist du der König der Juden? Jesus antwortete: Du sagst es.
12 Als aber die Hohenpriester und die Ältesten ihn anklagten, gab er keine Antwort.
13 Da sagte Pilatus zu ihm: Hörst du nicht, was sie dir alles vorwerfen?

14 Er aber antwortete ihm auf keine einzige Frage, so daß der Statthalter sehr verwundert war.

11: 2,2; 27,29.37; Mk 15,18.26; Lk 23,37f; Joh 19,3.19.21 / 14: Joh 19,9.

27,11–26 Pontius Pilatus war Statthalter (Präfekt) der römischen Provinz Judäa von 26 bis 36 n.Chr. Ihm stand das Recht zu, die Todesstrafe zu verhängen. Religiöse Vergehen wurden nur dann mit dem Tod bestraft, wenn es sich um eine Entehrung des Kaisers, um die Entweihung rechtlich geschützter religiöser Einrichtungen oder um Hochverrat handelte. Nach 27,11 wurde Jesus bei Pilatus als politischer Hochverräter angeklagt; das wird durch die gerade hierfür vorgesehene Hinrichtungsart der Kreuzigung bestätigt. Sein Heilsbringer-Anspruch wurde politisch mißdeutet.

Mk 15,2–5

2 Pilatus fragte ihn: Bist du der König der Juden? Er antwortete ihm: Du sagst es.

3 Die Hohenpriester brachten viele Anklagen gegen ihn vor.
4 Da wandte sich Pilatus wieder an ihn und fragte: Willst du denn nichts dazu sagen? Sieh doch, wie viele Anklagen sie gegen dich vorbringen.
5 Jesus aber gab keine Antwort mehr, so daß Pilatus sich wunderte.

Lk 23,2–5

2 Dort brachten sie ihre Anklage gegen ihn vor; sie sagten: Wir haben festgestellt, daß dieser Mensch unser Volk verführt, es davon abhält, dem Kaiser Steuer zu zahlen, und behauptet, er sei der Messias und König.
3 Pilatus fragte ihn: Bist du der König der Juden? Er antwortete ihm: Du sagst es.

4 Da sagte Pilatus zu den Hohenpriestern und zum Volk: Ich finde nicht, daß dieser Mensch eines Verbrechens schuldig ist. 5 Sie aber blieben hartnäckig und sagten: Er wiegelt das Volk auf und verbreitet seine Lehre im ganzen jüdischen Land von Galiläa bis hierher.

Joh 18,33–38

33 Pilatus ging wieder in das Prätorium hinein, ließ Jesus rufen und fragte ihn: Bist du der König der Juden? 34 Jesus antwortete: Sagst du das von dir aus, oder haben es dir andere über mich gesagt? 35 Pilatus entgegnete: Bin ich denn ein Jude? Dein eigenes Volk und die Hohenpriester haben dich an mich ausgeliefert. Was hast du getan? 36 Jesus antwortete: Mein Königtum ist nicht von dieser Welt. Wenn es von dieser Welt wäre, würden meine Leute kämpfen, damit ich den Juden nicht ausgeliefert würde. Aber mein Königtum ist nicht von hier. 37 Pilatus sagte zu ihm: Also bist du doch ein König? Jesus antwortete: Du sagst es, ich bin ein König. Ich bin dazu geboren und dazu in die Welt gekommen, daß ich für die Wahrheit Zeugnis ablege. Jeder, der aus der Wahrheit ist, hört auf meine Stimme. 38 Pilatus sagte zu ihm: Was ist Wahrheit?

241. Die Verspottung durch Herodes

242. Die Verhandlung vor Pilatus

Mt 27,15–26

[15]Jeweils zum Fest pflegte der Statthalter einen Gefangenen freizulassen, den sich das Volk auswählen konnte. [16]Damals war gerade ein berüchtigter Mann namens Barabbas im Gefängnis.

[17]Pilatus fragte nun die Menge, die zusammengekommen war: Was wollt ihr? Wen soll ich freilassen, Barabbas oder Jesus, den man

Mk 15,6–15

[6]Jeweils zum Fest ließ Pilatus einen Gefangenen frei, den sie sich ausbitten durften. [7]Damals saß gerade ein Mann namens Barabbas im Gefängnis, zusammen mit anderen Aufrührern, die bei einem Aufstand einen Mord begangen hatten. [8]Die Volksmenge zog (zu Pilatus) hinauf und bat, ihnen die gleiche Gunst zu gewähren wie sonst. [9]Pilatus fragte sie: Wollt ihr, daß ich den König der Juden freilasse? [10]Er merkte nämlich,

Lk 23,6–16

6 Als Pilatus das hörte, fragte er, ob der Mann
ein Galiläer sei. 7 Und als er erfuhr, daß Jesus
aus dem Gebiet des Herodes komme, ließ er
ihn zu Herodes bringen, der in jenen Tagen
ebenfalls in Jerusalem war. 8 Herodes freute
sich sehr, als er Jesus sah; schon lange hatte
er sich gewünscht, mit ihm zusammenzutref-
fen, denn er hatte von ihm gehört. Nun hoffte
er, ein Wunder von ihm zu sehen. 9 Er stellte
ihm viele Fragen, doch Jesus gab ihm keine
Antwort. 10 Die Hohenpriester und die
Schriftgelehrten, die dabeistanden, erhoben
schwere Beschuldigungen gegen ihn. 11 Hero-
des und seine Soldaten zeigten ihm offen ihre
Verachtung. Er trieb seinen Spott mit Jesus,
ließ ihm ein Prunkgewand umhängen und
schickte ihn so zu Pilatus zurück. 12 An die-
sem Tag wurden Herodes und Pilatus Freun-
de; vorher waren sie Feinde gewesen. 13 Pila-
tus rief die Hohenpriester und die anderen
führenden Männer und das Volk zusammen
14 und sagte zu ihnen: Ihr habt mir diesen
Menschen hergebracht und behauptet, er
wiegle das Volk auf. Ich selbst habe ihn in eu-
rer Gegenwart verhört und habe keine der
Anklagen, die ihr gegen diesen Menschen
vorgebracht habt, bestätigt gefunden, 15 auch
Herodes nicht, denn er hat ihn zu uns zu-
rückgeschickt. Ihr seht also: Er hat nichts ge-
tan, worauf die Todesstrafe steht. 16 Daher
will ich ihn nur auspeitschen lassen, und dann
werde ich ihn freilassen.

8: 9,9 / 11: Mt 27,28; Mk 15,17.

Lk 23,17–25

[17]

Joh 18,39–40; 19,4–16a

39 Ihr seid gewohnt, daß ich euch am Pascha-
fest einen Gefangenen freilasse. Wollt ihr also,
daß ich euch den König der Juden freilasse?
40 Da schrien sie wieder: Nicht diesen, son-
dern Barabbas! Barabbas aber war ein Stra-
ßenräuber.
19,4 Pilatus ging wieder hinaus und sagte zu
ihnen: Seht, ich bringe ihn zu euch heraus; ihr
sollt wissen, daß ich keinen Grund finde, ihn
zu verurteilen. 5 Jesus kam heraus; er trug die

den Messias nennt? [18] Er wußte nämlich, daß man Jesus nur aus Neid an ihn ausgeliefert hatte.
[19] Während Pilatus auf dem Richterstuhl saß, ließ ihm seine Frau sagen: Laß die Hände von diesem Mann, er ist unschuldig. Ich hatte seinetwegen heute nacht einen schrecklichen Traum.
[20] Inzwischen überredeten die Hohenpriester und die Ältesten die Menge, die Freilassung des Barabbas zu fordern, Jesus aber hinrichten zu lassen. [21] Der Statthalter fragte sie: Wen von beiden soll ich freilassen? Sie riefen: Barabbas! [22] Pilatus sagte zu ihnen: Was soll ich dann mit Jesus tun, den man den Messias nennt? Da schrien sie alle: Ans Kreuz mit ihm! [23] Er erwiderte: Was für ein Verbrechen hat er denn begangen?
Da schrien sie noch lauter: Ans Kreuz mit ihm!

[24] Als Pilatus sah, daß er nichts erreichte, sondern daß der Tumult immer größer wurde, ließ er Wasser bringen, wusch sich vor allen Leuten die Hände und sagte: Ich bin unschuldig am Blut dieses Menschen. Das ist eure Sache! [25] Da rief das ganze Volk: Sein Blut komme über uns und unsere Kinder!

[26] Darauf ließ er Barabbas frei

und gab den Befehl, Jesus zu geißeln und zu kreuzigen.

21: Apg 3,13f.

Zu Mt 27,24 dieses Menschen, nach zahlreichen Textzeugen: dieses Gerechten. Daß Jesus als unschuldiger Gerechter leidet (vgl. 27,4.19.24), wird durch diesen Einschub deutlich herausgestellt. Pilatus sucht, dem römischen Recht zuwider, die Verantwortung von sich zu schieben. Das Volk gibt durch die Selbstverwünschung indirekt seine Verantwortung zu (vgl. Vers 20).

daß die Hohenpriester nur aus Neid Jesus an ihn ausgeliefert hatten.

[11] Die Hohenpriester aber wiegelten die Menge auf, lieber die Freilassung des Barabbas zu fordern.

[12] Pilatus wandte sich von neuem an sie und fragte: Was soll ich dann mit dem tun, den ihr den König der Juden nennt? [13] Da schrien sie: Kreuzige ihn! [14] Pilatus entgegnete: Was hat er denn für ein Verbrechen begangen? Sie schrien noch lauter: Kreuzige ihn!

[15] Darauf ließ Pilatus, um die Menge zufriedenzustellen, Barabbas frei

und gab den Befehl, Jesus zu geißeln und zu kreuzigen.

11: Apg 3,13f.

15,6–15 Zu Pilatus und Barabbas vgl. die Anmerkung zu Mt 27,11–26.

Zu Mt 27,26 Die Kreuzigung war eine der furchtbarsten römischen Hinrichtungsarten. Sie konnte vor allem über Sklaven, freigelassene Sklaven und Aufständische, im allgemeinen aber nicht über römische Bürger verhängt werden. Die Auspeitschung mit Lederpeitschen, in die spitze Metallstücke eingebunden waren, konnte der Todesstrafe vorausgehen. Sie wurde auch als selbständige Strafe angewandt.

Zu Mt 27,24.26 Petrusevangelium 1–2: Aber keiner von den Juden wusch sich die Hände: Herodes nicht und keiner seiner Richter. Und als sie sich nicht waschen wollten, stand Pilatus auf. Da befiehlt König Herodes, den Herrn abzuführen, und er sagt zu ihnen: Was ich euch befohlen habe ihm zu tun, das tut!

Zu Mt 27,16 Nazaräerevangelium (Hieronymus, Kom. Mt 27,16): Barrabas . . . wird im sog. Hebräerevangelium als »Sohn ihres Lehrers« interpretiert.

[18] Da schrien sie alle miteinander: Weg mit
ihm; laß den Barabbas frei! [19] Dieser Mann
war wegen eines Aufruhrs in der Stadt und
wegen Mordes ins Gefängnis geworfen
worden.

[20] Pilatus aber redete wieder auf sie ein, denn
er wollte Jesus freilassen.
[21] Doch sie schrien: Kreuzige ihn, kreuzige
ihn!
[22] Zum drittenmal sagte er zu ihnen: Was für
ein Verbrechen hat er denn begangen? Ich
habe nichts feststellen können, wofür er den
Tod verdient. Daher will ich ihn auspeitschen
lassen, und dann werde ich ihn freilassen.
[23] Sie aber schrien und forderten immer lau-
ter, er solle Jesus kreuzigen lassen, und mit
ihrem Geschrei setzten sie sich durch:

[24] Pilatus entschied, daß ihre Forderung er-
füllt werden solle. [25] Er ließ den Mann frei,
der wegen Aufruhr und Mord im Gefängnis
saß und den sie gefordert hatten.
Jesus aber lieferte er ihnen aus, wie sie es ver-
langten.

18: Apg 3,13f.

23,17 Einige Textzeugen fügen hinzu: Zum Fest aber mußte er ihnen einen Gefangenen freilassen.

Dornenkrone und den purpurroten Mantel.
Pilatus sagte zu ihnen: Seht, da ist der
Mensch! [6] *Als die Hohenpriester und ihre*
Diener ihn sahen, schrien sie: Ans Kreuz mit
ihm, ans Kreuz mit ihm! Pilatus sagte zu ih-
nen: Nehmt ihr ihn, und kreuzigt ihn! Denn
ich finde keinen Grund, ihn zu verurteilen.
[7] *Die Juden entgegneten ihm: Wir haben ein*
Gesetz, und nach diesem Gesetz muß er ster-
ben, weil er sich als Sohn Gottes ausgegeben
hat.
[8] *Als Pilatus das hörte, wurde er noch ängstli-*
cher. [9] *Er ging wieder in das Prätorium hinein*
und fragte Jesus: Woher stammst du? Jesus
aber gab ihm keine Antwort. [10] *Da sagte Pila-*
tus zu ihm: Du sprichst nicht mit mir? Weißt
du nicht, daß ich Macht habe, dich freizulas-
sen, und Macht, dich zu kreuzigen? [11] *Jesus*
antwortete: Du hättest keine Macht über mich,
wenn es dir nicht von oben gegeben wäre;
darum liegt größere Schuld bei dem, der mich
dir ausgeliefert hat. [12] *Daraufhin wollte Pila-*
tus ihn freilassen, aber die Juden schrien:
Wenn du ihn freiläßt, bist du kein Freund des
Kaisers; jeder, der sich als König ausgibt,
lehnt sich gegen den Kaiser auf. [13] *Auf diese*
Worte hin ließ Pilatus Jesus herausführen,
und er setzte sich auf den Richterstuhl an dem
Platz, der Lithostrotos, auf hebräisch Gabba-
ta, heißt. [14] *Es war am Rüsttag des Paschafe-*
stes, ungefähr um die sechste Stunde. Pilatus
sagte zu den Juden: Da ist euer König! [15] *Sie*
aber schrien: Weg mit ihm, kreuzige ihn! Pila-
tus aber sagte zu ihnen: Euren König soll ich
kreuzigen? Die Hohenpriester antworteten:
Wir haben keinen König außer dem Kaiser.

[16a] *Da lieferte er ihnen Jesus aus, damit er ge-*
kreuzigt würde.

243. Die Verspottung durch die Soldaten

Mt 27,27–31a

[27] Da nahmen die Soldaten des Statthalters Jesus, führten ihn in das Prätorium, das Amtsgebäude des Statthalters, und versammelten die ganze Kohorte um ihn. [28] Sie zogen ihn aus und legten ihm einen purpurroten Mantel um. [29] Dann flochten sie einen Kranz aus Dornen; den setzten sie ihm auf und gaben ihm einen Stock in die rechte Hand. Sie fielen vor ihm auf die Knie und verhöhnten ihn, indem sie riefen: Heil dir, König der Juden! [30] Und sie spuckten ihn an, nahmen ihm den Stock wieder weg und schlugen ihm damit auf den Kopf.
[31a] Nachdem sie so ihren Spott mit ihm getrieben hatten, nahmen sie ihm den Mantel ab und zogen ihm seine eigenen Kleider wieder an.

28f: Lk 23,11 / 30: Jes 50,6.

27,27–31a Die Verspottung Jesu als König weist auf den Urteilsgrund hin und zeigt zugleich die Verachtung der römischen Soldaten gegenüber den Juden.

Mk 15,16–20a

[16] Die Soldaten führten ihn in den Palast hinein, das heißt in das Prätorium, und riefen die ganze Kohorte zusammen. [17] Dann legten sie ihm einen Purpurmantel um und flochten einen Dornenkranz; den setzten sie ihm auf

[18] und grüßten ihn: Heil dir, König der Juden! [19] Sie schlugen ihm mit einem Stock auf den Kopf und spuckten ihn an, knieten vor ihm nieder und huldigten ihm.
[20a] Nachdem sie so ihren Spott mit ihm getrieben hatten, nahmen sie ihm den Purpurmantel ab und zogen ihm seine eigenen Kleider wieder an.

17: Lk 23,11.

15,16–20a Zur Verspottung durch die Soldaten vgl. die Anmerkung zu Mt 27,27–31a.

244. Der Weg zur Kreuzigung

Mt 27,31b–32

[31b] Dann führten sie Jesus hinaus, um ihn zu kreuzigen. [32] Auf dem Weg trafen sie einen Mann aus Zyrene namens Simon;
ihn zwangen sie, Jesus das Kreuz zu tragen.

Mk 15,20b–21

[20b] Dann führten sie Jesus hinaus, um ihn zu kreuzigen. [21] Einen Mann, der gerade vom Feld kam, Simon von Zyrene, den Vater des Alexander und des Rufus, zwangen sie, sein Kreuz zu tragen.

15,20b–32 Zu Einzelheiten der Hinrichtung Jesu vgl. die Anmerkungen zu Mt 27,34–51a.

15,21 Die Söhne des Simon von Zyrene werden hier genannt, weil sie wahrscheinlich später der christlichen Gemeinde (in Rom?) angehörten; vgl. Röm 16,13.

Joh 19,1–3

1 Darauf ließ Pilatus Jesus geißeln. 2 Die Sol-
daten flochten einen Kranz aus Dornen; den
setzten sie ihm auf und legten ihm einen pur-
purroten Mantel um. 3 Sie stellten sich vor ihn
hin und sagten: Heil dir, König der Juden!
Und sie schlugen ihm ins Gesicht.

Zu Mt 27,27–31 par. Petrusevangelium 5–9: Und er lieferte ihn dem Volke am Tage vor den ungesäuerten Broten, ihrem Feste, aus. Sie aber nahmen den Herrn und stießen ihn eilig und sprachen: Lasset uns den Sohn Gottes fortschleifen, wo wir Gewalt über ihn haben. Und sie legten ihm ein Purpurgewand um und setzten ihn auf den Richtstuhl und sprachen: Richte gerecht, o König Israels! Und einer von ihnen brachte einen Dornenkranz und setzte ihn auf das Haupt des Herrn. Und andere, die dabei standen, spien ihm ins Angesicht, und andere schlugen ihm auf die Wangen, andere stießen ihn mit einem Rohr, und etliche geißelten ihn und sprachen: Mit solcher Ehre wollen wir den Sohn Gottes ehren.

Lk 23,26–32

26 Als sie Jesus hinausführten,
ergriffen sie einen Mann aus Zyrene namens
Simon, der gerade vom Feld kam.
Ihm luden sie das Kreuz auf, damit er es hin-
ter Jesus hertrage.
27 Es folgte eine große Menschenmenge,
darunter auch Frauen, die um ihn klagten
und weinten. 28 Jesus wandte sich zu ihnen
um und sagte: Ihr Frauen von Jerusalem,
weint nicht über mich; weint über euch und
eure Kinder! 29 Denn es kommen Tage, da
wird man sagen: Wohl den Frauen, die un-
fruchtbar sind, die nicht geboren und nicht
gestillt haben. 30 Dann wird man ZU DEN
BERGEN SAGEN: FALLT AUF UNS!, UND ZU DEN
HÜGELN: DECKT UNS ZU! 31 Denn wenn das
mit dem grünen Holz geschieht, was wird
dann erst mit dem dürren werden?
32 Zusammen mit Jesus wurden auch zwei
Verbrecher zur Hinrichtung geführt.

30: Hos 10,8; Offb 6,16.

245. Die Kreuzigung

Mt 27,33–44.*48* (vgl. Nr. 246)

[33]So kamen sie an den Ort, der Golgota genannt wird, das heißt Schädelhöhe. [34]Und SIE GABEN ihm Wein ZU TRINKEN, der mit GALLE vermischt war; als er aber davon gekostet hatte, wollte er ihn nicht trinken.
[35]Nachdem sie ihn gekreuzigt hatten,
[38]*Zusammen mit ihm wurden zwei Räuber gekreuzigt, der eine rechts von ihm, der andere links.*

[35b]WARFEN SIE DAS LOS UND VERTEILTEN seine KLEIDER UNTER SICH. [36]Dann setzten sie sich nieder und bewachten ihn.
[37]Über seinem Kopf hatten sie eine Aufschrift angebracht, die seine Schuld angab: Das ist Jesus, der König der Juden.
[38]Zusammen mit ihm wurden zwei Räuber gekreuzigt, der eine rechts von ihm, der andere links.
[39]Die Leute, die vorbeikamen, verhöhnten ihn, SCHÜTTELTEN DEN KOPF [40]und riefen: Du willst den Tempel niederreißen und in drei Tagen wieder aufbauen? Wenn du Gottes Sohn bist, hilf dir selbst, und steig herab vom Kreuz! [41]Auch die Hohenpriester, die Schriftgelehrten und die Ältesten verhöhnten ihn und sagten: [42]Anderen hat er geholfen, sich selbst kann er nicht helfen. Er ist doch der König von Israel! Er soll vom Kreuz herabsteigen, dann werden wir an ihn glauben. [43]ER HAT AUF GOTT VERTRAUT: DER SOLL IHN jetzt RETTEN, WENN ER AN IHM GEFALLEN HAT; er hat doch gesagt: Ich bin Gottes Sohn.
[48]*Sogleich lief einer von ihnen hin, tauchte einen Schwamm in »Essig«, steckte ihn auf einen Stock und »gab« Jesus »zu trinken«.*
[40]*und riefen: Du willst den Tempel niederreißen und in drei Tagen wieder aufbauen? Wenn du Gottes Sohn bist, hilf dir selbst, und steig herab vom Kreuz!*
[37]*Über seinem Kopf hatten sie eine Aufschrift angebracht, die seine Schuld angab: Das ist Jesus, der König der Juden.*
[44]Ebenso beschimpften ihn die beiden Räuber, die man zusammen mit ihm gekreuzigt hatte.

Mk 15,22–32*36* (vgl. Nr. 246)

[22]Und sie brachten Jesus an einen Ort namens Golgota, das heißt übersetzt: Schädelhöhe. [23]Dort reichten sie ihm Wein, der mit Myrrhe gewürzt war; er aber nahm ihn nicht.
[24]Dann kreuzigten sie ihn.
[27]*Zusammen mit ihm kreuzigten sie zwei Räuber, den einen rechts von ihm, den andern links.*

SIE WARFEN DAS LOS UND VERTEILTEN seine KLEIDER UNTER SICH und gaben jedem, was ihm zufiel. [25]Es war die dritte Stunde, als sie ihn kreuzigten. [26]Und eine Aufschrift (auf einer Tafel) gab seine Schuld an: Der König der Juden.
[27]Zusammen mit ihm kreuzigten sie zwei Räuber, den einen rechts von ihm, den andern links. [[28]]
[29]Die Leute, die vorbeikamen, verhöhnten ihn, SCHÜTTELTEN DEN KOPF und riefen: Ach, du willst den Tempel niederreißen und in drei Tagen wieder aufbauen? [30]Hilf dir doch selbst, und steig herab vom Kreuz!
[31]Auch die Hohenpriester und die Schriftgelehrten verhöhnten ihn und sagten zueinander: Anderen hat er geholfen, sich selbst kann er nicht helfen. [32a]Der Messias, der König von Israel! Er soll doch jetzt vom Kreuz herabsteigen, damit wir sehen und glauben.

[36]*Einer lief hin, tauchte einen Schwamm in »Essig«, steckte ihn auf einen Stock und »gab« Jesus »zu trinken«.*
[29]*und riefen: Ach, du willst den Tempel niederreißen und in drei Tagen wieder aufbauen?*
[30]*Hilf dir doch selbst, und steig herab vom Kreuz!*
[26]*Und eine Aufschrift (auf einer Tafel) gab seine Schuld an: Der König der Juden.*

[32b]Auch die beiden Männer, die mit ihm zusammen gekreuzigt wurden, beschimpften ihn.

Lk 23,33–43

33 Sie kamen zur Schädelhöhe;

dort kreuzigten sie ihn und die Verbrecher,
den einen rechts von ihm, den andern links.
34 Jesus aber betete: Vater, vergib ihnen,
denn sie wissen nicht, was sie tun. Dann
WARFEN SIE DAS LOS UND VERTEILTEN seine
KLEIDER UNTER SICH.

38 *Über ihm war eine Tafel angebracht; auf ihr*
stand: Das ist der König der Juden.

33b *. . . dort kreuzigten sie ihn und die Verbre-*
cher, den einen rechts von ihm, den andern
links.
35 Die Leute standen dabei und SCHAUTEN
ZU;

37 *und sagten: Wenn du der König der Juden*
bist, dann hilf dir selbst!
auch die führenden Männer des Volkes
VERLACHTEN ihn und sagten: Anderen hat er
geholfen, nun soll er sich selbst helfen,
wenn er der erwählte Messias Gottes ist.

36 Auch die Soldaten verspotteten ihn; sie
traten vor ihn hin, reichten ihm Essig

37 und sagten: Wenn du der König der Juden
bist, dann hilf dir selbst!
38 Über ihm war eine Tafel angebracht; auf
ihr stand: Das ist der König der Juden.

39 Einer der Verbrecher, die neben ihm hin-
gen, verhöhnte ihn: Bist du denn nicht der
Messias? Dann hilf dir selbst und auch uns!
40 Der andere aber wies ihn zurecht und sag-
te: Nicht einmal du fürchtest Gott? Dich hat
doch das gleiche Urteil getroffen. 41 Uns ge-
schieht recht, wir erhalten den Lohn für un-
sere Taten; dieser aber hat nichts Unrechtes
getan. 42 Dann sagte er: Jesus, denk an mich,

Joh 19,17–29

17 *Er trug sein Kreuz und ging hinaus zur so-*
genannten Schädelhöhe, die auf hebräisch
Golgota heißt. 18 *Dort kreuzigten sie ihn und*
mit ihm zwei andere, auf jeder Seite einen, in
der Mitte Jesus. 19 *Pilatus ließ auch ein Schild*
anfertigen und oben am Kreuz befestigen; die
Inschrift lautete: Jesus von Nazaret, der König
der Juden. 20 *Dieses Schild lasen viele Juden,*
weil der Platz, wo Jesus gekreuzigt wurde,
nahe bei der Stadt lag. Die Inschrift war he-
bräisch, lateinisch und griechisch abgefaßt.
21 *Die Hohenpriester der Juden sagten zu Pi-*
latus: Schreib nicht: Der König der Juden,
sondern daß er gesagt hat: Ich bin der König
der Juden. 22 *Pilatus antwortete: Was ich ge-*
schrieben habe, habe ich geschrieben.
23 *Nachdem die Soldaten Jesus ans Kreuz ge-*
schlagen hatten, nahmen sie seine Kleider und
machten vier Teile daraus, für jeden Soldaten
einen. Sie nahmen auch sein Untergewand,
das von oben her ganz durchgewebt und ohne
Naht war. 24 *Sie sagten zueinander: Wir wol-*
len es nicht zerteilen, sondern darum losen,
wem es gehören soll. So sollte sich das
Schriftwort erfüllen: »Sie verteilten meine
Kleider unter sich und warfen das Los um
mein Gewand.« Dies führten die Soldaten
aus.
25 *Bei dem Kreuz Jesu standen seine Mutter*
und die Schwester seiner Mutter, Maria, die
Frau des Klopas, und Maria von Magdala.
26 *Als Jesus seine Mutter sah und bei ihr den*
Jünger, den er liebte, sagte er zu seiner Mutter:
Frau, siehe, dein Sohn! 27 *Dann sagte er zu*
dem Jünger: Siehe, deine Mutter! Und von je-
ner Stunde an nahm sie der Jünger zu sich.
28 *Danach, als Jesus wußte, daß nun alles*
vollbracht war, sagte er, damit sich die Schrift
erfüllte: Mich dürstet. 29 *Ein Gefäß mit Essig*
stand da. Sie steckten einen Schwamm mit Es-
sig auf einen Ysopzweig und hielten ihn an
seinen Mund.

34: Ps 69,22 / 35: Ps 22,19 / 38: Jes 53,12 / 39: Ps 22,8 / 40: 26,61; Joh 2,19 / 43: Ps 22,9.

27,34 Ein Mischtrank aus saurem Wein und Myrrhe diente zur Betäubung der zum Kreuzestod Verurteilten (vgl. Mk 15,22). Daß hier statt Myrrhe Galle erwähnt wird, ist eine Angleichung an Ps 69,22.

27,35 Nach römischem Brauch fielen die Kleider des Verurteilten dem Hinrichtungstrupp zu.

27,37 Nach römischer Sitte wurde der Grund für die Verurteilung auf einer Tafel angegeben, die dem Verurteilten auf dem Weg zur Hinrichtung vorangetragen wurde.

23: Ps 69,22 / 24: Ps 22,19 / 29: Ps 22,8; Mk 14,58; Joh 2,19.

15,28 Spätere Textzeugen fügen entsprechend Lk 22,37 hier ein: So erfüllte sich das Schriftwort: Er wurde zu den Verbrechern gerechnet.

246. Der Tod Jesu

Mt 27,45–56

45 Von der sechsten bis zur neunten Stunde
herrschte eine Finsternis im ganzen Land.

51 *Da riß der Vorhang im Tempel von oben
bis unten entzwei.*
46 Um die neunte Stunde rief Jesus laut: ELI,
ELI, LEMA SABACHTANI?, das heißt: MEIN
GOTT, MEIN GOTT, WARUM HAST DU MICH VER-
LASSEN? 47 Einige von denen, die dabeistan-
den und es hörten, sagten: Er ruft nach Elija.
48 Sogleich lief einer von ihnen hin, tauchte
einen Schwamm in ESSIG, steckte ihn auf ei-
nen Stock und GAB Jesus ZU TRINKEN. 49 Die
anderen aber sagten: Laß doch, wir wollen
sehen, ob Elija kommt und ihm hilft.

50 Jesus aber schrie noch einmal laut auf.
Dann hauchte er den Geist aus.
51 Da riß der Vorhang im Tempel von oben
bis unten entzwei. Die Erde bebte, und die
Felsen spalteten sich. 52 Die Gräber öffneten
sich, und die Leiber vieler Heiligen, die ent-
schlafen waren, wurden auferweckt. 53 Nach
der Auferstehung Jesu verließen sie ihre
Gräber, kamen in die Heilige Stadt und er-
schienen vielen.
54 Als der Hauptmann und die Männer, die
mit ihm zusammen Jesus bewachten, das
Erdbeben bemerkten und sahen, was ge-
schah, erschraken sie sehr und sagten:
Wahrhaftig, das war Gottes Sohn!

Mk 15,33–41

33 Als die sechste Stunde kam, brach über das
ganze Land eine Finsternis herein. Sie dau-
erte bis zur neunten Stunde.
38 *Da riß der Vorhang im Tempel von oben
bis unten entzwei.*
34 Und in der neunten Stunde rief Jesus mit
lauter Stimme: ELOI, ELOI, LEMA SABACHTA-
NI?, das heißt übersetzt: MEIN GOTT, MEIN
GOTT, WARUM HAST DU MICH VERLASSEN?
35 Einige von denen, die dabeistanden und es
hörten, sagten: Hört, er ruft nach Elija!
36 Einer lief hin, tauchte einen Schwamm in
ESSIG, steckte ihn auf einen Stock und GAB
Jesus ZU TRINKEN. Dabei sagte er: Laßt uns
doch sehen, ob Elija kommt und ihn herab-
nimmt.
37 Jesus aber schrie laut auf. Dann hauchte er
den Geist aus.
38 Da riß der Vorhang im Tempel von oben
bis unten entzwei.

39 Als der Hauptmann, der Jesus gegenüber-
stand, ihn auf diese Weise sterben sah,

sagte er: Wahrhaftig, dieser Mensch war
Gottes Sohn.

wenn du in dein Reich kommst. [43] Jesus antwortete ihm: Amen, ich sage dir: Heute noch wirst du mit mir im Paradies sein.

34: Ps 22,19 / 35: Ps 22,8.

23,34 Der erste Teil des Verses fehlt bei einigen alten Textzeugen.

23,42 Einige Textzeugen haben: wenn du in deiner Macht als König kommst.

Zu Mt 27,33–44 par. Petrusevangelium 10–14: Und sie brachten zwei Verbrecher und kreuzigten den Herrn zwischen ihnen. Er aber schwieg, als hätte er keine Schmerzen. Und als sie das Kreuz aufgerichtet hatten, schrieben sie darauf: Dieses ist der König Israels! Und sie legten die Kleider vor ihn, verteilten sie unter sich und warfen das Los über sie. Einer aber jener Verbrecher machte ihnen Vorwürfe (sc. den kreuzigenden Juden): Wir müssen so sterben, weil wir Verbrechen begangen haben. Dieser aber, der der Retter der Menschheit geworden ist, was hat er euch zu Leide getan? Und sie wurden über ihn zornig und befahlen, daß ihm keiner die Schenkel zerbreche, damit er qualvoll sterbe.

Lk 23,44–49*36* (vgl. Nr. 245)

[44] Es war etwa um die sechste Stunde, als eine Finsternis über das ganze Land hereinbrach. Sie dauerte bis zur neunten Stunde. [45] Die Sonne verdunkelte sich. Der Vorhang im Tempel riß mitten entzwei,

[36] *Auch die Soldaten verspotteten ihn; sie traten vor ihn hin, reichten ihm Essig*

[46] und Jesus rief laut: VATER, IN DEINE HÄNDE LEGE ICH MEINEN GEIST. Nach diesen Worten hauchte er den Geist aus.
[45b] *Der Vorhang im Tempel riß mitten entzwei,*

[47] Als der Hauptmann sah, was geschehen war, pries er Gott und sagte:

Das war wirklich ein gerechter Mensch.
[48] Und alle, die zu diesem Schauspiel herbeigeströmt waren und sahen, was sich ereignet

Joh 19,29–37.25–27

[29] *Ein Gefäß mit Essig stand da. Sie steckten einen Schwamm mit Essig auf einen Ysopzweig und hielten ihn an seinen Mund.* [30] *Als Jesus von dem Essig genommen hatte, sprach er: Es ist vollbracht! Und er neigte das Haupt und gab seinen Geist auf.*
[31] *Weil Rüsttag war und die Körper während des Sabbats nicht am Kreuz bleiben sollten, baten die Juden Pilatus, man möge den Gekreuzigten die Beine zerschlagen und ihre Leichen dann abnehmen; denn dieser Sabbat war ein großer Feiertag.* [32] *Also kamen die Soldaten und zerschlugen dem ersten die Beine, dann dem andern, der mit ihm gekreuzigt worden war.* [33] *Als sie aber zu Jesus kamen und sahen, daß er schon tot war, zerschlugen sie ihm die Beine nicht,* [34] *sondern einer der Soldaten stieß mit der Lanze in seine Seite, und sogleich floß Blut und Wasser heraus.*
[35] *Und der, der es gesehen hat, hat es bezeugt, und sein Zeugnis ist wahr. Und er weiß, daß er Wahres berichtet, damit auch ihr glaubt.*
[36] *Denn das ist geschehen, damit sich das Schriftwort erfüllte: »Man soll an ihm kein Gebein zerbrechen.«* [37] *Und ein anderes Schriftwort sagt: »Sie werden auf den blicken, den sie durchbohrt haben.«*

55 Auch viele Frauen waren dort und sahen von weitem zu; sie waren Jesus seit der Zeit in Galiläa nachgefolgt und hatten ihm gedient. 56 Zu ihnen gehörten Maria aus Magdala, Maria, die Mutter des Jakobus und des Josef, und die Mutter der Söhne des Zebedäus.

46: Ps 22,2 / 48: Ps 69,22 / 51: Ex 26,31 / 54: 16,16.

27,45 Die Juden rechneten damals die Tageszeit von Sonnenaufgang bis Sonnenuntergang und teilten diese Spanne in 12 »Stunden« ein. Die »dritte Stunde« war also etwa um neun Uhr.

27,46f Elija galt im jüdischen Volksglauben als Nothelfer der Gerechten, vor allem als Beistand in der Todesstunde.

27,51a Gemeint ist wohl der Vorhang zwischen dem Heiligen und dem Allerheiligsten im Tempelgebäude. Das Ereignis ist als ein Gerichts- und Strafzeichen zu verstehen, das die Messianität Jesu bestätigt.

27,51b–53 Diese Ereignisse sollen darauf hinweisen, daß mit Jesu Tod und Auferstehung die Macht des Todes gebrochen wurde.

27,55f Diese Frauen werden als Zeugen für das Sterben und die Grablegung Jesu genannt; vgl. die Anmerkung zu 12,46f.

40 Auch einige Frauen sahen von weitem zu, darunter Maria aus Magdala, Maria, die Mutter von Jakobus dem Kleinen und Joses, sowie Salome; 41 sie waren Jesus schon in Galiläa nachgefolgt und hatten ihm gedient. Noch viele andere Frauen waren dabei, die mit ihm nach Jerusalem hinaufgezogen waren.

34: Ps 22,2 / 36: Ps 69,22.

15,40.47 Zu »Joses« vgl. die Anmerkung zu Mk 6,3 bzw. zu »Brüder Jesu« Mt 12,46f.

247. Das Begräbnis Jesu

Mt 27,57–61

57 Gegen Abend kam
ein reicher Mann aus Arimathäa namens Josef;
auch er war ein Jünger Jesu.
58 Er ging zu Pilatus und bat um den Leichnam Jesu.

Da befahl Pilatus, ihm den Leichnam zu überlassen. 59 Josef nahm ihn und hüllte ihn in ein reines Leinentuch. 60 Dann legte er ihn in ein neues Grab, das er für sich selbst in einen Felsen hatte hauen lassen. Er wälzte einen großen Stein vor den Eingang des Grabes und ging weg.

61 Auch Maria aus Magdala und die andere Maria waren dort; sie saßen dem Grab gegenüber.

Mk 15,42–47; *16,1* (vgl. Nr. 249)

42 Da es Rüsttag war, der Tag vor dem Sabbat, und es schon Abend wurde, 43 ging Josef von Arimathäa, ein vornehmer Ratsherr, der auch auf das Reich Gottes wartete, zu Pilatus und wagte es, um den Leichnam Jesu zu bitten. 44 Pilatus war überrascht, als er hörte, daß Jesus schon tot sei. Er ließ den Hauptmann kommen und fragte ihn, ob Jesus bereits gestorben sei.
45 Als der Hauptmann ihm das bestätigte, überließ er Josef den Leichnam. 46 Josef kaufte ein Leinentuch, nahm Jesus vom Kreuz, wickelte ihn in das Tuch und legte ihn in ein Grab, das in einen Felsen gehauen war. Dann wälzte er einen Stein vor den Eingang des Grabes.

47 Maria aus Magdala aber und Maria, die Mutter des Joses, beobachteten, wohin der Leichnam gelegt wurde.

hatte, schlugen sich an die Brust und gingen betroffen weg.
[49] Alle seine BEKANNTEN aber STANDEN IN EINIGER ENTFERNUNG (vom Kreuz), auch die Frauen, die ihm seit der Zeit in Galiläa nachgefolgt waren und die alles mit ansahen.

[25] Bei dem Kreuz Jesu standen seine Mutter und die Schwester seiner Mutter, Maria, die Frau des Klopas, und Maria von Magdala. [26] Als Jesus seine Mutter sah und bei ihr den Jünger, den er liebte, sagte er zu seiner Mutter: Frau, siehe, dein Sohn! [27] Dann sagte er zu dem Jünger: Siehe, deine Mutter! Und von jener Stunde an nahm sie der Jünger zu sich.

46: Ps 31,6 / 49: Ps 38,12; Lk 8,2f.

Zu Mt 27,45–51 par. Petrusevangelium 15–20: Es war aber Mittag und eine Finsternis lag über ganz Judäa. Und sie gerieten in Unruhe und waren in Angst, weil die Sonne schon untergegangen, er aber noch am Leben war. Es steht nämlich ihnen geschrieben, daß die Sonne nicht über einem Getöteten untergehen darf. Und einer von ihnen sprach: Gebt ihm Galle mit Essig zu trinken! Und sie mischten es und gaben ihm zu trinken. Und sie erfüllten alles und machten das Maß der Sünden über ihr Haupt voll. Viele aber gingen mit Lampen umher und meinten, daß es Nacht sei und legten sich zur Ruhe. Und der Herr schrie auf und rief: Meine Kraft, Kraft, du hast mich verlassen! Und als er dies sagte, wurde er aufgenommen. Und zur selben Stunde riß der Vorhang des Tempels Jerusalems entzwei.

Zu Lk 23,48 Petrusevangelium 25–27: Da begannen die Juden, Ältesten und Priester zu klagen, weil sie erkannt hatten, was für ein großes Übel sie sich selbst zugefügt hatten, und sprachen: Wehe über unsere Sünden! Das Gericht und das Ende Jerusalems ist nahe herbeigekommen. Ich und meine Freunde trauerten und versteckten uns mit schmerzendem Herzen. Denn sie suchten uns als Verbrecher und solche, die den Tempel anzünden wollen. Wegen alle dem fasteten wir und saßen trauernd und weinend Tag und Nacht bis zum Sabbat.

Zu Lk 23,48 Nazaräerevangelium (Haimo v. Auxerre, Kom. zu Jes 53,2): Durch dieses Wort des Herrn wurden viele Tausende der Juden, die um das Kreuz standen, gläubig.

Lk 23,50–56

[50/51] Damals gehörte zu den Mitgliedern des Hohen Rates ein Mann namens Josef, der aus der jüdischen Stadt Arimathäa stammte. Er wartete auf das Reich Gottes und hatte dem, was die anderen beschlossen und taten, nicht zugestimmt, weil er gut und gerecht war. [52] Er ging zu Pilatus und bat um den Leichnam Jesu.

[53] Und er nahm ihn vom Kreuz, hüllte ihn in ein Leinentuch und legte ihn in ein Felsengrab, in dem noch niemand bestattet worden war.

[54] Das war am Rüsttag, kurz bevor der Sabbat anbrach. [55] Die Frauen, die mit Jesus aus Galiläa gekommen waren, gaben ihm das Geleit und sahen zu, wie der Leichnam in das Grab gelegt wurde.

Joh 19,38–42

[38] Josef aus Arimathäa war ein Jünger Jesu, aber aus Furcht vor den Juden nur heimlich. Er bat Pilatus, den Leichnam Jesu abnehmen zu dürfen, und Pilatus erlaubte es. Also kam er und nahm den Leichnam ab. [39] Es kam auch Nikodemus, der früher einmal Jesus bei Nacht aufgesucht hatte. Er brachte eine Mischung aus Myrrhe und Aloe, etwa hundert Pfund. [40] Sie nahmen den Leichnam Jesu und umwickelten ihn mit Leinenbinden, zusammen mit den wohlriechenden Salben, wie es beim jüdischen Begräbnis Sitte ist. [41] An dem Ort, wo man ihn gekreuzigt hatte, war ein Garten, und in dem Garten war ein neues Grab, in dem noch niemand bestattet worden war. [42] Wegen des Rüsttages der Juden und weil das Grab in der Nähe lag, setzten sie Jesus dort bei.

58: Dtn 21,22f.

16,1 *Als der Sabbat vorüber war, kauften Maria aus Magdala, Maria, die Mutter des Jakobus, und Salome wohlriechende Öle, um damit zum Grab zu gehen und Jesus zu salben.*

15,42 Rüsttag ist der Tag vor dem Sabbat (der Feiertag). Nach Dtn 21,23 mußten die am Holz aufgehängten, zuvor gesteinigten Gotteslästerer noch vor Sonnenuntergang abgenommen werden; das galt auch für Gekreuzigte. Die Grablegung fand sofort anschließend statt.

15,43–45 Die Freigabe des Leichnams für die private Bestattung war nach römischem Recht dem zuständigen Richter vorbehalten.

15,47 der Leichnam, wörtlich: er.

248. Die Bewachung des Grabes

Mt 27,62–66

62 Am nächsten Tag gingen die Hohenpriester und die Pharisäer gemeinsam zu Pilatus; es war der Tag nach dem Rüsttag. 63 Sie sagten: Herr, es fiel uns ein, daß dieser Betrüger, als er noch lebte, behauptet hat: Ich werde nach drei Tagen auferstehen. 64 Gib also den Befehl, daß das Grab bis zum dritten Tag sicher bewacht wird. Sonst könnten seine Jünger kommen, ihn stehlen und dem Volk sagen: Er ist von den Toten auferstanden. Und dieser letzte Betrug wäre noch schlimmer als alles zuvor. 65 Pilatus antwortete ihnen: Ihr sollt eine Wache haben. Geht und sichert das Grab, so gut ihr könnt. 66 Darauf gingen sie, um das Grab zu sichern. Sie versiegelten den Eingang und ließen die Wache dort.

62: Joh 19,42 / 63: 20,19; 12,40 / 64: 28,13.

27,62–66 Nur Matthäus berichtet von der Bewachung und Versiegelung des Grabes bis zum dritten Tag, da allein er von dem jüdischen Gerücht über den Raub des Leichnams Jesu durch seine Jünger spricht (vgl. 28,11–15). Diese Notiz ist als Verteidigung des urchristlichen Auferstehungsglaubens zu verstehen.

27,64 als alles zuvor, wörtlich: als der erste.

249. Die Botschaft des Engels am leeren Grab

Mt 28,1–10

Mk 16,1–8

1 Als der Sabbat vorüber war, kauften Maria aus Magdala, Maria, die Mutter des Jakobus,

[56] Dann kehrten sie heim und bereiteten wohlriechende Öle und Salben zu. Am Sabbat aber hielten sie die vom Gesetz vorgeschriebene Ruhe ein.

54: Dtn 21,23.

Zu Mt 27,57–60 par. Petrusevangelium 21–24: Und darauf zogen sie die Nägel aus den Händen des Herrn und legten ihn auf die Erde. Und die ganze Erde erbebte und große Furcht entstand. Darauf erstrahlte die Sonne, und es zeigte sich, daß es die neunte Stunde war. Die Juden aber freuten sich und gaben Josef seinen Leib, damit er ihn beerdige, da er ja alles gesehen hatte, was er (sc. Jesus) Gutes getan hatte. Er nahm den Herrn, wusch ihn, hüllte ihn in ein Leinentuch und brachte ihn in sein eigenes Grab, das Josefs Garten genannt wurde.

Zu Mt 27,57–60 par. Petrusevangelium 3–5: Josef, der Freund des Pilatus und des Herrn, stand aber dort. Als er bemerkte, daß sie ihn kreuzigen wollten, ging er zu Pilatus und erbat den Leichnam des Herrn zum Begräbnis. Pilatus sandte zu Herodes und bat ihn um den Leichnam, und Herodes ließ sagen: Bruder Pilatus, auch wenn keiner um ihn gebeten hätte, würden wir (sc. die Juden) ihn begraben haben, da ja auch der Sabbat anbricht. Denn im Gesetz steht geschrieben (Dtn 21,22f), daß die Sonne nicht über einem Getöteten untergehen darf.

Zu Mt 27,62–67 Petrusevangelium 28–34: Die Schriftgelehrten, Pharisäer und Ältesten kamen miteinander zusammen und hörten, daß das ganze Volk murrte und sich an die Brust schlug und sprach: Wenn diese gewaltigen Zeichen bei seinem Tode geschehen sind, so sehet, wie gerecht er war! Da fürchteten sie sich und kamen zu Pilatus, baten ihn und sprachen: Gib uns Soldaten, damit wir drei Tage sein Grab bewachen, damit nicht etwa seine Jünger kommen und ihn stehlen und das Volk annimmt, daß er von den Toten auferstanden sei und uns Böses antut. Pilatus aber gab ihnen zum Bewachen des Grabes den Hauptmann Petronius mit Soldaten. Und mit ihnen kamen Älteste und Schriftgelehrte zum Grabe. Und mit dem Hauptmann und den Soldaten wälzten alle, die dort waren, einen großen Stein herbei und legten ihn vor den Grabeseingang. Und sie legten sieben Siegel an, schlugen ein Zelt auf und hielten Wache. Frühmorgens, als der Sabbat anbrach, kamen viele Leute aus Jerusalem und Umgebung, um das versiegelte Grab zu sehen.

Lk 24,1–12

Joh 20,1–10

[1] *Am ersten Tag der Woche kam Maria von Magdala frühmorgens, als es noch dunkel*

Mt 28,1–10

1 Nach dem Sabbat kamen in der Morgen-
dämmerung des ersten Tages der Woche Ma-
ria aus Magdala und die andere Maria, um
nach dem Grab zu sehen.
2 Plötzlich entstand ein gewaltiges Erdbeben;
denn ein Engel des Herrn kam vom Himmel
herab, trat an das Grab, wälzte den Stein weg
und setzte sich darauf. 3 Seine Gestalt leuch-
tete wie ein Blitz, und sein Gewand war weiß
wie Schnee. 4 Die Wächter begannen vor
Angst zu zittern und fielen wie tot zu Boden.

5 Der Engel aber sagte zu den Frauen: Fürch-
tet euch nicht! Ich weiß, ihr sucht Jesus, den
Gekreuzigten. 6 Er ist nicht hier; denn er ist
auferstanden, wie er gesagt hat.
Kommt her und seht euch die Stelle an, wo er
lag.

7 Dann geht schnell zu seinen Jüngern und
sagt ihnen: Er ist von den Toten auferstan-
den.

Er geht euch voraus nach Galiläa, dort wer-
det ihr ihn sehen. Ich habe es euch gesagt.

8 Sogleich verließen sie das Grab und eilten
voll Furcht und großer Freude zu seinen Jün-
gern, um ihnen die Botschaft zu verkünden.

9 Plötzlich kam ihnen Jesus entgegen und
sagte: Seid gegrüßt! Sie gingen auf ihn zu,
warfen sich vor ihm nieder und umfaßten
seine Füße. 10 Da sagte Jesus zu ihnen:
Fürchtet euch nicht! Geht und sagt meinen

Mk 16,2–8

und Salome wohlriechende Öle, um damit
zum Grab zu gehen und Jesus zu salben.
2 Am ersten Tag der Woche kamen sie in aller
Frühe zum Grab, als eben die Sonne aufging.

3 Sie sagten zueinander: Wer könnte uns den
Stein vom Eingang des Grabes wegwälzen?
4 Doch als sie hinblickten, sahen sie, daß der
Stein schon weggewälzt war; er war sehr
groß. 5 Sie gingen in das Grab hinein
und sahen auf der rechten Seite einen jungen
Mann sitzen, der mit einem weißen Gewand
bekleidet war; da erschraken sie sehr. 6 Er
aber sagte zu ihnen: Erschreckt nicht! Ihr
sucht Jesus von Nazaret, den Gekreuzigten.
Er ist auferstanden; er ist nicht hier.

Seht, da ist die Stelle, wo man ihn hingelegt
hatte.

7 Nun aber geht und sagt seinen Jüngern, vor
allem Petrus:

Er geht euch voraus nach Galiläa; dort wer-
det ihr ihn sehen, wie er es euch gesagt hat.

8 Da verließen sie das Grab und flohen; denn
Schrecken und Entsetzen hatte sie gepackt.
Und sie sagten niemand etwas davon; denn
sie fürchteten sich.

1 Am ersten Tag der Woche gingen die
Frauen mit den wohlriechenden Salben, die
sie zubereitet hatten, in aller Frühe zum
Grab.

2 Da sahen sie, daß der Stein vom Grab weg-
gewälzt war; 3 sie gingen hinein, aber den
Leichnam Jesu, des Herrn, fanden sie nicht.
4 Während sie ratlos dastanden, traten zwei
Männer in leuchtenden Gewändern zu ih-
nen.
5 Die Frauen erschraken und blickten zu Bo-
den. Die Männer aber sagten zu ihnen: Was
sucht ihr den Lebenden bei den Toten? 6 Er
ist nicht hier, sondern er ist auferstanden.

Erinnert euch an das, was er euch gesagt hat,
als er noch in Galiläa war: 7 Der Menschen-
sohn muß den Sündern ausgeliefert und ge-
kreuzigt werden und am dritten Tag aufer-
stehen. 8 Da erinnerten sie sich an seine
Worte.
9 Und sie kehrten vom Grab in die Stadt zu-
rück und berichteten alles den Elf und den
anderen Jüngern.
10 Es waren Maria Magdalene, Johanna und
Maria, die Mutter des Jakobus; auch die üb-
rigen Frauen, die bei ihnen waren, erzählten
es den Aposteln. 11 Doch die Apostel hielten
das alles für Geschwätz und glaubten ihnen
nicht.

12 Petrus aber stand auf und lief zum Grab. Er
beugte sich vor, sah aber nur die Leinenbin-
den (dort liegen). Dann ging er nach Hause,
voll Verwunderung über das, was geschehen
war.

war, zum Grab und sah, daß der Stein vom
Grab weggenommen war. 2 Da lief sie schnell
zu Simon Petrus und dem Jünger, den Jesus
liebte, und sagte zu ihnen: Man hat den Herrn
aus dem Grab weggenommen, und wir wissen
nicht, wohin man ihn gelegt hat. 3 Da gingen
Petrus und der andere Jünger hinaus und ka-
men zum Grab; 4 sie liefen beide zusammen
dorthin, aber weil der andere Jünger schneller
war als Petrus, kam er als erster ans Grab. 5 Er
beugte sich vor und sah die Leinenbinden lie-
gen, ging aber nicht hinein. 6 Da kam auch
Simon Petrus, der ihm gefolgt war, und ging
in das Grab hinein. Er sah die Leinenbinden
liegen 7 und das Schweißtuch, das auf dem
Kopf Jesu gelegen hatte; es lag aber nicht bei
den Leinenbinden, sondern zusammenge-
bunden daneben an einer besonderen Stelle.
8 Da ging auch der andere Jünger, der zuerst
an das Grab gekommen war, hinein; er sah
und glaubte. 9 Denn sie wußten noch nicht aus
der Schrift, daß er von den Toten auferstehen
mußte. 10 Dann kehrten die Jünger wieder
nach Hause zurück.

Brüdern, sie sollen nach Galiläa gehen, und dort werden sie mich sehen.

6: 12,40; 16,21; 17,23; 20,19 / 9–10: Joh 20,14–18.

28,9f Wie Joh 20,11–18 berichtet Matthäus von einer Erscheinung Jesu vor Maria aus Magdala – und anderen Frauen – in der Nähe des Grabes.

6: 10,34.

16,1 Vgl. die Anmerkung zu Mt 12,46f.

16,1–8 Mit einem Hinweis auf Erscheinungen des Auferstandenen in Galiläa, den die Frauen, die das leere Grab entdeckten, erhalten, und einem Vermerk über ihre Furcht und ihr Schweigen endet das Markus-Evangelium; vgl. die Einleitung.

Zu Mt 28,1–8 par. Petrusevangelium 35–60: Und in der Nacht, in der der Herrentag anbrach (die Soldaten standen Wache, jede Ablösung zu zweit), erschallte eine gewaltige Stimme am Himmel. Und sie sahen die Himmel offen stehen und zwei Männer von dort in einem gleißenden Lichtschein herabkommen und dem Grabe sich nähern. Jener Stein, der vor den Eingang der Grabeshöhle gelegt worden war, geriet von selbst ins Rollen, wich zur Seite, das Grab öffnete sich, und die beiden Jünglinge traten ein. Als nun jene Soldaten das sahen, weckten sie den Hauptmann und die Ältesten auf. Denn auch diese waren bei der Wache zugegen. Und während sie noch erzählten, was sie gesehen hatten, sehen sie fernerhin, wie drei Männer aus dem Grab herauskommen, wie die zwei den einen stützen und ein Kreuz ihnen folgt, wie das Haupt der zwei bis zum Himmel reicht, das Haupt aber dessen, den sie an der Hand führen, den Himmel überragt. Und sie hörten eine Stimme aus den Himmeln fragen: Hast du den Entschlafenen gepredigt? Und vom Kreuz her vernahm man die Antwort: Ja! Jene beratschlagten nun untereinander, hinzugehen und dieses dem Pilatus zu melden. Doch während sie noch überlegten, sieht man wiederum die Himmel geöffnet, und ein Mensch kommt herab und geht in das Grab hinein. Als der Hauptmann und seine Leute dies sahen, hasteten sie in die Nacht zu Pilatus, verließen das Grab, das sie bewachten, und berichteten voll großer Angst alles, was sie gesehen hatten und sagten: Wahrlich, er war Gottes Sohn! Pilatus antwortete: Ich bin rein am Blute des Sohnes Gottes. Ihr habt das beschlossen! Dann traten sie alle (sc. Älteste etc.) herzu, baten und hielten dringend an, dem Hauptmann und den Soldaten zu befehlen, niemandem zu sagen, was sie gesehen hatten. Denn es ist besser, sagten sie, daß wir uns der größten Sünde vor Gott schuldig machen, als daß wir in die Hände des Volkes der Juden fallen und gesteinigt werden. Also befahl Pilatus dem Hauptmann und den Soldaten, nichts zu sagen.

(Lk 24,12)

7: 9,22.44; 17,25; 18,32f / 10: 8,2f; Mk 16,9.

24,6 Der erste Satz des Verses fehlt bei einigen alten Textzeugen.

24,10 Vgl. die Anmerkung zu Mt 12,46f.

24,12 Dieser Vers fehlt bei einigen alten Textzeugen.

In der Frühe des Herrentages nahm Maria Magdalene, die Jüngerin des Herrn (weil sie die Juden fürchtete, da sie vor Zorn brannten, hatte sie am Grabe des Herrn nicht das getan, was die Frauen an den Sterbenden zu tun pflegen, die sie lieben), ihre Freundinnen mit sich und kam zum Grabe, wo er hingelegt war. Und sie fürchteten, daß die Juden sie sehen könnten, und sprachen: Wenn wir an dem Tage, an dem er gekreuzigt wurde, nicht weinen und klagen konnten, wollen wir das jetzt an seinem Grabe tun. Wer aber wird uns auch den Stein wegwälzen, der vor den Eingang der Grabeshöhle gelegt ist, damit wir hineinkönnen und uns neben ihn setzen und die Verpflichtungen erfüllen? (Denn der Stein war groß.) Wir fürchten, daß uns irgendwer sieht! Und wenn wir es nicht können, dann wollen wir am Eingang niederlegen, was wir zu seinem Gedächtnis mitbringen, wollen weinen und klagen, bis wir nach Hause gehen.

Und als sie hinkamen, fanden sie das Grab geöffnet. Und sie traten herzu, bückten sich und sahen dort einen Jüngling inmitten des Grabes sitzen, schöngestaltet und mit einem hell leuchtenden Gewand bekleidet. Der sprach zu ihnen: Warum seid ihr gekommen? Wen sucht ihr? Etwa jenen Gekreuzigten? Er ist auferstanden und weggegangen. Wenn ihr es aber nicht glaubt, so bückt euch und seht die Stelle, wo er lag, denn er ist nicht da. Er ist nämlich auferstanden und dort hingegangen, von wo er gesandt war. Da flohen die Frauen voller Furcht.

Es war aber der letzte Tag der Ungesäuerten Brote. Viele gingen weg und zogen nach Hause, denn das Fest war zu Ende. Aber wir, die 12 Jünger des Herrn, wir weinten und trauerten. Und jeder ging nach Hause, voll von Trauer über das Geschehene. Ich, Simon Petrus, und mein Bruder Andreas, wir nahmen unsere Netze und gingen ans Meer. Bei uns war Levi, der Sohn des Alphäus . . .

Die Nachgeschichte nach Matthäus (Mt 28,11–20)

Der Betrug der Hohenpriester

Mt 28,11–15

11 Noch während die Frauen unterwegs waren, kamen einige von den Wächtern in die Stadt und berichteten den Hohenpriestern alles, was geschehen war. 12 Diese faßten gemeinsam mit den Ältesten den Beschluß, die Soldaten zu bestechen. Sie gaben ihnen viel Geld 13 und sagten: Erzählt den Leuten: Seine Jünger sind bei Nacht gekommen und haben ihn gestohlen, während wir schliefen. 14 Falls der Statthalter davon hört, werden wir ihn beschwichtigen und dafür sorgen, daß ihr nichts zu befürchten habt. 15 Die Soldaten nahmen das Geld und machten alles so, wie man es ihnen gesagt hatte. So kommt es, daß dieses Gerücht bei den Juden bis heute verbreitet ist.

13: 27,64.

Zu Mt 28,11–15 Petrusevangelium 45–49: Als der Hauptmann und seine Leute dies sahen, hasteten sie in der Nacht zu Pilatus, verließen das Grab, das sie bewachten, und berichteten voll großer Angst alles, was sie gesehen hatten und sagten: Wahrlich, er war Gottes Sohn! Pilatus antwortete: Ich bin rein am Blute des Sohnes Gottes. Ihr habt das beschlossen! Dann traten sie alle (sc. Älteste etc.) herzu, baten und hielten dringend an, dem Hauptmann und den Soldaten zu befehlen, niemandem zu sagen, was sie gesehen hatten. Denn es ist besser, sagten sie, daß wir uns der größten Sünde vor Gott schuldig machen, als daß wir in die Hände des Volkes der Juden fallen und gesteinigt werden. Also befahl Pilatus dem Hauptmann und den Soldaten, nichts zu sagen.

Der Auftrag des Auferstandenen

Mt 28,16–20

16 Die elf Jünger gingen nach Galiläa auf den Berg, den Jesus ihnen genannt hatte. 17 Und als sie Jesus sahen, fielen sie vor ihm nieder. Einige aber hatten Zweifel. 18 Da trat Jesus auf sie zu und sagte zu ihnen: Mir ist alle Macht gegeben im Himmel und auf der Erde. 19 Darum geht zu allen Völkern, und macht alle Menschen zu meinen Jüngern; tauft sie auf den Namen des Vaters und des Sohnes und des Heiligen Geistes, 20 und lehrt sie, alles zu befolgen, was ich euch geboten habe. Seid gewiß: Ich bin bei euch alle Tage bis zum Ende der Welt.

19: 24,14.

Der abschließende Bericht über die Aussendung der Jünger durch den Auferstandenen (vgl. Lk 24,47; Joh 20,21) erneuert die in Mt 10 berichtete Sendung durch den irdischen Jesus. Die Jünger erhalten jetzt aber einen weltweiten Auftrag.

Joh 14,23

23 Jesus antwortete ihm: Wenn jemand mich liebt, wird er an meinem Wort festhalten; mein Vater wird ihn lieben, und wir werden zu ihm kommen und bei ihm wohnen.

Die Nachgeschichte nach Lukas (Lk 24,13–53)

Die Begegnung mit dem Auferstandenen auf dem Weg nach Emmaus

Lk 24,13–35

13 Am gleichen Tag waren zwei von den Jün-
gern auf dem Weg in ein Dorf namens Em-
maus, das sechzig Stadien von Jerusalem ent-
fernt ist. 14 Sie sprachen miteinander über all
das, was sich ereignet hatte. 15 Während sie
redeten und ihre Gedanken austauschten,
kam Jesus hinzu und ging mit ihnen. 16 Doch
sie waren wie mit Blindheit geschlagen, so
daß sie ihn nicht erkannten. 17 Er fragte sie:
Was sind das für Dinge, über die ihr auf eu-
rem Weg miteinander redet? Da blieben sie
traurig stehen, 18 und der eine von ihnen – er
hieß Kleopas – antwortete ihm: Bist du so
fremd in Jerusalem, daß du als einziger nicht
weißt, was in diesen Tagen dort geschehen
ist? 19 Er fragte sie: Was denn? Sie antworte-
ten ihm: Das mit Jesus aus Nazaret. Er war
ein Prophet, mächtig in Wort und Tat vor
Gott und dem ganzen Volk. 20 Doch unsere
Hohenpriester und Führer haben ihn zum
Tod verurteilen und ans Kreuz schlagen las-
sen. 21 Wir aber hatten gehofft, daß er der sei,
der Israel erlösen werde. Und dazu ist heute
schon der dritte Tag, seitdem das alles ge-
schehen ist. 22 Aber nicht nur das: Auch ei-
nige Frauen aus unserem Kreis haben uns in
große Aufregung versetzt. Sie waren in der
Frühe beim Grab, 23 fanden aber seinen
Leichnam nicht. Als sie zurückkamen, er-
zählten sie, es seien ihnen Engel erschienen
und hätten gesagt, er lebe. 24 Einige von uns
gingen dann zum Grab und fanden alles so,
wie die Frauen gesagt hatten; ihn selbst aber
sahen sie nicht.
25 Da sagte er zu ihnen: Begreift ihr denn
nicht? Wie schwer fällt es euch, alles zu glau-
ben, was die Propheten gesagt haben.
26 Mußte nicht der Messias all das erleiden,
um so in seine Herrlichkeit zu gelangen?
27 Und er legte ihnen dar, ausgehend von
Mose und allen Propheten, was in der gesam-
ten Schrift über ihn geschrieben steht. 28 So
erreichten sie das Dorf, zu dem sie unterwegs
waren. Jesus tat, als wolle er weitergehen,
29 aber sie drängten ihn und sagten: Bleib
doch bei uns; denn es wird bald Abend, der
Tag hat sich schon geneigt. Da ging er mit
hinein, um bei ihnen zu bleiben. 30 Und als er

Die Erscheinung des Auferstandenen in Jerusalem

mit ihnen bei Tisch war, nahm er das Brot, sprach den Lobpreis, brach das Brot und gab es ihnen. 31 Da gingen ihnen die Augen auf, und sie erkannten ihn; dann sahen sie ihn nicht mehr. 32 Und sie sagten zueinander: Brannte uns nicht das Herz in der Brust, als er unterwegs mit uns redete und uns den Sinn der Schrift erschloß? 33 Noch in derselben Stunde brachen sie auf und kehrten nach Jerusalem zurück, und sie fanden die Elf und die anderen Jünger versammelt. 34 Diese sagten: Der Herr ist wirklich auferstanden und ist dem Simon erschienen. 35 Da erzählten auch sie, was sie unterwegs erlebt und wie sie ihn erkannt hatten, als er das Brot brach.

13: Mk 16,12 / 24: Joh 20,3–10 / 34: 1Kor 15,4f.

24,13–35 Die Erzählung von den Emmaus-Jüngern ist nur bei Lukas überliefert.

24,13 Sechzig Stadien sind etwa elf Kilometer.

24,35 Andere Übersetzungsmöglichkeit: wie sie ihn daran erkannten, wie er das Brot brach.

Lk 24,36–49

36 Während sie noch darüber redeten, trat er selbst in ihre Mitte und sagte zu ihnen: Friede sei mit euch! 37 Sie erschraken und hatten große Angst, denn sie meinten, einen Geist zu sehen. 38 Da sagte er zu ihnen: Was seid ihr so bestürzt? Warum laßt ihr in eurem Herzen solche Zweifel aufkommen? 39 Seht meine Hände und meine Füße an: Ich bin es selbst. Faßt mich doch an, und begreift: Kein Geist hat Fleisch und Knochen, wie ihr es bei mir seht. 40 Bei diesen Worten zeigte er ihnen seine Hände und Füße. 41 Sie staunten, konnten es aber vor Freude immer noch nicht glauben. Da sagte er zu ihnen: Habt ihr etwas zu essen hier? 42 Sie gaben ihm ein Stück gebratenen Fisch; 43 er nahm es und aß es vor ihren Augen.

44 Dann sprach er zu ihnen: Das sind die Worte, die ich zu euch gesagt habe, als ich noch bei euch war: Alles muß in Erfüllung gehen, was im Gesetz des Mose, bei den Propheten und in den Psalmen über mich gesagt ist. 45 Darauf öffnete er ihnen die Augen für das Verständnis der Schrift. 46 Er sagte zu ihnen: So steht es in der Schrift: Der Messias wird leiden und am dritten Tag von den To-

Joh 20,19–23

19 Am Abend dieses ersten Tages der Woche, als die Jünger aus Furcht vor den Juden die Türen verschlossen hatten, kam Jesus, trat in ihre Mitte und sagte zu ihnen: Friede sei mit euch! 20 Nach diesen Worten zeigte er ihnen seine Hände und seine Seite. Da freuten sich die Jünger, daß sie den Herrn sahen. 21 Jesus sagte noch einmal zu ihnen: Friede sei mit euch! Wie mich der Vater gesandt hat, so sende ich euch. 22 Nachdem er das gesagt hatte, hauchte er sie an und sprach zu ihnen: Empfangt den Heiligen Geist! 23 Wem ihr die Sünden vergebt, dem sind sie vergeben; wem ihr die Vergebung verweigert, dem ist sie verweigert.

Die Himmelfahrt Jesu

Mk 16,19–20

[19]*Nachdem Jesus, der Herr, dies zu ihnen gesagt hatte, »wurde er in den Himmel aufgenommen« und »setzte sich zur Rechten« Gottes.* [20]*Sie aber zogen aus und predigten überall. Der Herr stand ihnen bei und bekräftigte die Verkündigung durch die Zeichen, die er geschehen ließ.*)*

19: Apg 1,9–11; 2Kön 2,3.11; Ps 110,1.

*) Vgl. die Anmerkung auf S. 182

ten auferstehen; 47 und in seinem Namen
wird man allen Völkern, angefangen in Jeru-
salem, verkünden, sie sollen umkehren, da-
mit ihre Sünden vergeben werden. 48 Ihr seid
Zeugen dafür. 49 Und ich werde die Gabe, die
mein Vater verheißen hat, zu euch herabsen-
den. Bleibt in der Stadt, bis ihr mit der Kraft
aus der Höhe erfüllt werdet.

36: 1Kor 15,5 / 37: Mt 14,26 / 41: Joh 21,5.10 / 42: Apg 10,41 / 44: Mt 16,21; Joh 5,39.46 / 45: Joh 20,9 / 48: Apg 1,8 /

24,36 Die Worte »und sagte zu ihnen: Friede sei mit euch!« fehlen bei einigen alten Textzeugen.

24,40 Dieser Vers fehlt bei einigen alten Textzeugen.

Lk 24,50–53

50 Dann führte er sie hinaus in die Nähe von
Betanien. Dort erhob er seine Hände und
segnete sie. 51 Und während er sie segnete,
verließ er sie und wurde zum Himmel em-
porgehoben; 52 sie aber fielen vor ihm nieder.
Dann kehrten sie in großer Freude nach Je-
rusalem zurück. 53 Und sie waren immer im
Tempel und priesen Gott.

24,50–52 Nach den Angaben des Lukas in Apg 1,3 erfolgte die Himmelfahrt Jesu vierzig Tage nach seiner Auferstehung.

24,51f Die Worte »und wurde zum Himmel emporgehoben, sie aber fielen vor ihm nieder« fehlen bei einigen alten Textzeugen.

(Apg 1,9–14)

9 Als er das gesagt hatte, wurde er vor ihren
Augen emporgehoben, und eine Wolke nahm
ihn auf und entzog ihn ihren Blicken. 10 Wäh-
rend sie unverwandt ihm nach zum Himmel
emporschauten, standen plötzlich zwei Män-
ner in weißen Gewändern bei ihnen 11 und
sagten: Ihr Männer von Galiläa, was steht ihr
da und schaut zum Himmel empor? Dieser
Jesus, der von euch ging und in den Himmel
aufgenommen wurde, wird ebenso wieder-
kommen, wie ihr ihn habt zum Himmel hin-
gehen sehen.
12 Dann kehrten sie vom Ölberg, der nur einen
Sabbatweg von Jerusalem entfernt ist, nach
Jerusalem zurück. 13 Als sie in die Stadt ka-
men, gingen sie in das Obergemach hinauf,
wo sie nun ständig blieben: Petrus und Jo-
hannes, Jakobus und Andreas, Philippus und
Thomas, Bartholomäus und Matthäus, Jako-
bus, der Sohn des Alphäus, und Simon, der
Zelot, sowie Judas, der Sohn des Jakobus.
14 Sie alle verharrten dort einmütig im Gebet,
zusammen mit den Frauen und mit Maria, der
Mutter Jesu, und mit seinen Brüdern.

Die Nachgeschichte nach Markus (Mk 16,9–20)

Die Erscheinungen des Auferstandenen

Mk 16,9–20

[9 Als Jesus am frühen Morgen des ersten
Wochentages auferstanden war, erschien er
zuerst Maria aus Magdala, aus der er sieben
Dämonen ausgetrieben hatte. 10 Sie ging und
berichtete es denen, die mit ihm zusammen-
gewesen waren und die nun klagten und
weinten. 11 Als sie hörten, er lebe und sei von
ihr gesehen worden, glaubten sie es nicht.
12 Darauf erschien er in einer anderen Ge-
stalt zweien von ihnen, als sie unterwegs wa-
ren und aufs Land gehen wollten. 13 Auch sie
gingen und berichteten es den anderen, und
auch ihnen glaubte man nicht. 14 Später er-
schien Jesus auch den Elf, als sie bei Tisch
waren; er tadelte ihren Unglauben und ihre
Verstocktheit, weil sie denen nicht glaubten,
die ihn nach seiner Auferstehung gesehen
hatten. 15 Dann sagte er zu ihnen: Geht hin-
aus in die ganze Welt, und verkündet das
Evangelium allen Geschöpfen! 16 Wer glaubt
und sich taufen läßt, wird gerettet; wer aber
nicht glaubt, wird verdammt werden. 17 Und
durch die, die zum Glauben gekommen sind,
werden folgende Zeichen geschehen: In
meinem Namen werden sie Dämonen aus-
treiben; sie werden in neuen Sprachen reden;
18 wenn sie Schlangen anfassen oder tödli-
ches Gift trinken, wird es ihnen nicht scha-
den; und die Kranken, denen sie die Hände
auflegen, werden gesund werden.
19 Nachdem Jesus, der Herr, dies zu ihnen ge-
sagt hatte, WURDE ER IN DEN HIMMEL AUFGE-
NOMMEN und SETZTE SICH ZUR RECHTEN Got-
tes. 20 Sie aber zogen aus und predigten über-
all. Der Herr stand ihnen bei und bekräftigte
die Verkündigung durch die Zeichen, die er
geschehen ließ.]

9–20: Mt 28,9f.16–20; Lk 24,13–51 / 9: Lk 8,2 / 19: Apg 1,9–11; 2Kön 2,3.11; Ps 110,1.

16,9–20 Dieser Abschnitt findet sich nicht bei den ältesten Textzeugen. Er ist eine im 2. Jahrhundert entstandene Zusammenfassung der in anderen Evangelien stehenden Berichte über die Erscheinungen und Anweisungen des Auferstandenen; er gehört also inhaltlich zur Evangelienüberlieferung.

In einer altlateinischen Handschrift findet sich statt dessen folgende Ergänzung: Und sie berichteten alles, was ihnen aufgetragen worden war, dem Kreis um Petrus. Danach sandte Jesus selbst durch sie vom Osten bis in den Westen die heilige und unvergängliche Botschaft vom ewigen Heil. Amen.

Bei einigen Textzeugen finden sich auch beide Zusätze.

Lk 24,50–53

[50]Dann führte er sie hinaus in die Nähe von
Betanien. Dort erhob er seine Hände und
segnete sie. [51]Und während er sie segnete, ver-
ließ er sie und wurde zum Himmel emporge-
hoben; [52]sie aber fielen vor ihm nieder. Dann
kehrten sie in großer Freude nach Jerusalem
zurück. [53]Und sie waren immer im Tempel
und priesen Gott.

Joh 20,11–23

[11]Maria aber stand draußen vor dem Grab
und weinte. Während sie weinte, beugte sie
sich in die Grabkammer hinein. [12]Da sah sie
zwei Engel in weißen Gewändern sitzen, den
einen dort, wo der Kopf, den anderen dort, wo
die Füße des Leichnams Jesu gelegen hatten.
[13]Die Engel sagten zu ihr: Frau, warum
weinst du? Sie antwortete ihnen: Man hat
meinen Herrn weggenommen, und ich weiß
nicht, wohin man ihn gelegt hat. [14]Als sie das
gesagt hatte, wandte sie sich um und sah Jesus
dastehen, wußte aber nicht, daß es Jesus war.
[15]Jesus sagte zu ihr: Frau, warum weinst du?
Wen suchst du? Sie meinte, es sei der Gärtner,
und sagte zu ihm: Herr, wenn du ihn wegge-
bracht hast, sag mir, wohin du ihn gelegt hast.
Dann will ich ihn holen. [16]Jesus sagte zu ihr:
Maria! Da wandte sie sich ihm zu und sagte
auf hebräisch zu ihm: Rabbuni!, das heißt:
Meister. [17]Jesus sagte zu ihr: Halte mich nicht
fest; denn ich bin noch nicht zum Vater hin-
aufgegangen. Geh aber zu meinen Brüdern,
und sag ihnen: Ich gehe hinauf zu meinem
Vater und zu eurem Vater, zu meinem Gott
und zu eurem Gott. [18]Maria von Magdala
ging zu den Jüngern und verkündete ihnen:
Ich habe den Herrn gesehen. Und sie richtete
aus, was er ihr gesagt hatte.
[19]Am Abend dieses ersten Tages der Woche,
als die Jünger aus Furcht vor den Juden die
Türen verschlossen hatten, kam Jesus, trat in
ihre Mitte und sagte zu ihnen: Friede sei mit
euch! [20]Nach diesen Worten zeigte er ihnen
seine Hände und seine Seite. Da freuten sich
die Jünger, daß sie den Herrn sahen. [21]Jesus
sagte noch einmal zu ihnen: Friede sei mit
euch! Wie mich der Vater gesandt hat, so
sende ich euch. [22]Nachdem er das gesagt hat-
te, hauchte er sie an und sprach zu ihnen:
Empfangt den Heiligen Geist! [23]Wem ihr die
Sünden vergebt, dem sind sie vergeben; wem
ihr die Vergebung verweigert, dem ist sie ver-
weigert.

Parallelenverzeichnis

	Mt	Mk	Lk	Joh	Seite
I. VORGESCHICHTEN					
A. Die Vorgeschichte nach Matthäus (Mt 1–2)					
Der Stammbaum Jesu	**1, 1–17**		*3, 23–38*		1
Die Geburt Jesu	**1, 18–25**		*2, 1– 7*		2
Die Huldigung der Sterndeuter	**2, 1–12**		*2, 8–20*	*7, 41–42*	2
Die Flucht nach Ägypten. Der Kindermord in Bethlehem. Die Rückkehr aus Ägypten	**2, 13–23**				4
B. Die Vorgeschichte nach Lukas (Lk 1–2)					
Das Vorwort			**1, 1– 4**		5
Die Verheißung der Geburt Johannes' des Täufers			**1, 5–25**		5
Die Verheißung der Geburt Jesu			**1, 26–38**		7
Der Besuch Marias bei Elisabeth			**1, 39–56**		7
Die Geburt Johannes' des Täufers			**1, 57–66**		9
Der Lobgesang des Zacharias			**1, 67–80**		9
Die Geburt Jesu	*1, 18–25*		**2, 1– 7**		11
Die Verkündigung der Geburt an die Hirten	*2, 1–12*		**2, 8–20**	*7, 41–42*	11
Das Zeugnis des Simeon und der Hanna über Jesus			**2, 21–40**		12
Der zwölfjährige Jesus im Tempel			**2, 41–52**		14
II. HAUPTTEIL					
A. Die Vorbereitung des Wirkens Jesu (Mt 3, 1–4, 11; Mk 1, 1–13; Lk 3, 1–4, 13)					
1. Johannes der Täufer und sein Ruf zur Umkehr	**3, 1– 6**	**1, 1– 6**	**3, 1– 6**	*1, 6.23*	15
2. Von den Früchten der Umkehr	**3, 7–10**		**3, 7– 9**		16
3. Von den Folgen der Umkehr im Alltag			**3, 10–14**		16
4. Die Ankündigung des Kommenden (des Messias) durch Johannes den Täufer	**3, 11–12**	**1, 7– 8**	**3, 15–18**	*1, 24–28*	16
5. Die Gefangennahme Johannes' des Täufers	*14, 3– 4*	*6, 17–18*	**3, 19–20**		17
6. Die Taufe Jesu	**3, 13–17**	**1, 9–11**	**3, 21–22**	*1, 29–34*	17
7. Die Vorfahren Jesu	*1, 1–16*		**3, 23–38**		18
8. Die Versuchung Jesu	**4, 1–11**	**1, 12–13**	**4, 1–13**	1, 51	19

	Mt	Mk	Lk	Joh	Seite
B. Das Wirken Jesu in Galiläa (Mt 4, 12–18, 35; Mk 1, 14–8, 26; Lk 4, 14–9, 50)					
9. Erstes Auftreten in Galiläa	**4, 12–17**	**1, 14–15**	**4, 14–15**	*4, 1–3;2, 12*	20
10. Die Ablehnung Jesu in seiner Heimat	*13, 54–58*	*6, 1– 6a*	**4, 16–30**	*7, 15; 6, 42; 4, 44; 10, 39*	20
11. Die Berufung der ersten Jünger	**4, 18–22**	**1, 16–20**	*5, 1–11*	*1, 35–42*	22
12. Jesus in der Synagoge von Kafarnaum	*7, 28–29*	**1, 21–28**	**4, 31–37**	*7, 46*	22
13. Die Heilung der Schwiegermutter des Petrus und anderer Kranker	*8, 14–17*	**1, 29–34**	**4, 38–41**		23
14. Aufbruch aus Kafarnaum		**1, 35–38**	**4, 42–43**		23
15. Die Wirkung des ersten Auftretens	**4, 23–25**	**1, 39** *3, 10.7.8*	**4, 44** *6, 18.19.17*	*(Mt 9, 35)*	24
16. Die Berufung der ersten Jünger	*13, 1– 3; 4, 18–22*	*4, 1– 2; 1, 16–20*	**5, 1–11**	*21, 1–11*	24
Die Bergpredigt: Die Rede von der wahren Gerechtigkeit (Mt 5–7)					
17. Einleitung	**5, 1– 2**		*6, 12.20*		25
18. Die Seligpreisungen	**5, 3–12**		*6, 20–23*		26
19. Vom Salz der Erde und vom Licht der Welt	**5, 13–16**	*9, 50; 4, 21*	*14, 34–35; 11, 33*	*8, 12*	26
20. Vom Gesetz und von den Propheten	**5, 17–20**		*16, 16–17*		27
21. Vom Töten und von der Versöhnung	**5, 21–26**	*11, 25*	*12, 57–59*		27
22. Vom Ehebruch	**5, 27–30**	*9, 43–48*		*(Mt 18, 8–9)*	28
23. Von der Ehescheidung	**5, 31–32**	*10, 11–12*	*16, 18*	*(Mt 19, 9)*	28
24. Vom Schwören	**5, 33–37**				29
25. Von der Vergeltung	**5, 38–42**		*6, 29–30*		29
26. Von der Liebe zu den Feinden	**5, 43–48**		*6, 27–28. 32–36*		30
27. Vom Almosen	**6, 1– 4**				30
28. Vom Beten	**6, 5– 8**				31
29. Das Vaterunser	**6, 9–15**	*11, 25–26*	*11, 2– 4*		31
30. Vom Fasten	**6, 16–18**				32
31. Vom wahren Schatz	**6, 19–21**		*12, 33–34*		32
32. Vom Licht und vom Auge	**6, 22–23**		*11, 34–36*		32
33. Vom unmöglichen Doppeldienst	**6, 24**		*16, 13*		33
34. Von der falschen und der rechten Sorge	**6, 25–34**		*12, 22–32*		33
35. Vom Richten und von der Entweihung des Heiligen	**7, 1– 6**	*4, 24*	*6, 37–38. 41–42*	*8, 2–11*	34
36. Vom Vertrauen beim Beten	**7, 7–11**		*11, 9–13*		34
37. Die Goldene Regel	**7, 12**		*6, 31*		35

	Mt	Mk	Lk	Joh	Seite
38. Von den zwei Wegen	**7, 13–14**		*13, 23–24*		35
39. Von den falschen Propheten	**7, 15–20**		*6, 43–45*	*(Mt 12, 33–35)*	35
40. Warnung vor Selbsttäuschung	**7, 21–23**		*6, 46; 13, 26–27*		36
41. Vom Haus auf dem Felsen	**7, 24–27**		*6, 47–49*		36
42. Die Wirkung der Bergpredigt	**7, 28–29**	*1, 22*	*7, 1a*	*7, 46*	36

Die Taten des Messias
(Mt 8, 1–9, 34)

	Mt	Mk	Lk	Joh	Seite
43. Die Heilung eines Aussätzigen	**8, 1– 4**	**1, 40–45**	**5, 12–16**		37
44. Der Hauptmann von Kafarnaum	**8, 5–13**	*7, 30*	*7, 1–10; 13, 28–30*	*4, 46–53*	37
45. Die Heilung der Schwiegermutter des Petrus	**8, 14–15**	*1, 29–31*	*4, 38–39*		38
46. Die Heilung von Besessenen und Kranken	**8, 16–17**	*1, 32–34*	*4, 40–41*		39
47. Von der Nachfolge	**8, 18–22**	*4, 35*	*8, 22; 9, 57–60*		39
48. Der Sturm auf dem See	**8, 23–27**	*4, 35–41*	*8, 22–25*		39
49. Die Heilung der Besessenen von Gadara	**8, 28–34**	*5, 1–20*	*8, 26–39*		40
50. Die Heilung eines Gelähmten	**9, 1– 8**	**2, 1–12**	**5, 17–26**	*5, 8–9*	41
51. Die Berufung des Matthäus und das Mahl mit den Zöllnern	**9, 9–13**	**2, 13–17**	**5, 27–32**		42
52. Die Frage nach dem Fasten	**9, 14–17**	**2, 18–22**	**5, 33–39**	*3, 29*	43
53. Die Auferweckung der Tochter eines Synagogenvorstehers und die Heilung einer kranken Frau	**9, 18–26**	*5, 21–43*	*8, 40–56*		44
54. Die Heilung von zwei Blinden	**9, 27–31**				45
55. Die Heilung eines Stummen	**9, 32–34**	*3, 20–22*	*11, 14–16*	*(Mt 12, 22–24)*	46

Die Aussendungsrede
(Mt 9, 35–11, 1)

	Mt	Mk	Lk	Joh	Seite
56. Die Aussendung der zwölf Jünger	**9,35–10,16**	*6, 6b.34.7; 3, 13–19; 6, 8–11*	*8, 1; 10, 2; 9,1; 6, 13–16; 9, 2–5*	*4, 35; (Apg 1, 13) (Lk 10, 3–12)*	46
57. Ermutigung zum Ausharren in Verfolgung	**10, 17–25**	*13, 9–13*	*21, 12–17. 19; 6, 40*	*14, 26; 13, 16; 15, 20*	48
58. Aufforderung zu furchtlosem Bekenntnis	**10, 26–33**	*4,22; 8,38*	*12, 2– 9*		48
59. Von Frieden und Zwietracht	**10, 34–36**		*12, 51–53*		49
60. Vom Ernst der Nachfolge	**10, 37–39**	*8, 34.35*	*14, 26–27; 17, 33*	*12, 25*	49

	Mt	Mk	Lk	Joh	Seite
61. Vom Lohn für die Aufnahme der Jünger	**10, 40–11, 1**	*9, 41*	*10, 16*	*12, 44.45; 13, 20*	50
62. Die Frage Johannes' des Täufers	**11, 2– 6**		*7, 18–23*		50
63. Das Urteil Jesu über Johannes den Täufer. Das Gleichnis von den spielenden Kindern	**11, 7–19**	*1, 2; 9, 13*	*7, 24–35; 16, 16*		51
64. Vom Gericht über die galiläischen Städte	**11, 20–24**		*10, 12–15*		52
65. Der Dank Jesu an den Vater	**11, 25–27**		*10, 21–22*	*3, 35; 10,14–15; 17, 2*	52
66. Vom leichten Joch Jesu	**11, 28–30**				53
67. Das Abreißen der Ähren am Sabbat	**12, 1– 8**	**2,23–28**	**6, 1– 5**	*5, 10*	53
68. Die Heilung eines Mannes am Sabbat	**12, 9–14**	**3, 1– 6**	**6, 6–11;** 14, 5		54
68a. Die Wahl der Zwölf	*10, 1– 4*	*3,13–19*	**6,12–16**	1, 42 *(Apg 1, 13)*	55
69. Jesus als der Knecht Gottes	**12,15–21** *4,25*	**3, 7–12**	**6, 17–19** *4,41*		55
70. Die Wahl der Zwölf	*10, 1– 4*	**3, 13–19**	*6, 12–16*	*1, 42 (Apg 1, 13)*	56

Die Feldrede
(Lk 6, 20–49)

	Mt	Mk	Lk	Joh	Seite
71. Die Seligpreisungen	*5,3.6.11.12*		**6, 20–23**		56
72. Die Weherufe			**6, 24–26**		57
73. Von der Vergeltung und von der Liebe zu den Feinden	*5, 39–42. 44–48; 7, 12*		**6, 27–36**		57
74. Vom Richten	*7, 1– 5; 15, 14; 10, 24–25*	*4, 24*	**6, 37–42**	*13, 16; 15, 20*	58
75. Von der wahren Frömmigkeit	*7, 16–21*		**6, 43–46**	*(Mt 12,33–35)*	59
76. Vom Haus auf dem Felsen	*7, 24–27*		**6, 47–49**		59
77. Der Hauptmann von Kafarnaum	*8, 5–10. 13b*	*7, 30*	**7, 1–10**	*4, 46–54*	60
78. Die Auferweckung eines jungen Mannes in Naïn			**7, 11–17**		60
79. Die Frage Johannes' des Täufers	*11, 2– 6*		**7, 18–23**		61
80. Das Urteil Jesu über Johannes den Täufer. Das Gleichnis von den spielenden Kindern	*11, 7–11. 16–19*	*1, 2*	**7, 24–35**		61
81. Die Begegnung Jesu mit der Sünderin. Das Gleichnis von den zwei Schuldnern	*26, 6–13*	*14, 3–9*	**7, 36–50**	*12, 1– 8*	62
82. Frauen im Gefolge Jesu	*9, 35; 27, 55–56*	*16,9*	**8, 1– 3**		63

	Mt	Mk	Lk	Joh	Seite
83. Urteile über Jesus	**12, 22–24**	**3, 20–22**	*11, 14–16*	*10, 20*	64
84. Verteidigungsrede Jesu	**12, 25–37**	**3, 23–30** *9, 40*	*11, 17–23; 12, 10; 6, 43–45*	*(Mt 7, 16–20)*	64
85. Die Verweigerung eines Zeichens	**12, 38–42**	*8, 11–13*	*11, 29–32*	*(Mt 16, 1.2.4)*	65
86. Von der Rückkehr der unreinen Geister	**12, 43–45**		*11, 24–26*		66
87. Von den wahren Verwandten Jesu	**12, 46–50**	**3, 31–35**	*8, 19–21*	*15, 14*	66
88. Das Gleichnis von Sämann	**13, 1– 9**	**4, 1– 9**	**8, 4– 8**		67
89. Sinn und Zweck der Gleichnisse	**13, 10–15**	**4, 10–12.25**	**8, 9–10.***18*	*12, 40*	68
90. Die Seligpreisung der Jünger	**13, 16–17**		*10, 23–24*		68
91. Die Deutung des Gleichnisses von Sämann	**13, 18–23**	**4, 13–20**	**8, 11–15**		68
92. Vom rechten Hören	*5, 15; 10, 26; 7, 2; 13, 12*	**4, 21–25**	**8, 16–18**		69
93. Das Gleichnis vom Wachsen der Saat		**4, 26–29**			70
94. Das Gleichnis vom Unkraut unter dem Weizen	**13, 24–30**				70
95. Die Gleichnisse vom Senfkorn und vom Sauerteig	**13, 31–33**	**4, 30–32**	*13, 18–21*		70
96. Die Bedeutung der Gleichnisse	**13, 34–35**	**4, 33–34**			71
97. Die Deutung des Gleichnisses vom Unkraut	**13, 36–43**				71
98. Die Gleichnisse vom Schatz im Acker und von der Perle	**13, 44–46**				72
99. Das Gleichnis vom Fischnetz	**13, 47–50**				72
100. Abschluß der Rede	**13, 51–53**				72
101. Von den Verwandten Jesu	*12, 46.48–50*	*3, 31–35*	**8, 19–21**	*15, 14*	73
102. Der Sturm auf dem See	*8, 18.23–27*	**4, 35–41**	**8, 22–25**		73
103. Die Heilung des Besessenen von Gerasa	*8, 28–34*	**5, 1–20**	**8, 26–39**		74
104. Die Auferweckung der Tochter des Jaïrus und die Heilung einer kranken Frau	*9, 18–26*	**5, 21–43**	**8, 40–56**		75
105. Die Ablehnung Jesu in seiner Heimat	**13, 54–58**	**6, 1– 6**	*4, 16.22.24*	*7, 15; 6, 42; 4, 44; 7, 5*	76
106. Die Aussendung der zwölf Jünger	*10, 1.9–11.14*	**6, 7–13**	**9, 1–6**		77
107. Das Urteil des Herodes über Jesus	**14, 1– 2**	**6, 14–16**	**9, 7– 9**		78
108. Die Enthauptung Johannes' des Täufers	**14, 3–12**	**6, 17–29**	*3, 19–20*		78
109. Die Speisung der Fünftausend	**14, 13–21**	**6, 30–44**	**9, 10–17**	*6, 1–13*	79
110. Der Gang auf dem Wasser	**14, 22–33**	**6, 45–52**		*6, 16–21*	80
111. Krankenheilung in Gennesaret	**14, 34–36**	**6, 53–56**		*6, 22–25*	81
112. Von Reinheit und Unreinheit	**15, 1–20**	**7, 1–23**	*11, 37–41; 6, 39*		81

	Mt	Mk	Lk	Joh	Seite
113. Die Erhörung der Bitte einer heidnischen Frau	**15,21–28**	**7, 24–30**			83
114. Die Heilung vieler Kranker (Mt) – eines Taubstummen (Mk)	**15,29–31**	**7, 31–37**			84
115. Die Speisung der Viertausend	**15, 32–39**	**8, 1–10**		*6, 1–13*	85
116. Die Verweigerung eines Zeichens	**16, 1– 4**	**8, 11–13**	*11, 16; 12, 54–56; 11, 29b*	*6, 30 (Mt 12, 38–39)*	85
117. Warnung vor den Pharisäern und Sadduzäern	**16, 5–12**	**8, 14–21**	*12, 1*	*12, 40*	86
118. Die Heilung eines Blinden bei Betsaida		**8, 22–26**		*9, 1–7*	87
119. Das Messiasbekenntnis des Petrus und die erste Ankündigung von Leiden und Auferstehung	**16, 13–23**	**8, 27–33**	**9, 18–22**	*6, 66–70; 20, 22–23*	87
120. Von Nachfolge und Selbstverleugnung	**16, 24–28**	**8, 34– 9, 1**	**9, 23–27**	*12, 25–26; 8, 51–52*	88
121. Die Verklärung Jesu	**17, 1– 8**	**9, 2– 8**	**9, 28–36a**	*1, 14*	89
122. Von der Wiederkunft des Elija	**17, 9–13**	**9, 9–13**	**9, 36b**		89
123. Die Heilung eines mondsüchtigen Jungen	**17, 14–21**	**9, 14–29**	**9, 37–43a** *17, 6*	*14, 9*	90
124. Die zweite Ankündigung von Leiden und Auferstehung	**17, 22–23**	**9, 30–32**	**9, 43b–45**	*7, 1*	91
125. Von der Tempelsteuer	**17, 24–27**				92
126. Der Rangstreit der Jünger	**18, 1– 5**	**9, 33–37** *10, 15*	**9, 46–48;** *18, 17*	*3,3; 13, 20*	92
127. Der fremde Wundertäter	*10, 42*	**9, 38–41**	**9, 49–50**		93
128. Warnung vor der Verführung	**18, 6– 9**	**9, 42–48**	*17, 1.2*		93
129. Vom Salz	*5, 13*	**9, 49–50**	*14, 34–35*		94
130. Das Gleichnis vom verlorenen Schaf	**18, 10–14**		*15, 3– 7*		94
131. Von der Verantwortung für den Bruder	**18, 15–20**		*17, 3*	*20, 23*	95
132. Von der Pflicht zur Vergebung	**18, 21–22**		*17, 4*		95
133. Das Gleichnis vom unbarmherzigen Gläubiger	**18, 23–35**				96

C. Auf dem Weg nach Jerusalem
(Lk 9, 51–18, 14)

	Mt	Mk	Lk	Joh	Seite
134. Die ungastlichen Samariter	*19, 1– 2*	*10, 1*	**9, 51–56**	*3, 17*	97
135. Von der Nachfolge	*8, 19–22*		**9, 57–62**		97
136. Die Aussendung der zweiundsiebzig Jünger	*9, 37–38; 10, 7–16; 11, 21–23a; 10, 40*		**10, 1–16**	*4, 35; 5, 23b; 15, 23*	98
137. Der Lohn der Jünger		*16, 17–18*	**10, 17–20**	*12, 31*	99
138. Der Dank Jesu an den Vater	*11, 25–27*		**10, 21–22**	*3, 35; 17, 2; 10, 15a*	99

	Mt	Mk	Lk	Joh	Seite
139. Die Seligpreisung der Jünger	*13, 16–17*		**10, 23–24**		100
140. Die Frage nach dem Gebot	*22, 34–40*	*12, 28–31*	**10, 25–28**		100
141. Das Beispiel vom barmherzigen Samariter			**10, 29–37**		101
142. Maria und Marta			**10, 38–42**	*11, 1; 12, 1– 3*	101
143. Das Gebet des Herrn	*6, 9–13*		**11, 1– 4**		102
144. Das Gleichnis vom bittenden Freund			**11, 5– 8**		102
145. Vom Vertrauen beim Beten	*7, 7–11*		**11, 9–13**	*15, 7*	102
146. Verteidigungsrede Jesu	*12, 22–30*	*3, 22–27; 9, 40*	**11, 14–23**	*10, 20*	103
147. Von der Rückkehr der unreinen Geister	*12, 43–45*		**11, 24–26**		104
148. Zweierlei Seligpreisungen			**11, 27–28**		104
149. Die Verweigerung eines Zeichens	*12, 38–42*	*8, 11–12*	**11, 29–32**	*(Mt 16, 1. 2.4)*	104
150. Vom Licht und vom Auge	*5, 15; 6, 22–23*	*4, 21*	**11, 33–36**	*8, 12*	105
151. Worte gegen die Pharisäer und die Schriftgelehrten	*23, 4ff; 16, 6.12*	*8, 15*	**11, 37– 12, 1**		105
152. Aufforderung zum furchtlosen Bekenntnis	*10, 26–33; 12, 32; 10, 19*	*4, 22; 8, 38; 3, 28–29; 13, 11*	**12, 2–12**	*14, 26*	107
153. Das Beispiel von der falschen Selbstsicherheit des reichen Mannes			**12, 13–21**		108
154. Von der falschen und der rechten Sorge. Vom wahren Schatz	*6, 25–33. 19–21*		**12, 22–34**		108
155. Das Gleichnis vom treuen und vom schlechten Knecht	*24, 43–51*	*13, 33–37*	**12, 35–48**	*13, 4.5*	109
156. Von Frieden und Zwietracht			**12, 49–53**		110
157. Von den Zeichen der Zeit	*10, 34–36*		**12, 54–57**	*12, 27*	111
158. Von der Versöhnung	*5, 25–26*		**12, 58–59**		111
159. Mahnung zur Umkehr			**13, 1– 9**		112
160. Die Heilung einer Frau am Sabbat			**13, 10–17**		112
161. Die Gleichnisse vom Senfkorn und vom Sauerteig	*13, 31–33*	*4, 30–32*	**13, 18–21**		113
162. Von der engen und von der verschlossenen Tür	*7, 13–14; 25, 10–12; 7, 22–23; 8, 11–12; 19, 30; 20, 16*	*10, 31*	**13, 22–30**		113
163. Der Abschied von Galiläa			**13, 31–33**		114
164. Wehklage über Jerusalem	*23, 37–39*		**13, 34–35**		115
165. Die Heilung eines Wassersüchtigen am Sabbat			**14, 1– 6**		115
166. Mahnung zur Bescheidenheit			**14, 7–11**		115
166a. Von den rechten Gästen			**14, 12–14**		116

	Mt	Mk	Lk	Joh	Seite
167. Das Gleichnis vom Festmahl	*22, 1–10*		**14, 15–24**		116
168. Vom Ernst der Nachfolge	*10, 37–38; 5, 13*	*9, 50*	**14, 25–35**		117
169. Die Gleichnisse vom verlorenen Schaf und von der verlorenen Drachme	*18, 12–14*		**15, 1–10**		118
170. Das Gleichnis vom verlorenen Sohn			**15, 11–32**		118
171. Das Gleichnis vom klugen Verwalter. Vom rechten Gebrauch des Reichtums	*6, 24*		**16, 1–13**		120
172. Das Urteil Jesu über die Pharisäer			**16, 14–15**		121
173. Vom Gesetz und von der Ehescheidung	*11, 12–13;* 5, 18.32	*10, 11–12*	**16, 16–18**	*(Mt 19, 9)*	121
174. Das Beispiel vom reichen Mann und vom armen Lazarus			**16, 19–31**		121
175. Warnung vor der Verführung	*18, 6– 7*	*9, 42*	**17, 1– 2**		122
176. Von der Pflicht zur Vergebung	*18, 15.21–22*		**17, 3b–4**		123
177. Von der Macht des Glaubens	*17, 20*		**17, 5– 6**		123
178. Das Gleichnis vom unnützen Sklaven			**17, 7–10**		123
179. Der dankbare Samariter			**17, 11–19**		124
180. Vom Kommen des Gottesreiches			**17, 20–21**		124
181. Vom Kommen des Menschensohnes	*24, 26–27. 37–39. 17–18; 16, 25; 24, 40–41.28*	*8, 35*	**17, 22–37**	*12, 25*	124
182. Das Gleichnis vom gottlosen Richter und der Witwe			**18, 1– 8**		125
183. Das Beispiel vom Pharisäer und vom Zöllner			**18, 9–14**		126

D. Jesu Wirken in Judäa und in Jerusalem
(Mt 19–25; Mk 10–13; Lk 18, 15–21, 38)

1. Der Weg nach Jerusalem
(Mt 19–20; Mk 10; Lk 18, 15–19, 27)

	Mt	Mk	Lk	Joh	Seite
184. Von Ehescheidung und Ehelosigkeit	**19, 1–12**	**10, 1–12**	*9, 51; 16, 18*	*(Mt 5, 31–32)*	127
185. Die Segnung der Kinder	**19, 13–15;** *18, 3*	**10, 13–16**	**18, 15–17**	*3, 3.5*	128
186. Von Reichtum und Nachfolge	**19, 16–30**	**10, 17–31**	**18, 18–30;** *22, 28–30; 13, 30*		128
187. Das Gleichnis von den Arbeitern im Weinberg	**20, 1–16**				130
188. Die dritte Ankündigung von Leiden und Auferstehung	**20, 17–19**	**10, 32–34**	**18, 31–34**		131

	Mt	Mk	Lk	Joh	Seite
189. Vom Herrschen und vom Dienen	**20, 20–28**	**10, 35–45**	*12, 50; 22, 24–27*	*13, 12–17*	131
190. Die Heilung von Blinden bei Jericho	**20, 29–34**	**10, 46–52**	**18, 35–43**	*(Mt 9, 27–31)*	132
191. Jesus im Haus des Zöllners Zachäus			**19, 1–10**		133
192. Das Gleichnis vom anvertrauten Geld	*25, 14–30*		**19, 11–27**		133

2. Jesus in Jerusalem
(Mt 21–25; Mk 11–13; Lk 19, 28–21, 38)

	Mt	Mk	Lk	Joh	Seite
193. Der Einzug in Jerusalem	**21, 1– 9**	**11, 1–10**	**19, 28–38**	12, 12–19	135
194. Die Ankündigung der Zerstörung Jerusalems			**19, 39–44**		136
195. Die Tempelreinigung	**21, 10–17**	**11, 11.** *15b–17*	**19, 45–46**		136
196. Die Verfluchung eines Feigenbaums	**21, 18–19**	**11, 12–14**			137
197. Die Tempelreinigung	*21, 12–13; 22, 33*	**11,15–19**	**19, 47–48.** *45–46; 21, 37*	*2, 13–17*	137
198. Vom Glauben	**21, 20–22;** *6, 14*	**11, 20–25**		*14, 13.14; 16, 23*	138
199. Die Frage nach der Vollmacht Jesu	**21, 23–27**	**11, 27–33**	**20, 1– 8**	*2, 18–22*	138
200. Das Gleichnis von den ungleichen Söhnen	**21, 28–32**				139
201. Das Gleichnis von den bösen Winzern	**21, 33–46**	**12, 1–12**	**20, 9–19**		140
202. Das Gleichnis vom königlichen Hochzeitsmahl	**22, 1–14**		*14, 16–24*		141
203. Die Frage nach der kaiserlichen Steuer	**22, 15–22**	**12, 13–17**	**20, 20–26**	*3, 2*	142
204. Die Frage nach der Auferstehung der Toten	**22, 23–33**	**12, 18–27**	**20, 27–40**		143
205. Die Frage nach dem wichtigsten Gebot	**22, 34–40**	**12, 28–34**	*10, 25–28*		144
206. Die Frage nach dem Messias	**22, 41–46**	**12, 35–37a**	**20, 41–44**		144
207. Worte gegen die Schriftgelehrten und gegen die Pharisäer	**23, 1–36**	**12, 37b–40;** *9, 35b*	**20, 45–47;** *11, 46; 18, 14b; 11, 52.39–42. 44.47–51*		145
208. Wehklage über Jerusalem	**23, 37–39**		*13, 34–35*		147
209. Das Opfer der Witwe		**12, 41–44**	**21, 1– 4**		148

Die Rede über die Endzeit
(Mt 24, 1–25, 46; Mk 13, 1–37; Lk 21, 5–36)

	Mt	Mk	Lk	Joh	Seite
210. Die Ankündigung der Zerstörung des Tempels und die Frage nach den Zeichen der Endzeit	**24, 1– 3**	**13, 1– 4**	**21, 5– 7**		148
211. Vom Anfang der Not	**24, 4– 8**	**13, 5– 8**	**21, 8–11**		149
212. Weissagungen über die Endzeit	**24, 9–14;** *10, 17–21*	**13, 9–13**	**21, 12–19**	*16, 2; 14, 26; 15, 21*	149

	Mt	Mk	Lk	Joh	Seite
213. Vom Höhepunkt der Not	**24, 15–28**	**13, 14–23**	**21, 20–24;** *17, 21.23. 24.37b*		150
214. Vom Kommen des Menschensohnes	**24, 29–31**	**13, 24–27**	**21, 25–28**		151
215. Das Gleichnis vom grünenden Feigenbaum	**24, 32–33**	**13, 28–29**	**21, 29–31**		152
216. Vom Zeitpunkt der Wiederkunft	**24, 34–36**	**13, 30–32**	**21, 32–33**		152
217. Das Gleichnis vom Türhüter (Markus-Schluß der Endzeitrede)	*25, 13–14. 15b; 24, 42*	**13, 33–37**	*12, 35–38*		152
218. Mahnungen im Hinblick auf das Ende (Lukas-Schluß der Endzeitrede)			**21, 34–36**		152
219. Mahnungen im Hinblick auf das Ende	**24, 37–41**		*17, 26–27. 34–35*		153
220. Das Gleichnis vom wachsamen Hausherrn	**24, 42–44**	*13, 33*	*12, 39–40*		153
221. Das Gleichnis vom treuen und vom schlechten Knecht	**24, 45–51**		*12, 42–46*		153
222. Das Gleichnis von den zehn Jungfrauen	**25, 1–13**	*13, 35a*			154
223. Das Gleichnis vom anvertrauten Geld	**25, 14–30**	*13, 34*	*19, 11–27*		155
224. Vom Weltgericht	**25, 31–46**			*5, 29*	156
225. Die Lehrtätigkeit Jesu im Tempel	*21, 17*	*11, 19*	**21, 37–38**		157

E. Das Leiden und die Auferstehung Jesu
(Mt 26–28; Mk 14–16; Lk 22–24; Joh 18–20)

	Mt	Mk	Lk	Joh	Seite
226. Der Beschluß des Hohen Rates	**26, 1– 5**	**14, 1–2**	**22, 1– 2**	*11, 47–53*	157
227. Die Salbung in Betanien	**26, 6–13**	**14, 3– 9**		*12, 1– 8*	158
228. Der Verrat durch Judas	**26, 14–16**	**14, 10–11**	**22, 3– 6**		159
229. Vorbereitung des Paschamahles	**26, 17–19**	**14, 12–16**	**22, 7–13**		159
230. Jesus kündet den Verrat des Judas an	**26, 20–25**	**14, 17–21**	**22, 14.** *21–23*	*13, 21–30*	160
231. Das Abendmahl	**26, 26–29**	**14, 22–25**	**22, 15–20**	*(1. Kor 11, 23–26)*	160
232. Abschiedsworte beim Abendmahl	*26, 21–25; 20, 25–28; 19, 28; 26, 33–35*	*14, 18–21; 10, 42–45; 14, 29–31*	**22, 21–38**	*13, 12–14. 36–38*	161
233. Der Gang zum Ölberg	**26, 30–35**	**14, 26–31**	**22, 39;** *22, 33–34*	*16, 32; 13, 36–38*	162
234. Das Gebet in Getsemani	**26, 36–46**	**14, 32–42**	**22, 40–46**	*18, 1; 12, 27; 18, 11*	163
235. Die Gefangennahme	**26, 47–56**	**14, 43–52**	**22, 47–53**	*18, 2–11.20*	164
236. Das Verhör vor dem Hohen Rat	**26, 57–68;** *27, 1*	**14, 53–65;** *15, 1*	**22, 54–71.** *63–65*	*18, 12–16. 19–24*	165

	Mt	Mk	Lk	Joh	Seite
237. Die Verleugnung durch Petrus	**26, 69–75**	**14, 66–72**	*22, 56–62*	*18, 17.25–27*	166
238. Die Auslieferung an Pilatus	**27, 1– 2**	**15, 1**	**23, 1;** *22, 66*	*18, 28–32*	167
239. Das Ende des Judas	**27, 3–10**				167
240. Die Anklage vor Pilatus	**27, 11–14**	**15, 2– 5**	**23, 2– 5**	*18, 33–38*	168
241. Die Verspottung durch Herodes			**23, 6–16**		169
242. Die Verhandlung vor Pilatus	**27, 15–26**	**15, 6–15**	**23, 17–25**	*18, 39–40; 19, 4–16a*	169
243. Die Verspottung durch die Soldaten	**27, 27–31a**	**15, 16–20a**		*19, 1– 3*	171
244. Der Weg zur Kreuzigung	**27, 31b–32**	**15, 20b–21**	**23, 26–32**		171
245. Die Kreuzigung	**27, 33–44.** *48*	**15, 22–32.** *36*	**23, 33–43**	*19, 17–29*	172
246. Der Tod Jesu	**27, 45–56**	**15, 33–41**	**23, 44–49.** *36*	*19, 29–37. 25–27*	173
247. Das Begräbnis Jesu	**27, 57–61**	**15, 42–47;** *16, 1*	**23, 50–56**	*19, 38–42*	174
248. Die Bewachung des Grabes	**27, 62–66**				175
249. Die Botschaft des Engels am leeren Grab	**28, 1–10**	**16, 1– 8**	**24, 1–12**	*20, 1–10*	175

Die Nachgeschichte nach Matthäus

(Mt 28, 11–20)

	Mt	Mk	Lk	Joh	Seite
Der Betrug der Hohenpriester	**28, 11–15**				178
Der Auftrag des Auferstandenen	**28, 16–20**			*14, 23*	178

Die Nachgeschichte nach Lukas

(Lk 24, 13–53)

	Mt	Mk	Lk	Joh	Seite
Die Begegnung mit dem Auferstandenen auf dem Weg nach Emmaus			**24, 13–35**		179
Die Erscheinung des Auferstandenen in Jerusalem			**24, 36–49**	*20, 19–23*	180
Die Himmelfahrt Jesu		*16, 19–20*	**24, 50–53**	*(Apg 1, 9–14)*	181

Die Nachgeschichte nach Markus

(Mk 16, 9–20)

	Mt	Mk	Lk	Joh	Seite
Die Erscheinungen des Auferstandenen		**16, 9–20**	*24, 50–53*	*20, 11–23*	182

Register der Abschnittsüberschriften

(Die Zahlen verweisen auf die Seiten)

Abendmahl, Abschiedsworte beim A. 161
Das A. 160
Ablehnung, Die A. Jesu in seiner Heimat 20. 76
Abreißen, Das A. der Ähren am Sabbat 53
Abschied, Der A. von Galiläa 114
Abschiedsworte beim Abendmahl 161
Abschluß der Rede 72
Acker, Das Gleichnis vom Schatz im A. 72
Ägypten, Die Flucht nach Ä. 4
Die Rückkehr aus Ä. 4
Ähren, Das Abreißen der Ä. am Sabbat 53
Alltag, Von den Folgen der Umkehr im A. 16
Almosen, Vom A. 30
Anfang, Vom A. der Not 149
Anklage, Die A. vor Pilatus 168
Ankündigung, Die A. der Zerstörung Jerusalems 136
Die A. der Zerstörung des Tempels 148
Die A. des Kommenden (des Messias) durch Johannes den Täufer 16
Die dritte A. von Leiden und Auferstehung 131
Die erste A. von Leiden und Auferstehung 87
Die zweite A. von Leiden und Auferstehung 91
Arbeiter, Das Gleichnis von den A. im Weinberg 130
Aufbruch aus Kafarnaum 23
Auferstandener, Die Begegnung mit dem A. auf dem Weg nach Emmaus 179
Der Auftrag des A. 178
Die Erscheinung des A. 182
Die Erscheinungen des A. in Jerusalem 180
Auferstehung, Das Leiden und die A. Jesu 157
Die dritte Ankündigung von Leiden und A. 131
Die erste Ankündigung von Leiden und A. 87
Die Frage nach der A. der Toten 143
Die zweite Ankündigung von Leiden und A. 91
Auferweckung, Die A. der Tochter des Jaïrus 75
Die A. der Tochter eines Synagogenvorstehers 44
Die A. eines jungen Mannes in Naïn 60
Aufforderung zum furchtlosen Bekenntnis 48. 107
Aufnahme, Vom Lohn für die A. der Jünger 50
Auftrag, Der A. des Auferstandenen 178
Auftreten, Die Wirkung des ersten A. 24
Erstes A. in Galiläa 20
Auge, Vom Licht und vom A. 32. 105
Ausharren, Ermutigung zum A. in Verfolgung 48
Auslieferung, Die A. an Pilatus 167
Aussätziger, Die Heilung eines A. 37
Aussendung, Die A. der zweiundsiebzig Jünger 98
Die A. der zwölf Jünger 46. 77
Bedeutung, Die B. der Gleichnisse 71
Begegnung, Die B. Jesu mit der Sünderin 62
Die B. mit dem Auferstandenen auf dem Weg nach Emmaus 179
Begräbnis, Das B. Jesu 174
Beispiel, Das B. vom barmherzigen Samariter 101
Das B. vom Pharisäer und vom Zöllner 126
Das B. vom reichen Mann und vom armen Lazarus 121
Das B. von der falschen Selbstsicherheit des reichen Mannes 108
Bekenntnis, Aufforderung zu furchtlosem B. 48. 107
Messiasbekenntnis des Petrus 87
Bergpredigt, Die Wirkung der B. 36
Einleitung 25
Berufung, Die B. der ersten Jünger 22. 24
Die B. des Matthäus 42
Bescheidenheit, Mahnung zur B. 115
Beschluß, Der B. des Hohen Rates 157
Besessener, Die Heilung der B. von Gadara 40
Die Heilung des B. von Gerasa 74
Die Heilung von B. und Kranken 39
Besuch, Der B. Marias bei Elisabet 7
Betanien, Die Salbung in B. 158
Beten, Das Vaterunser 31
Vom B. 31
Vom Vertrauen beim B. 34. 102
Betlehem, Der Kindermord in B. 4
Betrug, Der B. der Hohenpriester 178
Betsaida, Die Heilung eines Blinden bei B. 87
Bewachung, Die B. des Grabes 175
Bitte, Die Erhörung der B. einer heidnischen Frau 83
Blinder, Die Heilung eines B. bei Betsaida 87
Die Heilung von B. bei Jericho 132
Die Heilung von zwei B. 45
Botschaft, Die B. des Engels am leeren Grab 175
Bruder, Von der Verantwortung für den B. 95
Dank, Der D. Jesu an den Vater 52. 99
Deutung, Die D. des Gleichnisses vom Sämann 68
Die D. des Gleichnisses vom Unkraut 71
Dienen, Vom Herrschen und vom D. 131
Dienst, Doppeldienst, Vom unmöglichen D. 33
Drachme, Das Gleichnis von der verlorenen D. 118
Ehebruch, Vom E. 28
Ehelosigkeit, Von Ehescheidung und E. 127
Ehescheidung, Vom Gesetz und von der E. 121
Von der E. 28
Von E. und Ehelosigkeit 127
Einzug, Der E. in Jerusalem 135
Elija, Von der Wiederkunft des E. 89
Elisabet, Der Besuch Marias bei E. 7
Emmaus, Die Begegnung mit dem Auferstandenen auf dem Weg nach E. 179
Ende, Das E. des Judas 167
Mahnungen im Hinblick auf das E. 152. 153
Endzeit, Die Frage nach den Zeichen der E. 148
Die Rede über die E. 148
Weissagungen über die E. 149
Engel, Die Botschaft des E. am leeren Grab 175
Enthauptung, Die E. Johannes' des Täufers 78
Entweihung, Vom Richten und von der E. des Heiligen 34
Erhörung, Die E. der Bitte einer heidnischen Frau 83
Ermutigung zum Ausharren in Verfolgung 48
Ernst, Vom E. der Nachfolge 49. 117
Erscheinung, Die E. des Auferstandenen 182
Die E. des Auferstandenen in Jerusalem 180
Fasten, Die Frage nach dem F. 43
Vom F. 32
Feigenbaum, Das Gleichnis vom grünenden F. 152
Die Verfluchung eines F. 137
Feind, Von der Liebe zu den F. 30. 57
Feldrede, Abschluß der F. 72
Die F. 56
Felsen, Vom Haus auf dem F. 36. 59
Festmahl, Das Gleichnis vom F. 116
Fischnetz, Das Gleichnis vom F. 72
Flucht, Die F. nach Ägypten 4
Folgen, Von den F. der Umkehr im Alltag 16
Frage, Die F. Johannes' des Täufers 50. 61
Die F. nach dem Fasten 43
Die F. nach dem Gebot 100
Die F. nach dem Messias 144
Die F. nach dem wichtigsten Gebot 144
Die F. nach den Zeichen der Endzeit 148
Die F. nach der Auferstehung der Toten 143
Die F. nach der kaiserlichen Steuer 142
Die F. nach der Vollmacht Jesu 138
Frau, Die Erhörung der Bitte einer heidnischen F. 83
Die Heilung einer F. am Sabbat 112
Die Heilung einer kranken F. 44. 75
F. im Gefolge Jesu 63
Freund, Das Gleichnis vom bittenden F. 102
Frieden, Von F. und Zwietracht 49. 110
Frömmigkeit, Von der wahren F. 59

Frucht, Von den F. der Umkehr 16
Fünftausend, Die Speisung der F. 79
Gadara, Die Heilung der Besessenen von G. 40
Galiläa, Das Wirken Jesu in G. 20
Der Abschied von G. 114
Erstes Auftreten in G. 20
Gang, Der G. auf dem Wasser 80
Der G. zum Ölberg 162
Gast, Von den rechten G. 116
Gebet, Das G. des Herrn 102
Das G. in Getsemani 163
Gebot, Die Frage nach dem G. 100
Die Frage nach dem wichtigsten G. 144
Gebrauch, Vom rechten G. des Reichtums 120
Geburt, Die G. Jesu 11. 2
Die G. Johannes' des Täufers 9
Die Verheißung der G. Jesu 7
Die Verheißung der G. Johannes' des Täufers 5
Die Verkündigung der G. an die Hirten 11
Gefangennahme, Die G. 164
Die G. Johannes' des Täufers 17
Gefolge, Frauen im G. Jesu 63
Geist, Von der Rückkehr der unreinen G. 66. 104
Gelähmte, Die Heilung eines G. 41
Geld, Das Gleichnis vom anvertrauten G. 133. 155
Gennesaret, Krankenheilung in G. 81
Gerasa, Die Heilung des Besessenen von G. 74
Gericht, Vom G. über die galiläischen Städte 52
Gesetz, Vom G. und von den Propheten 27
Vom G. und von der Ehescheidung 121
Getsemani, Das Gebet in G. 163
Glauben, Vom G. 138
Von der Macht des G. 123
Gläubiger, Das Gleichnis vom unbarmherzigen G. 96
Gleichnis, Das G. vom anvertrauten Geld 133. 155
Das G. vom bittenden Freund 102
Das G. vom Festmahl 116
Das G. vom Fischnetz 72
Das G. vom gottlosen Richter und der Witwe 125
Das G. vom grünenden Feigenbaum 152
Das G. vom klugen Verwalter 120
Das G. vom königlichen Hochzeitsmahl 141
Das G. vom Sämann 67
Das G. vom Sauerteig 70. 113
Das G. vom Schatz im Acker 72
Das G. vom Senfkorn 70. 113
Das G. vom treuen und vom schlechten Knecht 109. 153
Das G. vom Türhüter 152
Das G. vom unbarmherzigen Gläubiger 96
Das G. vom Unkraut unter dem Weizen 70
Das G. vom unnützen Sklaven 123
Das G. vom verlorenen Schaf 94. 118
Das G. vom verlorenen Sohn 118
Das G. vom wachsamen Hausherrn 153
Das G. vom Wachsen der Saat 70
Das G. von den Arbeitern im Weinberg 130
Das G. von den bösen Winzern 140
Das G. von den spielenden Kindern 51. 61
Das G. von den ungleichen Söhnen 139
Das G. von den zehn Jungfrauen 154
Das G. von den zwei Schuldnern 62
Das G. von der Perle 72
Das G. von der verlorenen Drachme 118
Die Bedeutung der G. 71
Die Deutung des G. vom Sämann 68
Die Deutung des G. vom Unkraut 71
Sinn und Zweck der G. 68
Goldene Regel, Die G. R. 35
Gottesreich, Vom Kommen des G. 124
Grab, Die Bewachung des G. 175
Die Botschaft des Engels am leeren G. 175
Hanna, Das Zeugnis der H. über Jesus 12
Hauptmann, Der H. von Kafarnaum 37. 60
Haus, Jesus im H. des Zöllners Zachäus 133
Vom H. auf dem Felsen 36. 59
Hausherr, Das Gleichnis vom wachsamen H. 153
Heilige, Vom Richten und von der Entweihung des H. 34
Heilung, Die H. anderer Kranker 23. 38
Die H. der Besessenen von Gadara 40
Die H. der Schwiegermutter des Petrus 23. 38
Die H. des Besessenen von Gerasa 74
Die H. einer Frau am Sabbat 112
Die H. einer kranken Frau 44. 75
Die H. eines Aussätzigen 37
Die H. eines Blinden bei Betsaida 87
Die H. eines Gelähmten 41
Die H. eines Mannes am Sabbat 54
Die H. eines mondsüchtigen Jungen 90
Die H. eines Stummen 46
Die H. eines Taubstummen 84
Die H. eines Wassersüchtigen am Sabbat 115
Die H. vieler Kranker 84
Die H. von Besessenen und Kranken 39
Die H. von Blinden bei Jericho 132
Die H. von zwei Blinden 45
Heimat, Die Ablehnung Jesu in seiner H. 20. 76
Herodes, Das Urteil des H. über Jesus 78
Die Verspottung durch H. 169
Herrschen, Vom H. und Dienen 131
Himmelfahrt, Die H. Jesu 181
Hinblick, Mahnungen im H. auf das Ende 152. 153
Hirten, Die Verkündigung der Geburt an die H. 11
Hochzeitsmahl, Das Gleichnis vom königlichen H. 141
Höhepunkt, Vom H. der Not 150
Hören, Vom rechten H. 69
Hoherpriester, Der Betrug der H. 178
Hoher Rat, Der Beschluß des H. R. 157
Das Verhör vor dem H. R. 165
Huldigung, Die H. der Sterndeuter 2
Jaïrus, Die Auferweckung der Tochter des J. 75
Jericho, Die Heilung von Blinden bei J. 132
Jerusalem, Auf dem Weg nach J. 97
Der Einzug in J. 135
Der Weg nach J. 127
Die Ankündigung der Zerstörung J. 136
Die Erscheinung des Auferstandenen in J. 180
Jesus in J. 135
Jesu Wirken in Judäa und in J. 127
Wehklage über J. 115. 147
Joch, Vom leichten J. Jesu 53
Johannes der Täufer, Das Urteil Jesu über J. 51. 61
Die Ankündigung des Kommenden (Messias) durch J. 16
Die Enthauptung J. 78
Die Frage J. 50. 61
Die Geburt J. 9
Die Gefangennahme J. 17
Die Verheißung der Geburt J. 5
J. und sein Ruf zur Umkehr 15
Judäa, Jesu Wirken in J. und in Jerusalem 127
Judas, Das Ende des J. 167
Der Verrat durch J. 159
Jesus kündet den Verrat des J. an 160
Jünger, Der Lohn der J. 99
Der Rangstreit der J. 92
Die Aussendung der zweiundsiebzig J. 98
Die Aussendung der zwölf J. 46. 77
Die Berufung der ersten J. 22. 24
Die Seligpreisung der J. 68. 100
Vom Lohn für die Aufnahme der J. 50
Junge, Die Heilung eines mondsüchtigen J. 90
Jungfrau, Das Gleichnis von den zehn J. 154
Kafarnaum, Aufbruch aus K. 23
Der Hauptmann von K. 37. 60
Jesus in der Synagoge von K. 22
Kinder, Das Gleichnis von den spielenden K. 51. 61
Die Segnung der K. 128
Kindermord, Der K. in Betlehem 4
Knecht, Das Gleichnis vom treuen und vom schlechten K. 109. 153
Jesus als der K. Gottes 55
Kommen, Vom K. des Gottesreiches 124
Vom K. des Menschensohnes 124. 151

Krankenheilung in Gennesaret 81
Kranke, siehe Heilung
Kreuzigung, Der Weg zur K. 171
Die K. 172
Lazarus, Das Beispiel vom reichen Mann und vom armen L. 121
Lehrtätigkeit, Die L. Jesu im Tempel 157
Leiden, Das L. und die Auferstehung Jesu 157
Die erste Ankündigung von L. und Auferstehung 87
Die dritte Ankündigung von L. und Auferstehung 131
Die zweite Ankündigung von L. und Auferstehung 91
Licht, Vom L. der Welt 26
Vom L. und vom Auge 32. 105
Liebe, Von der L. zu den Feinden 30. 57
Lobgesang, Der L. des Zacharias 9
Lohn, Der L. der Jünger 99
Vom L. für die Aufnahme der Jünger 50
Lukas, Die Nachgeschichte nach L. 179
Die Vorgeschichte nach L. 5
Macht, Von der M. des Glaubens 123
Mahl, Das M. mit den Zöllnern 42
Mahnungen im Hinblick auf das Ende 152. 153
M. zur Bescheidenheit 115
M. zur Umkehr 112
Mann, Das Beispiel vom reichen M. und vom armen Lazarus 121
Das Beispiel von der falschen Selbstsicherheit des reichen M. 108
Die Auferweckung eines jungen M. in Naïn 60
Die Heilung eines M. am Sabbat 54
Maria, Der Besuch M. bei Elisabet 7
M. und Marta 101
Markus, Die Nachgeschichte nach M. 182
Marta, Maria und M. 101
Matthäus, Die Berufung des M. 42
Die Nachgeschichte nach M. 178
Die Vorgeschichte nach M. 1
Menschensohn, Vom Kommen des M. 124. 151
Messias, Die Frage nach dem M. 144
Messiasbekenntnis, Das M. des Petrus 87
Nachfolge, Vom Ernst der N. 49. 117
Von der N. 39. 97
Von N. und Selbstverleugnung 88
Von Reichtum und N. 128
Nachgeschichte, Die N. nach Lukas 179
Die N. nach Markus 182
Die N. nach Matthäus 178
Naïn, Die Auferweckung eines Mannes in N. 60
Not, Vom Anfang der N. 149
Vom Höhepunkt der N. 150
Ölberg, Der Gang zum Ö. 162
Opfer, Das O. der Witwe 148
Paschamahl, Vorbereitung des P. 159
Perle, Das Gleichnis von der P. 72
Petrus, Das Messiasbekenntnis des P. 87
Die Heilung der Schwiegermutter des P. 23. 38
Die Verleugnung durch P. 166
Pflicht, Von der P. zur Vergebung 95. 123
Pharisäer, Das Beispiel vom Ph. und vom Zöllner 126
Das Urteil Jesu über die Ph. 121
Warnung vor den Ph. und Sadduzäern 86
Worte gegen die Ph. und die Schriftgelehrten 105. 145
Pilatus, Die Anklage vor P. 168
Die Auslieferung an P. 167
Die Verhandlung vor P. 169
Propheten, Vom Gesetz und von den P. 27
Von den falschen P. 35
Rangstreit, Der R. der Jünger 92
Rede, Die R. über die Endzeit 148
Regel, Die Goldene R. 35
Reichtum, Vom rechten Gebrauch des R. 120
Von R. und Nachfolge 128
Reinheit, Von R. und Unreinheit 81
Richten, Vom R. 58
Vom R. und von der Entweihung des Heiligen 34
Richter, Das Gleichnis vom gottlosen R. und der Witwe 125
Rückkehr, Die R. aus Ägypten 4
Von der R. der unreinen Geister 66. 104
Ruf, Johannes der Täufer und sein R. zur Umkehr 15
Saat, Das Gleichnis vom Wachsen der S. 70
Sabbat, Das Abreißen der Ähren am S. 53
Die Heilung einer Frau am S. 112
Die Heilung eines Mannes am S. 54
Die Heilung eines Wassersüchtigen am S. 115
Sadduzäer, Warnung vor den Pharisäern und S. 86
Sämann, Das Gleichnis vom S. 67
Die Deutung des Gleichnisses vom S. 68
Salbung, Die S. in Betanien 158
Salz, Vom S. 94
Vom S. der Erde 26
Samariter, Das Beispiel vom barmherzigen S. 101
Der dankbare S. 124
Die ungastlichen S. 97
Sauerteig, Das Gleichnis vom S. 70. 113
Schaf, Das Gleichnis vom verlorenen Sch. 94. 118
Schatz, Das Gleichnis vom Sch. im Acker 72
Vom wahren Sch. 32. 108
Schriftgelehrte, Worte gegen die Pharisäer und die Sch. 105. 145
Schuldner, Das Gleichnis von den zwei Sch. 62
Schwiegermutter, Die Heilung der Sch. des Petrus 23. 38
Schwören, Vom Sch. 29
See, Der Sturm auf dem S. 39. 73
Segnung, Die S. der Kinder 128
Selbstsicherheit, Das Beispiel von der falschen S. des reichen Mannes 108
Selbsttäuschung, Warnung vor S. 36
Selbstverleugnung, Von Nachfolge und S. 88
Seligpreisung, Die S. 26. 56
Die S. der Jünger 68. 100
Zweierlei S. 104
Senfkorn, Das Gleichnis vom S. 70. 113
Simeon, Das Zeugnis des S. über Jesus 12
Sinn und Zweck der Gleichnisse 68
Sklaven, Das Gleichnis vom unnützen S. 123
Sohn, Das Gleichnis vom verlorenen S. 118
Das Gleichnis von den ungleichen S. 139
Soldaten, Die Verspottung durch die S. 171
Sorge, Von der falschen und der rechten S. 33. 108
Speisung, Die Sp. der Fünftausend 79
Die Sp. der Viertausend 85
Stammbaum, Der S. Jesu 1. 18
Stadt, Vom Gericht über die galiläischen St. 52
Sterndeuter, Die Huldigung der S. 2
Steuer, Die Frage nach der kaiserlichen St. 142
Stummer, Die Heilung eines St. 46
Sturm, Der St. auf dem See 39. 73
Sünderin, Die Begegnung Jesu mit der S. 62
Synagoge, Jesus in der S. von Kafarnaum 22
Synagogenvorsteher, Die Auferweckung der Tochter eines S. 44
Taubstummer, Die Heilung eines T. 84
Taufe, Die T. Jesu 17
Tempel, Der zwölfjährige Jesus im T. 14
Die Ankündigung der Zerstörung des T. 148
Die Lehrtätigkeit Jesu im T. 157
Tempelreinigung, Die T. 136. 137
Tempelsteuer, Von der T. 92
Tochter, Die Auferweckung der T. des Jaïrus 75
Die Auferweckung der T. eines Synagogenvorstehers 44
Tod, Der T. Jesu 173
Töten, Vom T. und von der Versöhnung 27
Tote, Die Frage nach der Auferstehung der T. 143
Tür, Von der engen und von der verschlossenen T. 113
Türhüter, Das Gleichnis vom T. 152
Umkehr, Johannes der Täufer und sein Ruf zur U. 15
Mahnung zur U. 112

Von den Folgen der U. im Alltag 16
Von den Früchten der U. 16
Unkraut, Das Gleichnis vom U. unter dem Weizen 70
Die Deutung des Gleichnisses vom U. 71
Unreinheit, Von Reinheit und U. 81
Urteil, Das U. des Herodes über Jesus 78
Das U. Jesu über die Pharisäer 121
Das U. Jesu über Johannes den Täufer 51. 61
U. über Jesus 64
Vater, Der Dank Jesu an den V. 52. 99
Vaterunser, Das V. 31
Verantwortung, Von der V. für den Bruder 95
Verfluchung, Die V. eines Feigenbaums 137
Verfolgung, Ermutigung zum Ausharren in V. 48
Verführung, Warnung vor der V. 93. 122
Vergebung, Von der Pflicht zur V. 95. 123
Vergeltung, Von der V. 29. 57
Verhandlung, Die V. vor Pilatus 169
Verheißung, Die V. der Geburt Jesu 7
Die V. der Geburt Johannes' des Täufers 5
Verhör, Das V. vor dem Hohen Rat 165
Verklärung, Die V. Jesu 89
Verkündigung, Die V. der Geburt an die Hirten 11
Verleugnung, Die V. durch Petrus 166
Verrat, Der V. durch Judas 159
Jesus kündet den V. des Judas an 160
Versöhnung, Vom Töten und von der V. 27
Von der V. 111
Verspottung, Die V. durch die Soldaten 171
Die V. durch Herodes 169
Versuchung, Die V. Jesu 19
Verteidigungsrede Jesu 64. 103
Vertrauen, Vom V. beim Beten 34. 102
Verwalter, Das Gleichnis vom klugen V. 120
Verwandte, Von den V. Jesu 73
Von den wahren V. Jesu 66
Verweigerung, Die V. eines Zeichens 65. 85. 104
Viertausend, Die Speisung der V. 85
Vollmacht, Die Frage nach der V. Jesu 138
Vorbereitung des Paschamahles 159
Die V. des Wirkens Jesu 15
Vorfahren, Die V. Jesu 1. 18
Vorgeschichte, Die V. nach Lukas 5
Die V. nach Matthäus 1
Vorwort, Das V. 5
Wachsen, Das Gleichnis vom W. der Saat 70
Wahl, Die W. der Zwölf 55. 56
Warnung vor den Pharisäern und Sadduzäern 86
W. vor der Verführung 93. 122
W. vor Selbsttäuschung 36
Wasser, Der Gang auf dem W. 80
Wassersüchtiger, Die Heilung eines W. am Sabbat 115
Weg, auf dem W. nach Jerusalem 97
Der W. nach Jerusalem 127
Der W. zur Kreuzigung 171
Die Begegnung mit dem Auferstandenen auf dem W. nach Emmaus 179
Von den zwei W. 35
Weheruf, Die W. 57
Wehklage über Jerusalem 115. 147
Weinberg, Das Gleichnis von den Arbeitern im W. 130
Weissagungen über die Endzeit 149
Weizen, Das Gleichnis vom Unkraut unter dem W. 70
Welt, Vom Licht der W. 26
Weltgericht, Vom W. 156
Wiederkunft, Vom Zeitpunkt der W. 152
Von der W. des Elija 89
Winzer, Das Gleichnis von den bösen W. 140
Wirken, Das Wirken Jesu in Galiläa 20
Jesu W. in Judäa und in Jerusalem 127
Wirkung, Die W. der Bergpredigt 36
Die W. des ersten Auftretens 24
Witwe, Das Gleichnis vom gottlosen Richter und der W. 125
Das Opfer der W. 148
Worte gegen die Pharisäer und die Schriftgelehrten 105. 145
Wundertäter, Der fremde W. 93
Zachäus, Jesus im Haus des Zöllners Z. 133
Zacharias, Der Lobgesang des Z. 9
Zeichen, Die Frage nach den Z. der Endzeit 148
Die Verweigerung eines Z. 65. 85. 104
Von den Z. der Zeit 111
Zeit, Von den Zeichen der Z. 111
Zeitpunkt, Vom Z. der Wiederkunft 152
Zerstörung, Die Ankündigung der Z. des Tempels 148
Die Ankündigung der Z. Jerusalems 136
Zeugnis, Das Z. der Hanna über Jesus 12
Das Z. des Simeon über Jesus 12
Zöllner, Das Beispiel vom Pharisäer und vom Z. 126
Das Mahl mit den Z. 42
Jesus im Haus des Z. Zachäus 133
Zweck, Sinn und Z. der Gleichnisse 68
Zwietracht, Von Frieden und Z. 49. 110
Zwölf, Die Wahl der Z. 55. 56